VAN GOGH

A. M. und Renilde Hammacher

VAN GOGH

Die Biographie in Fotos, Bildern und Briefen

Klett-Cotta

Aus dem Englischen von Peter und Renate Renner

CIP, Kurztitelaufnahme der Deutschen Bibliothek

Hammacher, Abraham M.:
Van Gogh: d. Biographie in Fotos, Bildern u. Briefen/
A. M. u. Renilde Hammacher.
(Aus d. Engl. von Peter u. Renate Renner).
– Stuttgart: Klett-Cotta, 1982.
Einheitssacht.: Van Gogh ‹dt.›
ISBN 3–608–76163–2
NE: Hammacher, Renilde; Gogh, Vincent van (Ill.)

Die englische Ausgabe erschien im Verlag Thames & Hudson, London
unter dem gleichen Titel

Anschrift: Klett-Cotta, Rotebühlstraße 77, D-7000 Stuttgart 1
Satz: Steffen Hahn, Kornwestheim

Printed in the Netherlands

INHALTSVERZEICHNIS

VORWORT ... 6

EINLEITUNG ... 7
1853 Zundert ... 7
1864 Zevenbergen ... 7
1866 Tilburg ... 8

I KUNSTHANDEL UND RELIGION (1869–1880) ... 15
1869 Den Haag ... 16
1873 London ... 16
1874 Paris ... 21
1876 Etten ... 24
1876 Ramsgate-Isleworth ... 24
1877 Dordrecht ... 30
1877 Amsterdam ... 32
1878 Laeken ... 38
1878 Wasmes ... 39
1880 Courrières ... 42
1880 Cuesmes ... 43
1880 Brüssel ... 47

II DIE HOLLÄNDISCHE PERIODE (1881–1885) ... 65
1881 Etten ... 66
1881 Den Haag ... 69
1883 Drenthe ... 82
1883 Nuenen ... 86

III ANTWERPEN UND PARIS (1885–1888) ... 117
1885 Antwerpen ... 118
1886 Paris ... 122

IV ARLES (1888–1889) ... 153
1888 Arles ... 154

V SAINT-RÉMY UND AUVERS (1889–1890) ... 193
1889 St.-Rémy-de-Provence ... 194
1890 Auvers-sur-Oise ... 202

BIBLIOGRAPHIE ... 233

ABBILDUNGSVERZEICHNIS ... 235

NAMENSREGISTER ... 239

QUELLENVERMERK ... 240

VORWORT

Bei der Arbeit an diesem Buch erwies es sich als unerläßlich, wohlvertraute Dokumente von neuem zur Hand zu nehmen und Untersuchungen auf bisher weniger beachteten Gebieten vorzunehmen, unter anderem den Interessen van Goghs vor Beginn seiner Künstlerlaufbahn nachzugehen. Das vorhandene Material ist derart reichhaltig, daß unsere ursprüngliche Auswahl, obwohl bereits erheblich reduziert, aus praktischen Gründen nochmals gekürzt werden mußte. Diese schwierige Aufgabe konnte von den Autoren in Zusammenarbeit mit dem Verleger, Thames & Hudson, gelöst werden, der das Buch als erster veröffentlicht hat und es auch übernahm, das Bildmaterial zusammenzustellen – ein zunehmend schwieriges Unterfangen, da die Besitzer von Kunstwerken mehr und mehr anonym geworden sind.

Ein Wort des Dankes gilt Johan van der Woek, dem Direktor des Rijksmuseums Vincent van Gogh in Amsterdam, und seinen Mitarbeitern Han van Krimpen und Fieke Pabst, die uns den Zugang zu den Archiven öffneten und so die Sichtung zahlreicher Fotos ermöglichten. Unser Dank geht auch an die drei Kinder des verstorbenen Ingenieurs Dr. V. W. van Gogh, die gegenwärtigen Treuhänder der Van Gogh-Stiftung, welche die Untersuchungen in den Archiven der Stiftung und die Reproduktion von Werken gestatteten. Auch das Rijksmuseum Kröller-Müller in Otterlo, welches zahlreiche Werke von van Gogh besitzt, war in hohem Maße zur Zusammenarbeit bereit. Dank schulden wir auch denjenigen Museen und privaten Sammlungen, deren Beiträge den Bildteil des vorliegenden Werks bereichert haben.

Ganz besonders dankbar verpflichtet fühlen wir uns Dr. P. J. J. van Thiel, dem Direktor der Gemäldeabteilung im Rijksmuseum Amsterdam, der uns bereitwillig mit bisher unveröffentlichten Informationen über das berühmte Trippenhuis versorgte, das Vincent als die Hauptquelle seiner Kenntnisse der holländischen Malerei des 17. Jahrhunderts so sehr schätzte. Dr. van Thiel hat sich in einer speziellen Studie mit diesem Thema befaßt und eine Arbeit über die Bedeutung des Trippenhuis als Vorgänger des Rijksmuseums veröffentlicht. J. M. van der Hock-Ostende vom Gemeentearchief Amsterdam, Madame Claudine Lemaire von der Bibliothèque Royale in Brüssel und Carlos van Hasselt, Kurator der Frits Lugt Collection (Custodia) in Paris waren bei der Suche nach einer Anzahl seltener oder sogar nicht mehr auffindbarer Abbildungen behilflich.

A. M. HAMMACHER
RENILDE HAMMACHER-VAN DEN BRANDE

Alle zitierten Dokumente sind, sofern nicht ausdrücklich anders angegeben, Briefe Vincent van Goghs (1853–1890) an seinen Bruder Theo (1857–1891). Die Originalsprache der Dokumente ist Holländisch; Ausnahmen davon sind mit F (Französisch) oder E (Englisch) gekennzeichnet.

EINLEITUNG

1853–1864 ZUNDERT
1864–1866 ZEVENBERGEN
1866–1868 TILBURG

Kurze Zeit vor Vincent van Goghs Tod schrieb der junge Albert Aurier – ein Wissenschaftler, Dichter und Philosoph – einen Artikel, in dem er sich bemühte, das Wesentliche im Werk dieses Künstlers zu erfassen, das zu dieser Zeit nur einem engeren Kreis bekannt war. Nach Vincents Tod hatte Aurier die Absicht, eine Biographie des Künstlers zu schreiben und dabei den Briefwechsel mit Theo (dem Bruder Vincent van Goghs) zu benutzen, den dieser ihm zur Verfügung gestellt hatte. Er konnte aber keinen Verleger finden, und das Buch blieb ungeschrieben. Heutzutage, mehr als 90 Jahre später, wäre es schwierig, einen Verleger zu finden, der sich nicht darum reißen würde, ein Buch über van Gogh herauszubringen, und dies trotz der Flut von Veröffentlichungen, die seit mehreren Generationen Leser in aller Welt in ihren Bann ziehen. Die Anzahl spezieller kunsthistorischer und psychologischer Studien über das Phänomen van Gogh ist dagegen viel geringer, obgleich, hauptsächlich in jüngerer Zeit und zumeist in genau abgegrenzten Bereichen, einiges an höchst erwünschter und detaillierter Forschung geleistet worden ist. Sinn und Zweck des vorliegenden Buchs ist es hingegen, die Gesamtpersönlichkeit des Künstlers zu erforschen. Es richtet sein Augenmerk, mehr als frühere Arbeiten dies taten, auf den Bereich, in dem Kunst und Leben miteinander verschmelzen.

Obgleich der Leser hier eine große Anzahl von Auszügen aus den Briefen, aus verschiedenen Aufzeichnungen der Familie und aus anderen Quellen finden wird, sollte dieses Buch nicht als Anthologie angesehen werden. Es ist eher eine Einladung, zu den Quellen selbst zurückzukehren, und ermöglicht die Lektüre dieser Art von Quellen. Das Fragmentarische ist immer unbefriedigend, selbst wenn wie hier sein Zweck darin besteht, den Schlüssel zu einem bedeutsamen Ganzen zu finden.

Das Ungewöhnlichste an van Goghs Leben ist vielleicht die Tatsache, daß er seine künstlerische Berufung erst in seinem 28. Lebensjahr entdeckte. Über seine Kindheit und Jugend ist wenig bekannt. Dagegen hat Vincent über die Erfahrungen der acht Jahre zwischen seinem 19. und 27. Lebensjahr selbst lebhaft berichtet, und seine damaligen Interessen und Zwangsvorstellungen bieten Anhaltspunkte für die Ursprünge seines späteren Werks und vor allem für die Spannungen und Hemmungen, die seinem Leben als Erwachsener jene seltsame und faszinierende Verbindung von Frustration, Leistung und Selbstvernichtung gaben.

Ich bin davon überzeugt, daß der frühe Abschnitt von van Goghs Erwachsenendasein – sein Leben als Nichtkünstler – fundamentale Bedeutung für sein Werk besitzt und ebenso gründliche Erforschung verdient wie die spätere kreative Phase seines Lebenswegs. All dies stellt einen Problemkomplex dar, dessen sich Vincent selbst immer bewußt war, und der niemals nachließ, ihn zu quälen.

Jene acht Jahre der Vorbereitung brachten eine Reihe von Fehlschlägen und viel suchendes Forschen mit sich. In ihnen wurde gewissermaßen die Bestellung des Bodens vollzogen und das Reservoir geschaffen für ein Leben, welches sich in hoher Intensität verzehrte, und in dem ein Mensch seine Welt in Bildern erstehen ließ. Die Heftigkeit, mit der Vincent immer all das zurückwies, was in den Augen seiner Familie eine gesellschaftlich akzeptable Art und Weise, seinen Lebensunterhalt zu verdienen, darstellte, war viele Jahre lang eine unbewußte Zwangsvorstellung. Durch Leiden aktiviert, entwickelte sie sich schließlich zu einer Kraft der überklaren Sicht der Dinge. In dieser Untersuchung wird jenem Vorgang volle Aufmerksamkeit gewidmet. Die Briefe spiegeln nicht nur die Ursprünge seiner künstlerischen Leistung wider, sie stellen auch eine faszinierende Quelle dar, die uns die Struktur einer Persönlichkeit aufdeckt, welche sich einer zögernden, schlafenden Schöpferkraft noch nicht bewußt war, einer Kraft, die noch nicht bereit war, aktiver Gestaltungswille zu werden.

In dieser Zeit war Vincent zumeist einer inneren Spannung unterworfen, die er selbst nicht zu deuten wußte. Er las zum Beispiel nie zur Entspannung, sondern immer zielstrebig, fast zwanghaft. Dabei ist eine enge Beziehung zu bestimmten Schriftstellern eher zu beweisen als ein überlegtes System der Auswahl. Seine Reaktionen auf äußere Anreize waren stark und für sein Wesen typisch. Objekt und Subjekt gingen ständig Verbindungen ein. Bewußte und unbewußte Reaktionen auf von außen kommende Eindrücke sind in seinem Handeln und seinen Gewohnheiten zu erkennen, wie zum Beispiel in der Angewohnheit, sein eigenes Bild im Spiegel zu betrachten, der frühesten Form kindlicher Selbstprüfung und Überspanntheit in seinem Verhalten. Schon sehr früh gab es Probleme mit der Kleidung, niemals aß und trank er vernünftig. In der Unterhaltung, auch in kleinen, unbedeutenden Gesten und bei der Überreichung von Geschenken zeigte er sich voll Zartheit und Feingefühl. Heftig waren seine Reaktionen, als die Gewalt der Leidenschaft über ihn kam, lange Zeit, bevor er imstande war, mit der Liebe einig zu werden. Die Widersprüche jener acht kritischen Jahre sind die Zeichen einer Periode der künstlerischen Gestaltwerdung. Durch all dies hindurch seinen Weg zu suchen, bedeutet, eine große Anzahl von Grundmotiven aufzudecken, die so tief hinab reichten, daß sie in seinem Werk bis zuletzt eine Rolle spielten.

Von seiten der Psychoanalyse wird die Meinung vertreten, die Totgeburt seines gleichnamigen Bruders, ein Jahr vor seiner eigenen Geburt, habe sein frühes Gefühlsleben beeinflußt. Es gibt aber keinerlei gesicherte wissenschaftliche Erkenntnis, die, wie ich meine, eine solche Annahme rechtfertigen könnte. Die ersten bekannten Briefe stammen aus dem Jahr 1872. Die Kenntnisse über seine Jugendzeit sind unzulänglich. Selbst die Erinnerungen, die seine Schwester, Elisabeth H. du Quesne-van Gogh, 20 Jahre nach seinem Tod (1910) veröffentlicht hat, gehen nicht hinaus über die herkömmliche Ehrfurcht und den Mangel an Verständnis für eine Wesensart, die der Umgebung des Künstlers lediglich als ‚sonderbar' erschien.

‚Sonderbar' – dies war der einzige Begriff, der Verwandten, Bekannten, Schulkameraden und Lehrern einfiel, um die Wesensart eines Kindes zu kennzeichnen, das sich aus unerfindlichen Gründen von seiner Umgebung fernhielt. Es gibt keinerlei Anhaltspunkte für die Motive seiner Absonderung. Eines scheint jedoch klar: Dieses Verhalten paßt nicht zu den üblichen Klischeevorstellungen vom ‚begabten' Kind. Seine Absonderung ging nicht einher mit jener offenbar mühelosen Überlegenheit in der technischen Beherrschung der einen oder anderen Fachdisziplin, wie man sie bei Persönlichkeiten wie Mozart, Pascal, Flaubert oder Picasso beobachtet hat. Seine frühen Zeichnungen sind unbedeutend. Infolgedessen verfügte Vincent nicht über die gebrechliche Stütze jenes charakteristischen Selbstvertrauens oder gar Eigendünkels hochbegabter Kinder. Was zutage trat, waren lediglich die negativen Äußerungen einer potentiellen, aber noch in der Tiefe verborgenen Kreativität.

Vincent zeigte keinerlei Anzeichen mangelnder Fähigkeiten in den schulischen Leistungen. Warum seine Ausbildung im März 1868 abgebrochen wurde, bleibt ein Rätsel. Es war dies der erste einer Reihe von Ansätzen in seinem Leben, die, abrupt abgebrochen, unvollendet blieben, in diesem Fall vermutlich ohne sein eigenes Verschulden. Die wahrscheinlichste Erklärung ist, daß in der Pfarrersfamilie bei der Allgegenwart finanzieller Nöte einfach nicht genug Geld da war, um die kostspielige Internatsausbildung fortzusetzen, die die Kosten für volle Verpflegung und Wohnung einschloß. Es dauerte länger als ein Jahr, bis –
9, 10 im Juli 1869 – sein Onkel Vincent, ein leitender Mitarbeiter der internationalen Kunstgalerie Goupil & Cie, den siebzehnjährigen Jungen als Lehrling in die Zweigniederlassung des Unternehmens in Den Haag aufnahm. Nichts ist darüber bekanntgeworden, wie Vincent die Zeit zwischen seinem Ausscheiden aus dem Internat in Tilburg und dem Neuanfang bei seinem Onkel in Den Haag verbrachte.

Drei weitere Jahre sollte es dauern, bis Vincent einen – allerdings recht zurückhaltenden – Bericht darüber abgab, wie es ihm an seinem ersten Arbeitsplatz bei der Firma Goupil ergangen war. Erst jetzt, im Alter von 19 Jahren, wird ein tieferes geistiges Verständnis für Malerei und Literatur erkennbar, anfangs noch kindlich und konventionell formuliert, dann an Kraft gewinnend wie eine langsam steigende Flut. Vincent brauchte nicht weit in die Vergangenheit zurückzugreifen: Das 17. Jahrhundert war ihm vertraut, das 18. allerdings in geringerem Maße. Aber er besaß gründliche Kenntnisse über die zeitgenössische Kunst der sechziger und siebziger Jahre des 19. Jahrhunderts, soweit sie ihn interessierte. In der Tat hatte er sich so gründliche Kenntnisse erworben, daß seine eigene Aussage im wesentlichen von der geistigen Verarbeitung der Kunst des 19. Jahrhunderts geprägt wurde, als seine künstlerische Begabung schließlich mit unwiderstehlicher Kraft alle Widerstände überwunden hatte. Literatur, Malerei und Zeichnung waren – bei gleichzeitiger starker persönlicher Beziehung zur Bibel – die Bereiche, mit denen er sich in inneren Kämpfen auseinandersetzte, wobei sich der Schwerpunkt seiner Neigungen schrittweise verlagerte.

In den Jahren, bevor er Maler wurde, entwickelte Vincent eine bemerkenswerte Vorliebe für die Dämmerung und die Nacht, die sich während seines letzten Lebensabschnitts in Arles und St.-Rémy noch offensichtlicher zeigte. Das frühe wie das abendliche Licht des Tages versetzten ihn in eine Gemütsverfassung, in der seine Gefühle, Gedanken und Körperempfindungen geradezu aufgesogen wurden von dem, was er sah, die seine Erfahrungen bereicherte und ihm das Glücksgefühl des Aufgehens im Makrokosmos verlieh. Oft stand er um vier Uhr morgens auf und ging spazieren oder er genoß die abendliche Dämmerung. Manches Mal saß er im Freien, an einem Teich, auf einem Friedhof oder in einem Feld in Erwartung der Dämmerung und lauschte auf die ersten Vogelstimmen.

Bei oberflächlicher Betrachtung könnte man in solch einem Verhalten lediglich eine romantische Neigung sehen, aber es stellt in Wirklichkeit das spezifische Symptom einer ekstatischen Veranlagung dar (vgl. u. a. Margharita Laski, *Ecstasy* [„Ekstase"], London 1961–1980). Ekstatische Erfahrung kann sich in vielfältiger Weise vollziehen, im Bereich des Erotischen wie in dem des Geistigen, sie reicht von visionärer Schau des Alltags bis zu Stadien einer übersteigerten Empfänglichkeit, die in visuellen und akustischen, über den Bereich des Normalen hinausgehenden Erfahrungen gipfeln kann. Im Fall van Goghs führten beide geistigen Befindlichkeiten – das Sich-Verlieren in der Dämmerung und das Erwachen –, die er als geistige Befreiung von Vergangenem und Gegenwärtigem erlebte, zu einer grundlegenden und dauerhaften Wirkung auf sein Leben und somit auch auf seine Kreativität. Durch solche tiefgehenden Erfahrungen der Natur in ihren elementarsten und allgemeingültigsten Äußerungen erfuhr sein von innerer Einsamkeit geprägtes Leben eine Veränderung im Sinne der Vereinigung mit einem größeren Ganzen.

Fasziniert von der Montagne Ste. Victoire (bei Aix-en-Provence), empfand Cézanne viele Jahre lang das innere Bedürfnis, sich vor fünf Uhr am Morgen dorthin zu begeben, um das erwachende Licht und die Natur in völliger Einsamkeit zu erleben. Es gibt keinen Bericht darüber, welche Sinneswahrnehmungen ihm dort zuteil wurden. Über den gleichen Drang, die ewige Wiederholung des Erwachens und Verlöschens von Licht und Welt als Erfahrung zu erleben, wissen wir Genaueres durch Charles Baudelaire (1820–1867) und Arthur Rimbaud (1854–1891), letzterer ein Zeitgenosse van Goghs. George Poulet hat eine grundlegende Analyse über diese psychische Verfassung geschrieben (*La Poésie éclatée* [Das Hervorbrechen der Poesie], Paris 1980). Im Werk der beiden Dichter gibt es von tiefer Betroffenheit zeugende Äußerungen über das morgendliche Erwachen der Welt und über das Hinüberdämmern in die Nacht. Aber die inspirierende Kraft solcher ekstatischen Augenblicke kann ganz unterschiedlich verarbeitet werden, ganz verschiedene Wirkungen hervorrufen. Dies trifft auf Vincent zu, dessen Welt der Baudelaires mit seiner Neigung zum Nächtlichen und zum künstlichen Licht ganz und gar entsprach. Wie Rimbaud zeigte sich Vincent überaus empfänglich für den Sieg der aufgehenden Sonne wie auch für den der Nacht.

Vor allem in jenen acht Jahren, ehe er Maler wurde, beschrieb Vincent seine nächtlichen und abendlichen Spaziergänge bis zur Erschöpfung. Es sind Beschreibungen, die wie ein Refrain in seinen Briefen wiederkehren. Im nachhinein betrachtet, gehören diese Erfahrungen wahrscheinlich zum Schönsten in seinem gequälten Leben. Später, besonders nach seinem Jahr als Maler in Den Haag (1881/82), setzte sich Vincents Empfänglichkeit für ekstatische Erfahrungen in aktiven Ausdruck um – sowohl in Holland als auch in Südfrankreich –, wo sich die Farbigkeit seiner Bilder zuweilen ins Exzessive steigerte.

Seine Affinität zu Nacht und Dämmerung blieb weiterhin auch in der Provence spürbar, wo, angeregt durch den Impressionismus und Vincents körperliches Bedürfnis nach

Wärme, seine Liebe zur Sonne offenbar wurde, wo er alle nordische Düsternis abstreifte, so
daß er fälschlich sogar in den Ruf eines Künstlers des ‚Sonnenlichts' kam. Sternenübersäte
156 Nachthimmel in Arles inspirierten ihn zu mehreren Zeichnungen und Gemälden, die zu
seinen besten Arbeiten gehören. Während seiner letzten Lebensmonate in Auvers (Auvers-
sur-Oise, nördlich von Paris) im Jahre 1890 nimmt das Blau des Himmels einen Farbwert
205, 216 an, der auf Bildern, wie zum Beispiel der Ansicht der kleinen Kirche von Auvers oder wie
beim Hintergrund des Bildnisses des Dr. Gachet (behandelnder Arzt und Freund des Künst-
lers in Auvers), jede Festlegung auf Tag, Abend oder Nacht unmöglich macht. In der Tat
stellen die meisten Ernteszenen mit ihrem intensiven Gelbton, den der Künstler auch als
141 charakteristische Farbe für die Stadt Arles ansah, die äußerste Verwirklichung seines Bemü-
207 hens dar, der Wirkungskraft der Sonne Ausdruck zu verleihen. Aber dies alles war niemals
frei vom ‚Schatten des Todes', was in den Gestalten der Schnitter sichtbar wird, oder vom
‚Schatten des Bösen', gegenwärtig in den Zypressen.

In den Jahren vor dem Beginn seiner Künstlerlaufbahn konzentrierte sich seine Haltung
gegenüber dem Dunklen, der Dämmerung, der Trauer über Verlorenes, der tief innerlichen
Verbundenheit von Eros und Thanatos, Liebe und Tod, mit besessener Hartnäckigkeit auf
die Gestalt der ‚Dame in Schwarz'. Diese Gestalt erschien damals in seinen frühen Haager
70, 71, 76 Zeichnungen und Gemälden, dann auch in jenen, die später in Brabant entstanden – teils in
56 herbstlichen Landschaften oder aber als ein von Kummer und Sorgen verzehrtes Wesen
(Christine [Clasina Maria Hoornik], mit der er in Den Haag zusammenlebte). Aber diese
Gestalt war gewissermaßen in ihm entstanden und hatte sich weiterentwickelt seit 1873,
lange bevor es für ihn darum ging, mit dem Malen anzufangen.

Diese Gestalt hatte ihren Ursprung in der komplexen Wechselwirkung verschiedener Faktoren. Dazu gehörte der ‚schwere Schlag', den seine erste, gescheiterte Verbindung mit Eugenia Loyer in London ihm versetzte. Dazu gehörte aber auch das Erwachen einer großen Bewunderung für Jules Michelet, dessen Werk *L'Amour* („Die Liebe") zu seinen Lieblingsbüchern gehörte. Michelet gab – mehr als Carlyle oder Longfellow, die er zu jener Zeit ebenfalls las – seiner eigenen, nun erwachenden Zuneigung zu Frauen den richtigen Ausdruck, einer Zuneigung, die die Frau nicht nur als mütterliches Wesen, sondern auch als befruchtende Kraft seelischen Antriebs und künstlerischer Imagination verstand. In seinen Briefen finden sich Einzelheiten über seine wechselnde Einstellung zu Michelet, wie auch Berichte über Michelets Beschwörungen und Vorstellungen der ‚Dame in Schwarz'. Aber auch andere Schriftsteller übten in jenen Jahren von 1873–1876 Einfluß auf van Gogh aus. Da war zum Beispiel John Bunyans allegorische Traumvision aus dem 17. Jahrhundert, *The Pilgrim's Progress* („Pilgerreise zur ewigen Seligkeit"), ein faszinierendes Werk, faszinierend vor allem auch durch die anziehende, vampirgleiche Frauengestalt der Versucherin auf der Pilgerfahrt; dann der Amerikaner M. W. Longfellow, ein in Europa vielgelesener Autor, der in seinem Versepos *The Courtship of Miles Standish* („Die Werbung des Miles Standish"), 1858, die legendäre Geschichte der frühen nordamerikanischen Kolonialzeit wiedererstehen ließ und in *Evangeline* den englisch-französischen Krieg auf dem amerikanischen Kontinent behandelte, der das Schicksal der Provinz Acadia besiegelte; weiterhin George Eliot mit *Janet's Repentance* („Janets Reue") und Charlotte Brontës *Shirley*. In Vincents Einbildungskraft gingen Puritanismus und Abenteuerlust eine seltsame Verbindung ein. Leidenschaftliche Frauen in schwierigen Situationen faszinierten ihn. Zur gleichen Zeit aber trat an die Stelle der erloschenen Neigung zu Eugenia Loyer die kalte Glut einer fanatischen Frömmigkeit.

Seit der Zeit, wo er bei der Galerie Goupil gearbeitet hatte, fanden sich an den Wänden
der kleinen Zimmer, die er in Paris, London, Dordrecht und Amsterdam bewohnte, zwei
Frauenbildnisse, die er bewunderte und die seinen Geist in einem bemerkenswerten Grad
18 beschäftigten. Zum einen war dies das Porträt der *Dame in Trauer* aus dem Louvre, das
19 Michelet inspiriert hatte, zum anderen eine Zeichnung des Grabmals mit dem Bildnis der
Anne de Bretagne, deren Name ihn an das Meer und die Felsküste (seine Bindung an die
Landschaft) erinnerte und seiner Bewunderung für jenes Bild einer starken, kämpferischen,
liebesfähigen Weiblichkeit entsprach.

Das religiöse Gefühl, das ihn in Bann hielt, eher eine leidenschaftliche Besessenheit als warme, echte Liebe, ist von seinen Biographen mit einigem Spott bedacht worden. Die Vermutung, er habe sich in den späten siebziger Jahren drei Jahre lang mit nichts anderem befaßt, wird von seiner Begeisterung für Kunst und Literatur widerlegt, die, weit entfernt davon, seit der Zeit in London, Paris und Amsterdam dahinzuschwinden, ganz im Gegenteil immer mehr an Kraft gewann. Er war sich bereits bewußt, ‚irgendwie eingesperrt' zu sein. Ich möchte dies eine psychische Sperre nennen. Er war und blieb sein eigener Gefangener, solange bis er sich damit abgefunden hatte, kein Bibelgelehrter zu werden, denn dies wäre die Voraussetzung für die Übernahme eines geistlichen Amts gewesen. Folgende Fragen verlangten nach einer Antwort: „Was soll aus mir werden?" und „Welcher Sache könnte ich dienen?" Er konnte sie nur beantworten, wenn es ihm gelang, die Sperre seiner eigenen fanatischen Frömmigkeit beiseitezuräumen. Stattdessen aber versuchte er sich anzupassen, in Kleidung und Benehmen, und unterdrückte so, was zum Kampf um seine Befreiung geführt hätte.

Vincent wollte der Außenwelt durch seine Kleidung zeigen, welcher Menschengruppe anzugehören er berufen zu sein meinte: den Armen. Mit diesem Argument vernachlässigte er seine Garderobe, als er nach dem Ausscheiden bei der Firma Goupil nicht mehr die Mittel besaß, sich so zu kleiden, wie es in der Gesellschaftsschicht, aus der er kam, üblich war. Aber seine Familie, besonders sein Bruder Theo, hatte bereits während des letzten Jahrs bei Goupil, 1875, nach seiner Depression in London und nach dem Einsetzen der fanatischen Frömmigkeit, eine gewisse Nachlässigkeit an ihm beobachtet. Theo sah ein, daß die Firma Goupil Vincent unter anderem aus diesem Grund loswerden wollte. Vincent leugnete dies, er schob als tieferen Grund seine eigene Aversion gegen die Geschäftspraktiken des Kunsthandels in den Vordergrund. In London hatte er sich bis zu einem gewissen Grade seiner Umgebung angepaßt, hatte den Zylinder erworben, den er dann auch drei Jahre später in Dordrecht noch trug, wodurch er sich von den dortigen Kleidungssitten abhob. (Das gute Stück war inzwischen auch ziemlich schäbig geworden.)

In der Borinage, dem belgischen Kohle- und Industrierevier um Mons, wo er 1879/80 den Bergleuten Predigten hielt, hatte er sich am stärksten bemüht, sich innerlich, vor allem aber äußerlich von jenen nicht zu unterscheiden, unter denen er seine Mission zu erfüllen hatte. Er tat, was er konnte, um nicht von ihnen abzustechen, und verlieh seine gute Kleidung, wenn bei Unfällen Not am Mann war. Er vernachlässigte seine körperlichen Bedürfnisse und reduzierte seinen Nahrungsbedarf auf das Lebensnotwendige, erreichte damit jedoch genau das Gegenteil dessen, was er erstrebt hatte: Er zog die Aufmerksamkeit auf sich, nicht nur, weil die Leute ihn holländisch-korrekt, sauber und wohlgekleidet hatten ankommen sehen – so wie es sich für einen Holländer gehörte –, sondern auch wegen seiner sozialen Stellung und seines Benehmens, das ihn deutlich als Angehörigen einer anderen Gesellschaftsschicht auswies. Lokalen Berichten zufolge war es das überaus Künstliche seines Anpassungsversuchs, was Aufsehen erregte. Das hatte er nicht erwartet. Seiner Güte und seines Engagements erinnerte man sich mit tiefem Respekt, empfand sie aber als Abweichung vom Üblichen und als etwas Besonderes. Es gab Erinnerungen an seinen alten Militärmantel und den schäbigen Hut, auch daran, daß er in einer kleinen unmöblierten Hütte geschlafen hatte, ohne daß Geldmangel ihn dazu gezwungen hätte.

Seine Sehnsucht nach der uranfänglichen Reinheit Adams und seine ekstatische Veranlagung zeigten sich auch noch an seiner Kleidung, als er Maler wurde, und bedeuteten eine ständige Herausforderung für seine Familie. Diese Familie gab sich bei den verschiedensten Gelegenheiten wirklich alle Mühe, Vincent ein bißchen auszustaffieren, was man in einer Reihe von rührenden Briefen seiner Eltern beobachten kann. Zu seiner Verteidigung verwies er mehr auf seine Tätigkeit als Maler, als daß er politische oder soziale Beweggründe vorbrachte. Malen sei ein schmutziges Handwerk, und in den Straßen der Slums, in Regen und Schlamm, müsse man unauffällig arbeiten. Er zeigte auch weiterhin deutlich seine Vorbehalte gegen die bürgerliche Lebensweise, welche manche Maler annahmen, sobald ihnen materieller Erfolg zuteil wurde.

In Antwerpen jedoch, auf dem Weg nach Paris, nachdem er die Niederlande für immer verlassen hatte, änderte sich seine Haltung bis zu einem gewissen Grade. Er sah ein, daß er etwas für seine Kleidung tun mußte. Seine Pariser Selbstbildnisse aus den Jahren 1885–1888 *115, 117*
zeigen einen erstaunlichen Grad der Angepaßtheit an die Umgebung, in der Bruder Theo seinem Beruf als Kunsthändler nachging. Es liegt auf der Hand, daß er sich Hut, Kragen, Krawatte und den korrekten Anzug, in dem man ihn auf seinen Selbstbildnissen sieht, nicht

eigens zum Zweck der Selbstbetrachtung im Spiegel angeschafft hat. (Obwohl die Pelzmütze und der farbverschmierte Kittel für seine Arbeit im Freien bei jedem Wetter in Asnières offenbar noch immer unentbehrlich waren.)

Er arbeitete mit Paul Signac und Émile Bernard, hatte sogar eine Reihe von Bekannten unter Angehörigen adliger Familien. Toulouse-Lautrecs unvergleichliches Profilbildnis des
114 Künstlers in Pastellfarben gibt wohl das Erscheinungsbild van Goghs so wieder, wie es in Paris aussah, ohne jede Extravaganz in der Kleidung, das eines ‚Gentleman'. Es ist bemerkenswert, daß gerade Toulouse-Lautrec ihn so sah, wo dieser doch sonst immer darauf aus war, einzelne Züge im Erscheinungsbild einer Person so zu betonen, daß er, bei kaum verhüllter Ironie oder sogar Bosheit, eine Karikatur daraus machen konnte, welche Verfall, Laster und Erschöpfung durch Leidenschaften besonders sichtbar werden ließ. Ihm erschien Vincent als leidenschaftlich, aber beherrscht, heftig und rasch in seinen Reaktionen, aber weder zügellos noch verwirrt.

An Politik war Vincent nicht gänzlich uninteressiert, aber sein Interesse beeinflußte weder seine politische Grundeinstellung noch sein Verhalten. Bei einer Gelegenheit, in ungewöhnlicher Laune versuchte er einmal, die durch die Barrikaden der Revolution von 1848 gezogene Trennlinie auf den Unterschied zwischen sich und seinem Bruder zu übertragen, indem er Theo auf die Seite von Guizot, sich selbst auf die Michelets stellte. (Guillaume Guizot, 1787–1874, liberaler Historiker und Ministerpräsident unter König Louis Philippe ab 1847 in Frankreich, wurde in der Februarrevolution 1848 gestürzt; Jules Michelet, 1798–1874, Historiker, kämpfte für die demokratischen Prinzipien und stand auf der Seite der Revolutionäre von 1848.) Einmal sprach er von seinem eigenen ‚Sozialismus' und bezog sich dabei auf den Gedanken einer idealistischen ‚Revolution'. Aber es wurde niemals irgendein Anzeichen einer direkten Bindung sichtbar, außer derjenigen, welche in seinem Gefühl und seiner eigenen seelischen Veranlagung begründet lag. Nicht ein einziges Mal erwähnte er in seinen Briefen die Namen von Marx oder Bakunin, die beide ein erhebliches Ansehen unter den Künstlern in Frankreich genossen. In Belgien, in den späten 70er Jahren, findet Vincent die Gleichgültigkeit der Grubenbesitzer in sozialen Fragen oder die Unzufriedenheit unter der Bevölkerung, die zu dem Aufstand von 1885 führen sollte, kaum der Erwähnung wert. Über Streiks spricht er in einem Brief (130) von 1879, dem Jahr, in dem Bakunin (der in Frankreich und dem anarchistischen Wallonien noch mehr Popularität genoß als Marx) den Bruch mit Marx und der Internationale vollzog. Mehr als politische Fragen beschäftigten ihn in der Zeit, als er unter den Armen des Industriereviers lebte, religiöse Probleme. Er schrieb voller Hochachtung über Courbet, äußerte sich aber nicht zu dessen politischer Tätigkeit, deren unglücklicher Ausgang allgemein bekannt ist. (Gustave Courbet, 1818–1877, war 1871 für die Pariser Commune als Beauftragter für Kunstschätze tätig, wurde deshalb verhaftet, enteignet, verurteilt, inhaftiert und erst 1872 wieder freigelassen.) Vincents Mitgefühl galt im wesentlichen dem einzelnen.

Mehr als er sich selbst eingestehen wollte, begeisterte ihn auch weiterhin die Gestalt Christi, sogar noch, als er dazu übergegangen war, Bibel und Kirche hintanzusetzen und nicht mehr anderen Dingen überzuordnen. Geben lag ihm von Natur aus mehr als Nehmen, wenn er sich auch vornahm, sich in dieser Beziehung zu ändern, nachdem er die nachteiligen Folgen einseitigen Gebens kennengelernt hatte.

Nirgendwo wird erkennbar, daß all das Leid in seinem Leben ihn je dazu gebracht hätte, sich aufzulehnen, weder in der Borinage noch in London oder Brabant. Er wollte Gutes tun, persönlich Hilfe leisten. In diesem Zusammenhang gewinnt in der Provence seine Erwähnung einer Inschrift, die er in einer alten Zeitung fand und die von einem antiken Grabstein, gefunden zwischen Arles und Carpentras, stammte, tiefe Bedeutung. Die Inschrift drückte aus, was er selbst nur zu gut kannte: „Thebe, Tochter des Thelhui, Osirispriesterin, die niemals über irgendjemanden Klage geführt hat". „Niemals geklagt zu haben", besagt sehr viel. Es impliziert die Anerkennung und die Einsicht, wenn nicht gar das völlige Annehmen der grundlegenden Wahrheit, daß Leiden allgegenwärtig ist und Klagen deshalb sinnlos.

Vincents einziger, doch absoluter Akt der Auflehnung richtete sich gegen ihn selbst – sein Selbstmord. Vielerlei Spekulationen sind darüber angestellt worden, die auf rationale wie auf irrationale Impulse verweisen. Es gab von früher Jugend an leichte, in der Folgezeit ernstere Zeichen für seine Veranlagung, Zeichen, welche sichtbar wurden an seinen Reaktionen auf Ereignisse, die er häufig selbst verursacht hatte. Unter diesen Zeichen besteht ein Zusammenhang. Stufenweise entwickelte sich ein Endzustand, der schon früher, aber undeutlich wahrnehmbar war. Mehr und mehr wurde er sich seines Daseins im Dienst einer großen Aufgabe bewußt, die ihm sein Inneres auferlegte. Seine ekstatische Veranlagung öffnete ihn für die fesselnde, völlig von ihm Besitz ergreifende Gewalt einer Idee, die jeden Widerstand überwindet. Abzudrücken, dies war die letzte Tat, zustande gebracht durch das, was er schon zehn Jahre früher als seine ‚aktive Depression' bezeichnet hatte.

Das Geheimnis seiner Krankheit und der Kette von Krisen kann von der medizinischen Wissenschaft nicht mehr gelöst werden. Es ist dunkel geblieben, da es nicht allein durch jene letzte Tat erklärt werden kann. Diese letzte Tat war eine reale, wenn auch nicht unvermeidbare Folge eines ganzen Komplexes von Symptomen. Diese Tat stand darüber hinaus in einer engen Relation zu seiner schöpferischen Kraft und seiner Begabung. Die Annahme, es habe eine Krankheit vorgelegen, deren Folge dann der Selbstmord gewesen sei, hat in den Werken über van Gogh eine Reihe von Mißverständnissen zur Folge gehabt. Ein Kunsthistoriker ist zweifellos in keinerlei Hinsicht in der Lage, diesen Komplex von Symptomen zu erklären, aber er kann die Möglichkeit einer Wechselwirkung zwischen Vincents Krankheit – oder seiner Disposition dazu – und seiner künstlerischen Leistung nicht unbeachtet lassen. Andererseits haben psychiatrische Studien dem ästhetischen Gesichtspunkt selten so Beachtung geschenkt, daß sie dem Künstler gerecht zu werden vermochten. Die Interpretation Vincent van Goghs nach psychoanalytischen Grundsätzen (H. R. Graetz, The Symbolic Language of Vincent van Gogh, London 1963) leidet an dem gleichen Mangel, das heißt, der ästhetische wie der kunsthistorische Gesichtspunkt können nicht ungestraft vernachlässigt werden. Nicht nur wegen seiner Verbindung zu Roger Fry flößt uns Charles Mauron in dieser Hinsicht Vertrauen ein, er vertritt auch eine Fachrichtung, welche in besonderer Weise auf den ästhetischen Bereich hin ausgerichtet ist.

In einem Werk wie dem vorliegenden machte man sich einer Unterlassung schuldig, wollte man Vincents Krankheit mit einigen allgemeinen Redensarten abtun. Genauere Angaben dazu findet der Leser in den Abschnitten über Arles und St.-Rémy/Auvers. Es ist notwendig, sich hier daran zu erinnern, daß die nunmehr veralteten, schematischen Routineangaben, Aufzeichnungen der Ärzte in den Anstalten von Arles und St.-Rémy, nicht die einzige Informationsquelle darstellen, die heutigen Psychologen für Arbeiten über van Gogh zur Verfügung steht. Perioden von Erregungszuständen vor der Krise sowie die eigentliche große Krise in seinem Leben – einschließlich der Jahre, bevor er zu malen anfing, auch daran sollte erinnert werden – können mit einiger Genauigkeit abgegrenzt werden. Es gab Zeiten des Verstimmtseins, Zeiten der Schlaflosigkeit. Über seine Träume wissen wir sehr wenig, sehr viel dagegen über seine Eß- und Trinkgewohnheiten, das Rauchen (mehrfach zitierte er Dickens' Äußerung über das Rauchen als Mittel gegen Selbstmordgedanken), seine Ängste, Halluzinationen, sowohl akustische als auch visuelle, sein Gefühlsleben. Von einem Verfolgungswahn kann nicht die Rede sein, aber er kennt das Gefühl des Isoliertseins. Es gibt Aussagen über seine Sexualität in bestimmten Lebenssituationen sowie Zeugnisse über die möglicherweise falsche Behandlung einer Geschlechtskrankheit. Als er Paris verließ, fürchtete Vincent, völlig gelähmt zu werden.

Die Information über Epileptiker in Vincents Familie erhielt der Psychiater in Arles von ihm selbst. Soweit uns bekannt ist, wurde sie von seinem Bruder Theo nicht dementiert. In St.-Rémy gab Dr. Rey, allerdings mit einigen Vorbehalten, Epilepsie als Befund an. Familienaufzeichnungen, soweit sie die väterliche Familie betreffen, enthalten keine Hinweise auf Epilepsie, und die van Goghs, zumindest die Onkel in der Familie, waren größtenteils klardenkende, realistische Menschen mit gutem Einkommen. Mütterlicherseits, bei den Carbentus, liegen die Dinge anders: Künstlerische und musikalische Begabung kamen vor, aber auch Nervosität, Depressionen, Neurosen. Wahrscheinlich ist es jetzt zu spät, diesen bisher zu wenig beachteten Fragen zu den Vorfahren Vincents größere Aufmerksamkeit zuzuwenden; aber es gibt einiges an Informationen über die Generation, der Vincent selbst angehörte. Seine Lieblingsschwester Willemien wurde in eine psychiatrische Anstalt eingewiesen, nachdem sie einige Jahre lang als Lehrerin tätig gewesen war. Viele Jahre später starb sie in einer solchen Anstalt (undatierter Brief von Frau van Gogh, van Gogh-Archiv). Ohne jede Kenntnis der Symptome, nur im Vertrauen auf seine Beobachtungsgabe, hat Vincent selbst auf einer Photographie Zeichen des Wahnsinns in den Augen seiner nüchternen, ruhigen Schwester gesehen. Die Hypothese einer Epilepsie scheint wegen des Fehlens von Krampfzuständen von den meisten modernen Psychiatern verworfen worden zu sein. Aber noch immer taucht der Gedanke einer Epilepsie gelegentlich auf. Fernand Destaing (*La Souffrance et le Génie* [Leiden und Genie], Paris 1980) nimmt Bezug auf den jüngsten Wandel in der Auffassung über Epilepsie, wonach Krämpfe nicht unbedingt auftreten müssen. Trotz vieler Irrtümer in Destaings Ausführungen über van Goghs Leben ist durch ihn die Möglichkeit einer Epilepsie noch einmal zu einer aktuellen Streitfrage geworden.

Was uns interessiert – wie wenig beweiskräftig die Diagnose auch immer bleiben muß –, ist die Frage, inwieweit seine Veranlagung für eine Krankheit dazu beitrug, Form und Gehalt seiner Kunst zu bestimmen. Wenn man seine Krankheit nicht in Rechnung zieht, führt dies zu einer falschen Einschätzung seines Wesens. Wenn man andererseits versucht, zu zeigen, daß die Krankheit die Ursache gewisser ästhetischer Phänomene in Vincents Kunst war, so begeht man gerade den entgegengesetzten Fehler. Zu zahlreich sind allerdings die wohlbekannten Tatsachen, als daß man nicht van Gogh recht geben müßte, der selbst sagte, daß die Leistung, die er nach Jahren der Vorbereitung schließlich äußerst schnell, in einem Zeitraum von zehn Jahren, vollbrachte, seine physische und psychische Kraft erschöpft und seine Gesundheit zerstört habe. Seine psychische Veranlagung – womit auch der ganze Bereich des Unbewußten gemeint ist – umfaßte einen Vorrat an Energie, vergleichbar dem fruchtbaren Boden, der gepflügt, besät, gedüngt und beregnet werden muß, ehe seine schlafenden Kräfte genutzt werden können. Diese Energie schloß aber auch die Krankheit mit ein, die hervortreten mußte, als Vincent seine nervliche Anspannung krampfhaft bis zum äußersten gesteigert hatte, um sein Werk hervorzubringen. Über alle Maßen gespannt, war er nicht mehr fähig zu einer Entspannung, welche ihn gerettet hätte. Entspannung führte deshalb zu psychischer Gestörtheit.

Ohne diese Überschreitung der Grenzen hätte manches Werk van Goghs nicht die Qualität erreicht, welche die Ursache dafür ist, daß es Menschen anspricht, Menschen, denen es im übrigen völlig unbewußt bleibt, was in den Werken vor sich geht. Van Gogh war sich dessen bewußt. Er erinnerte sich an – oder besser, er vergaß niemals – den Eindruck, den 1873
17 das Bildnis des wahnsinnigen Hugo van der Goes mit wildem Blick auf einem Gemälde von Wauters auf ihn gemacht hatte. Und 1888 kam ihm jenes Bild des Hugo van der Goes wieder in den Sinn, als er die Bilanz seines eigenen Lebens zog. Schon immer hatte er gelegentlich Augenblicke gehabt, in welchen er klar sah, und die ihn so gewaltig erschütterten, daß er im Alter von dreißig Jahren (1883) feststellen konnte, „Ich habe nur wenige Jahre Zeit, um mein Werk einigermaßen abzuschließen“ (Brief 309), denn er wußte, es komme auf seine ersten zehn Jahre als Maler an, und er rechnete damit, sechs bis zehn Jahre zur Verfügung zu haben. Letztendlich waren es dann sieben Jahre. In demselben Jahr 1883 erkannte er auch, daß die Wunde, die eine abgewiesene und verbotene Liebe ihm geschlagen hatte, „nicht heilen kann“, zu tief sitzt und auch „in Jahren noch so sein wird, wie am ersten Tag“ (Brief 313). Damals fiel die Entscheidung, und gerade darin, nämlich in seinem Gefühl der Verpflichtung gegenüber seinem Werk und dem Bewußtsein, von der Liebe gezeichnet zu sein, liegen die beiden Quellen seiner Kunst. Sie sind miteinander verbunden und prägten alles, was noch folgen sollte.

I KUNSTHANDEL UND RELIGION

„Heimweh nach der Heimat der Bilder“

1869–1873 DEN HAAG
1973–1874 LONDON
1874–1876 PARIS
1876 RAMSGATE–ISLEWORTH
1877 DORDRECHT
1877–1878 AMSTERDAM
1878 LAEKEN
1878–1880 WASMES
1880 CUESMES–BRÜSSEL

Die ersten erhaltenen Briefe schrieb Vincent im August 1872 im Alter von 19 Jahren. Sein Bruder Theo war damals ein fünfzehnjähriger Schuljunge. Vincent schrieb aus Den Haag, wo er seit seinem 16. Lebensjahr im Dienst der Kunstgalerie Goupil & Cie. stand (1869).

Dank für Deinen Brief; es hat mich gefreut, daß Du gut angekommen bist. Du hast mir in den ersten Tagen sehr gefehlt, und es war mir ganz seltsam, daß Du nicht da warst, wenn ich mittags nach Hause kam.

Wir haben wunderschöne Tage zusammen gehabt, und zwischendurch sind wir doch noch ein paarmal spazieren gewesen und haben allerlei gesehen.

So ein gräßliches Wetter, da sind Deine Gänge nach Oisterwijk gewiß schrecklich für Dich. Gestern war Pferderennen anläßlich der Ausstellung, aber Illumination und Feuerwerk sind wegen des schlechten Wetters verschoben worden; es ist nur gut, daß Du deswegen nicht noch dageblieben bist.

Grüße von den Familien Haanebeek und Roos. (1, Aug. 1872)

9 Zu der Firma Goupil &. Cie., die Adolphe Goupil 1827 in Paris gegründet hatte, gehörte
10 jetzt auch das Unternehmen in Den Haag, begründet von Vincents Onkel, der ebenfalls
den Namen Vincent Willem van Gogh trug und noch als Teilhaber am Stammhaus der Firma beteiligt war. Zentren des Kunsthandels wie dieses Unternehmen sollten als Vermittler von Kenntnissen und Kunstverständnis nicht unterschätzt werden. Vincent sowohl als auch Theo kamen durch ‚Onkel Cents‘ Sammlung erstmals mit Kunstwerken in Berührung, und sie lernten die ersten Künstler durch ihre Arbeit bei Goupil kennen. Die Geschäftstätigkeit in Den Haag umfaßte zu dieser Zeit verschiedene Bereiche. Dazu gehörte z. B. die Herstellung und der Verkauf von Kupferstichen, Radierungen, Lithographien und Photographien von Kunstwerken, wie auch der Verkauf von Gemälden.

Kunsthändler machten damals mit ihren Reproduktionen beträchtliche Gewinne. Nach und nach gingen sie dazu über, auch zeitgenössische Kunst anzubieten. Die Galerie Goupil in Den Haag verkaufte bereits Werke der progressiven Künstlergruppen des Realismus, der
63 französischen Schule von Barbizon (Théodore Rousseau, Charles-François Daubigny, Nar-
62 cisse-Virgile Diaz, Jules Dupré, Constant Troyon) und der niederländischen Haager Schule
59, 64, 90, 25, 61 (Anton Mauve, Jozef Israëls, Thijs und Jacob Maris, H. W. Mesdag, Johannes Bosboom,
H. J. Weissenbruch).

Über die Art seiner Tätigkeit in der Firma in Den Haag hat Vincent nur wenig berichtet. Er verließ das Unternehmen mit einem Empfehlungsschreiben, das ihm H. G. Tersteeg ausgestellt hatte, der die Zweigniederlassung im Auftrag von Vincents Onkel leitete. Die Briefe aus jener Zeit zeigen wohl noch eine gewisse Unreife, berichten aber über regelmäßige Besuche in bedeutenden Kunstgalerien und über ausgeprägte, wenn auch recht konventionell formulierte Neigungen.

Seinem Elternhaus und seiner Familie fühlte sich Vincent als junger Mann eng verbunden, so daß sein Wechsel nach London 1873, welcher als Beförderung gedacht war, bei ihm schon bald Heimweh hervorrief. Theo nahm unterdessen seine Arbeit bei Goupil in Brüssel auf.

Du mußt mir vor allem mehr schreiben, was Du alles siehst.

Sonntag vor vierzehn Tagen war ich in Amsterdam und habe mir die Ausstellung der Bilder angesehen, die von hier nach Wien gehen.

Das war sehr interessant, und ich bin gespannt, wie die Holländer in Wien abschneiden werden. Ich bin sehr neugierig auf die englischen Maler, wir kriegen so wenig davon zu sehen, da fast alles in England bleibt... (5, 17. März 1873)

Das Postskriptum könnte man leicht übersehen:

PS. Theo, ich muß Dir doch mal ernstlich raten, Pfeife zu rauchen, das tut so gut, wenn man mal schlechter Laune ist, wie das bei mir jetzt öfter vorkommt. (5, 17. März 1873)

Von seiner Pfeife wollte sich Vincent sein ganzes Leben lang nicht trennen. Noch kurz vor dem Ende seines Lebens wies er hin auf ihren Wert als Mittel gegen Selbstmordgedanken.

...Jeden Tag gebrauche ich das Mittel, das der unvergleichliche Dickens gegen den Selbstmord verschreibt. Es besteht in einem Glase Wein, einem Stück Brot mit Käse und einer Pfeife Tabak... (Vincent an Wil van Gogh, W 11, 10. April 1889, F)

Vincents erste Eindrücke von englischer Kunst in London waren im ganzen gesehen nicht sehr günstig. Noch war er nicht vertraut mit den Künstlern, denen seine dauernde Liebe gelten sollte, den Zeichnern, die für Wochenschriften und andere Veröffentlichungen arbeiteten. Recht bald bekundete er indes lebhaftes Interesse für den tüchtigen, wenn auch mäßig begabten Maler George Henry Boughton (1834–1905), den er noch längere Zeit in seinen Briefen erwähnte. Für Vincent war es ganz typisch, daß ihn, selbst als er noch recht jung war, nicht nur berühmte Namen und große Meister beeindruckten. Er hatte ebenso einen Blick für kleinere Maler, vorausgesetzt, sie bezeugten aufrichtige Empfindungen und gingen in ihrer Aussage über das bloß Gefällige hinaus. Boughton zog ihn wegen seiner ernsten Auffassung von der Landschaft an, aber auch, weil er sich gelegentlich Pilger, insbesondere Puritaner als Bildthema wählte. Boughton war es auch, der Vincent dazu anregte, Longfellows *Evangeline* und *The Courtship of Miles Standish* nochmals zu lesen. Vincent war sich seit seiner frühen Jugend der Wechselwirkung zwischen Literatur und Malerei durchaus bewußt gewesen.

20–22

G. H. Boughton: *Auf dem Hügel über dem See liegt Rose Standish begraben.*
Nach H. W. Longfellow, *The Courtship of Miles Standish*

...Die englische Kunst hat mich anfangs nicht sehr gefesselt, man muß sich daran gewöhnen. Es gibt aber tüchtige Maler hier, so Millais, der den *„Hugenotten"*, *„Ophelia"* usw. gemacht hat. Du kennst gewiß Stiche danach; das ist sehr schön. Dann Boughton, von dem Du die *„Puritains allant à l'église"* in unserer Galerie photographique kennst, von dem habe ich sehr schöne Sachen gesehen. Ferner unter den alten Malern Constable, das ist ein Landschafter, der vor etwa dreißig Jahren gelebt hat; das ist wundervoll, es hat etwas von Diaz und Daubigny; und Reynolds und Gainsborough, die vor allem sehr schöne Frauenbildnisse gemalt haben, und dann Turner, nach dem Du wohl schon Stiche gesehen hast...

...Du mußt mir bei Gelegenheit mal schreiben, ob es Photographien nach Wauters gibt, außer *„Hugo van der Goes"* und *„Maria von Burgund"*, und ob Du auch Photographien nach Bildern von Lagye und de Braekeleer kennst. Es ist nicht der alte Braekeleer, den ich meine, sondern ein Sohn von ihm, glaube ich, der auf der letzten Ausstellung in Brüssel drei wunderschöne Bilder gehabt hat: *„Anvers"*, *„L'École"* und *„L'Atlas"*... (10, 20. Juli 1873)

Es ist bemerkenswert, daß Vincent Photographien von Gemälden sammelte und besonders Emile Wauters Gemälde *Hugo van der Goes im Kloster Roodendale* erwähnte, ein Bild, auf dem der Künstler mit wildem Blick vor sich hinstarrend gezeigt wird, während eine kleine Sängerschar sich bemüht, seinen verwirrten Geist durch Musik zu besänftigen. Dieses Bildnis des Hugo van der Goes behielt Vincent bis zu seinem Todestag bei sich. Er identifizierte sich offensichtlich mit dem Dargestellten, und diese Einstellung war die Grundlage für seine Art und Weise zu lesen, zu sehen und zu hören.

17

Vincent unternahm ausgedehnte Spaziergänge und machte sich mit der Stadt London und ihrer ländlichen Umgebung vertraut.

...Ich gehe hier so viel wie möglich spazieren, aber ich habe sehr viel zu tun. Es ist hier wunderbar schön (obwohl es in der Stadt ist). In allen Gärten blühen Flieder und Rotdorn und Goldregen, und die Kastanien sind herrlich.

Wenn man die Natur wahrhaft liebt, so findet man es überall schön. Und doch sehne ich mich manchmal sehr nach Holland und vor allem nach Helvoirt... (16, 13. April 1874)

Solche Spaziergänge sollten ein unerläßlicher Bestandteil seiner Naturerfahrung, zugleich aber auch eine entscheidende Antriebskraft für sein Innenleben werden. Es handelte sich hierbei um richtige Wanderungen und Pilgerreisen. Sie sind Spiegelbild eines intensiven Innenlebens, das indes noch lange in rezeptivem und passivem Zustand verharrte.

Er besuchte die Museen, scheint aber die traditionellen Londoner Sehenswürdigkeiten verschmäht und den Tower, den Kristallpalast sowie Madame Tussauds Wachsfigurenkabinett nicht besucht zu haben. Was ihn faszinierte, waren die Menschen, ihre Lebensweise, im Vorbeigehen beobachtete Straßenszenen. Obwohl er ständig unter Heimweh litt, wurde sein Nationalgefühl allmählich schwächer.

...Ich habe hier ein reicheres Leben, „als die nichts innehaben, und doch alles haben", manchmal möchte ich glauben, daß ich allmählich dahin komme, ein wahrer Kosmopolit zu werden, das heißt kein Holländer, Engländer oder Franzose, sondern einfach ein Mann.

Und als Vaterland die Welt – das heißt ein kleines Fleckchen auf der Welt, wo wir hingesetzt werden.

Aber so weit sind wir noch nicht, ich jage ihm aber nach, ob ich es auch ergreifen möchte. Und als Ideal das, was Mauve „das ist das Wahre" nennt... (Vincent an Carolien van Stockum-Hannebeck, 13a, 1873–1874)

Bei Mauve, den Vincent hier wie auch später beifällig zitiert, handelt es sich um den hervorragenden Haager Maler Anton Mauve (1838–1888), der mit einer Tante Vincents mütterlicherseits namens Jet verheiratet war. Am stärksten hingezogen fühlte er sich jedoch zu dem Philosophen und Historiker Jules Michelet. Ein Brief aus London zitiert die folgende Passage aus dem Kapitel „Les Aspirations de l'Automne" (Sehnsucht im Herbst) von Michelets Buch *L'Amour*:

„Ich sehe von hier eine Dame, ich sehe sie nachdenklich in einem nicht sehr ausgedehnten und frühzeitig abgeblühten, aber geschützten Garten gehen, wie es sie hinter unsern Steilküsten in Frankreich oder hinter den Dünen in Holland gibt. Die exotischen Sträucher sind schon ins Gewächshaus zurückgebracht worden. Das gefallene Laub enthüllt einige Statuen. Ein Kunstluxus, der in leichtem Gegensatz zu der sehr einfachen, bescheidenen, strengen Kleidung der Dame steht, deren schwarze (oder graue) Seide kaum durch ein schlichtes lila Band belebt wird...

Aber habe ich sie nicht schon in den Museen von Amsterdam und Den Haag gesehen? Sie erinnert mich an eine Dame von Philippe de Champagne (übrigens im Louvre), die sich mir ins Herz geprägt hat, so aufrichtig, so rechtschaffen, hinreichend gescheit, aber schlicht, den listigen Machenschaften der Welt nicht gewachsen. Diese Frau ist mir dreißig Jahre lang in Erinnerung geblieben und immer wieder beunruhigend ins Gedächtnis gekommen, so daß ich mich fragen mußte: ‚Aber wie hieß sie denn? Was ist ihr zugestoßen? Hat sie ein wenig Glück erfahren? Und wie ist sie mit dem Leben fertig geworden?'" (Vincent an Carolien und Willem van Stockum, 11a, Okt. 1873)

Vincent war ein einsamer, stark religiöser junger Mann. Seine Einbildungskraft war in Bann gehalten von jener Vorstellung von Weiblichkeit, die er vor allem bei Michelet fand. 1873 in London wurde er gedemütigt durch die Abweisung seiner Liebe zu Eugenia, der Tochter seiner verwitweten Hauswirtin Ursula Loyer. Es stellte sich nämlich heraus, daß Eugenia heimlich verlobt war. Vincent war offensichtlich nicht bereit, diese Tatsache anzuerkennen. Eugenias Freund, dessen Stelle er gern eingenommen hätte, war ihm unsympathisch. Seine kraftvolle Wesensart und das, was er später teils als Einbildung, teils als aufrichtige Liebe ansah, riefen bei ihm ein Gefühl des Gekränktseins hervor und versetzten ihn in einen Zustand der Introversion, der seinen Geist ablenkte von der harten Tatsache, daß er seinen Lebensunterhalt selbst verdienen mußte. Wesentlich später erst gab er eine scharfe Analyse seiner Geistesverfassung zu jener Zeit.

... Was für eine Liebe war das, die ich in meinem zwanzigsten Lebensjahr hatte? Schwer zu sagen: meine *körperlichen Leidenschaften* waren damals sehr schwach, vielleicht die Folge jahrelanger schlimmer Armut und harter Arbeit. Aber meine geistigen Leidenschaften waren stark. Und damit meine ich: ohne etwas dafür zu fordern oder Mitleid annehmen zu wollen, war ich darauf aus, immer nur zu geben, doch nicht zu empfangen. Unsinnig, verkehrt, übertrieben, hochmütig, vermessen, denn in Sachen der Liebe darf man nicht nur geben, sondern muß auch nehmen, und umgekehrt darf man nicht nur nehmen, sondern muß auch geben. Wer nach rechts oder links abweicht, der fällt, da gibt's kein Erbarmen. Also fiel ich, und es war ein Wunder, daß ich wieder obenauf gekommen bin... (157, 12. Nov. 1881)

1873 war Vincent nicht in der Lage, in seinen Briefen seine Gefühle in Worte zu fassen. Von seinem Liebesabenteuer mit Eugenia wissen wir nur, weil sein Bruder Theo später seiner Frau Johanna davon berichtete, die ihrerseits die Geschichte in ihrem Vorwort der *Verzamelde Brieven van Vincent van Gogh* (Gesamtausgabe der Briefe Vincent van Goghs) erzählte, wobei sie die Tochter der Londoner Hauswirtin irrtümlich mit dem Namen der Mutter belegte. Theo erwähnte die Geschichte auch in Briefen an seine Eltern. Unglücklicherweise sind nicht alle im van Gogh-Archiv erhalten.

Im Sommer 1874 besuchte Vincent seine Eltern in Helvoirt. (Sie waren 1871 vom nahegelegenen Zundert dorthin gezogen.) Er hatte vor, seine Schwester Anna nach England zu begleiten, die sich dort eine Stellung suchen wollte. Seine Eltern waren enttäuscht. Sie fanden ihn „still und niedergeschlagen, auch zunehmend der Religion zugewandt".

Ich freue mich, daß Du im *Michelet* gelesen hast und daß Du es so gut verstehst. So ein Buch lehrt einen wenigstens einsehen, daß sehr viel mehr in der Liebe steckt, als die Menschen gewöhnlich dahinter suchen.

Das Buch ist für mich eine Offenbarung gewesen und zugleich ein Evangelium. „Il n'y a pas de vieille femme" [Es gibt keine alte Frau]. (Das heißt nicht, daß es keine alten Frauen gibt, sondern daß eine Frau nicht alt wird, solange sie liebt und geliebt wird.)

Und dann so ein Kapitel wie „Les Aspirations de l'Automne" [Herbstliches Sehnen], wie schön ist das! Daß eine Frau „ein ganz anderes Wesen" ist als der Mann (und ein Wesen, das wir noch nicht kennen, wenigstens nur sehr oberflächlich), wie Du sagst, ja, das glaube ich bestimmt.

Und daß ein Mann und ein Weib eins werden können, wirklich *ein* Ganzes und nicht zwei Hälften, das glaube ich auch.

Anna hält sich tapfer, wir machen herrliche Spaziergänge zusammen. Es ist hier so schön, wenn man nur ein gutes, einfältiges Auge hat ohne viel Balken drin. Aber wenn man das hat, ist es überall schön...

Das Bild von Thijs Maris, Das Herr Tersteeg gekauft hat, muß schön sein, ich habe schon davon gehört und habe selber eins ganz in der gleichen Art gekauft und verkauft.

Meine Zeichenlust hat hier in England wieder ausgesetzt, aber vielleicht kriege ich plötzlich mal wieder einen Anfall davon. Ich lese jetzt wieder viel... (20, 31. Juli 1874)

Nur in seinen Träumereien über Mann und Frau finden sich Aussagen über seine Leidenschaft für das Weibliche und dessen geheimnisvolle Kraft, eine Leidenschaft, die durch die vorantreibende Macht von Michelets Werk gelenkt wurde. Immer auf der Suche nach dem eigenen Selbstverständnis scheint sich Vincent intuitiv von Michelets stark emotional geprägter Persönlichkeit angezogen gefühlt zu haben, wie auch von seiner Denkweise, die Georges Poulet so treffend beschrieben hat:

Michelet ist ein Mensch, der nicht bereit ist, jemandem sein Herz auszuschütten, sich der Außenwelt und den Mitmenschen zu öffnen, der überdies unfähig ist, seine Gedanken ohne einen bewußten Kraftaufwand auf ein Ziel zu richten. Niemals reagiert er spontan. Selbstisolierung und Selbstbeschränkung sind bei ihm das Ergebnis einer ausdrücklichen Entscheidung. Michelet lebt so, daß er seinem eigenen Wesen Zwang antut. Oder vielmehr, in den eindeutigen Äußerungen seines Willens gehorcht er einem wesentlichen Zug seines Charakters. Er tut sich selbst Gewalt an, weil das Gewaltsame Teil seines Wesens ist. (Georges Poulet, *Études sur le temps humain*, Paris 1968)

Vincent verließ nun die Familie Loyer und ihre Vorschule und wohnte ohne Verpflegung in der Ivy Cottage, Kensington Road 395. Seinen Zeichnungen maß er keinerlei Bedeutung bei, und da Kreativität im wahrsten Sinne des Wortes in ihnen kaum erkennbar wird, wäre es falsch, wollte man sie für bedeutsam ansehen.

...Kaufe von dem Geld, das Du von mir hast, Alphonse Karr, *„Voyage autour de mon Jardin"*, vergiß es ja nicht, ich will, daß Du das liest.

Anna und ich gehen jeden Abend spazieren; es fängt schon an, Herbst zu werden, und das macht die Natur noch ernster und inniger.

Wir wollen umziehen und wohnen dann in einem ganz mit Efeu bewachsenen Haus, ich schreibe Dir bald mehr davon.

Grüße an alle, die nach mir fragen. (21, 10. Aug. 1874)

Efeu und Moos gefielen ihm, wo immer er sie fand, und der Efeu wurde zu seinem Symbol, einem der Grundthemen in seinem Werk. In der christlichen Symbolik steht der Efeu *172*
für den Tod, für Unsterblichkeit und Zuneigung. 1876, als er seine Schwester Anna in Welwyn, auch in einer Ivy Cottage, besuchte, fand er eine *Mater Dolorosa*, von Efeu umrahmt, in ihrem Zimmer (Brief 69). In Isleworth, an einem Herbstabend im gleichen Jahr, war er tief ergriffen vom Anblick der „efeuumrankten Kirche und dem Kirchhof mit seinen Trauerweiden an den Ufern der Themse" (Brief 76). In Dordrecht zitierte er Dickens (aus dem Gedächtnis):

...Vom Fenster meines Zimmers sieht man auf Gärten mit Kiefern und Pappeln. Und auf die

Rückseite alter Häuser, unter anderem auf eine mit Efeu bewachsene Dachtraufe. „A strange old plant is the ivygreen“ [Eine sonderbare alte Pflanze ist der grüne Efeu], heißt es bei Dickens. – Es kann dieser Anblick so etwas Ernstes und beinah Düsteres haben, aber Du solltest es nur mal sehen, wenn die Morgensonne darauf scheint. Wenn ich das ansehe, muß ich manchmal an einen Brief von Dir denken, in dem Du von so einem efeubewachsenen Haus sprichst, weißt Du noch?... (84, 21. Jan. 1877)

Noch später, 1878, als er sich in Amsterdam mit Latein und Griechisch abmühte, überlegte er, daß „Geduld mir helfen wird, damit einig zu werden. Hoffentlich gelingt es mir, mich des Efeus zu erinnern, ‚der sich nach oben schwingt, obwohl er keine Flügel trägt‘. So wie der Efeu die Mauern entlangkriecht, muß die Feder über das Papier gleiten“ (Brief 95). In Arles schrieb er viele Jahre später in dem seltsamen Versuch, seiner Schwester Willemien zu der Pflege eines kranken Verwandten Mut zuzusprechen:

... Der Efeu umschlingt die alten Kopfweiden – jedes Frühjahr umschlingt der Efeu den Stamm der alten Eiche – und so heftet sich der Krebs, dieses geheimnisvolle Gewächs, so oft an Menschen, deren Leben lauter Liebe und Aufopferung war. Wie furchtbar auch das Mysterium dieser Schmerzen sein mag, das Entsetzen davor ist heilig – vielleicht ist da gar etwas Mildes, Herzbewegendes, wie wenn wir auf dem alten Strohdache grünes Moos in Fülle sehen... (Vincent an Wil, W11, 10. April 1889, F)

Einer der letzten Briefe, die Vincent schrieb, als er erstmals bei Goupil in London arbeitete, enthält eine bemerkenswerte Beschreibung eines der beliebtesten Werke von Thijs Maris, *Erinnerung an Amsterdam*, das in Paris mit Hilfe einer stereographischen Photoaufnahme gemalt worden war. Vincent hat das Gemälde genau betrachtet. Er beschreibt es mit ungewöhnlicher Präzision und gibt eine eindrucksvolle Beurteilung seiner Qualität.

Dank für Deinen Brief. Ich habe doch in Dein Büchlein *„Meeresstille“* von Heine geschrieben? Vor einiger Zeit sah ich ein Bild von Thijs Maris, das mich daran erinnerte.

Eine altholländische Stadt, die Reihen braunroter Häuser mit Treppengiebeln und hohen Vortreppen, grauen Dächern und weißen oder gelben Türen, Fensterrahmen und Dachsimsen; Grachten mit Schiffen und einer großen weißen Zugbrücke, unter der ein Lastkahn mit einem Mann am Steuer hinfährt, das Häuschen des Brückenwächters, den man durchs Fenster in seiner kleinen Schreibstube sitzen sieht.

Ein Stück weiter eine steinerne Brücke über die Gracht, über die Leute gehen und ein Karren mit weißen Pferden fährt.

Und überall Bewegung; ein Dienstmann mit seinem Schubkarren, ein Mann, der am Geländer lehnt und ins Wasser sieht, schwarzgekleidete Frauen mit weißen Hauben.

Der Vordergrund ein Kai mit Pflastersteinen und schwarzem Geländer.

In der Ferne ragt ein Turm über die Häuser empor.

Ein grauweißer Himmel über dem Ganzen.

Der Vorwurf ist beinah der gleiche wie der große Jaap Maris, *„Amsterdam“*, den Du vielleicht kennst, nur dies ist Talent und das andere Genie... (24, 6. April 1875)

Sein letzter Brief gibt knapp, aber unmißverständlich einer düsteren Stimmung Ausdruck. Sein Onkel, der Kunsthändler C. M. van Gogh, hatte ihn zusammen mit Tersteeg besucht.

...Ja, Junge, „was sollen wir da sagen“? C. M. und Herr Tersteeg sind hier gewesen und vorigen Sonnabend wieder abgereist. Mir scheint, sie waren ein bißchen zu viel im Crystal Palace und an anderen Orten, wo sie nichts zu suchen hatten. Sie hätten, finde ich, auch mal zu mir kommen können und sehen, wo ich wohne.

Ich hoffe und glaube, daß ich nicht bin, was mancher im Augenblick von mir denkt, nous verrons [wir werden sehen], es muß Zeit darüber hingehen; wahrscheinlich sagt man nach ein paar Jahren dasselbe von Dir, wenigstens wenn Du bleibst, was du bist: mein Bruder in doppeltem Sinn...

P.S. Um in der Welt tätig zu wirken, muß man sich selbst absterben; das Volk, das sich zum Verbreiter eines religiösen Gedankens macht, hat kein anderes Vaterland mehr als diesen Gedanken. Der Mensch ist nicht auf Erden, nur um glücklich zu sein, er ist nicht einmal hier, um schlechthin anständig zu sein. Er ist hier, um für die Gesellschaft große Dinge zu verwirklichen, um Seelengröße zu erlangen und die Gemeinheit hinter sich zu lassen, in der sich das Dasein fast aller Menschen hinschleppt. (RENAN) (26, 8. Mai 1875)

Vincent hatte eine neue Kenntnis seiner eigenen Persönlichkeit gewonnen, zugleich mit einem Bewußtsein der Entfremdung. Anders zu sein bedeutete — und dies sollte sich über eine langandauernde Periode inneren Wachstums hinweg als grundlegend erweisen — die Lösung seines sozialen Ich aus der Tradition seiner Familie. Diese Tradition entschied kraft einer Autorität, welche mehr auf dem Streben nach einer bestimmten gesellschaftlichen Stellung als nach Geld basierte, darüber, welche Laufbahn die Kinder des Geistlichen Theodorus van Gogh und seiner Frau Anna van Gogh-Carbentus einzuschlagen hatten. *6, 7*

Seine Familienangehörigen machten sich ernsthafte Sorgen wegen Vincents düsterer Stimmung. Ganz offensichtlich war er mit sich und der Welt unzufrieden, obgleich die tieferen Beweggründe seines Unbefriedigtseins ihm wie auch der Familie unverständlich blieben. Sie steckten die Köpfe zusammen, und Onkel Vincent, der für die psychischen Probleme seines Neffen mehr Verständnis hatte als die anderen, ließ ihn 1874 für eine Zeitlang (Oktober—Dezember) nach Paris versetzen. Der Versuch schlug fehl, und Vincent wurde nach London zurückgeschickt. Nichtsdestoweniger sollten die Dinge in Paris zur Krise heranreifen.

Ernest Meissonier: *Der Lesende* (vgl. auch Abb. 11)

Vincent ging nun dazu über, sein soziales Ich kompromißlos jenem noch nicht klar umrissenen Wesen unterzuordnen, das sein wahres Ich und dessen psychische Struktur umfaßte. Darüber zu schreiben war er nicht in der Lage. Für all jene, die zwischen den Zeilen zu lesen verstehen, gibt es aber reichlich Anhaltspunkte, in seinen Ansichten über Malerei und Literatur, die weit vom Alltäglichen abweichen, auch in einem gequälten und gehemmten, fast unfreien Verhältnis zur Religion, das zunehmend eine zerstörerische Wirkung auf seine Beziehungen zur Familie und deren traditionelle bürgerliche Werte hatte.

Im Mai 1875 wurde Vincent auf Dauer nach Paris versetzt. Er wußte, man würde ihn genau beobachten, nachdem man in London seinetwegen bereits Befürchtungen gehegt hatte.

Onkel Vincent ist wieder hier gewesen, ich war noch ein paarmal mit ihm zusammen und habe allerlei mit ihm besprochen. Ich fragte ihn, ob er es irgendwie für möglich halte, Dich hierher ins Pariser Haus zu bekommen.

Anfangs wollte er nichts davon hören und sagte, es sei viel besser, Du bliebest im Haag; ich habe aber nicht lockergelassen, und Du kannst darauf rechnen, daß er sich jetzt in Gedanken damit befaßt.

Wenn er in den Haag kommt, wird er wahrscheinlich mit Dir davon sprechen, bleibe dann nur ganz ruhig und laß ihn reden, was er will; es wird Dir nichts schaden, und wahrscheinlich wirst Du ihn später wohl noch mal nötig haben. Von mir mußt Du nicht sprechen, wenn es sich nicht von selbst ergibt.

Er ist furchtbar gescheit; als ich vorigen Winter hier war, sagte er u. a. zu mir: in übernatürlichen Dingen weiß ich vielleicht nicht Bescheid, aber in natürlichen Dingen weiß ich gut Bescheid; ich weiß nicht, ob es genau dieselben Worte waren, aber darauf lief es doch hinaus.

Ich will Dir doch auch noch sagen, daß eines der Bilder, die er am meisten liebt, *„Les illusions perdues"* von Gleyre ist.

Sainte-Beuve sagte: „Il est dans la plupart des hommes un poète mort jeune, à qui l'homme survit" [In den meisten Menschen ist ein jung verstorbener Dichter, den der Mensch überlebt], und Musset: „Sachez qu'en nous il existe souvent un poète endormi, toujours jeune et vivant." [Ihr müßt wissen, daß in uns oft ein schlafender Dichter lebt, der immer jung und lebendig bleibt.]

Ich glaube, das erste ist der Fall bei Onkel Vincent. Du weißt also, mit wem Du es zu tun hast.

Bitte ihn ruhig ganz offen, zu veranlassen, daß Du hierher oder nach London kommst.

Ich danke Dir für Deinen Brief von heute morgen und für den Vers von Rückert. Hast Du seine Gedichte? Ich würde gern mehr davon kennenlernen. Bei Gelegenheit schicke ich Dir eine französische Bibel und *„L'Imitation de Jésus Christ"*. Das war wahrscheinlich das Lieblingsbuch jener Frau, die *18*
Ph. de Champaigne gemalt hat; im Louvre ist das Bildnis ihrer Tochter, einer Nonne, ebenfalls von de Champaigne; sie hat die *„Imitation"* auf einem Stuhl neben sich liegen...

P.S. Habt Ihr die Photographien nach Meissonier im Geschäft? Sieh sie Dir oft an; er hat Männer gemalt, vielleicht kennst Du *„Le fumeur à la fenêtre"* und *„Le jeune homme déjeûnant"*. (31, 15. Juli 1875)

Seine Lektüre konzentrierte sich nunmehr auf die Bibel (in französisch) und Thomas a Kempis *De Imitatione Christi* („Nachfolge Christi") — was einen erheblichen Einfluß auf seine Überzeugungen und sogar auf seinen schriftlichen Ausdruck hatte. Schon bald war er ein begeisterter Besucher des Louvre und der Gemäldesammlung im Palais Luxembourg. Zwei der zeitgenössischen Maler, die Vincent zu dieser Zeit erwähnte, sollten nachhaltigen Einfluß auf ihn gewinnen: Ernest Meissonier (1815—1891) und Jules Breton (1827—1905), der Dichter-Maler aus dem Norden Frankreichs.

Gestern habe ich die Ausstellung von Corot gesehen. Da war u. a. ein Bild *„Le jardin des oliviers“*, ich bin froh, daß er das gemalt hat.

Rechts eine Gruppe von Ölbäumen, dunkel gegen den dämmrig blauen Himmel; im Hintergrund Berge, bewachsen mit Gebüsch und ein paar großen Bäumen, darüber der Abendstern.

Im „Salon“ sind drei Corots, sehr schön; von dem allerschönsten, kurz vor seinem Tod gemalt, *„Les bûcheronnes“*, soll wahrscheinlich ein Holzschnitt in *„L'Illustration“* oder *„Le Monde Illustré“* kommen.

Wie Du Dir denken kannst, bin ich auch im Louvre und im Luxembourg gewesen. Die Ruysdaels
27 im Louvre sind wunderbar, vor allem *„Le Buisson“*, *„L'Estacade“* und *„Le Coup de Soleil“*. Ich wünschte,
26 Du könntest die kleinen Rembrandts dort mal sehen, *„Les pèlerins d'Emmaus“*, und zwei Pendants: *„Les Philosophes“*.

29, 58 Neulich habe ich Jules Breton gesehen mit seiner Frau und zwei Töchtern. Seine Gestalt erinnerte mich an Jaap Maris, aber er hat dunkles Haar. Ich schicke Dir gelegentlich ein Buch von ihm. *„Les champs et la mer“*, in dem alle seine Gedichte stehen. Er hat ein schönes Bild im „Salon“, *„Le Saint Jean“*, Bauernmädchen, die an einem Sommerabend um das Johannisfeuer tanzen, im Hintergrund das Dorf mit der Kirche und dem Mond darüber. (27, 31. Mai 1875)

...Ich habe ein Zimmerchen in Montmartre gemietet, das Dir gefallen würde. Es ist klein, aber man sieht auf ein Gärtchen voll Efeu und wildem Wein. Ich will Dir aufzählen, welche Bilder ich an den Wänden habe... (30, 6. Juli 1875)

Seine berufliche Arbeit in der Galerie Goupil findet in den Briefen keine Erwähnung, aber sie enthalten eine bemerkenswert genaue Beschreibung – sie erinnert an jene Beschreibung
28 von Thijs Maris' *Erinnerung an Amsterdam* – des eindrucksvollen Gruppenbildes des Adriaan van Ostade im Louvre, mit dem dieser Maler ein für ihn ungewöhnliches Thema aufgreift.

...Vorigen Sonntag war ich im Louvre (sonntags gehe ich öfter hin oder ins Luxembourg), ich wollte, Du könntest mal den v. Ostade sehen, seine eigene Familie, er selbst, seine Frau und – ich glaube – acht Kinder, alle in Schwarz, die Frau und die Mädchen mit weißen Hauben und Halstüchern, in einer behäbigen altholländischen Stube mit großem Kamin, Wände und Decke mit Eichenholz getäfelt, weißgetünchte Wände mit Bildern in schwarzen Rahmen. In der Ecke des Zimmers ein großes Bett mit blauen Vorhängen und blauer Decke.

Der Rembrandt, von dem ich Dir schrieb *„Die Jünger von Emmaus“*, ist gestochen; die Herren G. & C. werden den Stich im Herbst veröffentlichen. (35, 2. Sept. 1875)

Thomas a Kempis (1379/80–1471), nach einer mittelalterlichen Hs. der *De Imitatione Christi*

...Ich möchte Dir etwas vorschlagen, Theo, was Dich vielleicht wundern wird: Lies nicht mehr im Michelet und in keinem anderen Buch (außer in der Bibel), bis wir uns zu Weihnachten wiedersehen, und tu, was ich Dir gesagt habe, geh abends öfter zu v. Stockums, Borchers' & Co. Ich glaube, das wirst Du nicht bereuen, Du wirst Dich viel freier fühlen, sobald Du diese Lebensweise beginnst. Sei vorsichtig mit dem Wort (stille Wehmut), das ich in Deinem Brief unterstrichen habe... (36a, 8. Sept. 1875)

Vincents Briefe an seinen jüngeren Bruder nahmen nun einen gebieterischen Ton an. Mit dem Fanatismus eines jungen Savonarola ging er später sogar so weit, nachzuforschen, ob Theo seine eigene Ausgabe des Buches von Michelet vernichtet habe. Michelet war für Vincent zwar immer noch ein bedeutender Schriftsteller, aber er war gefährlich geworden. Die Textpassage über die ‚Dame in Schwarz', die er in London zitiert hatte, reizte zwar auch weiterhin seine Einbildungskraft, doch er bestand auf der Vernichtung des Textes. Aber im Juli 1875 hing das Bild noch immer an der Wand seines Zimmers am Montmartre (Brief 30).

Mit ihrem oft geschraubten, belehrenden Ton und ihrem Übermaß an Bibelzitaten (die hier notwendigerweise wegfallen müssen), verbunden mit Thomas a Kempis' betont erörternder Darstellungsweise, sind seine Briefe aus dieser Zeit keine einfache Lektüre. Er war bisher nicht in der Lage, seine Vorstellungen in eigene Worte zu kleiden. Deshalb übernahm er vieles von Schriftstellern, obgleich seine Empfindungen unverfälscht und individuell waren. Diese Durchdringung von Vincents eigenen Gefühlen und Gedanken mit dem Geist der mittelalterlichen religiösen Laienbewegung der Devotio moderna, von der Thomas a Kempis herkam, sollte für sein ganzes Leben bedeutsam werden. In direkter Ansprache des einzelnen predigte diese Bewegung ein reines Leben in Demut und die Notwendigkeit, der Versuchung zu widerstehen. Sowohl in Paris wie auch bei seiner Rückkehr nach England hatte Vincent ein Bild des Thomas a Kempis an der Wand hängen (Brief 33). Es handelte sich um eine Lithographie, die heute nicht mehr ausfindig zu machen ist, nach einem Gemälde eines jetzt vergessenen spanischen Künstlers namens Luis Ruyperez

(1833–1867), einem Meissonierschüler, der früher einmal ein beträchtliches Ansehen als Porträt- und Genremaler genossen hatte.

In der gleichen Zeit in Paris zitierte Vincent auch (aus dem Gedächtnis) die folgenden Zeilen aus Christina Rossettis Gedicht „Uphill" (Vorwärts):

Geht denn die Straße immer bergauf?
„Gewiß, bis ans Ende, gib acht."
Und dauert die Reise den ganzen Tag?
„Vom Morgen, Freund, bis in die Nacht."
(41, 6. Okt. 1875)

(In Arbeiten über van Gogh ist immer wieder die Rede von seinen ‚falschen Zitaten', obgleich der Fehler in diesem Fall lediglich darin bestand, daß er ‚gehen' anstelle von ‚winden', ‚die Reise' statt ‚die Tagesreise' und ‚bis zu' statt ‚zu' schrieb. Dies erscheint durchaus entschuldbar bei jemand, der offenbar dazu in der Lage war, alles, was ihn tiefer berührte, auswendig niederzuschreiben.)

Er dachte nicht genauer über seine visuellen Eindrücke von Gemälden nach, da sie hauptsächlich emotional auf ihn wirkten. Dies gibt uns einen Anhaltspunkt dafür, was ihm zu dieser Zeit durch den Kopf ging. Seit er London hinter sich gelassen hatte, durchlebte Vincent eine Phase des Schmerzes und des Leids, und sein Denken wurde weit mehr beherrscht von dem Wunsch, die Bedeutung dieses Kummers und seine Botschaft an ihn selbst zu ergründen, als sich zu beklagen. Sich der Welt um ihn herum anzupassen, gelang ihm nicht, aber er selbst ließ sich durchdringen von allem, was immer sein unbewußtes Ich ihn auszuwählen hieß. Er verarbeitete es innerlich, aber im Religiösen war er nicht kreativ. Daher rührt wohl auch der Zug ins Zwanghafte, dem er bis zum äußersten Extrem folgte, ehe er gewahr wurde, daß er seiner eigenen Natur damit Gewalt antat.

Im Dezember 1875 beschloß er, zu Weihnachten nach Holland heimzukehren. Sein Arbeitgeber Boussod, der neue Besitzer der Galerie Goupil in Paris, war nicht einverstanden damit, aber Vincent schien seinen Unwillen nicht zu bemerken. Aus ihm war ein Mann geworden, der völlig von seinen eigenen Problemen in Anspruch genommen war, und der eher Dämmerung und Düsternis suchte als das helle Licht des Tages. Nach Weihnachten, wieder in Paris, schrieb er in lakonischer Kürze an Theo:

Seit wir uns gesehen haben, habe ich Dir noch nicht geschrieben; inzwischen ist etwas vorgefallen, was mir nicht ganz unerwartet kam.

Bei meinem Wiedersehen mit Herrn Boussod fragte ich ihn, ob er damit einverstanden sei, daß ich auch dieses Jahr weiter in seiner Firma tätig wäre, und daß er doch wohl nichts sehr Ernstliches gegen mich einzuwenden hätte.

Das letztere war aber doch der Fall, und er holte mir sozusagen die Worte aus dem Mund, daß ich am 1. April gehen würde unter Danksagungen an die Herren für alles, was ich in ihrem Hause etwa gelernt habe.

Wenn der Apfel reif ist, genügt ein leiser Wind, daß er vom Baume fällt; so ist es auch hier; ich habe wohl allerlei getan, was in gewissem Sinne sehr verkehrt war, und habe darum nur wenig zu sagen. (50, 10. Jan. 1876)

In der Zwischenzeit ging sein wirkliches, will sagen sein inneres Leben – das Sehen, Lesen und Beurteilen – weiter. All dies scheint für ihn weit mehr gezählt zu haben als der Verlust seiner Aussichten im Beruf des Kunsthändlers.

...Dieser Tage habe ich ein schönes Buch von Eliot gelesen, drei Erzählungen, *„Scenes from Clerical Life"*.

Vor allem die letzte Geschichte, *„Janet's Repentance"*, hat mich ergriffen. Es ist das Leben eines Pfarrers, der ganz mit den Bewohnern der schmutzigen Straßen einer Stadt lebt. Von seinem Arbeitszimmer sieht er auf Gärten mit Kohlstrünken und auf rote Dächer und die rauchenden Schornsteine armseliger Häuser. Als Mittagessen bekommt er meist schlecht gekochtes Hammelfleisch und wässerige Kartoffeln. Mit etwa vierunddreißig Jahren stirbt er und wird in seiner langen Krankheit von einer Frau gepflegt, die früher getrunken hat, aber durch seine Worte und mit seiner Hilfe sich selbst besiegt und Ruhe für ihre Seele gefunden hat... (55, 19. Feb. 1876)

Man wird den Eindruck nicht los, daß es ein seelisch-geistiges Bindeglied gab zwischen Vincents Erfahrungen und Absichten, die er später in Den Haag in der Verbindung mit der trunksüchtigen Prostituierten Christine verfolgte, und der Geschichte, die er 1876 in Paris gelesen hatte. Er las mit einer solchen Intensität, daß es scheint, als ob — wie auch immer seine Lektüre die noch unbewußten Wünsche und Triebkräfte geweckt haben mag — diese Lektüre sich, Jahre später, völlig losgelöst vom eigentlichen Anlaß, gelegentlich spürbar machte, aber nicht als Erinnerung, sondern als etwas Neues, Gegenwärtiges oder Wiederauflebendes. Für seine Eltern mit ihren ständigen finanziellen Nöten und der quälenden Sorge um den gesellschaftlichen Status bedeutete Vincents Entlassung natürlich einen schweren Schlag. Man konnte von ihnen kaum erwarten, auch nur annähernd ein Problem zu verstehen, mit dessen Lösung Vincent selbst noch beschäftigt war. Vincents Vater schrieb an Theo:

Heute abend um acht Uhr verläßt er Paris. Welche Gedanken mögen ihm — und uns — durch den Kopf gehen! Du hast sicher Verständnis für all das. Es ist ein schwerer Schlag. Und ich habe ihm doch immer wieder geschrieben und versucht, ihm Mut zu machen. Ich habe ihn auch auf die Möglichkeit hingewiesen, sich selbständig zu machen, wenn er nur an seiner Arbeit Freude hätte. Onkel Cent hat mit einem ganz kleinen Geschäft angefangen und hat es so weit gebracht im Leben, Onkel Cor ebenso. *Wenn er sich nur aufraffen und etwas Mut fassen könnte*, um sich mit frischer Kraft durchzuschlagen. Was er auch immer tun oder erstreben mag, er muß selbst die Initiative dazu ergreifen. (Der Vater an Theo, 31. März 1876)

Vincents Vater sah keine Anzeichen dafür, daß ‚der Lebensmut und die Schaffenskraft', die sein Sohn in seinem Beruf nicht bewiesen hatte, in seinem Innern im Übermaß präsent waren. Seine Eltern beklagten sich darüber, daß in seinem Brief vom 31. März nur die Rede war von

...Malerei, ...Kein Wort über seinen Geburtstag oder irgendetwas anderes... Wie sehr er an der Kunst hängt und wie schwer es ihm fallen muß, von all dem Abschied zu nehmen. Ich brauche dir nicht zu erklären, wie traurig wir sind. Auch für dich wird es ja eine große Enttäuschung sein... (Die Mutter an Theo, April 1876)

Als Vincent am 1. April 1876 in Etten ankam, einen Tag nach seinem 23. Geburtstag, sah er sich mit der harten Tatsache konfrontiert, sich nach einer neuen Arbeitsstelle umsehen zu müssen. Da er sich von Natur aus mehr zu der religiösen Tradition seiner Familie als zur Geschäftswelt hingezogen fühlte, auch angesichts seiner Verehrung für die Bibel, das Werk des Thomas a Kempis und John Bunyans *A Pilgrim's Progress* empfand er den starken Drang, den Armen das Evangelium zu verkünden. Sein Realitätssinn war jedoch noch immer schwach entwickelt.

Er entschied sich für den Versuch, zu unterrichten und Predigten zu halten, obwohl er für das eine wie für das andere nicht taugte, und nahm, nur für Kost und Logis, eine Stelle als Hilfslehrer an in einer kleinen Privatschule, die ein Geistlicher, der Reverend William Port Stokes, in Ramsgate in Südostengland unterhielt.

Nun ist Vincent abgereist. Wir haben recht vergnügte Tage mit ihm zusammen verbracht. Seine bevorstehende Abreise hat uns alle bedrückt. Wir gingen miteinander zum Abendmahl in De Hoeven. Vater fiel es schwer, bereits um fünf Uhr eine Predigt zu halten, nachdem Vincent um vier Uhr abgereist war. (Die Mutter an Theo, 16. April 1876)

Vincent fühlte sich verpflichtet, seinen Eltern von seiner Überfahrt nach Ramsgate zu berichten und von seinen unendlichen Schwierigkeiten mit dem Abschiednehmen, dem er immer eine symbolische Bedeutung beimaß. Man kann bei ihm eine grundsätzliche Verschmelzung von Innen- und Außenwelt beobachten, welche lange vor der Entdeckung seines schöpferischen Willens vorhanden war und welche später sein Verständnis der Realität prägte.

Das Telegramm habt Ihr gewiß schon erhalten, aber Ihr werdet wohl gern noch einige Einzelheiten wissen wollen. In der Bahn habe ich noch allerlei geschrieben und schicke Euch das, dann könnt Ihr sehen, wie es auf der Reise war.

Freitag.

Wir wollen heute beieinander bleiben. Was ist wohl schöner – die Freude des Wiedersehens oder die Wehmut des Abschieds? Oft schon haben wir voneinander Abschied genommen, wohl war diesmal auf beiden Seiten mehr Schmerz, aber auch mehr Mut durch das festere Vertrauen auf Segen, der uns nötiger ist denn je.

Und war es nicht, als ob die Natur mit uns fühlte? So grau und unfreundlich war es vor ein paar Stunden.

Jetzt sehe ich über weite Wiesen hin, und alles ist so still, und die Sonne geht wieder hinter die grauen Wolken und wirft eine goldene Glut über das Land.

Diese ersten Stunden nach dem Abschied, die Ihr in der Kirche verbringt und ich auf dem Bahnhof und im Zug – wie sehnen wir uns da nach einander, wie denken wir an die anderen, an Theo und an Anna und an die anderen Schwestern und an das Brüderchen. Eben sind wir durch Zevenbergen gefahren, und ich dachte an den Tag, als Ihr mich dahin brachtet und ich an Herrn Provilys Haustür stand und Euerm Wagen auf der nassen Straße nachblickte. Und dann der Abend, als Vater mich zum ersten Mal besuchen kam. Und das erste Nachhausekommen zu Weihnachten!

Sonnabend und Sonntag.

Wieviel habe ich auf dem Schiff an Anna gedacht, alles dort erinnerte mich an unsere gemeinsame Reise.

Das Wetter war klar, und vor allem auf der Maas war es schön und auch der Blick auf die Dünen, die, vom Meer aus gesehen, weiß in der Sonne leuchteten. Das letzte, was man von Holland sah, war ein graues Türmchen. Bis Sonnenuntergang blieb ich auf Deck, aber dann wurde es recht kalt und unfreundlich.

Nächsten Morgen in der Bahn von Harwich nach London war es schön, in der Morgendämmerung die schwarzen Äcker und grünen Wiesen zu sehen, mit Schafen und Lämmern und hier und da einer Dornenhecke und vereinzelten großen Eichen mit dunklen Zweigen und graubemoosten Stämmen. Am dämmerigen blauen Himmel noch ein paar Sterne, und über dem Horizont eine graue Wolkenbank. Schon ehe die Sonne aufging, hörte ich eine Lerche.

Als wir an die letzte Station vor London kamen, ging die Sonne auf. Die graue Wolkenbank war verschwunden, und da war die Sonne, so einfach und groß wie nur möglich, eine richtige Ostersonne. Das Gras glitzerte vom Tau und Nachtfrost.

Aber doch ist mir jene graue Stunde, als wir Abschied nahmen, lieber. –

Sonnabend nachmittag blieb ich auf Deck, bis die Sonne untergegangen war. So weit man sehen konnte, war das Wasser beinah dunkelblau, ziemlich hohe Wellen mit weißen Schaumkämmen. Die Küste war schon außer Sicht.

Der Himmel war lichtblau, klar und ohne ein einziges Wölkchen.

Und die Sonne ging unter und warf einen Streifen leuchtenden Lichts auf das Wasser.

Es war ein großartiger, majestätischer Anblick, und doch – schlichtere, stillere Dinge gehen soviel tiefer...

Gegen ein Uhr kam ich zu Mr. Stokes. Er war verreist, kommt aber heute abend zurück. Während seiner Abwesenheit wurde er von seinem Sohn (dreiundzwanzig Jahre, denke ich) vertreten, Lehrer in London. Mrs. Stokes sah ich mittags bei Tisch.

Vierundzwanzig Jungen von zehn bis vierzehn Jahren sind da. (Es war ein netter Anblick, diese vierundzwanzig Jungen essen zu sehen.) Die Schule ist also nicht groß. Das Fenster geht auf das Meer.

Nach dem Essen sind wir am Strand spazierengegangen, dort ist es schön. Die Häuser am Meer sind meist in schlichtem gotischem Stil gebaut, aus gelbem Stein, und haben Gärten voll Zedern und anderer dunkler, immergrüner Sträucher.

Einen Hafen voll Schiffe gibt es, umschlossen von steinernen Dämmen, auf denen man spazierengehen kann. Und sonst sieht man das Meer in seinem natürlichen Zustand, und das ist schön.

Gestern war alles grau.

Abends gingen wir mit den Jungen in die Kirche. An der Kirchenwand stand „Siehe, ich bin bei euch bis an der Welt Ende".

Um acht gehen die Jungen zu Bett und stehen um sechs auf.

Es ist noch ein siebzehnjähriger Hilfslehrer da. Dieser, vier Jungen und ich schlafen in einem anderen Haus ganz in der Nähe, wo ich ein kleines Zimmerchen habe, das nach ein paar Bildern an den Wänden verlangt... (Vincent an die Eltern, 60, 17. April 1876)

In den neun Monaten, die er jetzt in England, in Ramsgate und Isleworth, verbrachte, hatte Vincent bescheidene, schlechtbezahlte Stellungen in Privatschulen inne und lebte in einem Zustand der ständigen Selbstprüfung. Dabei unterstützte ihn seine Erforschung der Natur, der sichtbaren Außenwelt von Erde und Himmel. Oft wich ein Gefühl der Düsternis und des Eingeengtseins Momenten religiöser Extase. Perioden trostloser Einsamkeit setzten sich in Anspannung um, andächtige Stimmungen, in welchen er die höchste Stufe ekstatischen Erfahrens zu erkennen vermochte. Jene acht Monate gingen in einer Art von seelischem Dämmerzustand vorbei.

Es genügt nicht, nur eine der großartigen Schilderungen seiner ungewöhnlichen Spaziergänge anzuführen. Selbst offensichtliche Wiederholungen sind nicht als solche anzusehen, sondern spiegeln ein erneutes Vordringen zu den Quellen wider, eine ihn völlig in Anspruch nehmende, eine ekstatische Erfahrung, die sich offensichtlich aus mächtigen Triebkräften seines unbewußten Ich speiste. Spazierengehen war für ihn, ebenso wie für Wordsworth (William Wordsworth, 1770–1850, Begründer der englischen Romantik in der Lyrik) und Coleridge (Samuel Taylor Coleridge, 1772–1834, Lyriker der englischen Romantik), eine Leidenschaft, nämlich das beste Mittel, um den erstrebten Zustand der Einsamkeit zu erreichen, in dem er sein Innenleben studieren und zugleich sich selbst in der äußeren Natur verlieren konnte, jener Natur, die ihm seit seiner Kindheit in Brabant vertraut war. Er liebte die Nächte und stand früh auf. Es machte ihm auch nichts aus, die Nacht im Freien zu verbringen. In Arles pflegte er zu sagen, daß „die Nacht sogar noch reicher an Farben ist als der Tag". Vincents enge Beziehung zu allem Knorrigen, Dornigen, allem, was sich wie Efeu oder Moos anklammert, ist bereits ersichtlich an einigen wenigen Zeilen eines Briefs, den er kurz nach seiner Ankunft in Ramsgate schrieb.

...Nun will ich Dir noch von einem Spaziergang berichten, den wir gestern gemacht haben, zu einer Einbuchtung des Meeres; der Weg dorthin führte durch Felder mit jungem Korn und an Hagedornhecken entlang usw.

Als wir hinkamen, hatten wir links eine hohe steile Wand von Sand und Stein, so hoch wie ein zweistöckiges Haus. Oben standen alte, knorrige Hagedornsträucher, die schwarzen oder mit grauen Flechten bedeckten Äste und Stämme vom Wind alle nach derselben Seite gebogen, und auch ein paar Holunderbüsche.

Der Boden, auf dem wir gingen, war ganz mit großen grauen Steinen, Kreide und Muscheln bedeckt.

Rechts das Meer, still wie ein Teich; das Licht des zartgrauen Himmels, wo die Sonne unterging, spiegelte sich darin.

Es war Ebbe und das Wasser sehr niedrig... (63, 28. April 1876)

Einer der letzten Briefe Vincents aus Ramsgate vermittelt viel über seine Gemütsverfassung und seine andauernde Verzauberung durch die ‚Poesie des Abschieds'. Die präzise Ausdrucksweise, reifer jetzt als während seines ersten Londoner Aufenthalts, und die begeisterte, doch stiller gewordene Stimmung, in der er das Erscheinen des ersten Frühlichts erlebte und darüber berichtete, Vogelstimmen und den Anblick der See bei Nacht, auch seine abendlichen Wanderungen über Land und in den Straßen Londons, sind Zeichen dafür, daß seine Spaziergänge die großen Augenblicke, die prägenden Erfahrungen jener neun Monate waren.

Zeichnung in Brief 67

...Habe ich Dir schon von dem Sturm geschrieben, den ich neulich erlebt habe?

Das Meer war gelblich, vor allem nah am Strand; am Horizont ein heller Streifen und darüber ungeheuer große, dunkle, graue Wolken, aus denen man den Regen in schrägen Streifen niederstürzen sah. Der Wind fegte den Staub des weißen Felsenpfades ins Meer und wühlte in den blühenden Dornbüschen und Goldlackstauden, die auf den Felsen wachsen.

Rechts Felder mit jungem, grünem Korn und in der Ferne die Stadt – mit ihren Türmen, Mühlen, Schieferdächern und im gotischen Stil erbauten Häusern und mit dem Hafen zwischen den zwei ins Meer vorspringenden Dämmen glich sie den Städten, die Albrecht Dürer manchmal radiert hat. Auch hab ich das Meer vorigen Sonntag in der Nacht gesehen, alles war dunkel, grau, doch am Horizont begann es zu tagen. Es war noch sehr früh, aber die Lerche sang bereits. Und die Nachtigallen in den Gärten am Meer. In der Ferne das Licht des Leuchtturms, das Wachtschiff usw.

In derselben Nacht sah ich aus meinem Fenster auf die Dächer, die man von da aus sieht, und auf
4 die Ulmenwipfel, dunkel gegen den Nachthimmel. Über den Dächern ein einzelner Stern, aber ein schöner, großer, freundlicher. Und ich dachte an uns alle, und ich dachte an meine schon verflogenen Jahre und an unser Zuhause, und die Worte und das Gefühl stiegen in mir auf: „Bewahre mich davor, daß meine Eltern sich meiner schämen müssen, gib mir Deinen Segen, nicht weil ich ihn verdiene, sondern um meiner Mutter willen. Du bist die Liebe, decke alle Dinge zu. Ohne Deinen dauernden Segen gelingt uns nichts."

Anbei eine kleine Zeichnung von dem Blick aus dem Fenster der Schule, durch das die Jungen ihren Eltern nachsehen, wenn die sie besucht haben und wieder zum Bahnhof gehen. Mancher wird den Blick aus diesem Fenster wohl nie vergessen. Du hättest es diese Woche, als wir regnerische Tage hatten, einmal sehen sollen, vor allem in der Dämmerung, wenn die Laternen angezündet werden und ihr Licht sich in den nassen Straßen spiegelt.

In jenen Tagen war Mr. Stokes manchmal schlecht gelaunt, und wenn die Jungen ein bißchen mehr Lärm machten, als ihm lieb war, konnte es wohl geschehen, daß sie abends ihren Tee und ihr Brot nicht bekamen.

Da hättest Du mal sehen sollen, wie sie an diesem Fenster standen und hinaussahen, es hatte geradezu etwas Schwermütiges; sie haben so wenig anderes als ihr Essen und Trinken, worauf sie sich freuen und womit sie von einem Tag zum andern weitermachen... (67, 31. Mai 1876)

Stokes schloß seine Schule in Ramsgate im Sommer 1876 und verlegte sie nach Isleworth, wenige Meilen themseaufwärts von London. Vincent folgte am 12. Juni und nahm dabei die Gelegenheit wahr, seine Schwester Anna in Welwyn/Hertfordshire nördlich von London zu besuchen.

Vorigen Montag habe ich mich von Ramsgate nach London aufgemacht. Das ist zu Fuß ein ganz tüchtiger Weg; als ich wegging, war es schrecklich heiß, und so blieb es bis abends, als ich in Canterbury ankam. Am gleichen Abend bin ich noch ein Stück weitergegangen, bis ich an einen kleinen Teich mit ein paar großen Buchen und Ulmen kam, dort habe ich mich etwas ausgeruht. Früh um halb vier fingen schon die Vögel an zu singen, weil es zu dämmern begann, und ich machte mich wieder auf den Weg. Um diese Zeit wanderte es sich gut.

Mittags kam ich nach Chatham, wo man in der Ferne, im teilweise überschwemmten flachen Wiesengelände — hier und da ein paar Ulmen —, die Themse mit den vielen Schiffen sieht; das Wetter ist da, glaube ich, immer trübe und grau.

Dort traf ich auch auf einen Karren, der mich etwa eine Meile mitnahm, aber dann ging der Fuhrmann in eine Schenke, und ich dachte, er würde wohl lange drinbleiben, da bin ich lieber weitergewandert...

Aber nun weiter. Einmal habe ich bei Mr. Reid übernachtet und am nächsten Tag bei Mr. Gladwell, wo sie sehr, sehr freundlich waren. Mr. Gladwell küßte mich abends beim Gutenachtsagen, und das tat mir wohl; möge es mir vergönnt sein, auch in Zukunft seinem Sohn ab und zu ein wenig Freundschaft zu erweisen. Ich wollte abends noch nach Welwyn, doch buchstäblich mit Gewalt hielten sie mich wegen des starken Regens zurück. Als der aber gegen vier Uhr früh etwas nachließ, habe ich mich nach Welwyn auf den Weg gemacht.

Erst ein tüchtiger Marsch von einem Ende der Stadt zum anderen, etwa zehn Meilen (je Meile 20 Minuten zu Fuß). Nachmittags um fünf war ich bei der Schwester und freute mich, sie zu sehen. Sie sieht gut aus, und ihr Zimmer mit *„Le vendredi saint“*, dem *„Christ au jardin des oliviers“*, *„Mater Dolorosa“* usw., mit Efeu statt Rahmen drum herum, würde Dir gefallen, so wie mir... (69, 17. Juni 1876)

Vincents Berufsaussichten blieben auch weiterhin düster. Aus Isleworth schrieb er an Theo:

Es könnten wohl einmal Zeiten kommen, da ich mit einer gewissen Wehmut an die „Fleischtöpfe Ägyptens“ zurückdenken werde und an frühere Stellungen, nämlich an das bessere Gehalt und das in mancher Hinsicht größere Ansehen in der Welt — das sehe ich voraus...

Mr. Stokes sagt, er könne mir bestimmt kein Gehalt geben, denn er bekäme genug andere nur für Kost und Wohnung, und das ist auch so. Aber wird sich das durchführen lassen? Ich fürchte nein, es wird sich bald genug entscheiden. —

Aber, Junge, wie dem auch sei, ich kann Dir nur wiederholen: diese paar Monate haben mich so an die Lebenssphäre gebunden, die vom Schulmeister bis zum Prediger reicht, sowohl durch ihre Freuden als auch durch die Dornen, die mich gestochen haben, daß ich nicht mehr zurück kann.

Also vorwärts!...

Vorige Woche war ich in Hampton Court und habe die herrlichen Gärten und langen Kastanien- und Lindenalleen gesehen, in denen Scharen von Krähen ihre Nester haben, Saatkrähen und Nebelkrähen; auch das Schloß und die Bilder habe ich angesehen. Dort sind unter anderem viele Bildnisse von Holbein, die sehr schön sind, und zwei schöne Rembrandts (das Bildnis seiner Frau und das eines Rabbi) und auch schöne italienische Bildnisse von Bellini, Tizian, ein Gemälde von Leonardo da Vinci, Kartons von Mantegna, ein schönes Bild von S. Ruysdael, Früchte von Cuyp usw. usw.

Ich hätte sehr gewünscht, Du wärst auch dabeigewesen, es war eine Freude, wieder einmal Bilder zu sehen.

Und unwillkürlich mußte ich lebhaft an die Menschen denken, die dort in Hampton Court gelebt haben, an Karl I. und seine Frau (das war die, die gesagt hat: „Je te remercie mon Dieu de m'avoir faite Reine, mais Reine malheureuse“ [Ich danke dir, mein Gott, daß du mich zur Königin gemacht hast, wenn auch zu einer unglücklichen Königin] und an deren Grab Bossuet aus dem Überfluß seines Herzens heraus sprach. Hast Du Bossuets *„Oraisons funèbres“*? Darin findest Du die Grabrede, es gibt eine sehr billige Ausgabe, ich glaube für 50 Centimes), und auch an Lord und Lady Russell habe ich gedacht, die sicher auch oft dort gewesen sind (Guizot beschreibt ihr Leben in *„L'amour dans le mariage“*, lies das mal, wenn Du es Dir beschaffen kannst).

Anbei ein Federchen von einer der Krähen dort... (70, 5. Juli 1876)

Anfang Juli wechselte Vincent zu einer anderen Privatschule in Isleworth über, die ein Methodistenpfarrer, der Reverend T. Slade Jones, unterhielt, der ihm (im Gegensatz zu Stokes) nicht nur ein Gehalt bezahlte, sondern auch sein Freund bleiben sollte.

Es ist wieder Sonnabend, und ich schreibe Dir mal wieder ein paar Worte. Ich sehne mich so danach, Dich einmal wiederzusehen, ach, manchmal kann ich mich so sehr danach sehnen. Schreib doch rasch mal ein paar Zeilen, wie es Dir geht.

Vorigen Mittwoch haben wir einen schönen Spaziergang in ein Dorf gemacht, eine Stunde von hier entfernt. Der Weg dorthin führt durch Wiesen und Felder, entlang an Hecken mit Hagedorn, voll Brombeergebüsch und wilder Clematis, und hier und da eine hohe Ulme. Es war so schön, als die Sonne hinter den grauen Wolken unterging und die Schatten lang wurden. Zufällig begegneten wir der Schule von Mr. Stokes, wo noch verschiedene von den Jungen sind, die ich kenne.

Die Wolken hielten die rote Glut noch lange, nachdem die Sonne schon untergegangen war, als es auf den Feldern schon dämmerte und wir in der Ferne sahen, wie die Laternen im Dorf angezündet wurden.

Gerade als ich dabei war, Dir zu schreiben, wurde ich zu Mr. Jones gerufen, und er fragte mich, ob ich Lust hätte, für ihn nach London zu gehen, um Geld für ihn einzukassieren. Und als ich abends zurückkam, war glücklicherweise ein Brief von Pa da mit Nachricht von Dir. Wie gern wäre ich bei Euch beiden, Junge. Und Gott sei Dank geht es Dir etwas besser, wenn Du auch noch schwach bist. Du wirst auch nach Ma Sehnsucht haben, und nun ich höre, daß Du mit Ma nach Hause fährst, muß ich an eine Stelle bei Conscience denken:

Ich bin krank gewesen. Mein Geist war müde, meine Seele enttäuscht, mein Körper leidend. Ich, dem Gott wenigstens sittliche Willenskraft und einen starken Drang nach menschlicher Zuneigung geschenkt hat, ich stürzte in den Abgrund bitterster Entmutigung, und mit Schrecken fühlte ich ein tödliches Gift sich in mein eng gewordenes Herz einschleichen. Ich habe drei Monate in der Heide verbracht: Sie wissen, in jener schönen Gegend, so die Seele in sich selbst zurückkehrt und sich einer köstlichen Ruhe erfreut, wo alles Stille und Frieden atmet; wo die Seele angesichts der unbefleckten Gottesnatur das Joch der Konventionen abwirft, die Gesellschaft vergißt und mit der Kraft neu auflebender Jugend sich von ihren Fesseln befreit. Wo jeder Gedanke zum Gebet wird, wo das Herz alles von sich tut, was nicht mit der frischen, freien Natur im Einklang steht. Oh! dort findet die müde Seele die Stille, dort findet der erschöpfte Mensch eine jugendliche Kraft. So sind die Tage meiner Krankheit verflossen ... Und dann der Abend! Unter dem breiten Kamingesims zu sitzen, die Füße in der Asche, den Blick auf einen Stern gerichtet, der hoch oben mir seinen Strahl durch die Kaminöffnung herabschickt, als riefe er mich an; oder, in dunkle Träumerei versunken, das Feuer zu beobachten, zu sehen, wie die Flammen geboren werden, sich aufrecken, seufzen, knistern und wie eine die andere verdrängt, als verlangten sie danach, den Kochtopf mit ihren Feuerzungen zu belecken – und zu denken, daß dies das menschliche Leben ist: geboren werden, arbeiten, lieben, wachsen und verschwinden...

... Mr. Jones hat mir versprochen, daß ich nicht mehr so viel zu unterrichten brauche, sondern von nun an in seiner Gemeinde arbeiten darf: Leute besuchen, mit ihnen reden usw. Gott gebe seinen Segen dazu.

Jetzt erzähle ich Dir noch von meiner Fußwanderung nach London, mittags um zwölf Uhr ging ich hier weg, und zwischen fünf und sechs war ich an meinem Bestimmungsort.

Als ich in die Gegend der Stadt kam, wo die meisten Kunsthandlungen sind, in die Gegend vom Strand, begegnete ich vielen Bekannten; es war gerade Tischzeit, und so waren viele unterwegs, vom oder zum Geschäft. Zuerst traf ich einen jungen Pastor, der einmal hier gepredigt hat und den ich dann kennenlernte; darauf einen Angestellten von Mr. Wallis und dann einen der Herren Wallis selbst; früher habe ich da ein wenig im Hause verkehrt, jetzt hat er schon zwei Kinder; und dann begegneten mir Mr. Reid und Mr. Richardson, die sind doch schon alte Freunde. Voriges Jahr um diese Zeit war Mr. Richardson in Paris, und wir machten zusammen einen Spaziergang zum Père Lachaise. Danach ging ich zu van Wisselingh, bei dem ich die Skizzen zu zwei Kirchenfenstern sah.

In der Mitte des einen Fensters das Bildnis einer bejahrten Dame, o ein so edles Gesicht, darüber die Worte „Dein Wille geschehe", und im anderen Fenster das Bildnis ihrer Tochter und die Worte: „Es ist aber der Glaube eine gewisse Zuversicht des, das man hoffet, und Nichtzweifeln an dem, das man nicht siehet." Dort und im Saal der Messrs. Goupil & Cie sah ich schöne Bilder und Zeichnungen. Es ist so eine tiefe Freude, durch die Kunst immer wieder an Holland erinnert zu werden...

Dann an die Stelle, wo ich das Geld für Mr. Jones abholen mußte. Die Londoner Vorstädte haben eine eigenartige Schönheit; zwischen den kleinen Häuschen und Gärten sind freie Grasflächen, meist mit einer Kirche oder einer Schule oder einem Armenhaus in der Mitte zwischen den Bäumen und Sträuchern, und es kann da so schön sein, wenn die Sonne im feinen Abendnebel rot untergeht.

Gestern abend war es so, und später hätte ich gewünscht, Du hättest einmal die Londoner Straßen gesehen, als es zu dämmern anfing und die Laternen angezündet wurden und alle und alles nach Hause ging; an allem merkte man, daß es Sonnabend war, und in all dem Gewühl war Friede, man fühlte so recht, daß die Menschen die Freude über den nahenden Sonntag nötig hatten. O diese Sonntage, und was getan und gearbeitet wird an diesen Sonntagen, es ist eine solche Erholung für diese armseligen Gegenden mit ihren lauten, belebten Straßen.

In der City war es dunkel, aber es war ein schöner Spaziergang vorbei an den vielen Kirchen, an denen man vorüberkommt. Gleich am Strand fand ich einen Omnibus, der mich ein ganzes Stück weiterbrachte, es war schon ziemlich spät. Ich kam an der kleinen Kirche von Mr. Jones vorbei und sah von weitem noch eine andere, wo so spät noch Licht brannte, ich ging darauf zu und fand, daß es ein sehr schönes katholisches Kirchlein war, wo ein paar Frauen beteten. Dann kam ich in diesen dunklen Park, von dem ich Dir schon schrieb, und von da sah ich in der Ferne die Lichter von Isleworth und die Kirche mit dem Efeu und den Kirchhof mit den Trauerweiden am Themse-Ufer.

Morgen hoffe ich zum zweiten Mal etwas Geld in meiner neuen Stellung zu erhalten; dafür will ich mir ein Paar neue Stiefel und einen neuen Hut kaufen. Und dann, so Gott will, „mich wieder aufmachen".

In den Londoner Straßen verkauft man überall wohlriechende Veilchen, die blühen hier zweimal im Jahr. Ich kaufte welche für Mrs. Jones, als kleine Entschädigung dafür, daß ich hier ab und zu eine Pfeife rauche, vor allem spätabends auf dem Spielplatz; aber der Tabak ist hier recht trübselig... (76, 7./8. Okt. 1876)

Es war ein großer Augenblick für Vincent, als er gegen Ende seiner letzten neun Monate in England in Richmond eine Predigt hielt. Inhaltlich handelt es sich um eine Mischung aus persönlichen Erfahrungen und entlehnten Formulierungen, wie üblich aus dem Gedächtnis zitiert. Die Predigt zeigt, welch packende und wirkungsvolle Synthese aus Literatur und Heiliger Schrift, wie auch aus Literatur und eigenen Eindrücken über Malerei und Natur er entwickelt hatte. Malerei, Erzählung und Landschaft waren in seiner Einbildungskraft miteinander verschmolzen, und er integrierte die drei Elemente in seine Vorstellung von einem ‚Bild'.

Die Predigt ist völlig durchdrungen vom Geist des Puritanismus, besonders von dem des Methodismus, mit dem Vincents eigenes Wesen damals, stärker als später in Einklang stand. Seit 1875 hatte er voll Begeisterung Bunyan gelesen, von dem es heißt, sein Werk habe in England mehr Auflagen erlebt als das irgendeines anderen Autors, Shakespeare ausgenommen. Im Anschluß an die erregende Erfahrung der Konversion hatte Bunyan angefangen, unter den einfachen, armen Leuten zu predigen, um die sich die etablierte Staatskirche nicht kümmerte. Dieserhalb und seiner nonkonformistischen Ansichten wegen verbrachte er einige Jahre im Gefängnis. Seine eigene Form der Frömmigkeit und sein einfacher, maßvoller schriftlicher Ausdrucksstil, in welchem gleichnishafte und realistische Darstellung miteinander abwechselten, waren Vincent sympathisch.

In seiner Predigt verwendete Vincent symbolkräftige Bilder, welche sich aus Einzelvorstellungen wie der der Pilgerfahrt zum Himmlischen Jerusalem durch das Tal des Todes zusammensetzten, seine Eindrücke von der Begegnung mit dem Bild der ‚Dame in Schwarz' – das Bild quälte Vincent beinahe schon, seit er bei Michelet auf die Beschreibung dieses Porträts von Champaigne gestoßen war –, ferner die ständig wiederholte Frage ‚Ist's noch weit zu gehen?' – zitiert aus Christina Rossettis Gedicht „Vorwärts" – und schließlich seine Eindrücke von Boughtons verlorengegangenem Gemälde, welches Vincent *The Pilgrim's Progress* nannte. Hier folgte er seiner eigenen Vorstellungskraft und lieferte damit den einzigen eigenen Gedanken seiner Predigt. In der Vermengung verschiedener Elemente ist die Predigt typisch für seine spätere Arbeit. *18*

Unser Leben ist eines Pilgers Reise. Ich habe einmal ein schönes Bild gesehen; es war eine Landschaft zur Abendzeit. In der Ferne auf der rechten Seite eine Reihe von Hügeln, blau im Abendnebel. Über diesen Hügeln die Pracht des Sonnenuntergangs, die grauen Wolken gesäumt mit Silber und Gold und Purpur. Die Landschaft ist eine Ebene oder Heide, bedeckt mit Gras und seinen gelben Halmen, denn es war Herbst. Durch die Landschaft führt eine Straße zu einem hohen Berg weit, weit weg; auf dem Gipfel dieses Berges eine Stadt, leuchtend beschienen von der untergehenden Sonne. Auf der Straße wandert ein Pilgrim dahin, den Stab in der Hand. Er ist schon sehr lange unterwegs, und er ist sehr müde. Und da trifft er eine Frau oder Gestalt in Schwarz, die einen an Sankt Pauli Wort denken läßt: traurig, aber allezeit fröhlich. Dieser Engel Gottes ist dort hingestellt worden, um die Pilger zu ermutigen und ihre Fragen zu beantworten. Und der Pilger fragt sie: „Geht denn die Straße immer bergauf?"

Und die Antwort ist: „Gewiß, bis ans Ende, gib acht."

Und er fragt von neuem: „Und dauert die Reise den ganzen Tag?"

Und die Antwort ist: „Vom Morgen, Freund, bis in die Nacht."

Und der Pilger geht weiter, traurig, aber allezeit fröhlich — traurig, weil es so weit ist und die Straße so lang. Hoffnungsvoll blickt er auf zu der Ewigen Stadt weit weg im Glanz der Abendsonne... (79a, Okt. 1876)

...Theo, Dein Bruder hat vorigen Sonntag zum ersten Mal in Gottes Haus gesprochen, an dem Ort, wovon geschrieben steht: „Ich will Frieden geben an diesem Ort." Beiliegend die Abschrift meiner Predigt. Möge sie der Erstling von vielen sein. —

Es war ein klarer Herbsttag und ein schönes Wandern von hier nach Richmond an der Themse entlang, in der die großen Kastanienbäume mit ihrer Last von gelben Blättern und der klare blaue Himmel darüber sich spiegelten, und zwischen den Baumwipfeln der Teil von Richmond, der auf dem Berge liegt, die Häuser mit ihren roten Dächern und Fenstern ohne Vorhänge, und grüne Gärten, und darüber emporragend der graue Turm, und unten die große graue Brücke, über die man die Menschen wie kleine schwarze Figürchen gehen sah, mit den hohen Pappeln an beiden Ufern.

Ich hatte ein Gefühl wie jemand, der aus einem dunklen, unterirdischen Gewölbe wieder ins freundliche Tageslicht kommt, als ich auf der Kanzel stand, und es ist mir ein herrlicher Gedanke, daß ich fortan das Evangelium predigen werde, wohin ich auch kommen mag; um das *gut* zu tun, muß man das Evangelium in seinem Herzen haben, möge Er es darin schaffen...

Gestern abend war ich wieder in Richmond und ging auf einer großen, von Bäumen umstandenen Wiese spazieren, ringsum Häuser, über die der Turm emporragte. Tau lag auf dem Gras, und es dämmerte; auf der einen Seite war der Himmel noch voller Glut von der Sonne, die dort untergegangen war, auf der anderen Seite stieg der Mond auf. Unter den Bäumen erging sich eine alte schwarzgekleidete Dame mit schönem grauem Haar. Mitten auf der Wiese hatten die Jungen ein großes Feuer angezündet, das man in der Ferne flackern sah, ich dachte an: „Einst, wenn zu Ende geht mein Leben, Sing ich, von Kampf und Sorgen müd, Für jeden Tag, mir hier gegeben, Dir höh'res, rein'res Lob im Lied." (79, 7. Okt. 1876)

Im Dezember 1876, zu Weihnachten, fuhr Vincent nach Hause. Nach England kehrte er nie mehr zurück. Zu Hause sah man, daß er dort keine Aussichten hatte, und beschloß, er solle es mit etwas Neuem versuchen.

...Vor ein paar Tagen war Herr Braat aus Dordrecht bei Onkel Vincent zu Besuch, und sie haben über mich gesprochen; Onkel hat Herrn Braat gefragt, ob bei ihm Platz für mich wäre, falls ich das wollte. Herr Braat meinte, daß sich das vielleicht machen ließe, und sagte, ich solle nur mal zu ihm kommen und mit ihm darüber sprechen. Also bin ich gestern morgen zeitig dort gewesen, ich fand, so etwas dürfte ich nicht vorbeigehen lassen, ohne zu sehen, was es sei. Ich habe mit ihm abgemacht, daß ich nach Neujahr auf eine Woche zu ihm komme, und nach Verlauf dieser Zeit werden wir ja weitersehen.

Es gibt viele Gründe, die es wünschenswert machen, daß ich wieder nach Holland komme, in die Nähe von Pa und Ma und auch näher zu Dir und den anderen. Dann wird dort sicher auch das Gehalt etwas besser sein als bei Mr. Jones, und vor allem im Hinblick auf später, wenn der Mensch mehr Bedürfnisse hat, ist man verpflichtet, daran zu denken. Was nun das andere betrifft, das gebe ich darum nicht auf. Pa's Geist ist so großzügig und so vielseitig und umfassend, und unter allen Umständen hoffe ich, daß sich etwas davon auch in mir entwickeln wird. Die Veränderung wird also darauf hinauslaufen, daß ich, statt die Jungen hier zu unterrichten, in einer Buchhandlung tätig sein werde...

Also es ist sehr gut möglich, daß ich dort hingehe.

Gestern abend war ich noch bei Onkel Vincent, um ihm zu berichten, daß ich sofort in Dordrecht gewesen bin; es war ein stürmischer Abend, Du kannst Dir denken, wie schön der Weg nach Prinsenhage war, mit den dunklen Wolken mit ihren silbernen Rändern. Ich ging auch noch kurz in die Katholische Kirche, wo Abendgottesdienst war — ein schöner Anblick, all die Bauern und Bäuerinnen mit ihren schwarzen Kleidern und weißen Hauben, und die Kirche sah beim Abendlicht so freundlich aus... (83, 31. Dez. 1876)

Vincent verbrachte dort gerade reichlich drei Monate (14. Januar—2. Mai 1877) und arbeitete in der Buchhandlung Blussé & van Praam. Siebenunddreißig Jahre später, als Vincent berühmt war, unternahm ein Rotterdamer Journalist Nachforschungen in Dordrecht und sprach mit einem Sohn von Herrn Braat (dessen Bruder Frans bei Goupil Theos Kollege gewesen war).

...Er hatte so ein bißchen die Aufsicht über die Auslagen, manchmal auch über die in Lieferungen erscheinenden Werke... aber wenn man dann bei ihm nachsehen kam, übersetzte er, statt zu arbeiten, die Bibel ins Französische, Deutsche und Englische. So in vier Sprachen, das Holländische daneben.

Damit plagte er sich ab. Ein andermal, wenn man ihn überraschte, war er dabei, kleine Skizzen zu machen, alberne kleine Federzeichnungen: So 'n Bäumchen mit lauter Zweigen und Querzweigen — kein Mensch hätte da was dran gefunden. (Freilich hatte Herr Braat später, als diese Sachen so in Mode gekommen waren, Vincents Pult mal von oben bis unten untersucht... Aber keine Spur seiner Hand war darauf oder darin zu entdecken gewesen.)...

...Nun, kurze Zeit darauf ist Vincent denn auch nach Amsterdam gegangen; sein Onkel, der Konteradmiral, nahm ihn in sein Haus auf, wo er in einem Dachstübchen Latein und Griechisch lernte – und seitdem habe ich ihn aus den Augen verloren. Denn besonderes Interesse für ihn, nein, das war nicht vorhanden. Er war kein anziehender junger Mensch, mit diesen dicht zusammengekniffenen kleinen Augen, und immer eigentlich ein bißchen menschenscheu.

Ich erinnere mich auch, daß er am liebsten einen Zylinder trug – aber so einen, bei dem man Angst hatte, die Krempe würde abreißen, wenn man ihn anfaßt. Diese vornehme Sitte hatte er aus England mitgebracht. Und dann habe ich mir manchmal den Kopf darüber zerbrochen, wie alt er eigentlich war, aber ich kann zum Beispiel nicht sagen, ob er das Alter für die Miliz hatte.

Hilfsbereit war er jedenfalls und körperlich sehr stark, obwohl man es ihm nicht ansah. Bei einem der häufigen Hochwasser hatte Herr Braat Vincents Kräfte bewundert und auch seine Gutherzigkeit. Er wohnte damals in der Tolbrugstraat – in einer Stube mit weißen Wänden, auf die er, wie mein Gewährsmann sagte, allerhand Skizzen und Kritzeleien gemacht haben soll. Aber der Hauswirt, der dafür nichts übrig hatte, sei später mit dem Kalkpinsel drübergefahren. Wie dem auch sei – in jener Nacht war alles überschwemmt. Und ohne Bedenken war van Gogh damals aus dem Hause gerannt und durchs Wasser zu seinem Chef gewatet, um ihn von der Gefahr zu benachrichtigen. Denn neben dem Haus, wo Vincent wohnte, war das Lagerhaus von Blussé und van Braam. Und am nächsten Morgen hat er sich dann die schweren Stöße naßgewordenes Papier aufgeladen und die Treppe hinaufgeschleppt. Herr Braat sprach noch jetzt mit Anerkennung von soviel Körperkraft.

Auch war van Gogh immer so willfährig wie nur möglich. Und doch konnte er den alten Herrn manchmal ärgerlich machen: „Himmel noch mal, da ist der Junge schon wieder beim Bibelübersetzen." Aber der Kundschaft behilflich sein oder so, das konnte man ihm nicht anvertrauen, höchstens mal, wenn sich's um ein halbes Dutzend Briefbogen oder ein Groschenbild handelte. Denn Kenntnisse im Buchhandel gingen ihm völlig ab. Und er gab sich auch keine Mühe, dahinterzukommen.

Hingegen galt sein besonderes Interesse der Religion. „Sonntags ging er in die Kirche, am liebsten in eine der strenggläubigen Richtung... Und in der Woche, ja, wir fingen hier früh um acht an, um eins ging er zum Essen nach Hause bis um drei, und nach dem Kaffeetrinken kam er abends noch eine Weile wieder. Übrigens war er ein junger Mensch, der mit niemandem verkehrte. Er lebte ganz für sich, ging viel auf der Insel spazieren, aber immer allein. Und ein Skizzenbuch oder so was Ähnliches hat er nie gezeigt. Im Laden sprach er ebenfalls wenig. Mit einem Wort: Er war ein einsilbiger Mensch."...
(M. J. Brusse, „Onder de mensen", *Nieuwe Rotterdamse Courant*, 26. Mai, 2. Juni 1914)

In Dordrecht setzte er mit noch größerer Intensität sein zielloses Leben, gleichsam im Dämmerzustand, wie in Isleworth, fort, besuchte die Kirche, auch die Wallonische Kirche, und zeichnete einiges. Die 13 Briefe aus dieser Zeit verweisen aber auch auf häufige Besuche in Museen und Kunstgalerien. Er nahm erneut seine ausgedehnten Spaziergänge auf, bestand darauf, daß Theo und sein Vater ihn ins Museum begleiteten und rühmte Ary Scheffer, hauptsächlich wegen der Themen seiner Gemälde, wie z. B. *Christus in Gethsemane, Porträt* *38*
der Mutter des Künstlers, Der tröstende Christus. In seiner Vorliebe für den Efeu zeigt sich wie- *39*
der seine seit England gehegte Liebe zu Dickens' ‚merkwürdiger alter Pflanze'.

...Die zwei Drucke „*Christus Consolator*", die ich von Dir bekommen habe, hängen in meiner Stube – ich sah die Bilder im Museum, und auch von Scheffer: „*Christus in Gethsemane*", das kann man nie vergessen; dann ist noch eine Skizze da zu „*Les douleurs de la terre*" und verschiedene Zeichnungen und auch das Bild seines Ateliers und, wie Du weißt, das Bildnis seiner Mutter.

Es sind auch noch andere schöne Bilder da; so Achenbach und Schelfhout und Koekkoek und auch ein schöner Allebé, ein alter Mann am Ofen. Sehen wir sie uns irgendwann mal gemeinsam an?...

Vom Fenster meines Zimmers sieht man auf Gärten mit Kiefern und Pappeln. Und auf die Rückseite alter Häuser, unter anderem auf eine mit Efeu bewachsene Dachtraufe. „A strange old plant is the ivygreen" [Eine sonderbare alte Pflanze ist der grüne Efeu], heißt es bei Dickens. –

Es kann dieser Anblick so etwas Ernstes und beinah Düsteres haben, aber Du solltest es nur mal sehen, wenn die Morgensonne darauf scheint. Wenn ich das ansehe, muß ich manchmal an einen Brief von Dir denken, in dem Du von so einem efeubewachsenen Haus sprichst, weißt Du noch?

Wenn Du es Dir leisten kannst – wenn ich es kann, tu ich es auch –, so abonniere doch dieses Jahr auf die „*Katholische Illustrierte*"; da sind die Bilder aus London von Doré drin – die Werften an der *30,*
Themse, Westminster, Whitechapel, die underground railway usw. usw... (84, 21. Jan. 1877)

...Ach, wenn sich mir doch ein Weg auftäte, daß ich mein Leben, mehr als jetzt der Fall ist, dem Dienste Gottes und des Evangeliums weihen könnte! Ich bete weiter darum, und ich glaube, ich werde erhört werden, das sage ich in aller Demut. Menschlicherweise gesprochen, würde man sagen, es könne nicht geschehen, aber wenn ich ernstlicher darüber nachdenke und unter die Oberfläche dessen dringe, was bei den Menschen unmöglich ist, dann ist meine Seele stille zu Gott, denn es ist möglich bei Ihm, der spricht, und es geschieht – der gebietet, und es stehet da, und es stehet fest.

O Theo, Theo, Junge, wenn es mir einst beschieden wäre, wenn diese tiefe Niedergeschlagenheit über allerlei, was ich unternahm und was mir mißglückte, dieser Strom von Vorwürfen, die ich gehört und gefühlt habe, wenn das einst von mir genommen würde und wenn mir die Gelegenheit und auch die nötige Kraft gegeben würden, mich zu entfalten, durchzuhalten und zu beharren in dem, wofür mein Vater und ich dem Herrn so innig danken würden!... (92, 15. April 1877)

Dieser Brief zeigt, wie sehr die Vorwürfe seiner Familie ihn verletzt hatten. Sein Vorschlag jedoch, sich durch Selbststudium auf die Zulassung bei der Universität Amsterdam vorzubereiten, nachdem er seine Arbeit in der Buchhandlung aufgegeben hatte, fand die Zustimmung der ganzen Familie, ausgenommen Onkel Vincent, der der Sache nicht traute. Sein letzter Brief aus Dordrecht berichtet von zwei verschiedenen Kirchenbesuchen. Nach einem Morgengottesdienst in der Französischen Kirche zitierte er den Text der Bibellesung, welcher der Predigt zugrundelag, ihn tief beeindruckt hatte und 1. Korinther 13, 12 entnommen war: „Wir sehen jetzt durch einen Spiegel in einem dunklen Wort; dann aber von Angesicht zu Angesicht. Jetzt erkenne ich stückweise; dann aber werde ich erkennen, gleichwie ich erkannt bin."

Im Brief 641 a, den er kurz vor seinem Tode 1890 schrieb, zitierte er die Stelle, im Anschluß an die Abreise seiner Mutter aus Nuenen, um auf das letzte Lebewohl zu verweisen. Dieser Text, holländisch zitiert („in einem Spiegel, in einem dunklen Wort") verfolgte ihn jahrelang.

...Nachmittags war ich bei Pastor Keller van Hoorn in der Großen Kirche, sein Text war: „Vater unser"; abends bei Pastor Greeff, den ich auch an meinem ersten Sonntagabend hier in Dordrecht hörte. –

Der Herr segne und behüte dich, der Herr lasse sein Angesicht leuchten über dir und gebe dir Frieden. Der Herr handle an dir über alles Beten und Denken hinaus. Er behüte dich und sei dein Schatten über deiner rechten Hand. Er sei mit dir alle Tage bis an der Welt Ende.

Nach der Kirche ging ich den Weg hinterm Bahnhof, wo auch wir zusammen waren, ging ihn in Gedanken an Dich und wünschte, wir könnten zusammen sein – und ging noch weiter bis zum Kirchhof am Ende des schwarzen Schlackenweges durch die Wiesen, die in der Dämmerung so schön aussahen. Der Kirchhof hat etwas von jener Zeichnung von Apol, die in *„Eigen Haard"* ist, es ist eine Gracht daneben, und es steht ein Haus darauf mit Kiefern rings herum, und gestern schien das Licht so freundlich durch die Fenster – es ist ein altes Haus, das wie eine Pfarre aussieht.

Es kann für uns beide noch viel Gutes in der Zukunft liegen, laß uns lernen, mit Pa zu sagen „ich verzweifle nie", und mit Onkel Jan „der Teufel ist nie so schwarz, daß man es nicht mit ihm aufnehmen könnte"...

...So zwischendurch habe ich aus einem Katechetik-Buch von Onkel Stricker die ganze Geschichte Christi noch einmal durchgearbeitet und die Bibeltexte herausgeschrieben; dabei sind mir so viele Bilder von Rembrandt und anderen in den Sinn gekommen – ich glaube und vertraue, daß ich die Wahl, die ich getroffen habe, nicht bereuen werde: ein Christ und ein Christen-Arbeiter zu werden. Ja, alle Dinge aus der Vergangenheit können zum Besten dienen; durch die Bekanntschaft mit Städten wie London und Paris und mit dem Leben in Schulen wie in Ramsgate und Isleworth wird man von vielen Dingen und Büchern aus der Bibel stärker angezogen und gefesselt, z. B. von der Apostelgeschichte. Auch daß man Werk und Leben von Männern wie Jules Breton, Millet, Jacque, Rembrandt, Bosboom und so vielen anderen kennt und liebt, kann zur Quelle von Gedanken werden. Wie sehr ähnelt doch Pa's Wirken und Leben dem solcher Männer; aber das von Pa schätze ich noch höher ein... (94, 30. April 1877)

Die 26 Briefe, die Vincent als Theologiestudent in Amsterdam zwischen Mai 1877 und Juli 1878 schrieb, geben Zeugnis von denselben zwei Triebkräften, welche in ihm wirkten: Religion und Kunst. Seine Verehrung für Kunst und Literatur wuchs eher noch, als daß sie abgenommen hätte, und sie erfuhr einen zusätzlichen Anreiz durch die damalige staatliche
12–14 Gemäldesammlung im Trippenhuis (Cuypers Rijksmuseum war noch nicht erbaut). Dieses Interesse wurde noch verstärkt durch Vincents Verpflichtung, Latein und Griechisch zu lernen und sich darüber hinaus noch andere Kenntnisse anzueignen als Voraussetzung für die Zulassung zum Universitätsstudium. Noch immer war er seiner Familie fest verbunden und bewohnte ein Zimmer in einer Dienstwohnung in der Amsterdamer Marinewerft, wo sein
42 Onkel Jan die Stelle eines Kommandeurs bekleidete. Regelmäßig besuchte er seine Tante

Catrina Gerardina Carbentus und deren Gatten J. P. Stricker, einen bekannten Geistlichen. 43,
Eine der Strickertöchter war mit einem Geistlichen namens Vos verheiratet, und auch dieses junge Paar besuchte Vincent gern. Wenige Jahre später, nachdem sie verwitwet war, sollte diese Kusine, Cornelia Adriana (Kee), geboren am 21. März 1846, das Ziel von Vincents gro- 49,
ßer, unerwiderter Liebe werden.

Außerhalb des engen Kreises seiner Familie war sein Privatlehrer, Dr. M. B. Mendes da Costa, der einzige Mensch, mit dem er offen und ohne die Furcht sprechen konnte, autoritäre Empfindlichkeiten von Geistlichen, wie sein Onkel Stricker es war, zu verletzen, für den Vincent indes beträchtliche Zuneigung empfand. Viele Jahre später verfaßte Mendes da Costa einen freimütigen Bericht.

... Die erste, für das Verhältnis von Lehrer und Schüler so wichtige Bekanntschaft verlief sehr angenehm. Der scheinbar so querköpfige junge Mann – der Altersunterschied zwischen uns war gering, ich war damals sechsundzwanzig, er bestimmt auch schon über zwanzig – fühlte sich gleich wohl und ungezwungen, und sein Äußeres schien mir, trotz dem schlichten, rotblonden Haar und den vielen Sommersprossen, keineswegs unsympathisch. Beiläufig sei bemerkt, daß ich einfach nicht verstehe, wie seine Schwester von „seinem mehr oder weniger groben Äußeren" sprechen kann; möglicherweise hat seine äußere Erscheinung, seit ich ihn nicht mehr gesehen habe, infolge seiner Unordentlichkeit, vielleicht weil er sich den Bart hat wachsen lassen, etwas von der früheren, höchst anziehenden Seltsamkeit verloren, aber grob ist sie sicher nie gewesen, weder seine nervösen Hände noch das wohl häßliche, aber doch so viel sagende und noch viel mehr verbergende Gesicht.

Sehr bald gelang es mir, was in diesem Falle so hochnötig war, sein Vertrauen und seine Freundschaft zu gewinnen, und da er von den besten Vorsätzen beseelt an die Arbeit ging, kamen wir im Anfang ziemlich schnell vorwärts, so daß ich ihn bald einen leichten lateinischen Schriftsteller übersetzen lassen konnte. Unnötig zu sagen, daß er mit seiner damals so schwärmerischen Natur das bißchen Kenntnis des Lateinischen sofort dazu verwendete, Thomas a Kempis in der Originalsprache zu lesen.

Soweit ging alles gut, auch mit der Mathematik, die er inzwischen bei einem anderen Lehrer in Angriff genommen hatte; aber die griechischen Verben wuchsen ihm bald über den Kopf. Wie ich es auch anstellte, was für Mittel ich auch anwandte, um das Lernen der Verben möglichst wenig langweilig zu machen, es wollte nicht gelingen. „Mendes", sagte er – wir nannten einander du –, „Mendes, glaubst du denn wirklich, daß solche Scheußlichkeiten nötig sind für jemand, der will, was ich will: arme Geschöpfe mit ihrem Dasein auf Erden aussöhnen?" Und ich, der als sein Lehrer ihm natürlich nicht recht geben durfte, aber im Grunde meines Herzens fand, daß er – wohlgemerkt, ich sage: er, Vincent van Gogh – vollkommen recht hatte, ich habe mich so geschickt wie möglich dagegen gewehrt; aber es nützte nichts.

„John Bunyan's ‚The Pilgrim's Progress' ist viel nützlicher für mich und Thomas a Kempis und eine Übersetzung der Bibel; und mehr habe ich nicht nötig." Wir oft er mir das gesagt hat, weiß ich nicht mehr, und ebensowenig, wie oft ich bei Pfarrer Stricker gewesen bin, um mit ihm über Vincent zu sprechen: worauf dann immer wieder beschlossen wurde, er sollte es doch noch einmal versuchen.

Aber bald war es wieder das alte Lied, und morgens kam er wieder mit der mir so wohlbekannten Mitteilung: „Mendes, ich habe heute nacht wieder den Knüppel angewendet", oder: „Mendes, ich habe mich heute nacht wieder aussperren lassen."

Das war nämlich eine Art Selbstkasteiung, wenn er fand, daß er seine Pflicht versäumt habe ... (M. B. Mendes da Costa, *Het Algemeen Handelsblad*, 2. Dez. 1910)

Vincents Eltern zeigten sich rührend besorgt um das vernachlässigte Äußere ihres vierundzwanzigjährigen Sohnes.

Wir haben ihn ein bißchen herausgeputzt und haben ihn zum besten Schneider von Breda geschickt. Könntest du dich etwas um ihn kümmern, ein gutes Werk an ihm tun und seinen *Haarschopf* von einem geschickten Barbier etwas zurechtstutzen lassen? Hier in Etten gibt es keinen ordentlichen. Aber ich denke, ein Haager *Friseur* könnte schon etwas daraus machen. (Die Mutter an Theo, 7. Mai 1877)

Sein erster Brief aus Amsterdam an Theo in Den Haag beweist einmal mehr, daß Kunst, Malerei und insbesondere die Bilder, welche er bei sich selbst an die Wand hängen wollte, den Vorrang vor seinen Studien genossen.

... Anbei erhältst Du etwas für Deine Mappe, nämlich eine Lithographie nach Jaap Maris, unter die man wohl schreiben könnte: ein Armer im Reiche Gottes, und eine Lithographie nach Mollinger, hast Du die schon mal gesehen, ich noch nicht. Ich hatte Gelegenheit, bei einem Bücherjuden, der mir lateinische und griechische Bücher besorgt, die ich brauche, aus einem großen Posten mir Lithographien auszusuchen, und nicht teuer, dreizehn Stück für siebzig Cent. Ich dachte, ich wollte noch ein paar für meine Stube mitnehmen, dann kommt ein wenig Stimmung hinein, und das ist nötig, damit einem Gedanken kommen, neue Gedanken.

Ich schreibe Dir, welche es sind, dann weißt Du, wie es jetzt bei mir aussieht und was da hängt. Eine nach Jamin (die auch in Deinem Zimmer hängt), eine nach M. Maris, der kleine Junge, der in die Schule geht, fünf nach Bosboom, van der Maaten, *„Trauerzug durchs Kornfeld“*, Israëls, ein armer Mann auf winterlicher Straße voll Schnee, und Ostade, *„Atelier“*. Dann noch Allebé, ein altes Weiblein, das sich an einem Wintermorgen bei verschneiten Straßen Wasser und Feuer geholt hat; das letztere habe ich Cor zum Geburtstag geschickt.

Der Jude hatte noch mehr schöne Sachen, aber mehr konnte ich mir nicht leisten, und wenn ich auch dies und jenes aufhänge, so will ich doch nicht sammeln.

Gestern schickte mir Onkel Cor einen Posten altes Papier, wie das Blatt, auf dem ich Dir schreibe, ist das nicht herrlich für meine Aufgaben? Ich habe schon viel Arbeit und keine leichte, aber mit Geduld wird man sich wohl daran gewöhnen, ich will an den Efeu denken, „which stealeth on though he wears no wings“ [der sich weiterstiehlt, obwohl er keine Flügel hat], wie der Efeu an den Mauern hoch, so muß die Feder übers Papier. Jeden Tag gehe ich ein Stück spazieren, neulich kam ich durch einen sehr hübschen Stadtteil, als ich nämlich an der Buitenkant entlangging bis zum Bahnhof der
5 Holländischen Eisenbahn, dort sah man die Leute mit Sandkarren usw. am Y arbeiten, ich kam durch allerlei kleine enge Straßen mit Gärten voll Efeu. Die Gegend hatte etwas von Ramsgate. Beim Bahnhof ging ich links ab, wo die vielen Windmühlen stehen, auf einer Straße an einer Gracht mit Ulmen; alles dort erinnert an Rembrandts Radierungen...

... Geht es Frau Tersteeg weiterhin gut, und bist Du schon mal bei Mauve gewesen? Laß Dich nur nicht unterkriegen, es können in der Zukunft noch gute Tage vor uns liegen, wenn Gott uns das Leben schenkt und unserem Tun seinen Segen gibt. Ob Du wohl je bei mir in irgendeiner kleinen Kirche sitzen wirst? Gott gebe es, und ich glaube, Er wird es geben...

P.S. Gestern sah ich ein Bildnis von Michelet und betrachtete es mir noch mal gründlich und dachte an „sa vie d'encre et de papier“ [sein Tinten- und Papierleben]. Abends bin ich müde, und ich kann nicht so zeitig aufstehen, wie ich möchte, aber das wird schon wieder in Ordnung kommen, hoffentlich kann ich mich dazu zwingen. (95, 19. Mai 1877)

Michelet wandte Vincent nun von neuem seine volle Zuneigung zu. Die Briefe aus dieser Zeit vermitteln uns einen lebendigen Eindruck seines unüberwindlichen Widerwillens gegen seine Studien und des dazu im Widerspruch stehenden Wunsches, sie mit Erfolg abzuschließen und damit auch jene zu verblüffen, die ihn sonst verurteilt hätten.

Der Gedanke, sein ‚Leben vertan‘ zu haben – „une vie, une existence manquée“ (ein vertanes Leben, eine vertane Existenz) – zentrale Vorstellung im Denken vieler Künstler und Schriftsteller des 19. Jahrhunderts – erscheint hier zum ersten Mal in Vincents Briefen, lange vor der damit verbundenen Idee, alles menschliche Glück im Dienste der Kunst zu opfern. Vincent sollte letztlich dieses Opfer bringen, aber er litt dauernd unter dem Gefühl, den Sinn des Lebens versäumt zu haben.

Thomas Couture: *Jules Michelet* (Ausschnitt)

Da war ein Wort in Deinem Brief, das mich betroffen gemacht hat: „Ich möchte am liebsten von allem weg, ich bin die Ursache von allem und mache anderen nur Kummer, ich allein habe dieses Elend über mich und andere gebracht.“ Es hat mich darum besonders betroffen gemacht, weil dasselbe Gefühl, genau dasselbe, nicht mehr und nicht weniger, auch in meinem Innern ist.

Wenn ich an das Vergangene denke – wenn ich an die Zukunft denke, an die beinah unüberwindlichen Schwierigkeiten, an viele und mühsame Arbeit, zu der ich keine Lust habe, die ich, nämlich das böse Ich, gerne umgehen möchte, wenn ich denke an die Augen so vieler, die auf mich gerichtet sind – die wissen werden, woran es liegt, wenn ich keinen Erfolg habe, die mir nicht die üblichen Vorwürfe machen werden, aber die, weil sie geprüft und geübt sind in allem, was gut und brav und Feingold ist, durch ihre Mienen sagen werden: wir haben dir geholfen und sind dir ein Licht gewesen – wir haben für dich getan, was wir konnten; hast du aufrichtig gewollt, was ist nun unser Lohn und die Frucht unserer Arbeit? Sieh, wenn ich an all das denke und an noch soviel anderes mehr – zuviel, um es aufzuzählen, an die Schwierigkeiten und Sorgen, die im Laufe des Lebens nicht geringer werden, an Leiden und Enttäuschungen, an die Gefahr des Mißerfolgs, ja, der Schande –, dann ist auch mir das Verlangen nicht fremd – ich möchte weg von allem!

Und doch – ich gehe weiter meinen Weg, aber mit Vorsicht und in der Hoffnung, daß es mir gelingen möge, all diese Dinge zu bekämpfen, so daß ich eine Antwort habe auf die Vorwürfe, die mir drohen, und in dem Vertrauen, daß ich trotz alledem, was mir entgegen zu sein scheint, das erstrebte Ziel erreichen und, so Gott will, Gnade finden werde in den Augen einiger Menschen, die ich liebe, und in den Augen derer, die nach mir kommen werden... (98, 30. Mai 1877)

Ängste, die ihn quälten, wurden, wie in England, aufgewogen von einer tiefen Empfänglichkeit für alles, was er mit Freude beobachtete, das Licht, den Himmel, besonders aber die Menschen in Amsterdam und Umgebung.

Du erinnerst Dich doch an den Abend in Dordrecht, als wir zusammen durch die Stadt und um die Große Kirche gingen und durch allerlei Straßen und an den Grachten entlang, in denen sich die alten Häuser und das Licht aus den Fenstern spiegelten? Du sprachst damals über die Beschreibung eines Tages in London von Théophile Gautier: ein Hochzeitskutscher vor der Tür einer Kirche an einem nebligen, stürmischen Tag. Ich sah es alles vor mir, aber wenn das Dir Eindruck gemacht hat, dann wird Dir das Beiliegende auch gefallen, diese Seiten las ich vorige Woche an einem sehr stürmischen Tag; es war abends, die Sonne ging unter und warf eine rote Glut auf die grauen Abendwolken, von der sich Schiffsmasten und eine Reihe alter Häuser und Bäume abhoben, und alles spiegelte sich im Wasser, und der Himmel warf ein seltsames Licht auf die schwarze Erde, auf das grüne Gras mit den Gänseblümchen und Butterblumen und auf die weißen und lila Fliederbüsche und den Holunder im Garten auf der Werft. In London hatte ich dieses Buch von Lamartine gelesen, und es hatte mir großen Eindruck gemacht, und besonders die letzten Seiten gefielen mir jetzt auch wieder sehr.

Schreibe mal, was Du darüber denkst. Die Orte, von denen da die Rede ist, Hampton Court mit seinen Lindenalleen und Krähennestern (rookeries), Whitehall, an der Rückseite mit Efeu bewachsen, mit dem Platz, der an den St.-James-Park grenzt, von wo man Westminster Abbey sieht, das alles sehe ich vor mir, und das Wetter und die düstere Stimmung über dem Ganzen. (Cela m'empêche de dormir [Das läßt mich nicht schlafen])...

Heute kam ich am Blumenmarkt auf dem Singel vorbei, da habe ich etwas sehr Nettes gesehen. Ein Blumenhändler stand da mit Unmengen von Töpfen und Kübeln, allerlei Blumen und Sträuchern, ganz hinten stand der Efeu, und dazwischen saß ein Mädelchen, ein Kind, wie Maris es malen würde, so einfach mit ihrem schwarzen Häubchen auf dem Kopf und einem Paar so lebendigen und doch so freundlichen Augen; sie saß da und strickte; der Mann pries seine Ware an, und wenn ich nur gekonnt hätte, so hätte ich gern etwas davon gekauft. Und er sagte und zeigte dabei unwillkürlich auch auf sein Töchterchen: „Sieht es nicht gut aus?"

5. Juni. Gestern abend war ich bei Strickers; M. M., mit der P. verlobt ist, war auch da; sie ist ein Mädchen, das einen sehr an Ellen in *„The Wide, Wide World"* erinnert; ihr Vater war ein sehr tüchtiger Geistlicher, ein außergewöhnlicher Mann und naher Freund von Onkel Stricker. Wir gingen an der Buitenkant hin und dort zu den Erdarbeiten an der Ostbahn. Ich kann Dir nicht sagen wie schön es da war in der Dämmerung. Rembrandt, Michel und andere haben das ja gemalt, die Erde dunkel, der Himmel noch licht durch die Glut der untergehenden Sonne, die Häuserreihe und darüber die Türme, die Lichter überall in den Fenstern, alles spiegelte sich im Wasser. Die Menschen und Wagen wie kleine schwarze Figürchen, wie man das manchmal auf einem Rembrandt sieht. Und wir kamen in eine Stimmung, daß wir von allerlei Dingen zu sprechen begannen.

Gestern abend habe ich noch lange gearbeitet, und heute früh war so wunderbar schönes Wetter. Abends ist es auch ein prachtvoller Anblick auf der Werft, wenn dann alles totenstill ist und die Laternen brennen, und darüber der Sternenhimmel. When all sounds cease, God's voice is heard under the stars [Wenn alle Geräusche schweigen, hört man Gottes Stimme unter den Sternen]. – Schreibe bald mal und sag, ob das nicht mitten aus London ist, dies Stück über Cromwell...

Cromwells Jugend. Seine Familie verlor bald ihren Reichtum. Er zog sich auf ein kleines Gut zurück, das er in der sumpfigen Landschaft von Huntingdonshire besaß. Die karge, rauhe und unfreundliche Natur dieser wasserreichen Gegend, der eintönige Horizont, der schmutzige Fluß, der neblige Himmel, die dürftigen Bäume, die wenigen Bauernhütten, die rauhen Sitten der Bewohner waren dazu angetan, die Wesensart des jungen Mannes zu vertiefen und zu verdüstern. Die Seele der Landschaften scheint in die Seele der Menschen überzugehen; oft entwickelt sich in einer unfruchtbaren, traurigen Gegend ein lebhafter, feuriger, tiefer Glaube – wie der Ort, so der Mensch. Die Seele ist ein Spiegel, ehe sie Heimstatt ist... (100, 5. Juni 1877)

Vincent übernahm nun den Unterricht in einer Sonntagsschulklasse. Es machte ihm Freude, denn er spürte, hier konnte er etwas Positives leisten und die Kinder fördern. Sein Vater teilte diese Auffassung nicht. Er meinte, Vincent solle sich durch Dinge von zweitrangiger Bedeutung nicht von seiner Berufsausbildung ablenken lassen. Doch Vincent bestand darauf, seine Tätigkeit fortzusetzen. Seine Briefe wurden spärlicher.

Er hat überhaupt keine Freude am Leben und läuft immerzu mit hängendem Kopf herum, obwohl wir doch alles Erdenkliche getan haben, um ein ordentliches Berufsziel für ihn zu finden. Es ist, als ob er ausdrücklich darauf aus wäre, sich das Leben schwer zu machen. (Die Eltern an Theo, 1877)

Zu Hause hatte man offensichtlich den Eindruck, daß eine weitere Katastrophe bevorstand. Dieser Eindruck war auch nicht falsch. Aber seine Eltern hatten keine Ahnung davon, was sich hinter der Tatsache verbarg, daß Vincent in allem, was er unternahm, ‚vorsätzlich' einen schwierigen Weg ‚wählte'. Es war der Druck seines unbewußten Ich, der ihn von einem Weg fernhielt, welcher letztendlich falsch war, auch wenn sich Vincent damals seiner eigenen genialen Begabung noch nicht bewußt war.

Im Sommer 1877 schrieb er, wie schon früher, über Dickens' einfaches Heilmittel gegen den Gedanken an Selbstmord:

...Ich war also zeitig aufgestanden und sah die Arbeiter auf die Werft kommen, bei herrlichem Sonnenschein. Das würde Dir gefallen, dieser eigenartige Anblick: ein Strom schwarzer Gestalten, groß und klein, erst in der engen Straße, wo die Sonne gerade nur hineinscheint, und dann später auf der Werft. Dann habe ich gefrühstückt, ein Stück trockenes Brot und ein Glas Bier, das ist nach Dickens ein geeignetes Mittel, Selbstmordkandidaten wenigstens für einige Zeit von ihrem Vorhaben abzubringen. Und auch wenn man nun nicht gerade in solcher Stimmung ist, so ist es doch ganz gut, es ab
26 und zu mal zu tun, und dabei z. B. an Rembrandts *„Jünger von Emmaus"* zu denken. (106, 18. Aug. 1877)

Sein Hang zu einer ekstatischen Sicht der Dinge war nun voll entwickelt. Das Schreckgefühl, das er beim Blick in einen dunklen Keller gespürt hatte, machte es ihm möglich, ganz klar zu formulieren, wie in seinen Augen gewöhnliche Dinge tiefere Bedeutung annehmen konnten.

...So sah ich heute morgen einen großen, dunklen Weinkeller und Lagerhaus offenstehen, da kam mir einen Augenblick ein Schreckgespenst in den Sinn, Du weißt wohl, welches – in dem dunklen Gewölbe liefen Männer mit Licht hin und her; das ist ja nun etwas, was man täglich sehen kann, aber es gibt Augenblicke, wo die alltäglichen, gewohnten Dinge einen außergewöhnlichen Eindruck
96 machen, eine tiefe Bedeutung und ein anderes Aussehen zu haben scheinen. Das verstand Groux so gut in seinen Bildern und vor allem auch in seinen Lithographien herauszubringen... (108, 4. Sept. 1877)

Vincents ekstatische Veranlagung manifestierte sich auch in der geradezu zwanghaften Beharrlichkeit, mit der er sich bei der *Nachfolge Christi* aufhielt. Er begann sogar an seinem Lehrer Mendes eine Ähnlichkeit mit Thomas a Kempis (wie Ruyperez ihn dargestellt hatte) zu beobachten.

...Heute vormittag hatte ich noch ein Gespräch mit Mendes über Matthijs Maris, und ich zeigte ihm die Lithographie von den drei Kindern, und auch *„Un baptême"*, und er hat es sehr gut begriffen. Mendes erinnert mich manchmal an *„L'imitation de Jésus Christ"* von Ruyperez... (106, 18. Aug. 1877)

...Jemand wie Pa, der so oft, auch nachts, mit einer Laterne weite Wege machen muß, z. B. zu einem Kranken oder Sterbenden, um mit ihm über Ihn zu sprechen, dessen Wort auch noch in der Nacht des Leidens und der Todesangst ein Licht ist – wie stark würde er Rembrandts Radierungen empfinden, etwa die *„Flucht nach Ägypten bei Nacht"* oder die *„Grablegung Jesu"*. Die Sammlung im Trippenhuis ist wunderbar, ich habe vieles gesehen, was mir früher nie unter die Hände gekommen ist; auch sprachen sie dort über Zeichnungen von Rembrandt im Museum Fodor...

Im übrigen stecke ich bis über die Ohren in der Arbeit, denn es wird mir klar, was ich eigentlich wissen muß, was *sie* wissen und wovon *sie* beseelt sind, denen ich gerne folgen möchte. „Suchet in der Schrift" steht nicht umsonst da, aber dies Wort ist ein guter Wegweiser, und ich möchte gern so ein Schriftgelehrter werden, der aus seinem Schatz Neues und Altes hervorträgt.

Montag abend war ich bei Vos und Kee, die haben einander sehr lieb, und daß der Herr seinen Segen gibt, wo Liebe wohnt, kann man wohl merken. Es ist dort bei ihnen sehr nett, nur furchtbar schade, daß er nicht Pastor hat bleiben können. Wenn man sie abends bei dem freundlichen Licht ihrer Lampe in dem kleinen Wohnzimmer zusammensitzen sieht, gleich neben dem Schlafzimmer ihres Jungen, der von Zeit zu Zeit aufwacht und irgend etwas von seiner Mutter will, dann ist es ein Idyll; aber sie kennen auch schlimme Tage und schlaflose Nächte und Angst und Sorge...

Es fängt schon an zu dämmern, „blessed twilight" [gesegnetes Zwielicht] nannte es Dickens, und wie recht hatte er! Vor allem, wenn zwei oder drei einträchtig beisammen sind und gleich den Schriftgelehrten aus ihrem Schatz Neues und Altes hervortragen. Gesegnetes Zwielicht, wenn zwei oder drei versammelt sind in Seinem Namen, und Er ist mitten unter ihnen. Und selig der, der diese Dinge weiß und sie auch tut.

Rembrandt wußte das, denn aus dem reichen Schatz seines Herzens hat er unter anderem diese
40 Zeichnung in Sepia, Kohle, Tusche usw. geschaffen (die im British Museum ist) und die das Haus in Bethanien darstellt. In der Stube herrscht Dämmerung, die Gestalt des Herrn, edel und eindrucksvoll, hebt sich ernst und dunkel von dem Fenster ab, durch das die Abenddämmerung hereinfällt.

Zu Jesu Füßen sitzt Maria, die das bessere Teil erwählt hat, das nicht von ihr genommen werden soll, und Martha macht sich irgendwie im Zimmer zu schaffen, wenn ich mich recht erinnere, schürt sie das Feuer oder tut etwas dergleichen. Diese Zeichnung werde ich hoffentlich nie vergessen, und auch das nicht, was sie mir zu sagen schien: „Ich bin das Licht der Welt; wer mir nachfolget, der wird nicht wandeln in der Finsternis, sondern wird das Licht des Lebens haben."...

Solche Dinge sagt die Dämmerung dem, der Ohren hat zu hören und ein Herz zu verstehen und an Gott zu glauben – blessed twilight! Und auf dem Bild von Ruyperez, *„L'Imitation de Jésus Christ"*, ist es auch Dämmerung, und auch auf einer anderen Radierung von Rembrandt: *„David im Gebet zu Gott"*...

Aber es ist nicht immer blessed twilight, wie Du an der Schrift siehst; ich sitze oben bei der Lampe, denn unten ist Besuch, und ich kann da nicht mit meinen Büchern sitzen... (110, 18. Sept. 1877)

Seiner fixen Idee vom Zwielicht entsprachen die romantischen Träume und die eingebil-
dete Liebe zu Anne de Bretagne, deren Bild (aus einem Zeichenkurs bei Goupil) seit den 19
ersten Londoner Tagen in seinem Zimmer an der Wand gehangen hatte, zusammen mit Michelets ‚Dame in Schwarz'. Als letzte unabhängige Herzogin der Bretagne im späten 15. und frühen 16. Jahrhundert war Anne de Bretagne zweimal Königin von Frankreich, in erster Ehe mit Karl VIII. [reg. 1483–1498], danach mit Ludwig XII. [reg. 1498–1515] verheiratet. Diese tapfere Frau verfocht die bereits verlorene Sache der Bretagne und starb im Alter von 37 Jahren.

...Ich bin diese Woche viel herumgelaufen, es kann nichts schaden, die Stadt gut kennenzulernen. Ich hatte heute, als ich über der Arbeit saß, ein Blatt aus dem *„Cours de dessin"*, Bargue Ire partie No. 39, vor mir liegen, *„Anne de Bretagne"*. Das hing schon in London in meinem Zimmer, zusammen mit No. 53, und zwischen beiden hing damals *„Un jeune citoyen"*; was ich früher schön und gut fand, das finde ich auch jetzt noch so.

Der Ausdruck auf dem Gesicht dieser Anne de Bretagne ist edel und läßt einen an Meer und an felsige Küsten denken. Ich wüßte gern mal ihre Geschichte. Es ist ein wahres Königskind. De Lemud würde ihre Gestalt sicher gut gezeichnet haben... (115, 4. Dez. 1877)

Vincent besaß eine flämische, eine deutsche und eine französische Ausgabe der *Nachfolge Christi*. Er las sie kritisch und vermerkte, daß die verschiedenen Ausgaben von geistlichen Herausgebern zuweilen in unzulässiger Weise ‚bearbeitet' worden waren. Seinem Lehrer Mendes schenkte er eine lateinische Ausgabe des Werks und diskutierte mit ihm über die Idee, ‚das eigene Leben gering zu achten' um einer größeren Sache willen.

...Diese Woche hatte ich ein Gespräch mit Mendes über „Wer nicht hasset auch sein eigen Leben, der kann nicht mein Jünger sein". Er behauptete, dieser Ausdruck sei zu stark, aber ich blieb dabei, daß es die einfache Wahrheit sei; sagt das nicht auch Thomas a Kempis, wenn er über das Sich-selbst-Kennen und Sich-selbst-Verachten spricht? Wenn wir auf andere blicken, die mehr geleistet haben und besser sind als wir, dann kommen wir bald dahin, unser eigenes Leben zu hassen, weil es nicht so gut ist wie das Leben anderer. Sieh Dir nur einen Mann wie Thomas a Kempis an, der dieses Büchlein schreibt, so aufrichtig und einfach und wahr, wie nicht viele vor oder nach ihm es getan haben; oder auf anderem Gebiet, sieh Dir mal Millets Werk an oder *„Les grandes chênes"* von Jules Dupré... (116, 9. Dez. 1877) 60, 62

Vincent muß wohl diese Argumente auch bei Michelet gefunden haben, der auch in Zukunft seine Vorstellungen über die Frau prägen sollte.

...C. M. fragte mich heute, ob ich die *„Phryne"* von Gérôme nicht schön fände, und ich sagte, daß mir 90
eine häßliche Frau von Israels oder Millet oder ein altes Weiblein von Ed. Frère lieber wäre, denn was bedeutet eigentlich so ein schöner Körper wie diese Phryne, das haben die Tiere auch, vielleicht mehr noch als die Menschen; aber eine Seele, wie sie in den Menschen lebt, die Israels oder Millet oder Frère malen, haben die Tiere nicht, und ist uns nicht das Leben gegeben, damit wir reich werden in unserem Herzen, auch wenn das Äußere darunter leidet?

Für diese Figur von Gérôme kann ich wenigstens nur bitter wenig Sympathie empfinden, denn ich sehe kein einziges Merkmal von Geist daran, und zwei Hände, denen man ansieht, daß sie gearbeitet haben, sind schöner als solche, wie man sie an dieser Figur sieht.

Und noch viel größer ist der Unterschied zwischen so einem schönen Mädchen und einem Mann wie Parker oder Thomas a Kempis, oder wie Meissonier sie gemalt hat, und so wenig wie man zwei Herren dienen kann, kann man so sehr verschiedenartige Dinge lieben und für beide Sympathie empfinden. Und dann fragte C. M. mich, ob ich denn kein Gefühl für eine Frau oder ein Mädchen hätte, die schön wären — doch ich sagte, ich hätte mehr Gefühl für jemand und hätte es lieber zu tun mit einer, die häßlich oder alt oder verarmt oder irgendwie unglücklich wäre und durch Lebenserfahrung oder Kummer Verstand und Seele bekommen hätte... (117, 9. Jan. 1878)

36, Vincent schrieb erstmals über *The Empty Chair* (Der leere Stuhl) von Fildes, als er noch in London lebte. Wir haben beobachtet, wie überempfindlich er auf jeden Abschied reagierte. *159, 160,* Die beiden berühmten Stühle, die er in Arles gemalt hat und die Gauguin und ihm selbst gehörten, haben zu einer Reihe von nüchtern-sachlichen, aber auch symbolischen Interpretationen Anlaß gegeben. Angesichts von Vincents Bericht über seinen Tränenausbruch beim Anblick des leeren Stuhls nach einem Besuch seines Vaters und angesichts seiner auch weiterhin gefühlsbetonten Reaktionen aufs Abschiednehmen, scheint das Bild des leeren Stuhls — entstanden in einem Zustand nervlicher Überreiztheit in Arles — völlig in Übereinstimmung zu stehen mit einer Wesensart von ungewöhnlich feiner Empfänglichkeit für Symbolisches.

...Wie Du weißt, ist Pa hier gewesen, und darüber bin ich sehr froh. Wir waren zusammen bei Mendes, bei Onkel Stricker, bei Onkel Cor und den beiden Familien Meyes, und die schönste Erinnerung an Pa's Besuch ist ein Vormittag, den wir zusammen in meinem Arbeitszimmer mit der Durchsicht meiner Arbeiten und mit Gesprächen über allerlei geschäftliche Dinge verbrachten.

Du kannst Dir denken, daß diese Tage nur so dahingeflogen sind; nachdem ich Pa zur Bahn gebracht und dem Zug nachgesehen hatte, solange er oder auch nur der Rauch noch zu sehen war, und dann wieder in mein Zimmer kam, und Pa's Stuhl noch am Tisch stand, auf dem noch die Bücher und Hefte vom Tag vorher lagen, da wurde mir so jämmerlich zumute wie einem Kind, und dabei weiß ich doch, daß wir einander bald wiedersehen werden... (118, 10. Feb. 1878)

Nun war der bedeutsame Augenblick gekommen, wo Vincent bereitwillig die Kunst als eine Hauptquelle der Inspiration neben der Bibel anerkannte. Er befürchtete, auf den ‚falschen Weg' zu geraten, fürchtete sich aber nicht vor Widerständen und Schwierigkeiten, solange es ein letztes Ziel gab, dem man sich voll und ganz hingeben konnte. Im Juni 1878 gab er das Studium auf und beschloß, sich in Belgien zum Laienprediger ausbilden zu lassen. Seine Mutter schrieb an Theo, der nun in Paris tätig war:

...Vater hat ihm geschrieben und ausdrücklich geraten, den Unterricht noch drei Monate lang fortzusetzen. So kann er sich die Dinge in Ruhe durch den Kopf gehen lassen. Vater hat auch nach Belgien geschrieben, und die Antwort lautet, soviel ich weiß... „Wenn man freundlich und klug ist, sollte man es schaffen können, auch ohne Examen." Es macht mir große Sorgen, daß Vincent, wohin er auch geht und was er auch unternimmt, stets und überall aufgeben wird, weil er so seltsam ist und derart sonderbare Vorstellungen und Ansichten vom Leben hat. (Die Mutter an Theo, 7. Juni 1878)

Vincent kam am 8. Juli zu Hause in Etten an und besuchte in der darauffolgenden Woche zusammen mit seinem Vater ‚Lehrer' Bokma, den Leiter der Schule für Innere Mission in Laeken bei Brüssel. Sein ehemaliger Schulleiter Jones war eigens aus England gekommen, um dabei zu sein, ein erstaunlicher Beweis für den tiefen Eindruck, den Vincent während der kurzen Zeit in Isleworth auf ihn gemacht haben muß.

...Wie Pa Dir gewiß auch schon geschrieben hat, sind wir vorige Woche in Brüssel gewesen in Begleitung von Pastor Jones aus Isleworth, der einen Sonntag über hierblieb.

Der Eindruck, den wir von dieser Reise mit nach Hause brachten, war insofern befriedigend, als wir glauben, daß dort mit der Zeit eine Stellung und ein Arbeitskreis zu finden sein werden — daß dort ganz bestimmt der Weg kürzer und auch weniger kostspielig ist als in Holland...

...Und es wird nicht einmal verlangt, daß man diese Schule durchgemacht hat, ehe man sich um eine Stellung als Evangelist bewerben kann. Was man verlangt, ist die Gabe, ohne viel Aufwand allgemeinverständliche und zu Herzen gehende Vorträge und Ansprachen an schlichte Menschen zu halten, lieber kurz und kräftig als gelehrt und lang. So gibt man weniger auf umfassende Kenntnis der alten Sprachen und ein ausgedehntes theologisches Studium (obwohl alles, was man davon weiß, eine gute Empfehlung ist), sondern legt mehr Wert auf den natürlichen Glauben und auf die Eignung zur praktischen Arbeit.

Nun sind wir aber deshalb noch nicht am Ziel; erst mal hat man nicht plötzlich und erwirbt man nicht ohne viel Übung die Gabe, zu schlichten Menschen mit Ernst und Gefühl ohne Steifheit und Zwang zu sprechen, und zweitens muß, was man zu sagen hat, bedeutsam und zielgerichtet sein und beseelt von dem heißen Wunsch, in den Hörern ein Verlangen zu wecken, daß ihr Streben und Lieben

Wurzel schlage in der Wahrheit. Mit einem Wort, man muß ein Volksprediger sein, um dort Erfolg zu haben.

Ces messieurs [diese Herren] in Brüssel wollten, ich solle erst einmal auf drei Monate hinkommen, damit wir einander besser kennenlernen, doch auf die Dauer würde das auch wieder kostspielig werden, und das müssen wir nach Möglichkeit vermeiden. Das ist der Grund, weshalb ich augenblicklich noch eine Weile hier in Etten arbeite und mich vorbereite. Von hier aus will ich dann von Zeit zu Zeit einen Besuch dort machen, entweder bei Pastor Pietersen in Mecheln oder bei Pastor de Jonge in Brüssel, damit wir auf diese Art näher miteinander bekannt werden. Für wie lange das so bleiben muß, hängt ganz davon ab, was man dort weiter entscheiden wird. Beide, Pa und ich, haben wir ihnen erst noch einmal geschrieben.

Ich will nun, so gut ich kann, einige Aufsätze auf Vorrat machen; so schreibe ich jetzt einen über das Rembrandtsche Bild im Louvre, *„La maison du charpentier"*... (123, 22. Juli 1878)

... Sehr gespannt bin ich, ob dann die dortige Kunstausstellung [in Brüssel] noch geöffnet sein wird — die würde ich sehr gern sehen. Ich sehne mich nach ein paar Worten von Dir und hoffe, Dir etwas ausführlicher schreiben zu können, wenn ich in Brüssel bin, auch über die Ausstellung, wenigstens wenn sie noch nicht geschlossen ist... (125, 15. Aug. 1878)

Kaum in Laeken angekommen, begann er zu zeichnen, wenn er auch erkannte, daß dies ihn wohl doch von seiner eigentlichen Aufgabe ablenken würde. Ein einziger, allerdings unterstrichener Abschnitt in einem Brief zeigt, welche Macht die Kunst für ihn geworden war, welche Bedeutung sie für ihn hatte, und wie wenig Rücksicht er auf seine Beurteilung durch die Missionsschule nahm. In Laeken sollte er lediglich die Probezeit verbringen.

... Die bewußte kleine Skizze *„Au charbonnage"* lege ich bei.

Ich würde so gern mal versuchen, grobe Skizzen von diesem und jenem zu machen, von zahllosen Dingen, die man so auf seinem Wege antrifft, aber vielleicht würde es mich von meiner eigentlichen Arbeit abhalten, und da fange ich lieber gar nicht erst damit an. Sobald ich wieder zu Hause war, habe ich eine Predigt über „Den unfruchtbaren Feigenbaum" angefangen, Lukas 13, 6—9.

Die kleine Zeichnung *„Au charbonnage"* ist wirklich nichts Besonderes, aber ich habe sie ganz unwillkürlich gemacht, weil man hier so häufig diese Leute sieht, die im Kohlenbergbau arbeiten — das ist ein eigenartiger Menschenschlag. Das Häuschen steht nicht weit vom Leinpfad, eigentlich ist es ein kleines, an die große Werkstatt angebautes estaminet [Schankkneipe], in dem die Arbeiter in der Mittagspause ihr Brot essen und ein Glas Bier trinken...

Wieviel Schönes gibt es doch in der Kunst! Wenn man nur behalten kann, was man gesehen hat, dann ist man nie leer oder wirklich einsam, nie allein... (126, 15. Nov. 1878)

Er verließ Brüssel, um eine sechsmonatige Probezeit als Laienprediger in Wasmes bei Mons im südbelgischen Kohlerevier der Borinage zu verbringen. Bald stellte sich ein, was er später in englischer Formulierung ‚Heimweh nach der Heimat der Bilder' nannte.

... Was mich betrifft, so kannst Du Dir wohl denken, daß es hier in der Borinage keine Bilder gibt, daß die meisten Leute überhaupt nicht wissen, was ein Bild ist; also versteht sich von selbst, daß ich auf künstlerischem Gebiet seit meiner Abreise von Brüssel nichts gesehen habe. Aber das ändert nichts daran, daß die Gegend hier sehr eigenartig und sehr malerisch ist, alles spricht sozusagen und ist voll Charakter.

Jetzt in den dunklen Tagen vor Weihnachten lag Schnee. Alles erinnerte da an die mittelalterlichen Bilder vom Bauern-Bruegel und von so vielen anderen, die es verstanden haben, die eigenartige Wirkung von rot und grün, schwarz und weiß so treffend wiederzugeben. Was man hier sieht, erinnert mich immer wieder an die Werke von Thijs Maris oder Albrecht Dürer. Es gibt hier Hohlwege, bewachsen mit Dornsträuchern und alten verkrümmten Bäumen mit ihrem wunderlichen Wurzelwerk, die genau so aussehen wie jener Weg auf der Dürerschen Radierung *„Le chevalier et la mort"*.

So war es dieser Tage ein merkwürdiger Anblick bei dem weißen Schnee, abends gegen die Dämmerstunde, die Arbeiter aus den Gruben heimgehen zu sehen. Die Leute sind völlig schwarz, wenn sie aus den dunklen Gruben wieder ans Tageslicht kommen, wie Schornsteinfeger sehen sie aus. Ihre Häuser, an den Hohlwegen, im Wald und an den Berghängen verstreut, sind meist sehr klein und wären eher Hütten zu nennen. Hier und da sieht man noch bemooste Dächer, und freundlich scheint abends das Licht durch die kleinen Fensterscheiben... (127, 26. Dez. 1878)

Es liegt nicht in der Absicht dieses Buches, alle die Leiden Vincents während seiner Zeit als Laienprediger in der Borinage im einzelnen aufzuzählen. Doch es scheint notwendig, auf seine ungewöhnliche Fähigkeit zur Umsetzung von Leiden in tiefgehende Erfahrung und

aktive schöpferische Kraft hinzuweisen. Die Briefe berichten über Vincents Erfahrungen unter der einfachen Arbeiterbevölkerung, von der er in England erste Kenntnis erlangt
30–37 hatte durch Zeichnungen von Künstlern für „The Graphic" und andere Zeitschriften, und unter der zu arbeiten sein Wunsch war. Beeinflußt von seiner Lektüre wie auch von den englischen Methodisten, sah er hier die Möglichkeit, seine Sehnsucht nach der uranfänglichen Schlichtheit und Redlichkeit Adams, sein Streben nach der Demut eines Thomas a Kempis, seine Abscheu gegen die Reichen und sein Bedürfnis nach Gemeinschaft mit den Armen zu befriedigen.

Ganz zwangsläufig wurde dieses vom englischen Methodismus geprägte Bild des Christentums mit der Realität konfrontiert, als Vincent in der Borinage ankam. Daneben hatte sich im Kern seines Wesens eine schöpferische Kraft entfaltet, die damals als ausgesprochener Schaffensdrang ihren Durchbruch suchte. Anfangs nahm er keine Notiz von diesem Drang, konnte das aber nicht durchhalten, als seine Missionsarbeit zu Ende gegangen war. Nicht nur die mißbilligende Kritik seiner kirchlichen Vorgesetzten in Brüssel, sondern auch der ihm zweifellos unbewußte Einfluß seiner heranreifenden schöpferischen Kraft hat dazu beigetragen, daß er sich nicht erheben konnte über ein fanatisches, maßloses Zurschaustellen seines Mitempfindens, das die Menschen überraschte, gelegentlich auch rührte, sie aber nicht überzeugte. Auch sein Predigtstil, emotionsgeladen und in unzumutbarer Weise mit geborgten Formulierungen überfrachtet, verfehlte den gewünschten Eindruck.

Zeichnung in Brief 126

In der Borinage kam Vincent, während er Kontakten zu seinem Bruder Theo und den Eltern bewußt aus dem Wege ging, zum ersten Mal mit wirklicher Armut in direkte Berührung. Das ‚trockene Brot', jene Kost, von der er in England, Paris und Amsterdam ständig redete, war damals zwar die Nahrung seiner Wahl, aber keine Notwendigkeit gewesen. Denn er hatte immer in der Nähe von Verwandten oder Freunden gewohnt, die ihn hätten unterstützen können. Mit solcher Emphase verkündet, beinhaltete eine derartige Selbstkasteiung einen gezwungenen, nicht ganz aufrichtigen Ton. Ehrlicher Wille stand dahinter, doch unterschwellig auch Selbstmitleid, also verschiedenartige Motive. In der Borinage lagen die Dinge nunmehr ganz anders. Auch in dieser Hinsicht bedeutete die Erfahrung dort einen Wendepunkt und erwies sich als Härtetest.

Da er nur selten an jemanden schrieb, selbst an Theo nicht, war er völlig auf sich selbst gestellt. Er versagte sich die Therapie des Briefeschreibens, die, von der Zeit in der Borinage und ab und zu danach einmal abgesehen, ihm sein Leben lang half, die Spannung des Gefühls, die Leere seines Daseins und den Druck einer reichen, emotional geprägten Bilderwelt, aber auch seine eigene körperliche Bedingtheit zu ertragen, indem er sie in Worte faßte. Er hatte gute Kontakte zu den Bergleuten und gab einen gelassenen, realisti-
47 schen Bericht über die Einfahrt in die Marcasse-Zeche, eine der gefährlichsten in dem Gebiet.

... Die Arbeiter dort sind meistens vom Fieber abgezehrt und bleich und sehen müde und ausgemergelt aus, verwittert und frühzeitig gealtert, die Frauen im allgemeinen fahl und verwelkt. Rings um die Grube ärmliche Bergarbeiterhäuschen mit ein paar toten, ganz schwarzverrußten Bäumen und Dornhecken, Mist- und Aschenhaufen usw. Maris würde ein prachtvolles Bild daraus machen.

Nächstens versuche ich mal, eine Skizze davon zu zeichnen, damit Du eine Vorstellung davon bekommst.

Ich hatte einen guten Führer, einen Mann, der schon dreiunddreißig Jahre dort gearbeitet hat, einen freundlichen geduldigen Menschen, der alles gut erklärte und begreiflich zu machen suchte.

So fuhren wir zusammen in die Tiefe, 700 Meter diesmal, und gingen in die verstecktesten Winkel in dieser Unterwelt. Die maintenages oder gredins (Zellen, in denen die Bergleute arbeiten), die am weitesten vom Ausgang entfernt sind, nennt man „des caches" (versteckte Orte, Orte wo man sucht). Diese Grube hat fünf Stockwerke, drei davon, die obersten, sind erschöpft und verlassen, dort wird nicht mehr gearbeitet, weil es da keine Steinkohle mehr gibt. Wenn jemand versuchen würde, ein Bild von den „maintenages" zu machen, so würde das etwas Neues sein, etwas Unerhörtes oder richtiger Ungesehenes. Stelle Dir eine Reihe von Zellen in einem ziemlich engen und niederen Gang vor, durch rohes Holzwerk gestützt. In jeder dieser Zellen hackt ein Arbeiter im groben Leinenanzug, schwarz und schmutzig wie ein Schornsteinfeger, beim matten Licht eines Lämpchens die Kohle los.

In einigen dieser Zellen steht der Arbeiter aufrecht, in anderen (veine tailles à plat) liegt er auf dem Boden. (□□□□□ tailles à droit □□□ tailles à plat.) Die ganze Einrichtung ähnelt den Zellen in einem Bienenkorb oder einem dunklen, düsteren Gang in einem unterirdischen Gefängnis oder einer

Reihe kleiner Webstühle, oder eigentlich sehen sie aus wie eine Reihe Backöfen, wie man sie bei den Bauern sieht oder wie Nischen in einem Grabgewölbe. Die Stollen selbst sind wie die großen Kamine bei den Brabanter Bauern.

In einigen sickert überall Wasser durch; das Licht der Bergarbeiterlampen ruft eine eigenartige Wirkung hervor und spiegelt sich wie in einer Tropfsteinhöhle. Ein Teil der Bergleute arbeitet in den maintenages, andere laden die losgehackte Kohle in kleine Wagen, die auf Schienen wie eine Straßenbahn befördert werden, das besorgen vor allem Kinder, Jungen und auch Mädchen. Auch einen Pferdestall gibt es da, 700 Meter unter dem Erdboden, mit etwa sieben alten Pferden, die große Mengen fortschaffen und zum sogenannten „accrochage" bringen, das ist die Stelle, von wo die Kohle nach oben befördert wird. Andere Arbeiter sind damit beschäftigt, die verfallenen Stollen auszubessern, um das Einstürzen zu verhindern, oder neue Stollen in die Flöze zu graben. Genau so, wie Seeleute an Land Heimweh nach dem Meere haben, trotz all der Gefahren und Mühsalen, die sie bedrohen, so auch der Bergarbeiter: er ist lieber unter als über dem Erdboden. Die Dörfer hier haben etwas Verlassenes und Stilles und Ausgestorbenes an sich, weil sich das Leben unter statt über dem Erdboden abspielt; man könnte jahrelang hier sein, aber wenn man nicht unten in den Gruben gewesen ist, kann man sich keine richtige Vorstellung von den Zuständen machen.

Die Leute hier sind sehr ungebildet und unwissend, können meistens nicht lesen, doch dabei sind sie gescheit, tüchtig und flink bei ihrer schweren Arbeit und mutig und frei; klein von Gestalt, aber breit in den Schultern, mit düsteren, tiefliegenden Augen. Sie sind geschickt in vielen Dingen und arbeiten erstaunlich viel. Sehr nervös von Konstitution, ich meine nicht schwach, sondern empfindlich. Sie haben einen eingefleischten, tiefwurzelnden Haß und ein inbrünstiges Mißtrauen gegen einen jeden, der sich als Herr über sie aufspielen will. Bei den Kohlenarbeitern muß man Kohlenarbeiterart und -charakter haben und sich frei halten von Prätentionen, Stolz und hochfahrendem Wesen, sonst kann man nicht mit ihnen auskommen und wird niemals ihr Vertrauen gewinnen.

Habe ich Dir seinerzeit von dem Bergarbeiter erzählt, der durch eine Explosion schwere Verbrennungen erlitten hatte? Gott sei Dank ist er jetzt wiederhergestellt und geht aus und fängt an, zur Übung ein Stückchen zu laufen; seine Hände sind noch schwach, und es wird eine Weile dauern, bis er sie wieder zur Arbeit gebrauchen kann, doch er ist außer Gefahr. Aber es sind seitdem noch Fälle von Typhus und einem bösartigen Fieber vorgekommen, das man „la sotte fièvre" [das dumme Fieber] nennt, davon bekommt man scheußliche Träume wie Albdrücken und redet irre. Daher gibt es jetzt wieder viele kränkelnde und bettlägerige Leute; ausgemergelt liegen sie im Bett, schwach und elend...
(129, April 1879)

Vincents Aufenthalt als Prediger in der Borinage dauerte offiziell nur von Januar bis Juli 1879. Sein Unvermögen, Predigten zu halten, war der Grund dafür, daß man seine Anstellung nicht verlängerte. Er blieb noch ein Jahr dort und setzte seine Arbeit fort, ohne Rücksicht auf seine schlechte Finanzlage und die Sorgen seiner Familie. Selbst zwischen den beiden Brüdern gab es einen Riß. Kein Brief Vincents ist erhalten aus der Zeit zwischen April, als er seinen Bericht über die Kohlengrube schrieb, und Oktober, als Theo ihn besuchte und die Versöhnung sich anbahnte.

... Wenn ich voll Dankbarkeit an Deinen Besuch zurückdenke, dann kommen mir natürlich auch unsere Gespräche in den Sinn. Ich habe Ähnliches sogar viel und oft gehört. Gute Ratschläge zur Verbesserung und Veränderung meiner Lage, Aufmunterung zu Tatkraft — und doch, laß es Dich nicht verdrießen, habe ich ein bißchen Angst davor — auch weil ich sie früher befolgt habe und schließlich der mehr oder weniger Betrogene dabei war. Wieviel Gutes wird ausführlich besprochen, das nicht durchführbar ist!

Noch so frisch ist die in Amsterdam verbrachte Zeit in meiner Erinnerung. Du warst selbst dabei und weißt daher, was alles hin und her überlegt, erwogen und beraten, weise beredet worden ist, wie gut es gemeint war — und doch, wie jämmerlich war das Ergebnis, wie verrückt das ganze Unternehmen, wie unsagbar töricht. — Noch schaudert's mich, wenn ich daran denke. Es ist die schlimmste Zeit, die ich erlebt habe. Wie begehrenswert und anziehend erscheinen mir die recht mühseligen und leidvollen Tage hier in diesem armen Land, in dieser ungebildeten Umgebung im Vergleich zu damals. Ich befürchte etwas Ähnliches vom Befolgen weiser Ratschläge, die in bester Absicht gegeben werden.

Denn dergleichen Erfahrungen sind mir doch etwas zu kraß, der Schaden, der Kummer, die Traurigkeit des Herzens sind zu groß, als daß wir nicht beiderseits durch diesen Schaden und diese Schande etwas klüger werden sollten...

... Und solltest Du nun aus diesen meinen Äußerungen schließen, daß ich behauptete, Du seist ein Quacksalber mit Deinen Ratschlägen, so würdest Du mich ganz falsch verstanden haben, denn so eine Ansicht oder Meinung habe ich nicht von Dir.

Wenn Du anderseits glaubst, ich hielte es für richtig, Deinen Rat wörtlich zu befolgen und Lithograph von Briefköpfen und Visitenkarten oder Buchhalter oder Lehrjunge zu werden — oder den Rat von ..., mich dem Bäckerfach zu widmen — oder sonst allerhand ähnlichen Berufen (merkwürdig verschiedenen und schwer vereinbaren Berufen), die mir vorgeschlagen wurden, so würdest Du Dich sehr irren. Aber, sagst Du, ich gebe dir diesen Rat auch nicht, damit du ihn wörtlich befolgst, sondern weil ich dachte, du hättest Geschmack am Rentnerdasein gefunden, und weil du meiner Meinung nach damit Schluß machen solltest.

Darf ich Dich darauf aufmerksam machen, daß dieses Rentnerdasein doch wohl eine etwas seltsame Art von Rentnerdasein ist. Es fällt mir zwar einigermaßen schwer, mich in dieser Hinsicht zu verteidigen, aber es täte mir sehr leid, wenn Du das früher oder später nicht in einem anderen Licht sehen könntest. Ich weiß auch nicht, ob ich gut daran täte, diese Beschuldigung dadurch zu widerlegen, daß ich den Rat befolgte und beispielsweise Bäcker würde. Das wäre wohl eine schlagende Antwort (vorausgesetzt, daß es uns möglich wäre, mit Blitzesschnelle die Gestalt eines Bäckers oder Haarschneiders oder Bibliothekars anzunehmen), und doch eigentlich eine unvernünftige Antwort, ähnlich der Handlungsweise des Mannes, der, als man ihm Hartherzigkeit vorwarf, weil er auf einem Esel ritt, sofort abstieg und mit dem Esel auf den Schultern seinen Weg fortsetzte.

Und nun mal allen Spaß beiseite; ich möchte aufrichtig glauben, es wäre besser, wenn das Verhältnis zwischen uns von beiden Seiten vertrauensvoller wäre. Wenn ich im Ernst spüren muß, daß ich Dir oder denen zu Hause hinderlich oder zur Last bin, zu nichts zu gebrauchen, wenn ich dauernd genötigt wäre, mich Euch gegenüber als ein Eindringling oder Überflüssiger zu fühlen, so daß es besser wäre, ich existierte überhaupt nicht, und wenn ich dauernd danach trachten müßte, den andern immer mehr aus dem Wege zu gehen – wenn ich denke, daß es wirklich so wäre und nicht anders, dann überwältigt mich ein Gefühl von Traurigkeit, dann muß ich gegen Verzweiflung ankämpfen...
(132, 15. Okt. 1879)

Vincents Stunde der Wahrheit nahte sich auf einem Fußmarsch, der ihn Anfang 1880 nach Courrières, etwa 70 km in westlicher Richtung über die französische Grenze zum Haus des
29, 58 Maler-Dichters Jules Breton führte. Ein Bericht über die Reise, die Vincent De Profundis (den äußersten Tiefpunkt seiner Existenz) bezeichnet, findet sich in einem späteren Brief, dort mit allen Einzelheiten seines Martyriums. Diese Erfahrung brachte das Erwachen jener Kraft, die, jahrelang blockiert, sich nun wie durch ein Wunder in einem Verwandlungsprozeß zu schöpferischem Willen befreite.

...Ich hatte eine Fußwanderung unternommen, hauptsächlich ins Pas de Calais – ich meine nicht den Ärmelkanal, sondern das Departement oder die Provinz. Ich hatte diese Reise unternommen in der Hoffnung, vielleicht irgendwelche Arbeit zu finden, ich hätte alles angenommen. Aber schließlich ein bißchen unfreiwillig, ich könnte eigentlich nicht recht sagen, warum. Doch ich hatte mir gesagt: du mußt Courrières sehen. Ich hatte nur zehn Francs in der Tasche, und weil ich zuerst mit der Bahn gefahren bin, war diese Quelle bald erschöpft, und da ich eine Woche unterwegs war, bin ich ziemlich mühselig zu Fuß gegangen. Immerhin bin ich in Courrières gewesen und habe das Atelier von M. Jules Breton von außen gesehen. Das Äußere dieses Ateliers hat mich etwas enttäuscht, denn es ist ein ganz neues Atelier, ein neuer Ziegelbau, so regelmäßig, als hätten ihn Methodisten hingesetzt, ungastlich und frostig und ärgerniserregend. Hätte ich das Innere sehen können, so hätte ich das Äußere darüber vergessen, möchte ich glauben, ja ich bin dessen sogar sicher, aber was soll man tun – das Innere habe ich nicht sehen können.

Denn ich habe nicht gewagt, vorzusprechen und um Einlaß zu bitten...

Aber ich habe doch immerhin die Landschaft von Courrières gesehen, die Heuschober, die braune Erde, den beinah kaffeebraunen Mergelboden mit weißlichen Flecken, da wo der Mergel zutage liegt, was uns, die wir an schwärzlichen Boden gewöhnt sind, recht sonderbar vorkommt.

Der französische Himmel schien mir übrigens viel zarter und durchsichtiger als der verräucherte, neblige Himmel der Borinage. Außerdem gab es Bauernhäuser und Schuppen, die noch – Gott sei Lob und Dank – ihre bemoosten Strohdächer hatten, auch sah ich Schwärme von Raben, wie sie
63, 60 durch Daubignys und Millets Bilder berühmt geworden sind; aber eigentlich hätte es sich gehört, daß ich zuerst die charakteristischen und malerischen Gestalten der verschiedenen Arbeiter genannt hätte: Grabende, Holzhauer, einen Fuhrmann mit seinem Gespann und die Silhouette einer Frau mit weißer Haube. Selbst in Courrières gab es noch ein Kohlenbergwerk oder eine Grube, ich sah die Bergleute von der Tagesschicht in der Abenddämmerung ausfahren; aber es gab keine Arbeiterinnen in Männerkleidung wie in der Borinage, nur Bergarbeiter mit müden, elenden Gesichtern, schwarz von Kohlenstaub, in ihren Arbeitslumpen, einer von ihnen in einem alten Soldatenmantel.

Obwohl dieser Ausflug mich bis zum äußersten angestrengt hat und ich vor Müdigkeit völlig erschöpft, mit wunden Füßen und in einem recht trübseligen Zustand nach Hause kam, bedaure ich ihn nicht, denn ich habe interessante Dinge gesehen, und man lernt gerade, wenn man am elendsten dran ist, mit anderen Augen sehen. Unterwegs habe ich hie und da ein paar Stücke Brot im Tausch gegen einige Zeichnungen erworben, die ich in meiner Reisetasche hatte. Aber als ich mit meinen zehn Francs zu Ende war, mußte ich die letzten Nächte auf freiem Felde schlafen, einmal in einem stehengebliebenen Wagen, der am Morgen ganz weiß von Reif war – ein ziemlich schlechtes Nachtlager;

ein andermal in einem Reisighaufen, und einmal – das war ein bißchen besser – in einem angebrochenen Heuschober, wo ich mir eine etwas bequemere Höhlung zurechtmachen konnte, aber ein feiner Regen trug nicht gerade zum Wohlbefinden bei.

Und doch fühlte ich gerade in diesem großen Elend meine Willenskraft zurückkehren, und ich habe mir gesagt: wie dem auch sei, ich komme schon wieder hoch, ich nehme den Bleistift wieder zur Hand, den ich in meiner großen Mutlosigkeit weggelegt habe, und ich mache mich wieder ans Zeichnen; und seitdem hat sich, wie mir scheint, alles gewandelt, ich bin auf gutem Wege, und mein Stift ist etwas folgsamer geworden und scheint es von Tag zu Tag mehr zu werden.

Das allzulang andauernde, allzu große Elend hatte mich dermaßen entmutigt, daß ich nichts mehr tun konnte.

Noch etwas habe ich auf jenem Ausflug gesehen: die Weberdörfer.

Bergleute und Weber sind ein Menschenschlag für sich, anders als andere Arbeiter und Handwerker; ich empfinde große Sympathie für sie und würde mich glücklich schätzen, wenn ich eines Tages diese noch unbekannten oder fast unbekannten Typen so zeichnen könnte, daß sie bekannt würden.

Der Mann aus der tiefsten Tiefe, „de profundis“ [aus der Tiefe], ist der Bergmann; der andere mit der grübelnden, beinah träumerischen, beinah nachtwandlerischen Miene ist der Weber. Nun lebe ich schon bald zwei Jahre unter ihnen und habe ihre eigentümliche Wesensart kennengelernt, wenigstens die der Grubenarbeiter. Und mehr und mehr finde ich etwas Herzbewegendes, ja sogar Herzzerreißendes in diesen armen, ungekannten Arbeitern, den Letzten von allen sozusagen, den Verachtetsten, die man sich gewöhnlich kraft einer vielleicht lebhaften, aber fehlgehenden und ungerechten Phantasie wie eine Schar von Bösewichtern und Briganten vorstellt. Bösewichter, Säufer, Briganten gibt es hier wie anderswo, aber das ist durchaus nicht der wahre Typus... (136, 24. Sept. 1880, F)

In diese Zeit, zwischen Oktober 1879 und Juli 1880, fällt wiederum eine Periode des Schweigens zwischen Vincent und Theo. Einzig eine Geldsendung von Theo, 50 Francs, zwang Vincent, erneut zu schreiben. Er tat es widerwillig, erstmals auf Französisch. Neben einem Wirrwarr verschiedenster Ideen enthält dieser Brief eine Bewertung seiner bisherigen Existenz und eine wahrheitgetreue Selbstanalyse, die zur Triebkraft seines künftigen Handelns wurde. Unerwähnt in diesem Brief bleibt der Beschluß, ‚den Stift wieder zur Hand zu nehmen‘, den er hellsichtig als das bedeutsamste Ergebnis seiner Reise nach Courrières betrachtete.

Mit einigem Widerstreben schreibe ich Dir, denn ich habe es so lange nicht getan, und zwar aus mancherlei Gründen.

Bis zu einem gewissen Grade bist Du mir ein Fremder geworden, und auch ich bin es Dir vielleicht mehr als Du denkst, vielleicht wäre es besser für uns, gar nicht wieder anzufangen. Möglicherweise hätte ich Dir auch jetzt nicht geschrieben, wenn ich nicht verpflichtet, ja gezwungen wäre, Dir zu schreiben, wenn, sage ich, Du selbst mich nicht dazu gezwungen hättest. Ich habe in Etten erfahren, daß Du fünfzig Francs für mich geschickt hattest, nun wohl, ich habe sie angenommen. Gewiß nur widerstrebend, gewiß mit recht melancholischen Gefühlen, aber ich befand mich in einer Art Sackgasse, in einem Schlamassel – was sollte ich anderes tun? Also um Dir dafür zu danken, schreibe ich Dir.

Ich bin, wie Du vielleicht weißt, in die Borinage zurückgekehrt; Vater redete mir zu, lieber in der Nähe von Etten zu bleiben, ich habe nein gesagt, und ich glaube, ich habe recht daran getan. Gegen meinen Willen bin ich in der Familie mehr oder weniger zu einer Art unmöglichem und verdächtigem Menschen geworden – wie dem auch sei, jemand, dem man kein Vertrauen schenkt, und wie könnte ich da irgendwie und irgendwem nützen?

Dies vor allem macht mich glauben, daß es richtig und am besten und vernünftigsten ist, wenn ich weggehe und mich in entsprechender Entfernung halte, wenn ich mich verhalte, als existierte ich gar nicht.

Was die Mauser für die Vögel ist, die Zeit, da sie das Gefieder wechseln, das sind Mißgeschick und Unglück und schwierige Zeiten für uns Menschen. Man kann in dieser Mauserzeit verharren, man kann auch wie neugeboren daraus hervorgehen, aber jedenfalls geschieht das nicht in der Öffentlichkeit; es ist durchaus kein Spaß, und deshalb tut man besser daran, zu verschwinden. Gut, sei's.

Obwohl es eine mehr oder minder verzweifelt schwierige Sache ist, das Vertrauen einer ganzen Familie wiederzugewinnen, einer von Vorurteilen und anderen ebenso ehrenvollen und fashionablen [modernen] Eigenschaften vielleicht nicht ganz freien Familie, zweifle ich jedenfalls nicht ganz daran, daß nach und nach, langsam und sicher, das herzliche Einverständnis mit diesem oder jenem sich wieder einstellt.

Und zwar sähe ich dieses herzliche Einverständnis (um nicht mehr zu sagen) zwischen meinem Vater und mir gern wiederhergestellt, und dann läge mir ebensoviel daran, daß es zwischen Dir und mir wieder hergestellt würde.

Herzliches Einverständnis ist unendlich viel mehr wert als Mißverständnis.

Ich muß Dich jetzt mit gewissen allgemeinen Dingen langweilen, doch hätte ich gern, daß Du sie geduldig anhörst. Ich bin ein leidenschaftlicher Mensch, dazu imstande und geneigt, mehr oder weniger unsinnige Dinge zu tun, die ich zuweilen mehr oder weniger bereue. Es passiert mir oft, daß ich ein wenig zu schnell spreche und handle, wenn es besser wäre, mit mehr Geduld zu warten. Ich glaube, auch andere Menschen begehen manchmal solche Unklugheiten.

Da nun die Dinge mal so liegen, was ist da zu tun? Soll man sich für einen gefährlichen Menschen halten, der zu nichts taugt? Ich glaube nicht. Vielmehr geht es darum, mit allen Mitteln zu versuchen, gerade aus diesen Leidenschaften Nutzen zu ziehen. Zum Beispiel, um nur eine von vielen Leidenschaften zu nennen: ich habe eine beinahe unwiderstehliche Leidenschaft für Bücher, ich habe das Bedürfnis, mich ständig weiterzubilden, zu studieren, wenn Du es so nennen willst, genauso wie ich das Bedürfnis habe, Brot zu essen. Gerade Du wirst das verstehen können. Als ich in einer anderen Umgebung war, in einer Umgebung von Bildern und Kunstwerken, hat mich, das weißt Du sehr wohl, für diese Umgebung eine heftige Leidenschaft erfaßt, die bis zum Überschwang ging. Und ich bereue das nicht, und jetzt, *fern der Heimat, habe ich oft Heimweh nach der Heimat der Bilder.*

Du erinnerst Dich vielleicht, daß ich sehr wohl gewußt habe (und vielleicht weiß ich es auch jetzt noch), was Rembrandt bedeutet oder Millet oder Jules Dupré oder Delacroix oder Millais oder M. Maris. Gut – jetzt habe ich diese Umgebung nicht mehr – wohl aber dieses gewisse Etwas, das Seele heißt, von dem behauptet wird, es stürbe nie, es lebe ewig und suche immerfort und immer und immer wieder. Statt also mich dem Heimweh hinzugeben, habe ich mir gesagt: die Heimat oder das Vaterland ist überall. Statt mich in Verzweiflung gehen zu lassen, habe ich mich für die tätige Melancholie entschieden, insofern Tätigkeit in meiner Macht stand, oder, mit anderen Worten, ich habe die Melancholie, die hofft und strebt und sucht, einer Melancholie vorgezogen, die trübsinnig und tatenlos verzweifelt. So habe ich denn mehr oder weniger gründlich die Bücher studiert, die mir erreichbar waren, wie die Bibel und die *„Französische Revolution"* von Michelet und dann vorigen Winter Shakespeare und ein wenig Victor Hugo und Dickens und Beecher-Stowe und in letzter Zeit Aischylos und ein paar andere, weniger klassische, ein paar große kleine Meister. Du weißt ja, daß mancher, den man zu den kleinen? Meistern zählt, Fabritius oder Bida heißt.

Nun ist ein Mensch, der sich in all das vertieft, zuweilen anstößig, shocking für die anderen, und ohne es zu wollen, sündigt er mehr oder weniger gegen gewisse Formen und Sitten und gesellschaftliche Konventionen.

Und doch ist es schade, wenn man das übelnimmt. Du weißt zum Beispiel, daß ich oft mein Äußeres vernachlässige, ich gebe das zu, und ich gebe zu, daß es shocking ist. Aber Geldnot und Elend sind mit schuld daran, und tiefe Mutlosigkeit ist auch mit schuld daran, und zuweilen ist es ein gutes Mittel, um sich die nötige Einsamkeit zu sichern, damit man sich in irgendeine Sache, die einen beschäftigt, noch mehr vertiefen kann.

Ein sehr wichtiges Studium ist das Studium der Medizin; es gibt wohl kaum einen Menschen, der nicht wenigstens ein bißchen davon zu erfahren suchte, der nicht wenigstens zu begreifen suchte, worum es sich handelt, ich aber – ich weiß noch gar nichts davon. Doch dies alles beschäftigt einen, nimmt einen in Anspruch, dies alles gibt einem Stoff zum Träumen, zum Grübeln, zum Nachdenken. Jetzt bin ich schon seit etwa fünf Jahren, genau weiß ich es nicht, mehr oder weniger ohne festen Wohnort, irre in der Welt herum; Ihr sagt jetzt: seit der und der Zeit bist du heruntergekommen, bist erschlafft, hast nichts getan. Ist das ganz wahr? Es ist wahr, daß ich mir manchmal meinen Kanten Brot selbst verdient habe, daß ein andermal irgendein Freund es mir aus Gnade gegeben hat, ich habe gelebt, wie es eben ging, wohl oder übel; es ist wahr, daß manche kein Vertrauen mehr zu mir haben, es ist wahr, daß meine Geldangelegenheiten in einem traurigen Zustand sind, es ist wahr, daß die Zukunft nicht wenig düster ist, es ist wahr, daß ich mehr hätte leisten können, es ist wahr, daß ich, bloß um mein Brot zu verdienen, Zeit verloren habe, es ist wahr, daß selbst meine Studien in einem ziemlich traurigen und verzweifelten Zustand sind und daß mir mehr, unendlich viel mehr fehlt, als ich habe. Aber heißt das herunterkommen, und heißt das nichts tun?

Du wirst vielleicht sagen: aber warum bist du nicht den Weg des Universitätsstudiums weitergegangen, wie man es gern gesehen hätte? Darauf antworte ich nur das eine: es ist zu teuer; und die Aussichten, die das Studium bot, waren auch nicht besser als die Zukunft, die sich mir auf dem Wege bietet, den ich jetzt gehe.

Aber den Weg, den ich gehe, muß ich einhalten; wenn ich nichts tue, wenn ich nicht arbeite, wenn ich nicht mehr suche, dann bin ich verloren. Dann wehe mir.

So sehe ich die Dinge; weitermachen, weitermachen, das ist es, was nottut.

Aber was ist dein Lebensziel, wirst Du fragen; dieses Ziel wird bestimmter, gewinnt langsam aber sicher mit der Zeit schärfere Umrisse – wie der Entwurf zur Skizze und die Skizze zum Bild wird, in dem Maße, wie man ernsthafter arbeitet und die zunächst unbestimmte Idee, den ersten flüchtigen Gedanken näher erforscht und durchdringt, damit er feste Form annimmt.

Du mußt wissen: mit den Evangelisten ist es wie mit den Künstlern. Es gibt eine alte akademische Schule, oft erbärmlich, tyrannisch, kurz, „der Greuel der Verwüstung", die Männer, die wie in einer Rüstung, wie in einem Stahlpanzer von Vorurteilen und Konventionen stecken; und solche Leute, wenn sie an der Spitze stehen, verfügen über die Stellungen und suchen sie mit viel schönen Phrasen ihren Schützlingen zuzuschanzen und einen gewöhnlichen Sterblichen davon auszuschließen.

Ihr Gott ist wie der Gott von Shakespeares Trunkenbold Falstaff „le dedans d'une église", „the inside of a church" [das Innere einer Kirche]; wirklich stehen gewisse evangelische??? Herren seltsamerweise in geistigen Dingen auf demselben Standpunkt wie dieser Trunkenbold (vielleicht wären sie selbst ein wenig davon überrascht, wenn sie menschlicher Gefühle fähig wären). Aber es ist kaum zu befürchten, daß ihre Verblendung in dieser Hinsicht sich jemals in Hellsichtigkeit verwandeln wird...

Jetzt im Augenblick geht mir alles schief, wie es scheint, und so ist es mir schon ziemlich lange ergangen, und so kann es auch noch längere oder kürzere Zeit weitergehen; aber es ist auch möglich, daß alles gut geht, nachdem alles schiefgegangen zu sein scheint. Ich rechne nicht darauf, vielleicht kommt es nie dahin, aber falls eine Wendung zum Besseren eintritt, würde ich das als einen Gewinn betrachten, ich wäre froh, ich würde sagen: endlich! *es war doch etwas dahinter!...*

Doch unwillkürlich möchte ich glauben, das beste Mittel, Gott zu erkennen, sei, viel zu lieben. Liebe einen Freund, einen Menschen, eine Sache, was du willst – dann bist du auf dem rechten Weg, mehr darüber zu erfahren, sage ich mir. Aber man muß mit hoher, ernster, inniger Neigung lieben, mit Willen, mit Einfühlung, und man muß nach immer besserem und umfassenderem Wissen trachten. Das führt zu Gott, das führt zum unerschütterlichen Glauben.

Wenn jemand, um ein Beispiel zu nennen, Rembrandt liebt, aber ernstlich liebt, so wird er sehr wohl wissen, daß es einen Gott gibt, er wird an ihn glauben.

Wenn jemand tief in die Geschichte der Französischen Revolution eindringt – der wird nicht ungläubig sein, er wird erkennen, daß sich auch in großen Geschehnissen eine hoheitsvolle Macht offenbart.

Wenn jemand auch nur eine kurze Zeit am unentgeltlichen Lehrgang der großen Hochschule des Elends teilgenommen und auf die Dinge geachtet hat, die er mit eigenen Augen sieht und mit eigenen Ohren hört, und wenn er darüber nachgedacht hat, so wird auch er schließlich glauben, und er wird vielleicht mehr daraus lernen, als er sich selbst bewußt ist. Suche das letzte Wort dessen zu verstehen, was die großen Künstler, die ernsten Meister in ihren besten Werken sagen – darin ist Gott. Der eine hat es in einem Buch geschrieben oder gesagt, der andere in einem Gemälde.

Und dann lies ganz einfach die Bibel und das Evangelium, das gibt zu denken, und viel zu denken, und alles zu denken! Nun wohl, denke dieses viele, denke dieses alles, das erhebt den Gedanken über den alltäglichen Gesichtskreis, ob Du willst oder nicht. Da man lesen kann, lese man auch!

Nun könnte man hinterher vielleicht zuweilen ein wenig geistesabwesend, ein wenig verträumt sein; manche Menschen werden ein wenig allzu geistesabwesend, ein wenig allzu verträumt; so geht es vielleicht mir, aber das ist eben meine Schuld; wer weiß, vielleicht gibt es schließlich doch eine Entschuldigung, ich war aus diesem oder jenem Grund zerstreut, unruhig, in Gedanken; aber das überwindet man wieder. Der Träumer stürzt manchmal in einen Brunnen, heißt es, aber dann kommt er wieder herauf.

Und auch ein zerstreuter Mensch ist in gewissen Augenblicken geistesgegenwärtig, das ist wie ein Ausgleich. Manchmal ist es eine Persönlichkeit, die aus diesem oder jenem Grunde ihre Daseinsberechtigung hat, die man nicht gleich im ersten Augenblick erkennt oder die man oft aus Zerstreutheit unwillkürlich vergißt. Jemand, der lange Zeit wie hin- und hergeschüttelt auf stürmischem Meer herumgetrieben worden ist, gelangt schließlich an seinen Bestimmungsort; jemand, der zu nichts zu taugen schien, unfähig, irgendeine Stellung, irgendein Amt auszufüllen, findet schließlich eins und zeigt sich tätig und zum Handeln fähig, ganz anders, als es zunächst den Anschein hatte. Ich schreibe Dir ein wenig aufs Geratewohl, was mir in die Feder kommt, ich wäre sehr froh, wenn Du irgendwie in mir etwas anderes sehen könntest als eine Art Nichtstuer.

Denn es gibt Nichtstuer und Nichtstuer, von denen der eine das Gegenteil des anderen ist.

Es gibt Nichtstuer aus Faulheit und Charakterschwäche, aus niedriger Veranlagung – Du kannst, wenn Du meinst, mich für so einen halten.

Dann gibt es den anderen Nichtstuer, den Nichtstuer wider Willen, der innerlich von einem heftigen Wunsch nach Tätigkeit verzehrt wird, der nichts tut, weil es ihm völlig unmöglich ist, etwas zu tun, weil er wie in einem Gefängnis sitzt, weil er nicht hat, was er braucht, um produktiv zu sein, weil es sein Mißgeschick so gefügt hat, daß es mit ihm soweit gekommen ist; ein solcher Mensch weiß manchmal selbst nicht, was er tun könnte, aber er fühlt instinktiv: ich bin doch zu irgend etwas gut, ich habe eine Daseinsberechtigung! Ich weiß, daß ich ein ganz anderer Mensch sein könnte! Wozu nur könnte ich taugen, wozu könnte ich dienen! Es ist etwas in mir, was ist es nur!

Das ist ein ganz anderer Nichtstuer – Du kannst, wenn Du meinst, mich für so einen halten!...

Man könnte gar nicht immer sagen, was es ist, das den Menschen einsperrt, ummauert, zu begraben scheint, aber doch spürt man irgendwelche Gitter, Schranken, Mauern.

Ist das alles Einbildung, Phantasie? Ich glaube nicht. Und dann fragt man sich: mein Gott, ist es für lange, ist es für immer, ist es für alle Ewigkeit?

Weißt Du, was das Gefängnis zum Verschwinden bringt? Jede tiefe, ernste Zuneigung. Freund sein, Bruder sein, lieben – das öffnet das Gefängnis mit Herrschermacht, durch einen mächtigen Zauber. Wer aber das nicht hat, der bleibt im Tod.

Aber da, wo Liebe neu geboren wird, wird das Leben neu geboren.

Manchmal heißt das Gefängnis: Vorurteil, Mißverständnis, verhängnisvolles Nichts-Wissen von diesem oder jenem Umstand, Mißtrauen, falsche Scham.

Doch um von etwas anderem zu reden; wenn ich heruntergekommen bin, so bist Du aufgestiegen. Und wenn ich Sympathien verloren habe, so hast Du welche gewonnen. Darüber bin ich froh, das ist die volle Wahrheit, und das wird mich immer freuen. Wenn Du weniger ernst und weniger tief veranlagt wärst, könnte ich fürchten, daß es nicht von Dauer wäre, aber da ich Dich für sehr ernst und sehr tief veranlagt halte, möchte ich glauben, daß es von Dauer sein wird. Doch wenn es Dir möglich wäre, in mir etwas anderes zu sehen als einen Nichtstuer von der schlechten Sorte, so wäre mir das sehr lieb... (133, Juli 1880, F)

Vincent war nun innerlich reif, aber dieser Prozeß hatte lange gedauert. Erst jetzt war er imstande, für sich selbst die Grundfragen des Zeichnens – arbeiten nach der Natur oder nach künstlerischen Vorlagen – zu formulieren. Beschreibungen seines Seelenzustands, den prüfenden Blick auf das eigene Spiegelbild (Wer bin ich? Wie sehe ich aus?) hatte es immer gegeben, ebenso sein Verständnis für Gemälde und Zeichnungen anderer. Worüber er sich niemals geäußert hatte, war, zu welcher künstlerischen Aussage er selbst gelangen konnte, wenn er aus der Totalität seiner emotionsbetonten Lebenserfahrung heraus zeichnete und malte.

In zweiter Linie ging es ihm um die Wiederherstellung der ursprünglichen Einheit der Künste. Dabei handelte es sich nicht um eine vage Vorstellung, sondern um eine ganz konkrete, an der Erfahrung erprobte und an Beispielen erhärtete Idee. Literatur, Malerei und Heilige Schrift verstand er als Ströme, welche einer einzigen Quelle entsprangen. Darin bestand seine Modernität bis hin zur Auvers-Periode, nahezu am Ende des Jahrhunderts, und dies machte auch den Unterschied zu allen anderen modernen Künstlern seiner Zeit aus, den Naturalisten, Realisten, Impressionisten und Symbolisten. Man sollte die langen Briefe lesen und sich voll bewußt sein über den Wert dessen, was er uns damit hinterlassen hat. Jede einzelne Zeile berichtet nicht nur über „La grande université de la misère" (die Hohe Schule des Elends), nicht nur vom Schrei der Verzweiflung – „Wie lange noch, mein Gott!" –, sondern auch von der klarsichtigen Erkenntnis der bemitleidenswerten sozialen Situation, in der er lebte. Ebenso deutlich und stark war jedoch sein Vertrauen, daß früher oder später, mit einiger Sicherheit jedoch später, die Dinge eine Wende zum Besseren nehmen müßten.

Vincent begann nun ernsthaft zu zeichnen. Seine Bemerkung, er sehe die Dinge nun aus einer ganz neuen Sicht, tut seinen vormaligen Drang zum Zeichnen, in Den Haag, in England und Amsterdam, kurzerhand als bedeutungslos ab.

...Wenn Du noch das Buch mit den Radierungen nach Michel hast, so leihe es mir doch gelegentlich, aber es eilt nicht, augenblicklich habe ich genug zu arbeiten; doch ich würde mir gern diese Landschaften wieder einmal ansehen, denn ich betrachte jetzt die Dinge mit anderen Augen als in der Zeit, da ich noch nicht zeichnete. Ich hoffe, Du bist mit den Zeichnungen nach Millet nicht gar zu unzufrieden, wenn Du sie siehst, diese kleinen Holzstiche sind wunderschön.

Da ich im ganzen schon zwanzig Blätter nach Millet habe, kannst Du Dir denken, daß ich auch noch die anderen mit großem Eifer machen würde, wenn Du sie mir verschaffen könntest, denn ich möchte diesen Meister gründlich studieren. Ich weiß wohl, daß die große Radierung der *„Grabenden"* schwer zu haben ist, aber bitte behalte es im Auge und sage mir, zu welchem Preis man sie noch bekommen könnte. Eines Tages werde ich ja mit irgendeiner Kritzelei von Bergleuten ein paar Groschen verdienen, und ich würde dieses Blatt sehr gern haben, ebenso wie *„Das Gehölz"*, sobald ich es mir kaufen kann, auch wenn es ein wenig teuer wäre.

Neulich habe ich für 2 Francs 50 zwei Bände des *„Musée Universel"* gekauft, in denen ziemlich viele interessante Holzstiche sind, unter anderen drei Millets.

Ich kann Dir gar nicht sagen, welch große Freude Herr Tersteeg mir damit gemacht hat, daß er mich die *„Kohlestudien"* und den *„Zeichenkurs"* von Bargue eine Zeitlang behalten läßt. An den ersteren habe ich etwa vierzehn Tage lang vom ganz frühen Morgen bis zum Abend gearbeitet, und von Tag zu Tag glaubte ich zu fühlen, wie ich vorwärtskam... (135, Sept. 1880, F)

...Dazwischen befasse ich mich damit, ein Buch über Anatomie und ein anderes über Perspektive zu lesen, das Herr T. mir ebenfalls geschickt hat. Es ist ein dornenreiches Studium, und manchmal können einen diese Bücher schrecklich irritieren, aber ich halte es doch für gut, sie durchzunehmen. Du siehst also, daß ich tüchtig an der Arbeit bin, aber im Augenblick kommt dabei nicht viel Gescheites heraus. Ich hoffe jedoch, daß diese Dornen zur gegebenen Zeit weiße Blüten tragen werden, und daß dieser anscheinend unfruchtbare Kampf nichts anderes bedeutet als Geburtswehen. Erst der Schmerz, dann die Freude... (136, 24. Sept. 1880, F)

Aber schließlich konnte er die Isolierung und das Elend in der Borinage nicht mehr länger ertragen. Als der Herbst nahte, kehrte er nach Brüssel zurück.

...Im Cuesmes, Junge, hätte ich es keinen Monat länger ausgehalten, ohne vor Elend krank zu werden. Bilde Dir ja nicht etwa ein, daß ich hier großartig lebe, denn mein Essen besteht hauptsächlich aus trockenem Brot und ein paar Kartoffeln und Kastanien, die sie hier an den Straßenecken verkaufen; doch weil ich jetzt ein besseres Zimmer habe und ab und zu, wenn ich es mir leisten kann, mal eine etwas bessere Mahlzeit im Gasthaus esse, werde ich es sehr gut aushalten. Aber während der beinah zwei Jahre in der Borinage habe ich allerhand ausgestanden, das war wirklich keine Erholungsreise. Doch etwas mehr als sechzig Francs wird es doch wahrscheinlich werden, es geht wirklich nicht anders. Zeichenmaterial und Vorlagen, z. B. für Anatomie, das alles kostet Geld, und das sind doch gewiß unentbehrliche Dinge; und nur auf diese Art kann es sich später bezahlt machen, sonst komme ich nie ans Ziel... (138, 1. Nov. 1880)

Vincent machte die Bekanntschaft eines jungen holländischen Künstlers, Anton Ridder van Rappard, in dem er einen Freund und Briefpartner finden sollte. Er machte sich Gedanken über das gemeinsame Leben und die Zusammenarbeit mit einem Künstlergefährten. *81, 85*

...Ich bin auch einmal bei Herrn van Rappard gewesen, der jetzt Rue Traversière 6a wohnt, und habe mit ihm gesprochen. Er macht einen angenehmen Eindruck; von seiner Arbeit habe ich noch nichts weiter gesehen als einige kleine Federzeichnungen von Landschaften. Doch er wohnt ziemlich vornehm, und ich weiß nicht, ob er der Mensch ist, mit dem ich z. B. zusammen wohnen und arbeiten könnte, aus finanziellen Gründen. Aber jedenfalls besuche ich ihn einmal wieder. Ich hatte jedenfalls den Eindruck, daß er die Dinge wirklich ernst nimmt... (138, 1. Nov. 1880)

Vincent wohnte in einem kleinen, inzwischen abgerissenen Hotel, Boulevard du Midi 72. Er bezahlte monatlich 50 Francs für Übernachtung mit Frühstück und fand das teuer. Sein Vater schickte ihm 60 Francs pro Monat. Van Rappard und andere hatten ihm geraten, an der Akademie zu arbeiten. Er ließ sich auch dort einschreiben, zögerte aber, seiner Anmeldung Folge zu leisten. Jedenfalls konnte niemals der Nachweis erbracht werden, daß er die Schule tatsächlich besuchte. Van Rappard erlaubte ihm eine Zeitlang, in seinem Atelier zu arbeiten. Akademien wie Universitäten sah Vincent als zwar respektable, doch im ganzen gesehen eher unglückselige Einrichtungen an. Eine Akademie hatte den Vorteil, daß man, bei knapper Kasse, Kontakte zu anderen Studenten aufnehmen konnte und die Erlaubnis erhielt, Aktstudien in geheizten Räumen anzufertigen, ohne dafür zahlen zu müssen. Auch zog er einigen Vorteil aus dem Unterricht in Perspektive, den ein unbekannter Maler von mäßiger Begabung, jedoch mit solidem technischem Können erteilte. Schließlich brachte er es fertig, eine gut gelungene Zeichnung von einem Skelett bei ihm auszuleihen. Hier begann er nun auch mit einem Verfahren, das er für den Rest seines Lebens beibehalten sollte: Drei- oder viermal pro Monat legte er seinen Eltern, später nur Theo, eine peinlich genaue Abrechnung seiner Ausgaben vor, mitsamt der Angabe der Gründe, weshalb er mit seinem Geld nicht auskommen konnte. Wir kennen alle Einzelheiten über seine abgetragenen Hosen, Mäntel, die Unterwäsche und die Schuhe. Aber Geld für Arbeitsmaterialien und zum Bezahlen von Modellen war von jetzt an von allergrößter Bedeutung.

Der Gedanke, mit Theo zusammen in Paris zu leben, hatte die Brüder bereits beschäftigt (Brief 136, 24. September 1880: „Gewiß, es wäre mein großer, heißer Wunsch, nach Paris oder nach Barbizon oder anderswohin zu gehen. Aber wie könnte ich das, ich verdiene keinen Pfennig"). Die Kosten allein spielten eine Rolle, als eine Entscheidung darüber zu treffen war, ob Vincent in Heyst, Calmphout, Schaerbeek, Katwijk, Scheveningen oder bei seinen Eltern in Etten leben sollte. Am 12. April 1881 konnte er über seine Abreise nach Etten berichten, die am gleichen Tag erfolgte.

1 Vincent van Gogh als Junge

Van Gogh wurde am 31. März 1853 in Zundert im holländischen Brabant geboren, genau ein Jahr nach der Totgeburt eines ersten Kindes namens Vincent Willem. Sein beunruhigender, durchdringender Blick – aus den „dicht zusammengekniffenen kleinen Augen", die ihm nach den Worten eines späteren Bekannten „eigen waren" (S. 31) – ist lediglich auf zwei Fotos festgehalten. Nebenstehendes Bild, das ältere von beiden, trägt eine Beschriftung, die besagt, daß es in Brüssel aufgenommen wurde (wo van Goghs Onkel Hein seit 1863 lebte). Die Fotografie stellt Vincent als Dreizehnjährigen dar (1866). Wahrscheinlich ist sie nach Beendigung seines Internatsaufenthalts in Zevenbergen und vor Beginn des Besuchs der Höheren Schule in Tilburg entstanden. Obwohl er zu den Besten in seiner Klasse gehörte, besuchte er diese Schule nur zwei Jahre lang. Er verließ sie aus noch ungeklärten Gründen im März 1868.

2, 3 Vincents Großeltern
Vincent van Gogh (1789–1874), seit 1822 Pfarrer in Breda, heiratete 1811 Elisabeth Huberta Vrijdag (1790–1875), die einer Schweizer Familie (Freytag) entstammte. Drei ihrer sechs Söhne heirateten Mädchen aus der Familie Carbentus.

4, 5 Kirche und Rathaus von Zundert
Dies waren die ersten öffentlichen Gebäude, die Vincent kennenlernte. Das Rathaus in Auvers, wo er kurz vor seinem Tode lebte, sah seltsamerweise ähnlich aus (Brief 203).

Gegenüberliegende Seite:
8 Das Haus, in dem Vincent und sein Bruder Theo 1853 bzw. 1857 geboren wurden.

6 Theodorus van Gogh

7 Anna Cornelia van Gogh–Carbentus

Der Vater des Malers (Theodorus van Gogh 1822–1885) war das einzige der zwölf Kinder von Vincent und Elisabeth Huberta van Gogh, das sich gleich dem Vater zum Theologen berufen fühlte. Am 1. April 1849 wurde er Pfarrer in Zundert und heiratete Anna Cornelia Carbentus (1819–1907). 1871 zogen sie nach Helvoirt um, 1875 nach Nuenen, wo Theodorus van Gogh starb. Vincents Mutter (Tochter von Willem Carbentus, der einer der besten Buchbinder seiner Zeit war und für den niederländischen Hof arbeitete) verband eine gewisse künstlerische Begabung mit Ausdauer und Charakterstärke.

9 Die Innenräume der Firma Goupil & Cie. (vormals Haus Vincent van Gogh), Plaats 14, Den Haag

10 Vincent van Gogh (1820–1888)

11 Rembrandt van Rijn: *Bürgermei Jan Six*, 1647

Die Einrichtung einer Kunstgalerie, wie z. B. die der Firma Goupil & Cie., wo der junge Vincent van Gogh den Kunsthandel erlernte, war von victorianischer Üppigkeit. Der Begründer der Haager Filiale dieser Firma war Vincents Onkel Vincent, Bruder seines Vaters, der mit einer Schwester von Vincents Mutter verheiratet war. Das kultivierte Verständnis dieses Onkels für Literatur und Kunst, seine verständnisvolle Einsicht in die Spannungen, unter denen sein Neffe litt, all dies bedeutete für Vincent, vor allem in den schwierigen Anfängen seiner Laufbahn, eine große Hilfe. Vincent, der immer dazu tendierte, seine Eindrücke von Menschen mit Bildern zu verbinden, schrieb über die Radierung *Bürgermeister Jan Six* von Rembrandt: „Ich weiß, daß Onkel Vincent und Onkel Cor sie sehr lieben, und ich denke manchmal, daß der ihnen ähnlich gesehen sein muß ..." (37) Über Onkel Vincent schrieb er: „Der Poet in ihm starb jung, der Mensch überlebte." (Brief 81)

12 Das Trippenhuis, Amsterdam
13 Henri de Braekeleer: *Der Staalmeester-Saal im Trippenhuis,* 1883
14 August Jernberg: *Die „Nachtwache" im Trippenhuis,* 1885

Vincent war als Kunsthändlerlehrling leidenschaftlich daran interessiert, seine Kenntnisse über Malerei zu erweitern. Im Trippenhuis in Amsterdam, einem ehemaligen Privathaus, war ein staatliches Museum eingerichtet. Vincent ging öfters dorthin; in seinen Briefen erläuterte er seine Beobachtungen. Selbst die Stelle, wo ein Bild hing, behielt er genau im Gedächtnis.

Gesichter

15 Vincent van Gogh, um 1872

16 Theo van Gogh, um 1888–1890

Die zweite Fotografie von Vincent ging verloren, nachdem sie in der ersten Ausgabe der *Briefe* (Amsterdam 1914) abgebildet worden war. Vergleicht man sie mit dem früheren Bild (1), so findet man die Züge bereits verhangen, voll Unmut, eine Bestätigung seines späteren Bekenntnisses, daß die Jahre in Den Haag alles andere als glücklich waren. Theos Gesicht mit seinem durchdringenden Blick kennen wir von einer wesentlich späteren Fotografie.

Vincent hatte das Bedürfnis, sich in den Räumen, die er bewohnte, mit bewunderten Bildern und Gestalten ein Gegenüber zu schaffen. Drei Beispiele lassen seine psychischen Zwangsvorstellungen erkennen: Zwei von ihnen, das Bild des wahnsinnigen Hugo van der Goes und das der „Dame in Schwarz“, über die er bei Michelet gelesen hatte, verfolgten ihn noch Jahre danach. Schon 1873–1874 in London hing ein Stich in seinem Zimmer, der einen Ausschnitt vom Grabmal der Anne de Bretagne zeigte. Doch erst 1877 äußerte er sich darüber. („Sie ist die Tochter eines Königs – eine wahrhaft königliche Gestalt.“)

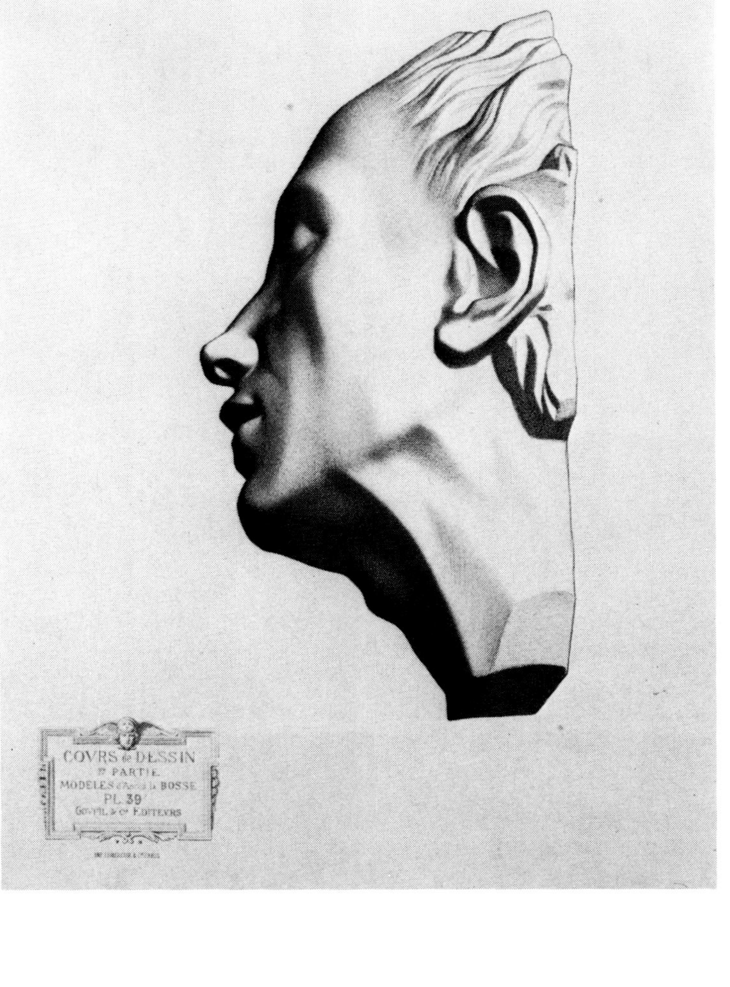

17 Emile Wauters: *Hugo van der Goes im Kloster Roodendale* (Ausschnitt), 1872

18 Französische Schule (vormals Philippe de Champaigne zugeschrieben): *Dame in Trauer*, 17. Jahrhundert

19 Bargue: *Cours de Dessin* (Zeichenlehrgang), Blatt 39

Puritaner und Menschen im Exil

20 G. H. Boughton: *Puritaner aus Neu-England auf dem Weg zum Gottesdienst,* 1867
21 G. H. Boughton: *Die Landung der Pilgerväter,* 1869
22 G. H. Boughton: *Verlassen,* 1859

Seit seinem ersten Londoner Aufenthalt (1873) war Vincent ein Bewunderer George Henry Boughtons (1834–1905), der, in England geboren, in Amerika und Holland erzogen worden war. Boughtons Liebe zu Neu-England, den Pilgervätern und den Puritanern im allgemeinen, seine Neigung zu einem ganz bestimmten Landschaftstyp, seine Motive aus Brabant, entsprachen genau Vincents eigenen Vorstellungen. Boughton zeigte ein ausgeprägtes Interesse für die rauhe holländische Landschaft.

23 J. E. Millais: *Oktoberkälte,* 1870
24 J. E. Millais: *Das verlorene Silberstück (Der verlorene Heller)*

John Everett Millais (1829–1896) erwarb sich Vincents herzliche Wertschätzung mit der Landschaft *Oktoberkälte.* Genau wie im Fall von Boughtons *Verlassen* war dies zweifellos darauf zurückzuführen, daß hier eine Auffassung von der Landschaft künstlerisch gestaltet wurde, die genau mit dem übereinstimmte, was van Gogh später selbst zum Ausdruck bringen sollte. Es bewegte ihn, daß der Maler Anton Mauve seine eigene hohe Meinung von der *Oktoberkälte* bestätigte. *Der verlorene Heller* von Millais zog Vincents Aufmerksamkeit an, weil das Bild „eine junge Frau" zeigt, „die frühmorgens in der Dämmerung nach dem Groschen sucht, den sie verloren hat". (102, 15. Juli 1877)

25 Mathijs (Thijs) Maris: *Erinnerung an Amsterdam,* 1871
Dem Gemälde des Thijs Maris, das ein Motiv aus Amsterdam (die Vorlage war eine Photographie) zeigt, hat Vincent in Brief 24 eine sentimentale Beschreibung gewidmet. Thijs Maris war der typische introvertiert-einsame holländische Maler, der voller Träume und Heimweh fern seiner Heimat lebte. Vincent nahm ihn in Schutz gegen die, die ihn verspotteten. Er sah in ihm „die Verkörperung von etwas so Hohem und Edlem". (268) „Ein- oder zweimal sprach ich mit Thijs Maris. Boughton wagte ich nicht anzusprechen, weil seine Gegenwart mich so tief beeindruckte." (332)

26 Rembrandt van Rijn: *Die Jünger von Emmaus*
In Rembrandts *Jüngern von Emmaus* im Louvre sah Vincent ein Bild mit humaner und übernatürlicher Aussage, dem ein einfaches, realistisches Motiv zugrundelag. Das Bild wurde für Vincent sogar zum Maßstab für die Bewertung seiner eigenen Eindrücke. „Solltest Du nicht meinen, wenn die zwei erstgenannten (Onkel Jan und Onkel Cor), wie das oft geschieht, abends hier in dem Dir bekannten schönen, stillen Zimmer sitzen und plaudern, so wäre das ein Anblick, der dem Herzen guttut, besonders wenn man sie voll Liebe betrachtet, wie ich es tue? Und doch – Rembrandts *Jünger von Emmaus* sind noch schöner, und das hätte es auch sein können ..., was ihnen fehlt, fehlt in ihrem Haus und in ihren Angehörigen ..." (108)

27 Jacob van Ruysdael: *Das Wäldchen*
Das Wäldchen befand sich ebenfalls im Louvre. Van Gogh hätte gern einen Stich nach dem Bild für sein Zimmer gehabt, und als er (von dem Maler Daubigny) einen bekam, drückte er seine Begeisterung aus mit dem von seinem Verwandten, dem Maler Anton Mauve, bei jeder Gelegenheit gebrauchten Ausruf „Das ist's!" *(Dat is het).*

28 Adriaen van Ostade: *Familienbildnis,* 1654
Eine Überraschung war für Vincent 1875 in Paris van Ostades Familienbildnis. Vincent meinte, es handle sich um die eigene Familie des Malers, aber dies erscheint heute zweifelhaft. Diesem mit großer Feinheit gemalten, lebendig und geschickt komponierten Gruppenbild widmete van Gogh in Brief 35 eine detaillierte Beschreibung. Sie beweist, wie genau Vincent Bilder betrachtete.

29 Jules Breton: *Erntesegen in Artois,* 1857
Jules Breton (1827–1906) übte als Dichter wie als Maler einen großen Einfluß auf Vincent aus. Seinen *Erntesegen* sah Vincent 1875 im Palais Luxembourg.

31 Anonym: *Der Grubenschacht (Rettungsmannsch*
beim Einfahren nach einer Grubengasexplosion)

30 Gustave Doré: *Rundgang im Hof des Newgate-Gefängnisses,* 1872

32 Auguste Lançon: *Männer beim Schneeschaufeln,* 1881

33 Hubert van Herkomer: *Sonntag im Chelsea Hosp*
1871

34 Edwin Buckman: *Wartende Menge bei der Ausgabe der Lebensmittelgutscheine in Paris,* 1870

35 Luke Fildes: *Obdachlos und hungrig,* 1877

36 Luke Fildes: *Der leere Stuhl, Gad's Hill, den 9. Juni 1870*

37 M. W. Ridley: *Köpfe von Menschen aus dem Volk – Der Bergmann,* 1876

Der bedeutende Ertrag seines ersten Englandaufenthalts waren nicht Kenntnisse über die Malerei, sondern die Entdeckung der hervorragenden Qualität von Graphiken in illustrierten englischen Zeitschriften. Die hier wiedergegebenen Bilder, alle aus Vincents eigener Sammlung, geben einen Eindruck von seiner Einstellung zu Leben und Arbeit des einfachen Volkes. Erst nach seiner Rückkehr nach Holland und als er sich entschlossen hatte, Maler zu werden, begann er ernsthaft, Kunst zu sammeln. „Wenn ich nachts nicht schlafen kann, was oft vorkommt, krame ich immer mit neuer Freude in den Holzschnitten herum." (229)

In van Goghs Sammlung gab es auch Gustave Dorés berühmten *Rundgang im Hof des Newgate-Gefängnisses.* Er griff dieses Bild auf und fertigte in seinem Todesjahr eine Kopie davon an. Weiterhin enthielt seine Sammlung eine Anzahl von Bildnissen von Bergarbeitern und Städtern, außerdem Fildes' Ansicht von Dickens' Arbeitszimmer am Morgen nach seinem Tod. Dieses Bild (mit dem leeren Stuhl) sollte Vincent später zu eigenen Arbeiten anregen. Schließlich Herkomers *Sonntag im Chelsea Hospital,* einem Haus für Kriegsveteranen. „(Die englischen Künstler) wählten ihre Themen so aus, daß sie den gleichen Wahrheitsgehalt beanspruchen können wie die von Gavarni oder Daumier, aber sie haben etwas Edles und verraten echtes Gefühl."

38 Ary Scheffer: *Christus am Ölberg,* 1839

39 Ary Scheffer: *Christus Consolator (Der tröstende Christus),* 1837

Der tröstende Christus

Als er Ende 1878 England für immer verließ, litt Vincent unter religiösen Zwangsvorstellungen, was sich an seiner unkritischen Bewunderung für Ary Scheffers Christusgestalten mit ihrem übertriebenen Pathos ablesen läßt. Es war ein Zeitpunkt großer Schwäche. Ein Beispiel für seine ungewöhnlich starke Einbildungskraft gibt uns Vincents feinfühlige Beschreibung einer Zeichnung von Rembrandt – er hatte sie in London gesehen –, die sein poetisches Empfinden für das „gesegnete Dämmerlicht" ihm eingegeben hatte. (109)

40 Rembrandt (zugeschrieben): *Christus mit Maria und Martha (Das Haus in Bethanien),* ca. 1650

42 Vizeadmiral Johannes van Gogh (1817–1885)
43 Der Geistliche Johannes P. Stricker

41 Marinewerft (Haus des Kommandanten der Marinewerft), Amsterdam 1890

Amsterdam

Die Atmosphäre, in der er im Hause des Vizeadmirals, seines Onkels, 1878 in Amsterdam lebte, hätte kaum behaglicher sein können. Er muß sich dort wohl mehr als üblich als sonderbarer Kauz ausgenommen haben, ebenso auch im Hause des Geistlichen J. P. Stricker und seiner Frau, einer Schwester von Vincents Mutter. Der Eingang zum Friedhof erinnert an einige großartige Gemälde und Zeichnungen von ähnlichen Alleen, die später in Brabant entstanden.

44 Oosterbegraafsplaats, Oosterpark, Amsterdam

45 Marcasse (Zeche 7), Wasmes

Die Borinage

Ein stärkerer Kontrast als der zwischen der behaglichen Umgebung in Amsterdam und der Öde und dem Elend der Borinage, dem Kohlenrevier an der belgisch-französischen Grenze, wo sich Vincent gegen Ende des Jahres 1878 als Laienprediger niederließ, ist kaum vorstellbar. Bei seiner Arbeit in der kleinen evangelischen Gemeinde von Wasmes und Cuesmes benutzte Vincent ein kleines Buch mit 70 Psalmen in Versen. Er unterstrich eine Reihe von Texten, wie z. B. hier im Psalm 77: „In der Zeit meiner Not suche ich den Herrn ... Wenn ich betrübt bin, so denke ich an Gott." In diesem Lebensabschnitt, der die Entscheidung für die Künstlerlaufbahn brachte, empfand Vincent zunehmend das Bedürfnis zu zeichnen. Dieser *Kohlentrimmer* ist eine der wenigen Arbeiten, die der Vernichtung entgangen sind.

46 *Kohlentrimmer,* Juli–August 1879

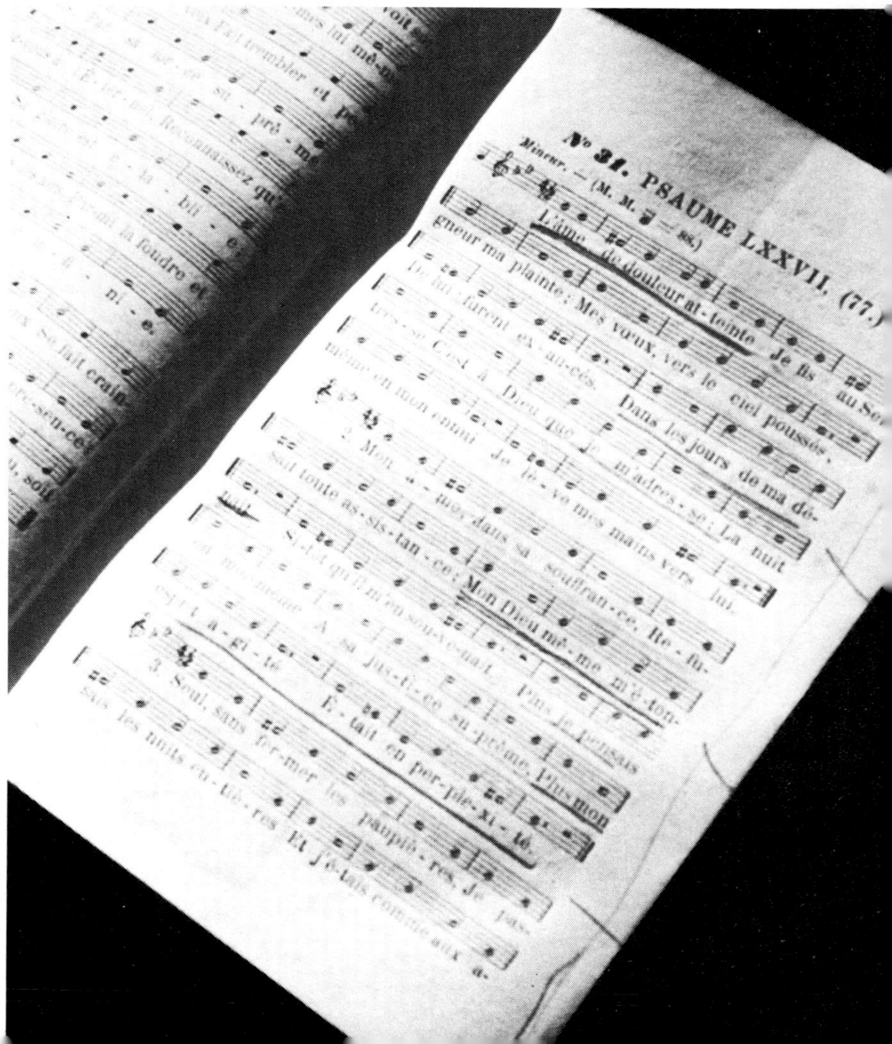

47 Vincents Psalmenbuch

II DIE HOLLÄNDISCHE PERIODE

„Innerhalb einiger Jahre muß ich eine bestimmte Arbeit vollbringen"

1881 ETTEN
1881–1883 DEN HAAG
1883 DRENTHE
1883–1885 NUENEN

Seit Oktober 1875 hatte Vincents Vater in Etten, wiederum in Brabant, nicht weit von Eindhoven und der belgischen Grenze, eine Pfarrstelle inne. Vincent hatte dort schon dreimal Zuflucht gesucht, als nacheinander seine Versuche fehlgeschlagen waren, im Leben Fuß zu fassen. Nun kehrte er zurück in der ausdrücklichen Absicht, Etten selbst zum Ausgangspunkt einer neuen, diesmal sein ganzes Leben umfassenden Aufgabe zu machen, der des Malens. Niemand, außer Theo, der fern in Paris bei Goupil arbeitete, hatte das geringste Vertrauen in seine Aussichten auf Erfolg.

50–53 Die Monate, die Vincent in Etten verbrachte, legen vor allem Zeugnis ab vom Einsetzen einer eifrigen Konzentration auf Natur, menschliche Gestalt und Landschaft. Nahezu alles, was er in Etten malte, ist das Werk eines ursprünglichen Vincent, eines Mannes, der sich mit der äußeren Erscheinung der Dinge nicht zufriedengeben wollte.

... Aber die Natur ist gewiß „intangible“ [unberührbar], doch man muß sie anpacken, und zwar mit fester Hand. Und nachdem ich nun einige Zeit mit der Natur gerungen und gekämpft habe, wird sie allmählich ein bißchen nachgiebiger und gefügiger; nicht, daß ich schon am Ziele wäre – niemand ist weiter davon entfernt, das zu glauben, als ich selbst – aber es geht doch allmählich besser vorwärts. Der Kampf mit der Natur hat manchmal etwas von dem, was Shakespeare „Taming the Shrew“ [Der Widerspenstigen Zähmung] nennt (d. h. die Widerspenstige besiegen durch Ausdauer, bongré et malgré [sie mag wollen oder nicht]). In vielen Dingen, doch besonders beim Zeichnen, glaube ich, daß „serrer de près vaut mieux que lâcher“ [hart zupacken besser ist als loslassen].

Mit der Zeit wird mir immer klarer, daß gerade Figurenzeichnen wichtig ist und indirekt auch dem Landschaftszeichnen zugute kommt. Wenn man eine Kopfweide zeichnet, als sei sie ein lebendes Wesen, und das ist sie ja eigentlich auch, dann folgt die Umgebung wie von selbst, wenn man nur seine ganze Aufmerksamkeit auf den bewußten Baum gerichtet und nicht geruht hat, bis etwas vom Leben hineingekommen ist... (152, 12.–15. Okt. 1881)

Die Idee, durch Beharrlichkeit zum Ziel zu gelangen – bezeichnenderweise mit der Vorstellung des Siegs über eine Frau verbunden –, geht während seines Aufenthalts in Etten einher mit einer anderen fixen Idee. Wie um die ohnehin vorhandenen familiären Spannungen
49 noch zu erhöhen, verliebte sich Vincent nun in seine 35jährige Kusine Kee. Seit dem Tod ihres Gatten im Oktober 1878 hatte sie bei ihren Eltern, den Strickers, in Amsterdam gelebt. 1881 kam sie mit ihrem vierjährigen Sohn auf Besuch zu Onkel und Tante nach Etten.

Ich habe etwas auf dem Herzen, das ich Dir sagen will; vielleicht weißt Du bereits davon, und ich erzähle dir nichts Neues. Ich wollte Dir sagen, daß ich diesen Sommer K. sehr liebgewonnen habe. Aber als ich ihr das sagte, hat sie mir geantwortet, daß ihre Vergangenheit und ihre Zukunft für sie *eins* blieben und sie also meine Gefühle nie erwidern könne.

Da war ich in einem furchtbaren Zwiespalt, was ich tun sollte – mich mit diesem „nie, nein, nimmer“ abfinden oder die Sache als noch nicht entschieden und beendet ansehen und noch etwas guten Mut bewahren und es noch nicht aufgeben?

Für letzteres habe ich mich entschieden. – Und bis heute habe ich diese Auffassung nicht bereut, obwohl ich noch immer diesem „nie, nein, nimmer“ gegenüberstehe.

Natürlich habe ich seitdem eine ganze Menge „petites misères de la vie humaine“ [kleine Kümmernisse des Menschenlebens] durchgemacht, die, in einem Buch dargestellt, vielleicht diesen oder jenen belustigen würden; aber wenn man sie selber erlebt, kann man sie bestimmt nicht erfreulich finden...

... K. selber glaubt, nie anderen Sinnes zu werden, und die Älteren suchen mich zu überzeugen, daß sie nicht anderen Sinnes werden kann, aber doch haben sie Angst vor dieser Sinnesänderung. Die Älteren werden aber in dieser Sache anderer Meinung werden, nicht dann, wenn K. anderen Sinnes wird, sondern wenn ich jemand geworden sein werde, der mindestens tausend Gulden im Jahr verdient. Noch einmal, verzeih die harten Linien, mit denen ich die Dinge umreiße.

Du wirst vielleicht andere von mir sagen hören, ich wolle es erzwingen, oder ähnliche Ausdrücke, aber wer wüßte nicht, wie unsinnig ein „Erzwingenwollen“ in der Liebe ist!...

Rappard war hier und brachte Aquarelle mit, die gut werden. Mauve kommt, hoffe ich, bald, sonst fahre ich zu ihm. Ich zeichne viel und glaube, es wird besser; ich arbeite viel mehr mit dem Pinsel als früher. Jetzt ist es so kalt, daß ich fast ausschließlich im Hause Figur zeichne, Näherin, Korbflechter usw... (153, 3. Nov. 1881)

Diese bedeutsame Entwicklung sollte gesehen werden in Beziehung zu seinem neu entdeckten Willen, seine kreativen Kräfte zu entfalten, Kräfte, deren er sich jetzt endlich bewußt geworden war. Aufgrund dessen, was Vincent ‚das Trauernde in ihr‘ nannte, stand Kee auch für Michelets ‚Dame in Schwarz‘. Es war ein Ereignis von einzigartiger Bedeutung.

...Diese meine Liebe hat mich Partei ergreifen lassen, und ich fühle Tatkraft in mir, neue, gesunde Tatkraft. Wie jeder, der wahrhaft liebt.

Was ich also sagen will, lieber Bruder, ist nicht mehr und nicht weniger, als daß ich fest glaube: ein Mann, wer er auch sei, ist sich einer sehr eigenartigen Sache, nämlich einer großen, tief in ihm verborgenen Kraft solange nicht bewußt, bis er eines Tages wachgerüttelt wird durch die Begegnung mit einer Frau, von der er sagt: sie und keine andere...

...Junge, ich muß ihr Angesicht einmal wiedersehen und einmal mit ihr sprechen; wenn ich es nicht bald tue, so geschieht vielleicht auf dem großen Fest etwas, das sehr schlimm für mich werden könnte. Verlange nicht von mir, genau zu sagen, was. Wärst Du selbst verliebt, so würdest Du es begreifen; weil Du aber nicht verliebt bist, könnte ich es Dir nicht begreiflich machen.

Nun brauche ich ein bißchen Reisegeld nach Amsterdam, Theo. Auch wenn ich nur wenig Reisegeld habe, fahre ich hin. Pa und Ma haben mir versprochen, nichts dagegen zu tun, wenn ich sie nur sozusagen aus dem Spiel lasse. Falls Du es mir schickst, Bruder, mache ich für Dich noch eine Menge Zeichnungen von 't Heike und von was weiß ich alles.

Und sie würden nicht schlechter davon werden, wenn das „nie, nein, nimmer" zu schmelzen begönne. Denn das beste Mittel zum dessiner encore [Weiterzeichnen] ist auch aimer encore [Weiterlieben]. Könntest Du mir zu dem Reisegeld verhelfen, Junge? Wenn es nur zwanzig Francs sind, dann kriegte ich vielleicht von Pa noch zehn dazu (sozusagen ohne daß er's weiß, indem er ein Auge zudrückt), et alors je décampe plus vite que ça. As-tu compris, mon cher! Crois moi toujours [Und dann mache ich mich davon, so schnell es geht. Hast Du verstanden, mein Lieber! Wisse, ich bin immer]. (157, 12. Nov. 1881)

Es erwies sich als völlig unmöglich, die Kluft zu überbrücken, die sich auftat. Auf der einen Seite seine eigene Liebe und das Theo gegenüber zögernd bekundete Streben nach Befreiung, auf der anderen die Unfähigkeit seines Vaters, eines Geistlichen, auch nur bescheidenste Ansätze von Verständnis zu bekunden.

...Und jetzt, da ich im Zuge bin, sollte Pa zu mir sagen: weil du Briefe an K. schreibst und dadurch Unannehmlichkeiten zwischen uns entstehen (*denn das ist die Hauptursache*, und was sie auch sagen mögen: daß ich mich nicht in die hergebrachten Formen füge oder was weiß ich sonst, das ist eigentlich nur Gerede), weil also Unannehmlichkeiten entstehen, jage ich dich zur Tür hinaus.

Das ist wirklich ein bißchen arg, und es wäre ja lächerlich, deshalb eine begonnene Arbeit abzubrechen, die endlich gut in Schwung gekommen ist. Nein, nein, so einfach geht das nicht!... (159, 18. Nov. 1881)

Vincents dringende Bitten um Geld, die er an Theo richtete, um Kee in Amsterdam besuchen zu können, hatten etwas Rührendes. Doch zur gleichen Zeit formulierte er eines seiner gescheiten und sprachlich präzisen Urteile. Es betraf seine und Theos Vorstellungen über die eigene Generation und die Zukunft, und es gelang ihm hier, wie auch an anderer Stelle, eine über das rein Persönliche hinausgehende Betrachtungsweise und eine allgemeingültige Sicht der Dinge zu erreichen.

...Wir stehen jetzt als erwachsene Menschen, als Soldaten in Reih und Glied unserer Generation. Wir gehören nicht zur Generation von Pa und Ma und Onkel S., wir müssen uns mehr an das Moderne halten als an das Alte. Nach dem Alten zurückzuschauen, ist verhängnisvoll... (160, 19. Nov. 1881)

Sein Besuch bei der Familie Kees in Amsterdam brachte die Entscheidung.

...Ich fuhr also hin, denn ich dachte mir: wer weiß, vielleicht ist das „nie, nein, nimmer" im Begriff zu schmelzen, das Wetter ist ja so milde.

Und so schlenderte ich denn eines Abends auf der Suche nach dem Haus die Kaisersgracht entlang und fand es schließlich auch. Und natürlich klingelte ich und hörte, die Herrschaften säßen noch bei Tisch. Doch dann hieß es, ich könnte hereinkommen. Aber da waren sie alle, nur K. nicht. Und jeder hatte einen Teller vor sich, aber es war kein Teller zuviel, diese kleine Besonderheit fiel mir auf. Man wollte mir die falsche Vorstellung beibringen, daß K. nicht da sei, und hatte ihren Teller weggenommen; doch ich wußte, daß sie da war, ich fand das eine Komödie, ein albernes Spiel. Nach einer Weile fragte ich (nach den üblichen Redensarten und Begrüßungen): „Aber wo ist denn K.?" Da wiederholte Onkel S. meine Frage und sagte zu seiner Frau: „Mutter, wo ist K.?" Und Mutter, seine Frau, sagte: „K. ist ausgegangen." Da habe ich vorläufig nicht weitergefragt und ein bißchen über die Ausstellung bei Arti usw. geredet. Aber nach dem Essen verschwanden die andern, und Onkel S. und seine Gattin und ich besagte Person blieben allein und setzten sich in Positur. Onkel S. als Priester und Vater nahm das Wort und sagte, er habe gerade besagten Brief an besagte Person schicken wollen, und nun werde er diesen Brief vorlesen. – Doch fragte ich erst noch einmal: „Wo ist K.?" (denn ich wußte, daß sie in der Stadt war). Da sagte Onkel S.: „K. hat das Haus verlassen, sobald sie hörte, daß du da seist." (164, ca. 21. Dez. 1881)

... Na ja, soll ich nun noch weiter berichten, Junge – es ist etwas gewagt, Realist zu bleiben, aber Theo, Theo, Du bist doch selbst auch Realist, ach, finde Dich mit meinem Realismus ab!

Ich habe Dir ja gesagt, eigentlich seien meine Geheimnisse keine Geheimnisse, nun ich nehme dies Wort nicht zurück, denke von mir, was Du willst, und ob Du es für richtig oder für nicht richtig hältst, was ich getan habe, darauf kommt's nicht viel an.

Ich berichte weiter – von Amsterdam fuhr ich einmal nach Haarlem und saß eine Weile sehr gemütlich bei unserm lieben Schwesterchen Willemien und ging mit ihr spazieren, und abends fuhr ich in den Haag, und etwa gegen sieben landete ich bei Mauve.

Und ich sagte: hör mal, Mauve, du wolltest nach Etten kommen und versuchen, mich einigermaßen in die Geheimnisse der Palette einzuweihen, aber ich dachte mir, das würde nicht so einfach in ein paar Tagen zu machen sein, da komme ich also zu dir, und wenn es dir recht ist, bleibe ich ungefähr vier Wochen oder sechs Wochen oder so lang oder so kurz, wie du willst, und dann müssen wir mal sehen, was sich tun läßt. Es ist sehr unverschämt von mir, so vieles von dir zu erbitten, doch schließlich j'ai l'épée dans les reins [bin ich arg in der Klemme]. Nun, da sagte Mauve: hast du was bei dir? Jawohl, hier sind ein paar Studien, und dann sagte er mir viel Gutes darüber, viel zuviel, aber gleichzeitig auch Tadelndes, viel zuwenig. Nun, und am nächsten Tag stellten wir ein Stilleben, und der Anfang war, daß er sagte, so mußt du deine Palette halten. Und seitdem habe ich ein paar Ölstudien gemacht und später zwei Aquarelle. Das ist nun das Ergebnis des Arbeitens, doch das Arbeiten mit Händen und Kopf ist nicht das ganze Leben...

Dann dachte ich bei mir: ich möchte gern einmal bei einer Frau sein, ich kann nicht leben ohne Liebe, ohne Frau. Keinen Groschen gäbe ich fürs Leben, wenn es nicht etwas Unendliches gäbe, etwas Tiefes, etwas Wirkliches. Aber, sagte ich mir dann, du sagst „sie und keine andere", würdest du zu einer Frau gehen? Das ist ja unvernünftig, das ist ja gegen die Logik...

... Ich habe in dieser Lage viel mit mir kämpfen müssen, und in diesem Kampf bekam einiges die Übermacht, was ich in bezug auf Physiologie und Hygiene glaube und mehr oder weniger aus bitterer Erfahrung weiß. Es rächt sich, wenn man allzulange ohne Frau lebt. Und ich glaube nicht, daß das, was einige Gott, andere das höchste Wesen und wieder andere die Natur nennen, unvernünftig und unbarmherzig ist, und kurz und gut, ich bin zu dem Schluß gekommen: ich will einmal sehen, ob ich nicht eine Frau finden kann.

Und ach Gott, ich habe nicht sehr weit suchen brauchen. Ich fand eine Frau, gar nicht jung, gar nicht schön, an der, wenn Du willst, nichts Besonderes war, aber Du bist vielleicht ein bißchen neugierig. Sie war ziemlich groß und breit gebaut, sie hatte nicht gerade Damenhände wie K., sondern Hände wie jemand, der viel arbeitet. Aber sie war nicht grob und nicht gemein und hatte etwas sehr Frauliches. Sie hatte etwas von so einer netten Figur von Chardin oder Frère oder vielleicht Jan Steen. Kurz, das, was die Franzosen „une ouvrière" [eine Arbeiterin] nennen. Sie hat viele Sorgen gehabt, das konnte man sehen, und das Leben war darüber hingegangen, ach, nichts Distinguiertes, nichts Außergewöhnliches, nichts Unalltägliches.

Toute à tout âge, si elle aime et si elle est bonne, peut donner à l'homme non l'infini du moment, mais le moment de l'infini [Jede, in jedem Alter, wenn sie liebt und wenn sie gut ist, kann dem Mann nicht das Unendliche des Augenblicks geben, aber den Augenblick des Unendlichen]...

Die andere Frau hat mich nicht ausgenommen – ach, wer all diese lieben Mädels für Betrügerinnen hält, hat ja so unrecht und bleibt so an der Oberfläche!

Diese Frau ist gut zu mir gewesen, sehr gut, sehr sehr gut, sehr lieb, auf welche Art, werde ich meinem Bruder Theo nicht erzählen, weil ich meinen Bruder Theo im Verdacht habe, daß er wohl selber mal etwas davon erfahren hat. – Tant mieux pour lui [Um so besser für ihn]. Haben wir zusammen viel draufgehen lassen? Nein, denn ich hatte nicht viel, und ich hab zu ihr gesagt: „Hör mal, du und ich brauchen uns keinen Rausch anzutrinken, um einander gern zu haben, steck nur in deine Tasche, was ich entbehren kann." Und ich wünschte, ich hätte mehr entbehren können, denn sie war es wert. Und wir haben über allerlei gesprochen, über ihr Leben, über ihre Sorgen, über ihr Elend, über ihre Gesundheit, und ich hatte mit ihr ein erfreulicheres Gespräch als beispielsweise mit meinem gelehrten professoralen Vetter... (164, ca. 21. Dez. 1881)

Ungefähr fünf Monate später berichtete Vincent seinem Bruder genauere Einzelheiten, doch verlegte er dabei das Treffen mit ‚der Frau' von Dezember auf Januar, in eine Zeit, nachdem Brief 164 geschrieben war. Der spätere Brief (193) bezieht sich zweifellos auf Christine Clasina (Sien) Hoornik, der frühere wahrscheinlich auch.

... Diesen abscheulichen, kalten Empfang in Amsterdam konnte ich nicht überwinden, bei Marktschluß lernt man die Händler kennen. –

Suffit. Dann hatte ich Ablenkung und Ermutigung durch Mauve, ich stürzte mich mit aller Kraft in die Arbeit. Dann, nachdem Mauve mich im Stich gelassen hatte und ich ein paar Tage nicht wohl gewesen war, lernte ich Ende Januar Christien kennen.

Theo, Du sagst, wenn ich K. wirklich geliebt hätte, würde ich das jetzt nicht tun. Verstehst Du nun aber besser, daß nach dem, was in Amsterdam gesagt worden war, ich nicht weiterkonnte? Hätte ich verzweifeln sollen – warum sollte ein ehrlicher Mann verzweifeln? – Ich bin kein schlechter Mensch, ich verdiene es nicht, so viehisch behandelt zu werden. Was können sie schon? Freilich, sie haben Oberwasser behalten, haben damals in Amsterdam meine Pläne durchkreuzt. Jetzt frage ich sie aber nicht mehr um Rat, und als Volljähriger frage ich, steht es mir frei zu heiraten, ja oder nein? Steht es mir frei, einen Arbeiteranzug anzuziehen und wie ein Arbeiter zu leben, ja oder nein? Wem bin ich Verantwortung schuldig, wer will versuchen, mich zu zwingen?

Wer Lust hat, mich daran zu hindern, der soll nur kommen!... (193, 14. Mai 1882)

... Du mußt wissen, Theo, daß Mauve mir einen Malkasten geschickt hat mit Farben, Pinseln, Palette, Spachtel, Öl, Terpentin, kurz mit allem, was nötig ist. So ist es nun entschieden, daß ich mich auch ans Malen mache, und ich bin froh darüber, daß es dazu gekommen ist. In letzter Zeit habe ich eine ganze Menge gezeichnet, vor allem Figurenstudien. Wenn Du sie sähest, würdest Du gleich merken, worauf *52, 53* ich aus bin.

Natürlich bin ich sehr gespannt zu hören, was Mauve mir nun weiter sagen wird.

Dieser Tage habe ich auch mal Kinder gezeichnet, und es hat mir sehr gut gefallen. Es ist jetzt draußen im Freien wunderschön in Farbe und Ton; wenn ich ein wenig Übung im Malen habe, werde ich einmal etwas davon auszudrücken versuchen; doch wir müssen bei der Stange bleiben, und jetzt, wo ich beim Figurenzeichnen bin, bleibe ich auch dabei, bis ich ein Stück weiter bin; und wenn ich im Freien arbeite, mache ich Baumstudien, doch eigentlich betrachte ich die Bäume, als ob es Figuren wären. Ich meine, ich betrachte sie vor allem im Hinblick auf die Kontur, die Proportion, und wie sie gefügt ist. Das ist das erste, womit man zu tun hat. Danach kommt das Modellieren und die Farbe und die Umgebung, und gerade über diese Frage muß ich mal mit Mauve reden.

Ach Theo, ich bin ja so froh über meinen Malkasten, und ich glaube, es ist besser, daß ich den jetzt erst in die Hände bekomme, nachdem ich schon mindestens ein Jahr ausschließlich gezeichnet habe, als wenn ich gleich damit angefangen hätte. Ich glaube, da bist Du auch meiner Meinung...

Denn mit dem Malen fängt meine Karriere an, Theo! Hältst Du's nicht auch für richtig, es so anzusehen?... (165, Dez. 1881)

Schneller, als er gedacht hatte, sollte er sich wieder in Den Haag finden.

Nimm meinen Dank für Deinen Brief und die Beilage. Ich war wieder in Etten, als ich Deinen Brief erhielt, wie ich es mit Mauve beraten hatte; das schrieb ich Dir ja.

Aber wie Du siehst, bin ich doch wieder zurück im Haag. Zu Weihnachten hatte ich einen ziemlich heftigen Auftritt mit Pa, und die Wogen gingen so hoch, daß Pa sagte, es wäre besser, wenn ich das Haus verließe. Nun, das wurde so entschieden gesagt, daß ich noch am selben Tag abgereist bin.

Es fing eigentlich damit an, daß ich nicht in die Kirche ging und auch sagte, wenn das In-die-Kirche-Gehen ein Zwang wäre und ich in die Kirche *müßte*, so würde ich ganz bestimmt nicht einmal mehr aus Höflichkeit hingehen, wie ich es die ganze Zeit über, die ich in Etten war, fast regelmäßig getan habe. Aber ach, eigentlich steckt viel mehr dahinter, unter anderem die ganze Geschichte, die diesen Sommer zwischen mir und K. vorgefallen ist.

Ich war so erregt, wie ich mich nicht erinnere, je in meinem Leben gewesen zu sein, und ich habe rundheraus gesagt, ich fände das ganze System dieser Religion abscheulich, und gerade weil ich während einer elenden Zeit meines Lebens mich zu sehr in diese Dinge vertieft habe, wolle ich nichts mehr damit zu tun haben und müsse mich davor hüten wie vor etwas Unheilvollem.

Bin ich *zu* erregt, *zu* heftig gewesen – mag sein –, aber auch wenn es so ist, dann ist es eben jetzt für immer aus... (166, 29. Dez. 1881)

Vincents gesamte künstlerische Produktion in Den Haag, zwischen Weihnachten 1881 und September 1883, vollzog sich in einer überwiegend von düsteren Gefühlen, Gedanken und Handlungen geprägten Stimmung, deren Ursprung in Etten zu suchen ist. Niemals hatte er sich Den Haag als ständigen Wohnsitz vorgestellt.

Vincents Beziehungen zu Christine – die er zunächst Sien, später nur noch ‚die Frau' *59, 57,* nannte, was auf eine Änderung seiner Gefühle ihr gegenüber schließen läßt – mündeten in einer wilden Ehe, eine Herausforderung für seine Familie und die Gesellschaft, der er, ohne dies selbst je wirklich richtig zu finden, durch die Heirat mit Sien zu begegnen gedachte. Diese Absicht versuchte er gegen alle Welt durchzusetzen. In Anbetracht seiner grundsätzlich ablehnenden Haltung gegenüber der bürgerlichen Welt und der Heuchelei im Bereich der Kirche fiel ihm das nicht schwer.

Zeichnung in Brief 166

... Aber es passiert mir oft genug, daß ich weder ein noch aus weiß. Heute morgen war mir so elend, daß ich wieder ins Bett gegangen bin; ich hatte Kopfschmerzen und fieberte vor Überreizung, weil mir so graut vor dieser Woche und ich nicht weiß, wie ich durchkommen soll. Und dann bin ich wieder aufgestanden und wieder ins Bett gegangen, und jetzt ist das Fieber vorbei, aber ich wollte Dir doch einmal sagen, daß ich in meinem gestrigen Brief nicht übertreibe. Wenn ich nur hart weiterarbeite, dann wird es nicht mehr lange dauern, daß ich mit meiner Arbeit etwas verdiene, aber bis es soweit ist, stecke ich arg in Sorgen...

Es muß auch allerlei mit meiner Kleidung geschehen, auch darüber hat Mauve mir dies und jenes gesagt, was ich auch beherzigen will, aber das geht nicht alles auf einmal. Du weißt ja, meine Kleider sind meistens für mich geänderte Sachen von Dir: ein paar sind auch dabei, die fertig gekauft sind und aus schlechtem Stoff. Sie sehen also schäbig aus, und diese ganze Dreckerei mit der Farbe macht es noch viel schwieriger, sie so zu halten, daß sie noch tragbar sind; mit Stiefeln ist es genauso. Mein Unterzeug fängt auch an, sich zu empfehlen. Du weißt ja, es dauert schon eine ganze Weile, daß ich es nicht reichlich habe, und da geht vieles kaputt. Und dann passiert es manchmal, daß man unwillkürlich, wenn auch nur vorübergehend, schrecklich niedergeschlagen wird, manchmal gerade in einer Zeit, wo man guten Mutes ist, wie ich es dieser Tage wirklich bin, selbst jetzt noch. Und so war es heute vormittag; das sind die bösen Stunden, in denen man matt und kraftlos ist vor Überanstrengung...

Jetzt, da ich an zwei Abenden der Woche bei Pulchri nach Modell arbeiten kann, würden zur Not vier Tage Modell genügen, und nun ich dieses alte Weiblein gefunden habe, braucht es nicht mehr so kostspielig zu sein wie in den ersten Tagen, als ich mich mal mit dem und mal mit jenem abplagen mußte.

Denn ich habe schon verschiedene Modelle gehabt, doch entweder sind sie zu teuer, oder sie finden den Weg zu weit, oder sie machen später Schwierigkeiten und können nicht regelmäßig wiederkommen. Aber ich glaube, mit diesem alten Weiblein habe ich es gut getroffen. (172, 22. Jan. 1882)

... Na ja, meine Jugend ist vorbei – nicht meine Lebenslust oder meine Lebenskraft, sondern ich meine die Zeit, wo man gar nicht spürt, daß man lebt, wo man ohne Mühe lebt. Eigentlich sage ich: tant mieux, es gibt jetzt après tout Besseres als damals... (173, 26. Jan. 1882)

Engere Beziehungen unterhielt er nur zu einem kleinen Kreis von Bekannten, vor allem zu Mauve und Tersteeg (mit beiden überwarf er sich) sowie den Malern Weissenbruch, van der Weele und Georg Hendrik Breitner. Der überempfindliche, leicht reizbare Mauve stand ihm mit guten Ratschlägen zur Seite, und Vincent zollte seinem Können uneingeschränkten Respekt. Verständlich, wenn man sich mit Mauves Werk näher befaßt, das bedauerlicherweise außer Mode gekommen ist.

... Weissenbruch ist im Augenblick so ziemlich der einzige, der noch bei Mauve vorgelassen wird, und da dachte ich, ich müßte doch einmal mit ihm reden. Da bin ich heute in seinem Atelier gewesen, dem Dir bekannten Dachboden. Und kaum sah er mich, so fing er zu lachen an und sagte: „Du kommst sicher, um was von Mauve zu hören"; er wußte also gleich, warum ich kam, und ich brauchte ihm keine Erklärung zu geben. Dann erzählte er mir, sein Besuch bei mir sei eigentlich folgendermaßen zustande gekommen. Mauve, der meinetwegen in Zweifel gewesen sei, habe ihn mal abgesandt, um seine, Weissenbruchs, Meinung über meine Arbeit zu hören. Und Weissenbruch habe damals zu Mauve gesagt: „Er zeichnet verdammt gut, ich könnte nach seinen Studien arbeiten." – „Und", hat er noch hinzugefügt, „sie nennen mich das Schwert ohne Gnade, und das bin ich auch; ich hätte das nicht zu Mauve gesagt, wenn ich deine Studien nicht gut gefunden hätte."

Ich darf nun, solange Mauve krank ist oder mit seinem großen Bild zuviel zu tun hat, zu Weissenbruch kommen, wenn ich etwas wissen will, und Weissenbruch hat mir gesagt, ich dürfe mich wegen Mauves veränderter Stimmung in gar keiner Hinsicht beunruhigen.

Ich habe Weissenbruch dann auch gefragt, was er von meinen Federzeichnungen dächte. „Das sind deine besten", hat er gesagt. Und ich erzählte ihm, daß Tersteeg mir eine kleine Strafpredigt darüber gehalten hat.

„Mach dir nichts draus", sagte er; „als Mauve sagte, es stecke ein Maler in dir, sagte Tersteeg nein, und damals hat Mauve gegen Tersteeg für dich Partei ergriffen, ich war dabei; und wenn es wieder vorkommt, werde ich auch für dich Partei ergreifen, nun ich deine Arbeiten kenne". Dieses „Parteiergreifen" ist nicht das, worauf ich aus bin, aber ich muß sagen, daß es mir manchmal unerträglich ist, wenn Tersteeg immer und ewig wieder zu mir sagt: „Du mußt aber allmählich mal dran denken, selber dein Brot zu verdienen." Diesen Ausdruck finde ich so abscheulich, daß es mir schwerfällt, ruhig zu bleiben. Ich arbeite, soviel ich kann, und schone mich nicht, also bin ich mein Brot wert, und man darf mir keinen Vorwurf daraus machen, daß ich bisher noch nicht habe verkaufen können.

Ich schreibe Dir diese Einzelheiten, weil ich nicht begreifen kann, warum Du mir in diesem Monat noch nicht geschrieben und auch nichts geschickt hast. Solltest Du vielleicht von Tersteeg irgendwas gehört haben, das Dich wieder kopfscheu gemacht hat?

Laß Dir noch einmal versichern, daß ich mit Sachen voranzukommen suche, die leichter verkäuflich sind, nämlich mit Aquarellen; aber das kann nicht auf einmal gelingen. Glückt es mir allmählich, so ist es noch schnell gegangen, wenn man bedenkt, wie kurze Zeit ich erst arbeite. Doch auf der Stelle wird es mir noch nicht gelingen... (175, 13. Feb. 1882)

P.S. *Theo, es ist beinah wie ein Wunder!*

Da kommt erstens die Nachricht, daß ich Deinen Brief abholen soll. Da kommt zweitens C. M. und bestellt zwölf kleine Federzeichnungen bei mir, Ansichten vom Haag, weil er einige, die fertig waren, gesehen hat (Paddemoes – die Geest – der Vleersteeg waren fertig) für einen Reichstaler das Stück. Preis von mir bestimmt, mit dem Versprechen, zwölf weitere zu bestellen, wenn ich sie nach seinem Wunsche mache; doch für die will er den Preis höher ansetzen als ich. Da begegnet mir drittens Mauve, glücklich mit seinem großen Bild niedergekommen, und verspricht mir, mich bald aufzusuchen. Also ça va, ça marche, ça ira encore [es geht voran, es marschiert, es wird weiter vorangehen].

Und noch etwas hat mich bewegt, sehr bewegt – ich hatte gesagt, daß das Modell heute nicht kommen solle – ich hatte nicht gesagt warum –, aber die arme Frau kam doch, und als ich protestierte: „Ja, aber ich komme doch nicht, damit Sie mich zeichnen sollen, ich will nur mal sehen, ob Sie auch was zu essen haben." – Sie hatte eine Portion Schnittbohnen und Kartoffeln mit. Es gibt doch Dinge im Leben, die der Mühe wert sind.

Ich schreibe Dir ein paar Worte auf, die mir in Sensiers *„Millet"* großen Eindruck gemacht und mich sehr bewegt haben, Aussprüche Millets:

L'art c'est un combat – dans l'art il faut mettre sa peau.

Il s'agit de travailler comme plusieurs nègres: *J'aimerais mieux ne rien dire que de m'exprimer faiblement* [Die Kunst ist ein Kampf – in der Kunst muß man seine Haut dransetzen. Es geht darum, wie zehn nackte Neger zu arbeiten: *Ich würde lieber nichts sagen als mich schwächlich ausdrücken*]. (180, 11. März 1882)

Die Korrespondenz enthält auch den einzigen Hinweis darauf, daß Theo ihn zur Künstlerlaufbahn ermutigt hatte. Erfolglos drang Vincent nun in Theo, ihm auf diesem Wege zu folgen. In allem, was er erlebte, las und an anderen bewunderte, zeigt sich eine bemerkenswerte Übereinstimmung. In seinem Werk fand dies zuweilen seinen Ausdruck in einer einzigen Gestalt (Brief 185, *Sorrow*).

...Die beiliegende ist meiner Ansicht nach die beste Figur, die ich bisher gezeichnet habe, darum dachte ich, daß Du sie haben solltest.

Dies ist nicht die Studie nach dem Modell, und doch ist es direkt nach dem Modell. Ich hatte nämlich zwei Bogen als Unterlage unter meinem Papier. Nun hatte ich tüchtig darauf herumgewerkt, um die Kontur richtig rauszukriegen, und als ich die Zeichnung vom Brett nahm, hatte sie sich sehr sauber auf die zwei Bogen Unterlage durchgedrückt, und da habe ich es unmittelbar nach der ersten Studie darauf gezeichnet.

So daß diese sogar noch frischer ist als die erste.

Die beiden anderen habe ich selbst behalten, ich würde sie nicht gern weggeben... (186, ca. 10. April 1882)

Mauve ermutigte Vincent nicht mehr in der gewohnten Weise, und Vincent war beunruhigt. Er mutmaßte, sein Zusammenleben mit Sien habe die Meinung der Leute über ihn ungünstig beeinflußt.

Sorrow (Das Leid), April 1882
Beschriftet ‚Wie ist es möglich, daß in der Welt eine Frau allein, verlassen ist?' MICHELET

Heute bin ich zufällig Mauve begegnet und habe ein sehr bedauerliches Gespräch mit ihm gehabt, bei dem mir klar geworden ist, daß Mauve und ich für immer geschiedene Leute sind. Mauve ist so weit gegangen, daß er es nicht zurücknehmen kann und es sicher auch nicht wollen wird. Ich hatte ihn gebeten, sich mal meine Arbeiten anzusehen und dann über die Sachen mit mir zu sprechen. Mauve hat das ganz entschieden abgelehnt: „Zu dir komme ich bestimmt nicht, das ist völlig aus."

Schließlich hat er gesagt: „Du hast einen bösartigen Charakter." Da habe ich mich umgedreht, es war in den Dünen, und bin allein nach Hause gegangen.

Mauve nimmt es mir übel, daß ich gesagt habe, „ich bin Künstler" – was ich auch nicht zurücknehme, denn es versteht sich von selbst, daß dies Wort bedeutet: „stets suchen, ohne je ganz zu finden". Es ist gerade das Gegenteil von dem, wenn einer sagt: „Ich weiß es schon, ich habe es schon gefunden." Dies Wort bedeutet, soviel ich weiß: „Ich suche, ich jage ihm nach, ich bin mit meinem Herzen dabei."

Ich habe doch Ohren am Kopf. Theo – wenn jemand sagt, „du hast einen bösartigen Charakter", was soll ich da tun?

Ich kehrte mich um und ging allein zurück, aber mit tiefer Traurigkeit im Herzen, daß Mauve mir das zu sagen gewagt hat. Ich werde ihn nicht bitten, es mir zu erklären, ebensowenig werde ich mich rechtfertigen. Und doch – und doch – und doch –!

Ich wünschte, Mauve bereute das.

Man hat mich irgendwie im Verdacht – es hängt in der Luft – es steckt etwas hinter mir – Vincent hält mit irgendwas hinterm Berge, was das Licht scheut.

Nun, meine Herrschaften, ich will es euch sagen, euch, die ihr auf gesellschaftliche Formen und Bildung soviel Wert legt, und das mit Recht, wenn es das rechte Zeugs ist – was ist gebildeter, feinfühliger, männlicher, eine Frau zu verlassen oder einer Verlassenen sich anzunehmen?

Ich habe diesen Winter eine schwangere Frau kennengelernt, verlassen von dem Manne, dessen Kind sie im Leibe trug.

Eine schwangere Frau, die im Winter auf der Straße herumstreifte und ihr Brot verdienen mußte, Du weißt schon wie.

Ich habe diese Frau als Modell genommen und den ganzen Winter mit ihr gearbeitet. Ich konnte ihr den vollen Tagelohn für ein Modell nicht geben, aber das ändert nichts daran, daß ich ihre Miete bezahlt habe und bisher, Gott sei Dank, sie und ihr Kind vor Hunger und Kälte habe bewahren können, weil ich mein eigenes Brot mit ihr geteilt habe...

... Diese Frau hängt nun an mir wie eine zahme Taube; ich kann mich nur *einmal* verheiraten, und wann könnte ich es besser tun als mit ihr, denn allein dadurch kann ich ihr weiterhelfen, sonst müßte sie aus Not wieder denselben Weg gehen, der in den Abgrund führt. Sie hat kein Geld, doch sie hilft mir in meiner Arbeit Geld verdienen... (192, April 1882)

Sein Charakter machte Mauve zu einem schwierigen Lehrer für jeden jungen Künstler. 1885 zog er nach Laren, wo der Porträtmaler Jan Veth lebte (dem Vincent per Zufall in Dordrecht begegnet war). Veth war ein gemütlicher, unbekümmerter Mensch, ganz anders als Vincent. Aber an Jan Huizinga, seinen späteren Biographen, schrieb er:

Mauve wohnt hier. Er hat einmal meine Arbeiten beurteilt. Obwohl er mir ordentlich Mut zusprach, muß ich doch sagen, daß er mehr oder minder alles verriß, was ich gemacht hatte... Ich kenne niemanden, der sich derart von Augenblickslaunen bestimmen läßt wie Mauve. Wenn er unvermutet in den Arbeiten von irgendjemand etwas entdeckt, was nicht ganz so übel ist, kann er ausgesprochen freundlich sein. Wenn er aber andererseits irgendetwas gegen einen hat oder schlecht gelaunt ist, kann man es unmöglich in seiner Nähe aushalten. Er hat ein weites Herz und einen schwachen Verstand, ist ausgesprochen kindlich und sehr jähzornig. Der einzige Grund, daß er als Mensch so hohe Wertschätzung genießt, ist darin zu suchen, daß er ein so großer Künstler ist. (Jan Huizinga, *Leven en werk van Jan Veth*, Haarlem 1927, S. 819)

Im Sommer 1882 war Vincent allein und dachte viel nach. Sien war in einer Entbindungsklinik in Leyden, während er eine venerische Krankheit in einem Haager Krankenhaus hatte behandeln lassen und verpflichtet war, sich dort noch einmal einzustellen. Seine größten Probleme, seine künstlerische Tätigkeit und seine finanzielle Lage, hat er oft mit unverblümter Deutlichkeit beschrieben. Zur gleichen Zeit zeigen seine Analysen des künstlerischen Schaffensprozesses ein ständig wachsendes Bewußtsein von dem, was sich vor seiner eigentlichen Tätigkeit als Maler ereignet hatte.

... Es ist mit dem Leben wie mit dem Zeichnen – man muß manchmal schnell und entschlossen handeln, die Sache energisch anpacken, dafür sorgen, daß die großen Linien blitzschnell dastehen.

Da darf es kein Zaudern, kein Zweifeln geben; die Hand darf nicht zittern und das Auge nicht umherschweifen, sondern es muß fest auf das gerichtet bleiben, was man vor sich hat. Und man muß so darin vertieft sein, daß in kurzer Zeit auf dem Papier oder der Leinwand, wo erst nichts war, etwas geschaffen ist, so daß man später selbst kaum weiß, wie man es hingedonnert hat. Die Zeit des Erwägens und Nachdenkens muß dem entschlossenen Handeln vorausgehen. Beim *Tun* selbst ist wenig Raum zum Nachdenken und Erwägen.

Schnelles Handeln ist Männerarbeit, und ehe man dazu imstande ist, muß man etwas erlebt haben. Manchmal gelingt es dem Steuermann, sich einen Sturmwind zunutze zu machen, um vorwärtszukommen, statt daß er vom Sturm zum Scheitern gebracht wird.

Was ich Dir noch einmal sagen wollte, ist folgendes:

Große Pläne für die Zukunft habe ich nicht; mag sein, daß mich für einen Augenblick die Lust nach einem sorgenfreien Leben ankommt, nach einem *glatten*, erfolgreichen Ablauf der Dinge – doch immer wieder kehre ich mit Liebe zu der Mühsal zurück, zu den Sorgen, zu dem *beschwerlichen Leben*, und denke: es ist besser *so*, dabei lerne ich mehr; ich bin darum auch nicht geringer, nicht auf diesem Wege geht man zugrunde... (197, 12./13. Mai 1882)

...Du weißt, ich habe Dir voriges Jahr viel über K. geschrieben, so daß Du, glaube ich, übersehen kannst, was in mir vorgegangen ist. Glaube nicht, daß ich Dir damals meine Gefühle übertrieben habe; es war eine starke, leidenschaftliche Liebe, die ich für sie empfand, anders als für Sien. Als ich in Amsterdam erfuhr, daß sie, was ich nicht gedacht hatte, eine Art Widerwillen gegen mich empfand, so daß ihr meine Handlungsweise wie ein „mit Gewalt erzwingen" vorkam und sie mich nicht einmal sehen wollte, sondern daß „sie das eigene Haus verließ, solange ich darin war" – da, aber nicht eher, erhielt die Liebe zu ihr einen tödlichen Schlag. Was ich erst merkte, als ich diesen Winter hier im Haag aus meiner Betäubung sozusagen wieder erwachte.

Damals empfand ich so etwas wie eine unsagbare Wehmut, die ich unmöglich beschreiben kann. Ich weiß, ich habe damals viel an ein männliches Wort von Vater Millet denken müssen: „Il m'a toujours semblé que le suicide était une action de malhonnête homme" [Es ist mir immer so vorgekommen, als sei der Selbstmord die Handlung eines unredlichen Menschen]. Die Leere, das unsagbare Elend im Inneren brachten mich soweit, daß ich dachte: ja, ich kann begreifen, daß es Menschen gibt, die ins Wasser gehen. Doch lag es mir ferne, die Handlungsweise solcher Menschen zu billigen; ich fand Halt an diesem Wort, das ich Dir eben schrieb, und es schien mir bei weitem die beste Lebensauffassung, sich zusammenzunehmen und in der Arbeit ein Heilmittel zu suchen. So habe ich es damals auch angepackt, wie Du ja weißt.

Es ist schwer, furchtbar schwer, ja ganz unmöglich, ein Erlebnis wie meine Leidenschaft vom vorigen Jahr als Illusion zu betrachten; das tun Pa und Ma, aber ich sage: „obwohl es nie sein wird, hätte es sein können"...

...Was zwischen Sien und mir ist, ist *wirklich*, es ist kein Traum, es ist Realität. Daß meine Gedanken und meine Arbeitskraft einen festen Punkt, eine bestimmte Richtung gefunden haben, halte ich für einen großen Segen...

Denke nicht, daß ich mich für vollkommen hielte oder mir einbildete, ich hätte keine Schuld daran, daß viele Leute mich für einen unangenehmen Charakter halten. Oft bin ich gräßlich und auf ärgerliche Art melancholisch, reizbar, sehne mich nach Mitgefühl mit einer Art Hunger und Durst, und wenn ich dieses Mitgefühl nicht finde, gebe ich mich gleichgültig und scharf und gieße oft selbst noch Öl ins Feuer. Ich bin nicht gern in Gesellschaft, und der Umgang mit Menschen, das Reden mit ihnen ist mir oft peinlich und schwierig. Aber weißt Du, woher das kommt – wenn nicht alles, so doch sehr viel davon? Einfach durch Nervosität: bei meiner übergroßen Feinfühligkeit sowohl im Körperlichen wie im Seelischen habe ich mir das zugezogen in den Jahren, als es mir so jämmerlich schlecht ging. Frage einen Arzt, und er wird sofort begreifen, daß es gar nicht anders sein kann: auf kalter Straße oder im Freien verbrachte Nächte, Angst um den Lebensunterhalt, fortwährende Spannung, weil ich eigentlich stellenlos war, Verdruß mit Freunden und Familie – das sind mindestens zu drei Vierteln die Ursachen einiger Eigenheiten meines Temperaments, und alledem ist es zuzuschreiben, daß ich manchmal diese unangenehmen Anfälle oder Zeiten von Niedergeschlagenheit habe.

Aber hoffentlich wird weder Du noch sonst jemand, der sich die Mühe gibt, darüber nachzudenken, mich deswegen verurteilen oder unerträglich finden. Ich kämpfe dagegen an, aber davon wird mein Temperament nicht anders. Auch wenn ich meine schlechte Seite habe, zum Kuckuck, ich hab doch auch meine gute Seite, können sie das nicht auch mal in Betracht ziehen?... (212, 6. Juli 1882)

Vincents Vater hat nun offenbar versucht, zumindest aber vorgeschlagen, seinen Sohn in eine Nervenheilanstalt in Gheel (Belgien) einweisen zu lassen. Vincent konnte das niemals vergessen. Es war von der Sache auch die Rede in einem hitzigen Gespräch mit Tersteeg, in dem Vincents ehemaliger Arbeitgeber in der ihm eigenen taktlosen, um nicht zu sagen beleidigenden Ausdrucksweise ziemlich genau den Standpunkt der Familie vertrat.

Ich habe Dir diesmal etwas über einen Besuch von Herrn Tersteeg zu berichten. Er kam heute vormittag her und sah Sien und die Kinder. Ich hätte gewünscht, er hätte gegenüber einer jungen Mutter, die vor vierzehn Tagen entbunden hat, wenigstens ein freundliches Gesicht aufgesetzt. Aber selbst das schien zuviel verlangt.

Lieber Theo, mit mir hat er auf eine Art gesprochen, die Du Dir vielleicht vorstellen kannst.

Was die Frau und das Kind bedeuteten?

Wie könnte ich es mir einfallen lassen, mit einer Frau zusammenzuleben, und gar noch mit Kindern?

Wäre das nicht ebenso lächerlich, als wenn ich mit einer eigenen Equipage durch die Stadt fahren wollte. Worauf ich geantwortet habe, das sei entscheiden etwas ganz anderes.

Ob ich nicht richtig im Kopfe sei? Das könne doch nur ein kranker Kopf und Körper ausgeheckt haben.

Ich habe ihm gesagt, daß mich erst kürzlich kompetentere Leute als er, nämlich Ärzte aus dem Krankenhaus, sowohl über meine körperliche Gesundheit als auch über die Kraft meines Kopfes, Anstrengungen auszuhalten, völlig beruhigt hätten...

Was meine Körperkonstitution betrifft – Tersteeg ist mein Arzt nicht und versteht auch gar nichts von meiner Konstitution – wenn ich darüber Bescheid wissen will, frage ich meinen eigenen Doktor, aber mit ihm wünsche ich nie mehr darüber zu reden. Ganz gewiß ist, daß wenige Dinge der Frau oder mir mehr Schaden tun können als solche Besuche wie der eben; sie zu vermeiden, ist unbedingt eine der ersten Vorschriften, die ich beachten muß. *Nie* hat ein Arzt mir gesagt, daß ich etwas Anormales an mir habe in der Art und in dem Sinn, wie Tersteeg es mir heute vormittag zu sagen gewagt hat. Daß ich nicht denken könne oder daß mit meinem Kopf was nicht in Ordnung sei. Weder früher noch jetzt hat ein Doktor das gesagt; ich habe eine nervöse Konstitution, doch das bedeutet keineswegs ein bestimmtes Übel. Es sind also bei Tersteeg ernstliche Beleidigungen, so wie bei Pa damals, als er mich nach Gheel schicken wollte, nur noch ärger. So was darf ich nicht einfach hinnehmen. Ich möchte so sehr gern auch über meine Krankheit einmal mit Dir sprechen und wie die zustande kam usw.... (216, 18. Juli 1882)

Van Gogh bewahrte sich die Liebe zu den Dingen, die er vor seiner Zeit als Maler geschätzt hatte. Wiederum füllten sich seine Wände mit Bildern von Boughton, Millet, Ruysdael, Herkomers und de Groux. Das 19. Jahrhundert blieb mit seinen wesentlichen Richtungen ein Teil seiner selbst, obwohl er bereits weit darüber hinaus war und tatsächlich nichts von dieser Tradition in seinem ursprünglichen Werk seinen Niederschlag gefunden hat. Er sah sich ganz eindeutig als Mensch seiner eigenen Zeit.

...Ich für mein Teil finde doch in vielen modernen Bildern einen eigenartigen Reiz, den die alten nicht haben.

Für mich ist eine der höchsten und edelsten Ausdrucksformen der Kunst immer die englische, *24, 33* zum Beispiel Millais und Herkomer und Frank Holl. Was ich in bezug auf den Unterschied zwischen der alten und der heutigen Kunst sagen möchte, ist dies – vielleicht sind die Neuen in höherem Grade Denker.

23 Es ist z. B. noch ein großer Unterschied in der Empfindung zwischen Millais' *„Chill October"* und Ruysdaels *„Bleichereien von Overveen"*. Und ebenso zwischen den *„Irish Emigrants"* von Holl und Rembrandts *„Frauen, die in der Bibel lesen"*.

Rembrandt und Ruysdael sind erhaben, für uns ebenso wie für ihre Zeitgenossen; aber in den Modernen ist etwas, das uns mehr persönlich-intim berührt.

So ist es auch mit den Holzschnitten von Swain und denen der alten deutschen Meister.

Es war denn auch ein Irrtum, als die Modernen den Rappel hatten, die Alten nachzuahmen. Darum finde ich so richtig, was Vater Millet sagt: „Il me semble absurde que les hommes veuillent paraître autre chose que ce qu'ils sont" [Es scheint mir widersinnig, daß die Menschen etwas anderes scheinen wollen, als sie sind].

Das scheint nur ein ganz gewöhnlicher Ausspruch, und doch ist er unergründlich tief wie ein Ozean, und meiner Meinung nach tut man gut daran, sich ihn in allem zu Herzen zu nehmen... (218, 21. Juli 1882)

...Ich habe dort [Scheveningen] einen toten Kopfweidenstamm gesehen – wie geschaffen für Barye z. B.; er hing über einen schilfigen Wassertümpel, ganz allein und trübselig, und seine Rinde war wie beschuppt und bemoost und in verschiedenen Tönen gefleckt und marmoriert, fast wie eine Schlangenhaut, grünlich, gelblich, größtenteils matt schwarz, mit weißen, abgeschilferten Stellen und Zweigen wie Stümpfe – den nehme ich morgen früh in Angriff.

Ich habe auch noch eine *„Bleiche in Scheveningen"* gemacht, an Ort und Stelle, in einem Zug hingewaschen, beinah ohne Vorzeichnung, auf einem ganz groben Papier. Anbei ein paar kleine Skizzen davon...

...Du siehst, ich bin mit Eifer bei den Landschaften, weil nämlich Sien noch nicht Modell stehen kann, aber sonst muß die Figur die Hauptsache bleiben. Wenn Du kommst, richte ich es so ein, daß ich immer ganz in der Nähe des Hauses bleibe, solange Du in der Stadt bist, damit Du weißt, wo ich bin; und während Du Deinen Geschäften nachgehst und Besuche machst, arbeite ich wie gewöhnlich. Ich kann Dich überall treffen, wo Du mich hinbestellst, aber aus verschiedenen Gründen ist es in mancher Hinsicht besser, daß ich z. B. nicht mit Dir auf den Plaats oder zu Mauve gehe, scheint mir. Ich bin auch so an meinen Arbeitsanzug gewöhnt, mit dem ich mich in den Sand oder ins Gras setzen oder hinlegen kann, wie's gerade kommt (denn in den Dünen oder so benutze ich fast nie einen Stuhl, höchstens einen alten Fischkorb), so daß mein Kostüm wohl ein bißchen zu robinsonmäßig ist, als daß ich viel mit Dir herumlaufen könnte... (220, 26. Juli 1882)

Vincents Erörterungen über den künstlerischen Schaffensprozeß trennen ihn trotz der Gleichartigkeit des Gegenstands von den Haager Malern. Dennoch sah er sich in ihren Ateliers um, besuchte die Sammlungen Post und Mesdag, wo er zahlreichen Werken französischer Künstler wie Daubigny, Courbet, Breton, Rousseau und Millet begegnete. Die Genauigkeit seiner Beschreibungen, sein geschulter Blick für Licht und Farbe machen die Lektüre seiner Landschaftsschilderungen noch immer zu einem Genuß.

Du darfst es mir nicht übelnehmen, daß ich Dir wieder mal schreibe – ich möchte Dir nur sagen, daß mir das Malen so ganz besondere Freude macht.

Vorigen Sonnabend abend habe ich eine Sache angepackt, von der ich schon oft geträumt hatte. – Es ist ein Blick auf flache, grüne Wiesen mit Heuhaufen. Ein Schlackenweg mit einem Graben daneben geht mitten durch, und am Horizont, mitten im Bild, geht feuerrot die Sonne unter.

Ich kann den Effekt unmöglich so in der Eile zeichnen, doch hier hast Du die Komposition.

Aber es war ganz und gar eine Frage von Farbe und Ton, die Abstufung der Farbenskala am Himmel, erst ein lila Nebel – darin die rote Sonne, halb bedeckt von einer dunkelvioletten Wolke mit leuchtend rotem, feinem Rand; neben der Sonne zinnoberrote Reflexe. Darüber aber ein Streifen Gelb, der in Grün übergeht, und weiter oben ins Bläuliche, in das sogenannte cerulean blue [himmelblau], und dann hier und da lila und graue Wolken, die Reflexe von der Sonne auffangen.

Der Boden war eine Art Teppichgewebe von Grün-Grau-Braun, ein wahres Farbengewimmel von Schattierungen – das Wasser des Grabens leuchtet in diesem tonigen Grund.

Es ist etwas, das beispielsweise Emile Breton malen würde.

Dann habe ich noch ein großes Stück Dünenboden gemalt – dick aufgetragen und pastos.

Von diesen beiden, von dem kleinen Seestück und von dem Kartoffelfeld, *weiß ich sicher, daß niemand denken würde, es seien meine ersten Ölstudien.* Ehrlich gestanden: es überrascht mich ein bißchen, ich hatte gedacht, die ersten Sachen würden nach nichts aussehen, obwohl es, meinte ich, später schon besser werden würde und obwohl ich es selber sage: sie sehen wirklich nach etwas aus, und das wundert mich ein bißchen...

Es ist jetzt, wie Du vielleicht weißt, eine Ausstellung des Zeichen-Vereins. Ein Mauve ist dabei – eine Frau an einer Art Webstuhl, sicher aus Drenthe –, den ich ganz ausgezeichnet finde.

Du hast wahrscheinlich bei Tersteeg manches davon gesehen, es sind prachtvolle Israëls' dabei – u. a. das Porträt von Weissenbruch, mit einer Pfeife im Mund und der Palette in der Hand. Von Weiss selber schöne Sachen, Landschaften und auch ein Seestück.

Von Jaap Maris ist eine sehr große Zeichnung da, eine Stadtansicht, erstaunlich. Ein schöner Willem Maris, Sau mit Ferkeln u. a., und Kühe, Neuhuys, Duchâtel, Mesdag. Von letzterem außer einem schönen großen Seestück zwei Sachen aus der Schweiz, die ich ein bißchen bête [albern] und schwerfällig finde. Aber das große Seestück ist schön...

Aber das wollte ich Dir noch sagen – ich fühle, daß beim Malen Dinge der Farbe bei mir zutage kommen, die ich früher nicht hatte, Dinge von Breite und Kraft.

Jetzt werde ich Dir noch *nicht gleich* etwas schicken – laß es erst etwas reifen, aber Du sollst wissen, daß ich eifrig dabei bin und glaube, daß es fürs nächste vorwärtsgeht...

Ich glaube auch nicht, daß es mich zurückbringen würde, wenn meine Gesundheit zeitweilig nicht in Ordnung ist. Soviel ich sehe, sind es nicht die schlechtesten Maler, die ab und zu eine Woche oder vierzehn Tage haben, wo sie nicht arbeiten können. Das liegt wohl daran, daß gerade sie es sind, „qui y mettent leur peau“ [die ihre Haut dransetzen], wie Millet sagt. Das ist kein Hemmnis, und man darf sich meiner Meinung nach nicht schonen, wenn es drauf ankommt; auch wenn man mal eine Weile erschöpft ist, so kommt das schon wieder in Ordnung, und jedenfalls hat man seine Studien eingebracht, geradeso wie der Bauer sein Korn oder Heu. Ich gedenke mir vorläufig noch keine Ruhe zu gönnen... (225, 15. Aug. 1882)

Die Briefe stecken voll Informationen über seine intelligente und doch zwanghafte Arbeitsweise und über die verschiedenen Entwicklungsstufen seiner Entwürfe. Die Farbe direkt aus der Tube auf die Leinwand aufzutragen war eine seiner technischen Neuerungen. Es war aber mehr als nur das spontan empfundene Bedürfnis, sofortige Resultate zu sehen.

... Der Wald wird schon sehr herbstlich – es gibt da Farbwirkungen, die ich nur selten auf holländischen Bildern gemalt sehe.

Gestern abend habe ich an einem etwas ansteigenden Stück Waldboden gearbeitet, der mit vermodertem und dürrem Buchenlaub bedeckt war. Der Boden war heller und dunkler rotbraun, je nachdem die Schlagschatten der Bäume mattere oder kräftigere halbausgewischte Streifen darüber warfen. Es kam darauf an – und ich fand es sehr schwierig –, die Tiefe der Farbe herauszukriegen, die gewaltige Kraft und Festigkeit dieses Bodens, und doch habe ich beim Malen gemerkt, wieviel Licht noch in dieser Dunkelheit steckte. Das Licht zu erhalten, und doch die Glut, die Tiefe dieser satten Farbe zu erhalten.

Denn kein Teppich ist denkbar, der so prächtig wäre wie dieses tiefe Braunrot in der Glut der durch die Bäume gedämpften Herbst-Abendsonne.

Aus diesem Boden wachsen junge Buchenstämme heraus, die auf der einen Seite Licht auffangen und da leuchtend grün sind, und die Schattenseite der Stämme – ein warmes, starkes Schwarzgrün.

Hinter diesen Stämmchen, hinter diesem braunroten Boden ist ein Himmel, ganz zart, blaugrau, warm, fast nicht blau, flimmernd. – Und dagegen steht noch ein dunstiger Rand Grünheit und ein Netzwerk aus Stämmchen und gelblichen Blättern. Ein paar Gestalten von Reisigsammlern wuseln herum wie dunkle Massen geheimnisvoller Schatten.

Die weiße Haube einer Frau, die sich bückt, um einen dürren Zweig aufzuheben, belebt plötzlich das tiefe Rotbraun des Bodens. Ein Rock fängt Licht auf – ein Schlagschatten fällt – der dunkle Umriß eines Mannes taucht oben am Waldrand auf. Eine weiße Haube, Kappe, Schulter, Büste einer Frau heben sich gegen den Himmel ab. Diese Gestalten, groß und voll Poesie, erscheinen in der Dämmerung des tiefen Schattentons wie riesenhafte Terrakotten, die in einem Atelier halbfertig herumstehen...

... Es fiel mir auf, wie fest die Stämmchen im Boden steckten; ich hab sie mit dem Pinsel angefangen, aber weil der Boden schon dick aufgetragen war, versank ein Pinselstrich drin wie nichts, da hab ich die Wurzeln und Stämme aus der Tube hineingedrückt – und sie ein bißchen mit dem Pinsel modelliert.

Ja – nun stehen sie drin, wachsen draus heraus, sind kraftvoll drin verwurzelt. In gewissem Sinne bin ich froh, daß ich Malen nicht *gelernt* habe. Vielleicht hätte ich dann *gelernt*, an Effekten wie diesem vorbeizulaufen, jetzt sage ich, nein, gerade das muß ich haben, ist es nicht möglich, dann ist es eben nicht möglich, aber versuchen will ich es, obgleich ich nicht weiß, wie es gemacht werden muß. Wie ich es male, *weiß ich selbst nicht*, ich setze mich mit einem weißen Brett vor die Stelle hin, die mich packt, ich betrachte mir, was ich vor Augen habe, ich sage mir, dieses weiße Brett muß etwas werden – ich komme unzufrieden damit nach Hause – ich stelle es weg, und wenn ich ein bißchen ausgeruht bin, hole ich es vor und betrachte es mit einer Art Angst – dann bin ich noch immer unzufrieden, weil ich die wunderbare Natur noch zu lebhaft in Erinnerung habe, als daß ich zufrieden sein könnte –, aber doch sehe ich in meiner Arbeit einen Widerglanz von dem, was mich gepackt hatte, ich sehe, daß die Natur zu mir gesprochen, daß sie mir etwas gesagt hat, was ich in Schnellschrift aufgeschrieben habe...

Du siehst, ich vertiefe mich mit aller Kraft ins Malen, ich vertiefe mich in die Farbe – bis jetzt habe ich mich davon zurückgehalten, und ich bedaure es nicht. Hätte ich nicht gezeichnet, so würde ich eine Figur, die wie eine halbfertige Terrakotta aussieht, nicht fühlen und nicht anpacken. Aber jetzt komme ich mir vor wie auf hoher See – das Malen muß vorwärtsgehen mit aller Kraft, die wir dransetzen können... (228, Sept. 1882)

Vincent behielt immer die alte akademische Unterscheidung zwischen Studien und vollendeten Gemälden bei und griff Themen öfter wieder auf, selbst noch in Arles. Ihm schien es wesentlich, klar zu unterscheiden zwischen dem Werk, das ein direktes Abbild von dem darstellte, was ihn angeregt hatte, sei es, daß das Auge davon gefangengenommen war oder daß ein analytisches Interesse ihn dazu trieb, und jenem, in dem aus dem Innern kommende Elemente aktiv bei der Gestaltung des gestellten Themas mitspielten.

... Das Studienmachen betrachte ich als Säen, und das Bildermachen ist Ernten.

Ich glaube, man denkt viel gesünder, wenn die Gedanken aus unmittelbarer Berührung mit den Dingen erwachsen, als wenn man die Dinge mit der Absicht betrachtet, dies oder jenes darin zu finden.

So ist es nun auch mit der Frage des Kolorits. Es gibt Farben, die von selbst schön zueinander stehen, aber ich gebe mir große Mühe, es so zu machen, wie ich es sehe, *ehe* ich darangehe, es so zu machen, wie ich es fühle. Und doch – Gefühl ist etwas Großes, und ohne Gefühl würde man nichts erreichen...

... Es ist schon spät, ich kann gegenwärtig so schlecht schlafen, aber es ist die herrliche Herbstwelt, die mir im Kopfe steckt, und meine Sorge, daß ich auch was davon profitiere.

Ich wünschte aber, ich *könnte* zur rechten Zeit schlafen, und ich bemühe mich auch darum, denn ich werde nervös davon, aber nichts hilft da... (233, 19. Sept. 1882)

Die Berichte über seine Suche nach geeigneten Motiven sind weit entfernt von jeglicher Sentimentalität; sie sind auch nicht bewußt symbolisch gemeint. Doch sie entsprechen ganz instinktiv seinen eigenen Empfindungen in einer Periode zunehmender Vereinsamung. Gegenstände wie zertretenes Gras am Straßenrand, gefrorene Kohlköpfe, rostige Schienen in gelbem Sand, hungrige Krähen, ein tiefhängender grauer Himmel konnten nur von einem Mann beobachtet und in Musik umgesetzt werden, dessen Inneres von solchen Bildern erfüllt war.

... Deine Beschreibung jener Abendstimmung fand ich wieder sehr schön; es sieht heute hier ganz anders aus, aber in seiner Art ist es auch schön, zum Beispiel das Gelände bei der Rheinbahn. In Vordergrund der Schlackenweg mit den Pappeln, die jetzt allmählich ihr Laub verlieren, dann der Graben voll Entengrütze, das hohe Ufer mit welkem Gras und Iris bewachsen, dann der graue oder braungraue Boden von umgegrabenen Kartoffelfeldchen oder von Stellen, die mit grünlich-violettem Rotkohl bepflanzt sind, hier und da ein ganz grelles Grün von frisch aufgeschossenem Herbstunkraut, überragt von Bohnenstangen mit verwelkten Stengeln und den rötlichen oder grünen oder schwarzen Bohnenhülsen; hinter diesem Stück Land die rot verrosteten und schwarzen Schienen im gelben Sand, hier und da aufgestapeltes altes Holz – Kohlenhaufen – ausrangierte Waggons, darüber rechts ein paar Dächer und der Lagerschuppen – links ein Ausblick auf weitgedehnte, feuchtgrüne Wiesen, in der Ferne am Horizont abgeschlossen durch einen grauen Streifen, in dem noch Bäume, rote Dächer und schwarze Fabrikschornsteine erkennbar sind. Über dem Ganzen ein gelblicher, aber doch grauer Wolkenhimmel, sehr frostig und winterlich, tief herabhängend; ab und zu stürzen feine Sprühregenschauer daraus nieder, und viele hungrige Krähen fliegen durch die Luft; doch fällt viel Licht auf alles, was sich besonders dann zeigt, wenn ein paar Figürchen mit blauen oder weißen Kitteln auf dem Gelände herumwuseln und die Schultern und Köpfe da Licht auffangen...

Doch an solchen Tagen spürt man, wie gemütlich es wäre, wenn man einen Freund besuchen oder bei sich haben könnte, und gerade an solchen Tagen fühlt man manchmal eine gewisse Leere, wenn man nirgends hingehen kann und niemand kommt. Aber gerade dann spüre ich, was die Arbeit bedeutet, wie sie, unabhängig von Beifall oder Ablehnung, dem Leben Klang gibt, und wie man an Tagen, da man sonst melancholisch werden würde, froh ist, daß man einen Willen hat... (238, Okt. 1882)

Die tiefe Bewegtheit, mit der er gewisse Naturerscheinungen deutete, kommt in seinen Briefen klarer zum Ausdruck als in den Werken aus jener Zeit.

... Zuweilen kann mich eine große Sehnsucht überkommen, wieder mal in London zu sein. Ich wüßte so furchtbar gern mehr vom Drucken und vom Zeichnen auf Holz.

Ich spüre eine Kraft in mir, die ich weiter ausbilden muß, ein Feuer, das ich nicht dämpfen, sondern anfachen muß, obwohl ich nicht weiß, zu welchem Ende es mich führen wird – wenn es ein düsteres wäre, würde ich mich nicht wundern. In einer Zeit wie der heutigen – was soll der Mensch sich da wünschen? Welches ist das verhältnismäßig glücklichste Los?...

Manchmal verlangt es mich so sehr danach, Landschaften zu machen, wie nach einem weiten, erfrischenden Spaziergang; in der ganzen Natur, zum Beispiel in Bäumen, sehe ich Ausdruck und gewissermaßen eine Seele. So hat eine Reihe Kopfweiden manchmal etwas von einer Prozession von Waisenmännern. Das junge Korn kann etwas unsagbar Reines, Zartes haben, das uns z. B. ebenso rührt wie der Ausdruck eines schlafenden Kindchens.

Das zertretene Gras am Rande einer Straße hat etwas Müdes und Bestaubtes wie die Bewohner eines Armenviertels.

Als es neulich geschneit hatte, sah ich ein Grüppchen Wirsingkohl, das so verfroren in der Kälte stand und mich an ein paar Frauen erinnerte, die ich am frühen Morgen in ihren dünnen Röcken und alten Umschlagtüchern in einem Wasser- und Feuerkeller hatte stehen sehen...

Wie gut kann es dem Menschen in trübseliger Stimmung tun, am öden Strand hinzugehen und auf das graugrüne Meer mit den langen weißen Wellenkämmen hinauszublicken! Doch wenn man das Bedürfnis nach etwas Großem, Unendlichem hat, nach etwas, worin man Gott sehen kann, so braucht man es nicht weit zu suchen; mir scheint, ich habe etwas Tieferes, Unendlicheres, Ewigeres als den Ozean im Augenausdruck eines kleinen Kindes gesehen, wenn es früh aufwacht und kräht oder lacht, weil die liebe Sonne in seine Wiege scheint. Wenn es einen „rayon d'en haut“ [mit den Aquamarin-Augen] gibt – hier kann man ihn vielleicht finden... (242, ?5. Nov. 1882)

Schon jetzt sehnte sich Vincent nach irgendeiner Art der Zusammenarbeit mit anderen Künstlern, Arbeit in der Gruppe, was in Den Haag nicht möglich war.

... Wenn verschiedene Menschen gemeinsam dasselbe lieben und daran arbeiten, so entsteht durch

Eintracht Macht, und vereint vermögen sie mehr, als wenn ihre einzelnen Kräfte jede in eine besondere Richtung streben.

Man stärkt einander gegenseitig, wenn man zusammenarbeitet, und es bildet sich ein Ganzes, ohne daß die Zusammenarbeit die Persönlichkeit auszulöschen braucht. Deshalb wünschte ich, Rappard wäre wieder ganz gesund; wir arbeiten zwar nicht eigentlich zusammen, aber über viele Fragen machen wir uns doch die gleichen Gedanken. Er ist auf dem Wege der Genesung, und wir sind schon wieder alle beide dabei, in unseren Holzschnitten herumzukramen... (262, 25./29. Jan. 1883)

1883 zog er die Bilanz seines 30jährigen Lebens. Bewußt registrierte er seinen desolaten Anblick im Spiegel, und ihn drückte das gewichtige Urteil all derer, die in ihm einen Versager sahen. Später sollte sich die nun aufkeimende Vorstellung, daß das „Leben nur eine Zeit des Aussäens ist und die Ernte nicht in dieser Welt eingebracht wird", zum festen Glauben verdichten.

...Aber manchmal kann ich es gar nicht fassen, daß ich erst dreißig Jahre alt bin — ich fühle mich soviel älter.

Vor allem *dann*, wenn ich denke, daß mich die meisten, die ich kenne, für ein mißratenes Subjekt halten; ich glaube dann zuweilen, daß es wirklich so kommen könnte, wenn sich nicht noch einiges zum Guten wendet, und wenn ich denke, *es könnte so kommen*, dann fühle ich das so lebhaft, daß es mich furchtbar niederdrückt und mir alle Lust vergeht, als wäre es wirklich so. Bin ich aber normaler und ruhiger gestimmt, dann bin ich manchmal ganz froh, daß dreißig Jahre um sind und daß sie nicht vorbeigegangen sind, ohne daß ich etwas für die Zukunft gelernt habe, und ich fühle Kraft und Lust zu den nächsten dreißig Jahren, falls ich sie erlebe.

Und im Geist sehe ich Jahre ernster Arbeit vor mir, glücklichere Jahre, als es die ersten dreißig waren.

Wie es in Wirklichkeit sein wird, hängt nicht *allein* von mir ab, die Welt und die Umstände müssen auch das Ihre dazu tun.

Daß ich aus den Umständen, in denen ich lebe, das Bestmögliche heraushole, und daß ich alle meine Kräfte anspanne, um weiterzukommen, das ist das Wichtigste, und dafür bin ich verantwortlich. Als arbeitender Mensch ist man mit dreißig Jahren gerade am Anfang jener Lebensperiode, in der man Festigkeit in sich spürt, und man fühlt sich jung und lebenslustig. Doch ist damit zugleich ein Stück Leben abgeschlossen, und es stimmt einen wehmütig, daß nun dies oder jenes nie wiederkehren wird. Und es ist keine abgeschmackte Sentimentalität, wenn man zuweilen eine gewisse Traurigkeit empfindet. Nun gut. Vieles fängt eigentlich erst an, wenn man etwa dreißig ist, und sicher ist dann noch nicht alles aus. Aber man erwartet nicht *das* vom Leben, was es nicht geben kann, wie man bereits erfahren hat. Vielmehr lernt man immer deutlicher erkennen: das Leben ist nur eine Art Düngezeit, und die Ernte findet nicht hier statt. Darum empfindet man wohl auch mal ein qu'est-ce-que ça me fait [was kümmert mich das] gegenüber dem Urteil der Welt, und wenn dieses Urteil zu stark drückt, darf man es von sich abschütteln.

Vielleicht sollte ich nun diesen Brief auch lieber wieder zerreißen... (265, 8. Feb. 1883)

Seine Schwermut konnte sich freundlich oder bitter äußern. Er erteilte Theo eine unvoreingenommene, teilnehmende Antwort, der sich, wie er selbst, einer kranken Frau angenommen hatte und unsicher war, ob er sie heiraten sollte. Das bedrückende Gefühl äußerster Vereinsamung hielt an. In dieser Zeit geschah es, daß die Mängel ‚der Frau' ihn zum ersten Mal bedrückten.

...Ja, ich denke viel an das, was Du mir in letzter Zeit geschrieben hast. Ich glaube, es ist ein großer Unterschied zwischen der Frau, der Du begegnet bist, und der, mit der ich jetzt schon ein volles Jahr zusammen bin; aber das Unglück haben sie miteinander gemein und daß sie Frauen sind jedenfalls.

Findest Du nicht auch, wenn man einen Menschen auf solche Weise kennenlernt, nämlich einen so schwachen und abhängigen Menschen, daß man sich ihm dann gerade infolge dieser Abhängigkeit gewissermaßen ausliefert und sich gar nicht vorstellen kann, daß man so einen Menschen wieder verlassen könnte?

Im großen betrachtet, ist so eine Begegnung wie eine Erscheinung.

Hast Du von Erckmann-Chatrian „*Madame Thérèse*" gelesen? Darin kommt die Beschreibung einer Genesenden vor, sehr rührend und schön empfunden; es ist ein schlichtes Buch, aber es ist zugleich auch tief.

Wenn Du „*Madame Thérèse*" nicht kennst, so lies es mal, ich glaube, daß auch sie es schön finden und davon ergriffen würde.

Ich bedaure es manchmal, daß die Frau, mit der ich lebe, Bücher ebensowenig verstehen kann wie Kunst. Aber (obwohl sie zu dergleichen ganz bestimmt nicht fähig ist) daß ich trotzdem so sehr an ihr hänge, ist das nicht ein Beweis, daß etwas Echtes, Aufrichtiges zwischen uns ist? Wer weiß, ob sie es nicht später vielleicht erfassen lernt und ob es dann nicht ein Band mehr zwischen uns wird, aber jetzt mit den Kindern, weißt Du, hat sie den Kopf schon voll. Und gerade durch die Kinder hat sie Zusammenhang mit der Wirklichkeit und lernt von selbst. Bücher und Wirklichkeit und Kunst sind für mich von gleicher Art. Langweilig würde ich jemanden finden, der außerhalb des wirklichen Lebens stünde, aber jemand, der ganz und gar drinsteht, weiß und fühlt von selbst.

Wenn ich die Kunst nicht im Wirklichen suchte, würde ich die Frau wahrscheinlich dumm finden oder so; nun hätte ich es zwar lieber anders, aber ich bin doch zufrieden, wie es ist... (266, 11. Feb. 1883)

Vincents Depressionen verstärkten sich. Das Verhältnis zu ‚der Frau' verstärkte noch seine Sehnsucht nach Kontakten auf höherem Niveau. Die Beziehung zwischen ihnen verschlechterte sich rasch. Bald sollte er sie und ihre Kinder verlassen. Dies war der Augenblick, in dem er eine klarsichtige Beurteilung – siehe Einführung S. 14 – seiner eigenen Lebensaussichten abgab. Depressionen, die man nach Vincents Worten „nicht genau erklären" kann, mögen zuweilen den Blick auf die Zukunft trüben oder aber klären für eine nicht nachvollziehbare, unvermutete Einsicht in eine Entwicklung und deren Fortgang. Beide Erfahrungen wurden Vincent zuteil. Zweierlei sah er voraus: Die Fortdauer seiner schöpferischen Existenz, aber zugleich sehnte er schon den Tod herbei.

P.S. Ich habe eigentlich keinen Freund außer Dir, und wenn ich mich elend fühle, denke ich immerzu an Dich. Ich wollte, Du kämst mal her und wir könnten noch mal überlegen, wie es wäre, aufs Land zu ziehen.

Außer dem, was ich Dir schrieb, ist eigentlich nichts Besonderes mit mir los, und soweit geht alles ganz gut – aber vielleicht habe ich ein bißchen Fieber abgekriegt oder so was, jedenfalls fühle ich mich elend.

Ich habe wieder nach rechts und links bezahlen müssen, Hauswirt, Farbe, Bäcker, Kaufmann, Schuster, was weiß ich, und was übrigbleibt, ist wenig. Aber das scheußliche ist, daß man nach vielen solchen Wochen manchmal spürt, wie die Kräfte nicht mehr zulangen, um alles zu ertragen, daß man eine allgemeine Ermüdung zu fühlen beginnt.

Auch wenn Du jetzt nicht gleich was schicken kannst, Bruder, so sieh doch zu, daß Du mir mal schreibst, wenn möglich umgehend.

Und was nun die Zukunft anlangt – wenn Gefahr droht, sag es mir ruhig, homme avisé en vaut deux [ein Gewarnter ist doppelt klug], es ist besser, man weiß genau, womit man vielleicht zu kämpfen hat. Ich habe heute noch gearbeitet, aber plötzlich hat mich ein Unbehagen überfallen, das mir durch Mark und Bein geht, ich weiß nicht genau, was die Ursache ist.

In solchen Augenblicken möchte man aus Eisen sein und kann sich wütend ärgern, daß man nur Fleisch und Knochen ist...

Ich habe gedacht, es wäre doch besser gewesen, wenn ich damals in der Borinage irgendwo krank geworden und draufgegangen wäre, statt zu malen. Denn Dir bin ich nur zur Last, und ich kann es doch nicht ändern. Denn um ein guter Künstler zu werden, muß man viele Stadien durchmachen; deswegen ist das, was man in der Zwischenzeit macht, noch nicht schlecht, wenn man sich ehrlich bemüht; aber es müßte Leute geben, die das Werk eines Künstlers im Zusammenhang sähen, in seiner Richtung und seinem Streben, und nicht verlangten – ich weiß nicht, was sie eigentlich wollen.

Ich sehe jetzt alles schwarz. Wenn ich noch allein wäre, aber es ist der Gedanke an die Frau und die Kinder, die armen Geschöpfe, die man behüten möchte und für die man sich verantwortlich fühlt.

Es geht in letzter Zeit gut mit der Frau.

Ich kann mit ihnen nicht davon sprechen, aber heute so allein ist mir allzu bange geworden. Arbeiten ist das einzige, was man tun kann; wenn das nichts hilft, weiß man sich keinen Rat mehr.

Und siehst Du, die Möglichkeit zu arbeiten hängt davon ab, daß man die Sachen verkauft, denn man hat Unkosten – je mehr man arbeitet, desto mehr Unkosten, (obwohl nicht in *jeder* Hinsicht). Kann man nichts verkaufen und hat man keine anderen Einkünfte, so kann man auch keine Fortschritte machen, die sich sonst von allein ergeben würden.

Kurz und gut, mein Junge, die ganze Lage bedrückt mich mehr, als ich aushalten kann, und ich sage Dir meine Gedanken. Ich wünschte, Du kämst bald mal her. Nun, und vor allem schreibe bald mal, denn ich habe es nötig. Natürlich kann ich mit niemandem als mit Dir über diese Dinge sprechen, denn andere haben nichts damit zu tun und stehen außerhalb. (302, 22. Juli 1883)

P.S. Aufs Geratewohl und ohne besonderen Anlaß schreibe ich noch etwas dazu, was mir öfter durch den Kopf geht.

Nicht nur habe ich verhältnismäßig spät mit Zeichnen angefangen, sondern es kann leicht noch dazukommen, daß ich nicht auf gar zu viele Lebensjahre mehr rechnen darf. Wenn ich so ganz kaltblütig daran denke und meine Pläne überlege und berechne, dann liegt es in der Natur der Sache, daß ich unmöglich etwas Sicheres darüber wissen kann.

Doch durch Vergleiche mit anderen Leuten, deren Leben man kennt, oder im Vergleich mit solchen, bei denen man gewisse Parallelen zu erkennen glaubt, kann man doch ungefähre Annahmen machen, die nicht völlig unbegründet sind. Was nun die Zeitspanne betrifft, die ich noch zum Arbeiten vor mir habe, so glaube ich, ohne Voreiligkeit folgendes annehmen zu dürfen: eine gewisse Anzahl von Jahren wird mein Korpus es *quand bien même* noch aushalten – eine gewisse Anzahl, sagen wir etwa zwischen sechs und zehn. Um so mehr darf ich das annehmen, da augenblicklich noch kein richtiges „quand bien même" vorhanden ist.

Das ist die Zeitspanne, mit der ich *fest* rechne; wollte ich weiterhin etwas Bestimmtes über mich selbst aussagen, so käme mir das wie leeres Spekulieren vor, vor allem, weil es ja gerade von diesen ersten zehn Jahren abhängt, ob nach dieser Zeit noch etwas da sein wird oder nicht.

Verbraucht man sich zu sehr in diesen Jahren, so kommt man nicht über die Vierzig; erhält man sich aber so rüstig, daß man gewissen Erschütterungen Widerstand leisten und diese mehr oder minder komplizierten körperlichen Schwierigkeiten überwinden kann, die den Menschen in diesem Alter heimzusuchen pflegen, so ist man zwischen vierzig und fünfzig wieder in einem neuen, verhältnismäßig normalen Fahrwasser.

Doch Berechnungen dieser Art sind *jetzt nicht* an der Tagesordnung, wohl aber Pläne für eine Zeitspanne von fünf bis zehn Jahren, wie ich am Anfang schon sagte. Es ist *nicht* meine Absicht, mich zu schonen, auf Gemütserregungen und Schwierigkeiten viel Rücksicht zu nehmen – es ist mir ziemlich gleichgültig, ob ich länger oder kürzer lebe, überdies bin ich nicht dazu geeignet, mich in körperlichen Dingen so zu gängeln, wie es zum Beispiel ein Arzt bis zu einem gewissen Grade tun kann.

Ich lebe also weiter als *ein Unwissender*, der aber das *eine* weiß: *innerhalb einiger Jahre muß ich eine bestimmte Arbeit vollbringen*; zu *übereilen* brauche ich mich nicht, denn das führt zu nichts Gutem – doch ich muß in aller Ruhe und Gelassenheit weiterarbeiten, so regelmäßig und gesammelt wie möglich, so kurz und bündig wie möglich; die Welt geht mich nur insofern etwas an, als ich sozusagen eine gewisse Schuld und Verpflichtung habe – weil ich nämlich dreißig Jahre lang auf dieser Welt umhermarschiert bin –, aus Dankbarkeit ein bestimmtes Andenken in Form von Zeichen- und Malarbeit zu hinterlassen – nicht geschaffen, um dieser oder jener Richtung zu gefallen, sondern um ein aufrichtiges menschliches Gefühl zum Ausdruck zu bringen. Diese Arbeit also ist das Ziel – und wenn man sich aufs innigste in diesen Gedanken vertieft, so vereinfacht sich alles Tun und Lassen in der Weise, daß es kein wirres Durcheinander ist, sondern immer das gleiche Streben... (309, 4./8. Aug. 1883)

Er überdachte nicht nur Christines Schicksal und das ihrer Kinder, sondern auch seine Beziehung zu Kee, die unlösbar mit all dem verbunden war.

... Wenn Du aber schwankst, so sage es mir rundheraus, denn lieber gebe ich alles auf, als daß ich Dir eine Last aufbürde, die schwerer ist, als Du sie tragen kannst. Dann gehe ich eben nach London, gleich jetzt, und suche mir n'importe was, und wenn es Koffertragen wäre, und lasse die Kunst für bessere Zeiten, wenigstens das Atelier und das Malen.

Wenn ich auf die Vergangenheit zurückblicke, stoße ich immer wieder auf die noch nicht ganz aufgeklärten unheilvollen Geschehnisse, die sich in den Monaten August 1881 bis Februar 1882 zusammendrängen... (312, 17. Aug. 1883)

... Nichts ist mehr „angoisse" [Herzenspein] als der seelische Kampf zwischen Pflicht und Liebe, beides in hohem Sinne aufgefaßt.

Wenn ich Dir sage, ich wähle meine Pflicht, so weißt Du alles.

Ein paar Worte, die wir unterwegs darüber sprachen, haben mir gezeigt, daß sich in dieser Sache in meinem Innern nichts verändert hat, es ist und bleibt eine Wunde, über die ich hinlebe, aber sie sitzt in der Tiefe und kann nicht heilen – in Jahren wird es noch sein wie am ersten Tag...

Und meine eigene Zukunft ist ein Kelch, der nicht an mir vorübergehen kann, es sei denn, ich trinke ihn aus.

Also fiat voluntas [wie dem auch sei]... (313, 18. Aug. 1883)

Dazwischen, vermischt mit anderem, erschien, als periodisch wiederkehrendes Zeichen für Vincents panische Sorge – in selbstschützender Absicht – um persönliche Selbständigkeit, der Streit um die Kleidung. Seine exzentrische Kleidung war 1876 als Grund für seine Entlassung bei Goupil angeführt worden. Sieben Jahre später wurmte ihn die Erinnerung daran immer noch.

... Lieber Bruder, wegen der Kleider: ich habe angezogen, was ich bekommen habe, ohne nach mehr zu verlangen, ohne um mehr zu bitten. Ich habe Sachen von Pa getragen und Sachen von Dir, die mir manchmal nicht recht paßten, denn die Größen sind ja verschieden.

Wenn Du Dich damit abfindest, daß an meiner Toilette manchmal etwas auszusetzen ist, will ich zufrieden sein mit dem, was ich habe, und dankbar auch für wenig; freilich werde ich in späteren Zeiten natürlich noch mal drauf zurückkommen, und hoffentlich sage ich dann zu Dir: „Theo, weißt du noch, wie ich in einem langen Pastorenrock von Pa herumgelaufen bin?" Ich finde, wir sollten die Dinge *jetzt* ruhig nehmen, wie sie sind; später, wenn wir mal besser dran sind, lachen wir zusammen drüber — das ist viel gescheiter, als sich jetzt drum zu streiten.

Vorläufig habe ich, wenn ich einmal ausgehen muß, den Anzug von Dir, den Du mitgebracht hast, und noch mehr, was präsentabel ist. Daß ich den im Atelier oder wenn ich draußen arbeite nicht anziehe, mußt Du mir zugute halten — es hieße ihn mutwillig verderben, denn beim Malen macht man sich immer mal ein paar Flecke, besonders wenn man sogar bei Regen und Wind eine Stimmung zu packen versucht...

P.S. Was die Arbeit angeht — da gibt es für mich kein Schwanken.

Du hast doch *„Fromont jeune et Risler aîné"* gelesen, nicht wahr? In Fromont jeune sehe ich *Dich* natürlich *nicht*, aber in Risler aîné finde ich viel Übereinstimmung mit mir — wie er völlig in seiner Arbeit aufgeht und *da* genau weiß, was er will, während er im übrigen ein bonhomme [guter Kerl] war und ziemlich wurschtig und kurzsichtig, wie er für sich selbst nur wenig Bedürfnisse hatte und an seiner eigenen Lebensführung auch nichts änderte, als er reich wurde.

Wo es um meine Arbeit geht, sind alle meine Gedanken so klar geordnet und so entschieden, daß ich glaube, Du tust gut daran anzunehmen, was ich sage: laß mich so, wie ich bin, nur weitermachen, meine Zeichnungen werden gut werden, selbst wenn es zwischen uns bleibt wie bisher; aber weil das Gutwerden abhängt — ein bißchen abhängt von dem Geld für meine Auslagen und Unkosten — und nicht einzig und allein von meinen Anstrengungen —, sei mit dem Geld so freigebig, wie Du sein kannst, und wenn Du eine Möglichkeit siehst, noch etwas Hilfe von anderer Seite ausfindig zu machen, so lasse es nicht aus den Augen. Aber in diesen wenigen Zeilen steht auch eigentlich alles, was ich zu sagen habe.

Du darfst Dich durch meine Handlungsweise, als ich von Goupil wegging, nicht über meine eigentliche Wesensart irreführen lassen. Wäre damals das Geschäft das für mich gewesen, was die Kunst jetzt für mich ist, so hätte ich entschlossener gehandelt. Aber es war mir damals zweifelhaft, ob das der rechte Beruf für mich sei oder nicht, und ich verhielt mich eher passiv. Als man mich fragte: „Würden Sie nicht weggehen?", sagte ich: „Sie finden, daß ich weggehen sollte? Also gehe ich" — mehr nicht. Es ist damals mehr geschwiegen als gesprochen worden.

Hätte man es damals anders behandelt, hätte man gesagt: „Wir verstehen Ihre Handlungsweise in diesem oder jenem Punkte nicht", so wäre es anders gekommen...

Man hat mich jedoch nichts gefragt, sondern nur gesagt: „Vous êtes un employé honnête et active, mais vous donnez un exemple mauvais pour les autres" [Sie sind ein anständiger und fleißiger Angestellter, aber Sie geben den anderen ein schlechtes Beispiel]; darauf habe ich nichts erwidert, weil ich keinen Einfluß darauf nehmen wollte, ob ich bleiben sollte oder nicht. Ich hätte aber eine Menge dagegen vorbringen können, wenn ich gewollt hätte, und wohl auch Dinge, die ein Grund gewesen wären, daß ich hätte bleiben können. Ich sage das, weil ich nicht recht verstehe, daß Du nicht weißt, daß es damals um ganz andere Dinge ging als um Kleidung... (315, 20./21. Aug. 1883)

Die Abreise aus Den Haag entschied sein Hauptproblem, wie die ‚Kee-Christine'-Situation in einer für ihn und die Außenwelt akzeptablen Weise zu lösen war. Dabei ging es nicht nur um die beiden Frauen, sondern vor allem um die Frage, ob er wegen seiner Arbeit als Maler für immer jeglichen Gedanken an das, was er ein wahres Leben mit Frau und Kindern nannte, aufgeben mußte.

...Du schreibst von Deinem Spaziergang an jenem Sonntag in Ville d'Avray; im selben Augenblick desselben Tages ging auch ich allein spazieren, und ich will Dir auch etwas erzählen von diesem Spaziergang, denn wahrscheinlich haben sich unsere Gedanken wieder einmal gekreuzt. Ich hatte mit der Frau gesprochen, wie ich Dir schrieb — wir fühlten, daß wir in Zukunft nicht würden zusammenbleiben können, ja daß wir einander unglücklich machen würden, doch fühlten wir auch beide, wie sehr wir aneinander hängen. Und dann war ich ins Freie gegangen, weit weg, um einmal mit der Natur zu sprechen. Da kam ich nach Voorburg und von dort bis Leidschendam. Du kennst die Natur dort — herrliche Bäume voll gelassener Hoheit neben grünen, abscheulichen Spielzeugschachtel-Gartenhäuschen und allem, was die plumpe Phantasie des im Ruhestand lebenden Holländers an Abgeschmacktheiten in Gestalt von Blumenbeetchen, Lauben und Veranden zu ersinnen weiß. Die Häuser meist häßlich, manche auch alt und vornehm. Nun, in den Augenblick wälzte sich hoch über den Wiesen, unendlich wie die Wüste, ein Wolkenungetüm nach dem anderen heran, und der Wind warf sich zuerst auf die Landhäuser mit ihren Bäumen am andern Ufer des Kanals, wo der schwarze Schlakkenweg entlanggeht. Diese Bäume, sie waren wunderbar — ein Drama in jeder einzelnen *Figur*, hätte ich bald gesagt, aber ich meine in jedem Baum. Und das Ganze war beinah noch schöner als die windgepeitschten Bäume für sich betrachtet, gerade weil der Augenblick derartig war, daß sogar die albernen Gartenhäuschen, naßgeregnet und verweht wie sie waren, merkwürdig einprägsam wurden.

Ich sah darin ein Gleichnis, wie auch ein Mensch von abgeschmackten Formen und Konventionen oder ein anderer voll Verschrobenheit und Launen zu einer dramatischen Gestalt von eigenartigem Charakter werden kann, wenn ein wahrer Schmerz ihn ergreift, ein Unglück ihn erschüttert.

Es ging mir auch durch den Kopf, daß die Gesellschaft von heute, während sie untergeht, sich auch manchmal wie eine große, düstere Silhouette abzeichnet, wenn man sie gegen das Licht einer Erneuerung betrachtet.

Ja, das Drama des Sturms in der Natur, das Drama des Schmerzes im Leben ist für mich wohl das beste... (319, ca. 4. Sept. 1883)

In Kummer schied Vincent von Sien und ihren Kindern, um am 11. September 1883 nach Hoogeveen in der nordöstlich gelegenen Provinz Drenthe zu fahren. Er spricht so oft vom Leid, daß es den Anschein hat, als akzeptiere er es als unausweichliche Bedingung seines Lebens, ja, er treibt geradezu einen Kult mit dem Leid.

Die 22 Briefe der nächsten drei Monate enthalten reichhaltiges Material. Eingeblendet in eine Rückschau auf den zurückliegenden Lebensabschnitt, bezeugen einige großartige Briefe den dramatischen, ja geradezu symphonischen Charakter seines Naturerlebnisses. Auffallend ist seine im Vergleich zur Zeit in der Borinage völlig veränderte Gemütsverfassung. Vincent hatte einen anderen Horizont gewonnen und war nun bereit, Nacht und Leid in seinem Leben in einem größeren, umfassenderen Zusammenhang zu sehen.

In Drenthe entdeckte er schnurstracks wiederum einen eigenartigen kleinen Friedhof. Zahlreiche Friedhöfe hatte er bereits besucht: Den Père Lachaise in Paris, den jüdischen Friedhof und den Oosterse Begraafplaats in Amsterdam, wo er Schneeglöckchen gepflückt hatte, die Dorfkirchhöfe in Brabant und die in England, an die er sich noch oft erinnerte, weil er mit ihnen die Vorstellung von Efeu verband.

Eben kommt Dein Brief, und so weiß ich denn, daß der Postbetrieb hier gut funktioniert. Ich schrieb Dir vor einigen Tagen noch ein paar Zeilen, um Dir allerlei aus der Gegend hier zu berichten. Schön ist
70 es hier überall, wohin man auch geht. Die Heide ist viel ausgedehnter als in Brabant, wenigstens bei Zundert oder Etten; etwas eintönig, besonders mittags und wenn die Sonne scheint; aber gerade diese Stimmung, die ich schon ein paarmal ergebnislos zu malen versucht habe, möchte ich nicht missen. Das Meer ist auch nicht immer malerisch, doch auch diese Augenblicke und Stimmungen muß man betrachten, wenn man sich über den eigentlichen Charakter nicht täuschen will. Dann, in der heißen Mittagsstunde, ist die Heide oft alles andere als lieblich, denn sie ist agaçant [aufreizend], langweilig und ermüdend wie die Wüste, ebenso unwirtlich und beinah feindselig. Das zu malen in diesem vollen Licht und das Zurückweichen der Tiefen bis ins Unendliche wiederzugeben – das ist etwas, wovon einem schwindlig wird.

Darum darf man aber nicht glauben, man müsse sie sentimental auffassen, im Gegenteil, das ist sie fast nie. Derselbe agaçant langweilige Fleck kann erhaben schön werden wie auf einem Bild von Dupré, wenn abends eine armselige Gestalt durch die Dämmerung schleicht, wenn die weithin sich dehnende, von der Sonne versengte Erdkruste dunkel gegen die feinen lila Töne des Abendhimmels und das dunkelblaue, allerletzte Streifchen am Horizont steht, das Erde und Himmel scheidet...

Gestern habe ich einen der eigenartigsten Friedhöfe entdeckt, die ich je gesehen habe; stelle Dir ein Stück Heide vor mit einer dichten Hecke von Fichtenbäumchen rings herum, so daß man glauben könnte, es wäre ein gewöhnliches Fichtengehölz.

Jedoch es ist ein Eingang da – ein kurzer Zugangsweg, und dann stößt man auf eine Anzahl Gräber, mit Büschelgras und Heide bewachsen. Viele mit weißen Pfählen, auf denen die Namen stehen... (325, ca. 17. Sept. 1883)

Sein Hauptproblem war, eine Möglichkeit zum Geldverdienen ausfindig zu machen, um Theo zu entlasten. Sein Bruder trug sich mit dem Gedanken, aus beruflichen Gründen nach Amerika auszuwandern. Vincent wandte sich an C. M. van Gogh, seinen Kunsthändler-Onkel in Amsterdam, aber ohne Erfolg. Gleich einem Ertrinkenden ließ er all seine Mühsal schnell vor seinem geistigen Auge vorüberziehen.

...Als es damals um den Plan zu studieren ging, hatte ich nämlich meine Zweifel, ob das Versprechen, es durchzuführen, aufrichtig und wohlüberlegt sei; ich war damals der Meinung, *sie* hätten den Plan übereilt gemacht und *ich* hätte übereilt zugestimmt, und meines Erachtens ist es das einzig Richtige gewesen, damals Schluß zu machen, ich habe es selber absichtlich herbeigeführt und so angelegt, daß die Schande des Aufgebens auf mich und auf keinen andern kam. Du verstehst: ich habe doch andere Sprachen gelernt, ich hätte auch dieses elende bißchen Latein usw. bewältigen können, aber ich habe erklärt, es mache mir Schwierigkeiten. Das war eine Flause, denn damals wollte ich Gönnern gegenüber lieber nicht sagen, daß ich die ganze Universität, die theologische wenigstens, für einen unbeschreiblichen Schwindel halte, wo lauter Pharisäertum gezüchtet wird...

...Ich erkläre Dir, Bruder, ich bin nicht gut im Sinne der Pastoren; ich weiß auch, daß Huren, um deutlich zu reden, schlecht sind, aber ich fühle doch etwas Menschliches in ihnen, welches bewirkt, daß ich nicht die geringsten Bedenken habe, mit ihnen zu verkehren; ich sehe nichts besonders Schlechtes an ihnen, ich bedaure nicht im geringsten, daß ich welche kenne oder gekannt habe. Wenn unsere Gesellschaft sauber und geordnet wäre, o ja, dann wären sie Verführerinnen, jetzt sehe ich oft in ihnen eher sœurs de charité [barmherzige Schwestern] als etwas anderes.

Und *jetzt*, wie auch in anderen Verfallsperioden einer Kultur, hat sich durch die Verderbtheit der Gesellschaft das Verhältnis von Gut und Böse vielfach umgekehrt, und man trifft wieder das Rechte mit dem alten Wort: „Die Ersten werden die Letzten sein, und die Letzten werden die Ersten sein."

Ich bin wie Du auf dem Père Lachaise gewesen, ich habe Marmorgräber gesehen, vor denen ich eine unbeschreibliche Ehrfurcht empfinde; dieselbe Ehrfurcht empfand ich vor dem bescheidenen Grabstein der Geliebten Bérangers, den ich eigens aufgesucht habe (wenn ich mich recht erinnere, steht er in einem Winkelchen hinter dem seinen), und ich dachte auch noch besonders an die Geliebte Corots. Stille Musen waren solche Frauen, und das Gefühlsstarke dieser sanftmütigen Meister, das Innige, das Eindringliche ihrer Poesie – läßt mich immer und überall den Einfluß eines fraulichen Elements spüren... (326, 22. Sept. 1883)

Sein tägliches Elend war so unvorstellbar groß, daß es schon fast komisch wirkte.

Weil es mir ein Bedürfnis ist, ganz offen zu reden, kann ich Dir nicht verbergen, daß mich ein Gefühl großer Niedergeschlagenheit und Besorgnis überfallen hat, ein je ne sais quoi von Mutlosigkeit und Verzweiflung, so stark, daß es sich gar nicht sagen läßt. Und wenn ich keinen Trost finden kann, so überwältigt es mich auf unerträgliche Weise.

Ich nehme es mir sehr zu Herzen, daß ich im allgemeinen so schlecht mit den Menschen auskomme; das bekümmert mich sehr, und zwar, weil dabei auch der Erfolg und die Durchführung der Arbeit im Spiele ist. Und obendrein sorge ich mich um das Schicksal der Frau, um das Schicksal meines lieben, armen, kleinen Männleins und des anderes Kindes. Ich möchte noch helfen, und ich kann nicht.

Ich bin an einem Punkt angelangt, wo ich Kredit nötig hätte, Vertrauen und ein wenig Wärme – und sieh, ich finde kein Vertrauen.

Du bist da eine Ausnahme, aber gerade daß alles so auf Dir lastet, läßt mich um so stärker fühlen, wie trüb und düster alles ist.

Und wenn ich mein bißchen Zeug ansehe – es ist zu armselig, zu unzulänglich, zu abgenutzt. Wir haben hier jetzt trostlose Regentage, und wenn ich in das Bodenkämmerchen komme, wo ich mich installiert habe, so ist alles von einer merkwürdigen Trübseligkeit; durch einen einzigen Glasziegel fällt das Licht auf einen leeren Malkasten, auf ein Bündel Pinsel, deren Haar kaum mehr was taugt, kurz, es ist so wunderlich trübselig, daß es glücklicherweise auch eine komische Seite hat, und wenn man nicht darüber weinen will, kann man auch seinen Spaß dran haben. Das alles steht in einem höchst sonderbaren Verhältnis zu meinen Plänen – in einem höchst sonderbaren Verhältnis zum Ernst der Arbeit – und hier hört denn auch das Lachen auf. (328, ca. 26. Sept. 1883)

So aber wollte und konnte er in der Zwischenzeit nicht weiterleben, ohne Nahrung, ohne Obdach, ein ewig Umgetriebener, ein unsteter Wanderer. Unter dem Aspekt des persönlichen Scheiterns prüfte er mit scharfem Blick die Welt des Kunsthandels und ging in Gedanken all die Dinge durch, die bei Goupil anders hätten sein sollen. Er versuchte Theo zu überzeugen, er müsse die Arbeit bei der Firma aufgeben und ebenfalls Maler werden, obgleich dies das Ende der finanziellen Unterstützung für ihn selbst und eine Katastrophe für die Familie van Gogh sowie die Frau bedeutet hätte, die Theo in Paris unterstützte.

...Aber diesen verzweifelten, ausweglosen Kampf, den kenne ich auch, und ich weiß, wie schrecklich er ist – mit aller Energie vermag man nichts auszurichten und findet sich selbst verrückt und was weiß ich sonst noch; was habe ich nicht in London am Thames Embankment gestanden und gezeichnet, abends auf dem Heimweg aus der Southampton Street; und es sah nach gar nichts aus. Wäre damals jemand gekommen und hätte mir gesagt, was Perspektive ist, wieviel misère [Elend] wäre mir da erspart geblieben, wieviel weiter wäre ich da jetzt! Nun, fait accompli [vollendete Tatsache] ist fait accompli. Es ist eben damals keiner gekommen; ich habe wohl einmal mit Thijs Maris gesprochen; mit Boughton habe ich mich nicht zu reden getraut, weil ich in seiner Gegenwart so ungeheuren Respekt hatte; ich habe eben niemanden gefunden, der mir mit den *Anfangs*gründen geholfen hätte, mit dem Abc.

Laß mich Dir noch einmal sagen, daß ich an Dich als Künstler glaube; Du kannst noch Maler werden, ja, Du würdest in ganz kurzer Zeit mit Ruhe darüber nachdenken, ob Du es wärst oder nicht, ob

Du dazu kommen könntest, etwas zu schaffen oder nicht, wenn Du nur die obengenannten Anfangsgründe lerntest und zugleich eine Zeitlang durch Kornfelder und über die Heide gingst, um das wiederzuerlangen, wovon Du selber sagst: „Früher war ich selbst ein Teil dieser Natur, jetzt fühle ich das nicht mehr so."

Darf ich Dir sagen, Bruder, daß ich das, wovon Du da sprichst, ganz tief selbst erlebt habe. Ich habe eine Zeit nervöser, unfruchtbarer Überspannung gehabt mit Tagen, wo ich das Allerschönste in der Natur nicht schön finden konnte, eben weil ich nicht richtig drin war. Daran ist das Stadtpflaster schuld und das Kontor, und die Sorge und die Nervosität.

Nimm es mir nicht übel, wenn ich Dir jetzt nun sage, daß Deine Seele gegenwärtig krank ist; es ist so, Du kannst es mir glauben; es ist nicht gut, daß Du nicht in der Natur drin bist, und nun, finde ich, wäre es das Wichtigste, daß Du das wieder in Ordnung brächtest.

Ich muß jetzt mal in meine eigene Vergangenheit zurückblicken, woran es denn gelegen hat, daß ich jahrelang in diesem steinernen, dürren Gemütszustand zugebracht habe; zwar habe ich versucht herauszukommen, doch statt besser zu werden, wurde es nur immer schlimmer. Nicht nur fühlte ich mich der Natur gegenüber versteinert statt empfindsam, sondern, was noch schlimmer war, auch den Menschen gegenüber.

Es hieß, ich wäre nicht richtig im Kopf, aber ich selbst fühlte, daß es nicht so war; denn ich spürte tief in meinem Innern mein eigenes Leiden und suchte es zu überwinden. Ich machte allerlei efforts de perdu [verzweifelte Anstrengungen], die zu nichts führten, zugegeben; aber wegen dieser fixen Idee, ich müsse wieder auf einen normalen Standpunkt kommen, habe ich doch nie mein eigenes verzweifeltes Tun und Lassen, Quälen und Mühen mit mir selbst verwechselt. Wenigstens habe ich stets gefühlt: „Ich will nur irgendwas tun, irgendwo sein, es *muß* wieder gut werden, ich werde wieder obenauf kommen, ich will Geduld haben, bis es wieder gut wird."...

... Gut, aber der Jemand ohne Stellung, „l'homme de quelque part" [der Mann von irgendwoher], wird allmählich verdächtig... (332, 12. Okt. 1883)

... Aber wie dem auch sei; mir kommt es vor, als wäre der ganze Kunsthandel krank – und wenn ich ganz offen bin, so zweifle ich, ob die ungeheuerlichen Preise selbst für Meisterwerke bleiben werden.

Es ist ein je ne sais quoi darüber hingegangen, das alles abgekühlt hat – und die Begeisterung hat sich verflüchtigt. Macht das für die Künstler viel aus? Ach nein, denn die größten von ihnen haben in der letzten Zeit, als sie schon obenauf waren, persönlich von den enormen Preisen nur wenig profitiert, und sie – Millet und andere, Corot namentlich – würden nicht weniger und nicht weniger schön gemalt haben, wenn die beispiellose Hausse nicht stattgefunden hätte. Und wer etwas kann, was wert ist, gesehen zu werden – wie es auch mit dem Kunsthandel stehen mag –: eine Reihe von Jahren wird es wohl noch so bleiben, daß es immer gewisse Liebhaber geben wird, die einen so viel verdienen lassen, wie man zum Leben braucht. Ich hätte lieber hundertfünfzig Francs im Monat als Maler als fünfzehnhundert Francs im Monat als etwas anderes, selbst als Kunsthändler... (335, ca. 22. Okt. 1883)

... Du hast mir seinerzeit einmal über eine gewisse Verschiedenheit unserer Gesichtszüge geschrieben. Gut. Und Du hast den Schluß gezogen, daß ich mehr Denker sei als Du. Was soll ich Dir darüber sagen? Zwar spüre ich gewiß ein Denken in mir, aber ich fühle es doch nicht als besonders in mir ausgeprägt. Ich fühle mich als etwas anderes denn als ausgesprochenen Denker. Wenn ich mir Dich vorstelle, so sehe ich Aktivität als kennzeichnend für Dein Wesen, que soit, doch steht dieser Wesenszug nicht gesondert für sich allein, sondern ist im Gegenteil mit so viel Gefühl und auch *Denken* gepaart, daß ich zu dem Schluß komme: zwischen Dir und mir gibt es mehr Übereinstimmendes als Unterscheidendes. Ich meine nicht, es bestünde überhaupt keine Verschiedenheit – doch da ich Dich in letzter Zeit besser kennengelernt habe, scheint mir die Verschiedenheit geringer zu sein, als ich in früheren Jahren eine Zeitlang gedacht habe.

Wenn ich unser Temperament und unseren Gesichtstypus genauer prüfe, finde ich Parallelen und ausgesprochene Übereinstimmungen zwischen uns selbst und z. B. den Puritanern, nämlich den Leuten ungefähr aus Cromwells Zeit, die, eine kleine Schar von Männern und Frauen, auf der „Mayflower" nach Amerika segelten, fort aus der alten Welt, und sich dort niederließen mit dem festen Entschluß, bei einem einfachen Leben zu bleiben...

Von den Pilgrim Fathers rede ich wegen der Physiognomie, um Dich darauf hinzuweisen, daß gewisse rothaarige Menschen mit viereckigen Stirnen weder nur Denker noch nur Männer der Tat sind, sondern beide Elemente in sich zu vereinen pflegen.

Auf Boughtons Bildern ist die Figur eines solchen Puritaners, von der ich glauben würde – wenn ich es nicht besser wüßte –, daß *Du* dazu Modell gestanden hättest; vor allem das Gesicht genau, genau wie Du – eine kleine Silhouette auf einem Felsen gegen einen Hintergrund von Meer und Nebel; mich selbst, nämlich die *Abwandlung* derselben Physiognomie, kann ich Dir zur Not auch zeigen, doch mein Profil ist nicht so charakteristisch...

Über das Denker-Sein habe ich manchmal selber nachgedacht, doch ich habe mehr und mehr erkannt, daß ich nicht dazu geboren bin; weil nun unglücklicherweise das Vorurteil besteht, daß jemand, der alles gründlich durchdenken will, nicht praktisch ist und unter die Träumer gehört, und weil dieses Vorurteil in der Gesellschaft sehr viel gilt, bin ich oft angeeckt, eben weil ich das alles nicht genug für mich behalten habe.

Aber seitdem hat gerade die Geschichte der Puritaner und die Geschichte Cromwells, wie z. B. Carlyle sie auffaßt, mich zu der Einsicht gebracht, daß Denken und Handeln einander keineswegs ausschließen und daß die scharfe Trennung, die heutzutage zwischen Denken und Handeln meist als Tatsache angenommen wird – als ob eines das andere ausschlösse –, tatsächlich nicht besteht. Der Zweifel an sich selbst, ob man Künstler ist oder nicht – diese Frage schwebt zu sehr im Begrifflichen... (338, 29. Okt. 1883)

Wieder äußerte er sich über seine Probleme mit Frauen. Dabei charakterisierte er die eigene Situation mit packenden Worten. Zur gleichen Zeit jedoch, und dies ist typisch für seine visionäre Kraft, war er voll Empfänglichkeit für das gewaltige Schauspiel der Natur in der herbstlichen Heidelandschaft.

... Stelle Dir eine Fahrt über die Heide vor, früh um drei, in einem offenen Bauernkarren (ich fuhr mit dem Mann, bei dem ich wohne, er mußte nach Assen auf den Markt). Auf einer Straße oder einem „Deich", wie sie hier sagen, auf den man statt Sand Moorboden geschüttet hat, um ihn zu erhöhen. Es war sogar noch viel schöner als das Schleppboot.

Als es eben anfing, hell zu werden, krähten überall bei den über die Heide verstreuten Katen die Hähne, und da wurden die paar Häuschen, an denen wir vorbeikamen – umgeben von schütteren Pappeln, deren gelbe Blätter man fallen hörte – da wurde ein alter stumpfer Turm auf einem Kirchhof mit Erdwall und Buchenhecke – da wurden die flachen Landschaften der Heide und Kornfelder – da wurde alles, alles, alles ganz genauso wie die allerschönsten Corots. Eine Stille, ein Mysterium, ein Friede, wie er allein es gemalt hat.

Es war aber noch ziemlich dunkel, als wir in Zweeloo ankamen, früh um sechs, die eigentlichen Corots hatte ich noch früher am Morgen gesehen.

Das Einfahren ins Dorf war auch sehr schön. Riesenhafte Moosdächer auf Häusern, Ställen, Schafställen, Scheunen.

Hier stehen die Häuser sehr stattlich zwischen Eichenbäumen von einer herrlichen Bronzefarbe. Goldgrüne Töne im Moos, rötliche oder bläuliche oder gelbliche, dunkle lila-graue Töne im Boden, Töne von einer unsagbaren Reinheit im Grün der kleinen Kornfelder, schwarze Töne in den nassen Stämmen, scharf davon sich abhebend der goldene Regen der wirbelnden, flimmernden Herbstblätter, die in lockeren Perücken, als wären sie draufgeblasen, noch lose an Pappeln, Birken, Linden und Apfelbäumen hängen, und zwischendurch schimmert der Himmel.

Der Himmel eintönig hell, leuchtend, nicht weiß, sondern ein Lila, das nicht zu entziffern ist – Weiß, in dem man Rot, Blau, Gelb durcheinanderflimmern sieht, das alles reflektiert und das man überall über sich fühlt, das dunstig ist und sich mit dem dünnen Nebel unten vereint. Und alles in einer Skala von feinen grauen Tönen zusammenfaßt. In Zweeloo habe ich aber keinen einzigen Maler gefunden, *im Winter* kämen *nie* welche, sagten die Leute. Ich hoffe, *gerade* im Winter hier zu sein.

Weil keine Maler da waren, beschloß ich, statt die Rückkehr meines Hauswirts abzuwarten, zu Fuß zurückzugehen und unterwegs ein bißchen zu zeichnen. So fing ich eine Skizze von dem bewußten Apfelbaumgarten an, von dem Liebermann sein großes Bild gemacht hat. Und dann den Weg zurück, den wir in der Frühe gefahren waren. Die Gegend um Zweeloo ist im Augenblick lauter junges Korn – unabsehbar manchmal, das aller-, allerzarteste Grün, das ich kenne.

Darüber ein Himmel von einem feinen Lila-Weiß, das eine Stimmung gibt – ich glaube nicht, daß er zu malen wäre, aber für mich ist er der Grundton, den man kennen muß, um zu wissen, worauf die anderen Effekte beruhen.

Eine schwarze Erde, flach – unendlich – ein heller Himmel von feinem Lila-Weiß. Aus der Erde sprießt das junge Korn, mit diesem Korn ist sie wie mit Schimmel überzogen. Au fond sind *das* die guten fruchtbaren Landstriche von Drenthe; alles in einer dunstigen Atmosphäre. Denk an *„Le dernier jour de la création"* von *Brion*; nun, gestern war mir, als hätte ich die Bedeutung dieses Bildes begriffen.

Der schlechte Boden von Drenthe ist ebenso – nur ist die schwarze Erde noch schwärzer, wie Ruß – kein Lila-Schwarz wie die Ackerfurchen, und trübselig bewachsen mit ewig verfaulender Heide und Torfmoos. Ich sehe überall *das*, die Zufälligkeiten auf diesem unendlichen Hintergrund, im Moor die Sodenhütten, in den fruchtbaren Gegenden höchst primitive Ungetüme von Bauerngehöften und Schafställen, mit niedrigen, ganz niedrigen Mäuerchen und riesenhaften Moosdächern. Ringsherum Eichen.

Wenn man stunden- und stundenlang durch die Gegend läuft, ist einem zumute, als gäbe es eigentlich weiter nichts als diese unendliche Erde, diesen Schimmelüberzug von Korn oder Heide, den unendlichen Himmel. Pferde, Menschen scheinen wie Flöhe so klein. Nichts fühlt man mehr, wenn es an sich auch noch so groß ist, man weiß nur, daß Erdboden da ist und Himmel. Doch in seiner Eigenschaft als Pünktchen, das andere Pünktchen aufmerksam beobachtet – vom Unendlichen ganz abgesehen –, findet man, daß jedes Pünktchen ein Millet ist.

Ich kam an einem alten Kirchlein vorbei, ganz genau, ganz genau *„L'Eglise de Gréville"* von Millets Bild im Luxembourg; statt des Bauern mit dem Spaten auf jenem Bild kam hier ein Hirte mit einer Schafherde die Hecke entlang. Im Hintergrund sah man nicht den Durchblick aufs Meer, sondern nur auf ein Meer von jungem Korn, das Meer der Furchen statt des Meeres der Wogen. Der „effet produit" der gleiche.

Pflüger habe ich dann gesehen, eifrig bei der Arbeit – einen Sandkarren, Hirten, Straßenarbeiter, Mistkarren. In einer kleinen Schenke an der Straße hab ich ein altes Weiblein am Spinnrad gezeichnet, eine kleine dunkle Silhouette wie aus einem Märchen – eine dunkle Silhouette gegen ein helles Fenster, durch das man den hellen Himmel sah und einen kleinen Weg durch das feine Grün und ein paar Gänse, die Gras fraßen.

Und als nun die Abenddämmerung sich senkte – stelle Dir diese Stille vor, diesen Frieden! Stelle Dir einen kleinen Weg vor mit hohen Pappeln im Herbstlaub, eine breite Moraststraße, alles schwarzes Moor, rechts Heide bis ins Unendliche, links Heide bis ins Unendliche, ein paar schwarze, dreiekkige Silhouetten von Sodenhütten, durch deren Fensterchen das rote Licht des Feuers scheint, ein paar Tümpel fauligen, gelblichen Wassers, in dem Baumstämme verfaulen und die den Himmel widerspiegeln; stelle Dir diese ganze Moorwelt abends in der Dämmerung vor mit dem weißlichen Himmel darüber, also alles schwarz gegen weiß. Und in dieser Moorwelt eine zottige Gestalt – der Schäfer –, eine Schar eiförmiger Gebilde, halb Wolle, halb Dreck, die einander stoßen und drängen – die Herde. Du siehst sie ankommen – du stehst mittendrin – du kehrst um und gehst ihnen nach. Mühsam und unwillig bewegen sie sich vorwärts auf der morastigen Straße. Aber dort in der Ferne der Bauernhof, ein paar Moosdächer, und Stroh- und Torfstapel zwischen den Pappeln.

Der Schafstall ist auch wieder eine dreieckige Silhouette – dunkel. Die Tür steht weit offen wie der Eingang zu einer dunklen Höhle. Durch die Ritzen der Bretter scheint von hinten der helle Himmel durch.

Die ganze Karawane von Woll- und Dreckgebilden verschwindet in dieser Höhle – der Schäfer und eine Frau mit einer Laterne machen die Türen hinter ihnen zu.

Diese Heimkehr der Herde in der Dämmerung war das Finale der Symphonie, die ich gestern gehört habe.

Wie ein Traum ging der Tag vorüber; ich war in diese herzergreifende Musik den ganzen Tag über so vertieft, daß ich buchstäblich Essen und Trinken darüber vergessen hatte – ein Stück Bauernbrot und eine Tasse Kaffee hatte ich in der kleinen Wirtschaft zu mir genommen, wo ich das Spinnrad gezeichnet habe. Der Tag war um, und von der Morgendämmerung bis zur Abenddämmerung oder richtiger von der einen Nacht bis zur anderen Nacht hatte ich in dieser Symphonie mich selbst vergessen... (340, Okt.–Nov. 1883)

Das Leben in Drenthe war auf die Dauer nicht zu ertragen, trotz der vielfältigen Anregungen, und Vincent sah sich gezwungen, erneut in seinem Elternhaus Zuflucht zu suchen. Die Eltern waren im September 1883 von Etten ins nahegelegene Nuenen umgezogen.

...So entschloß ich mich aus verschiedenen Gründen, nach Hause zu fahren – was mir übrigens sehr zuwider war.

Meine Reise begann mit einer etwa sechsstündigen Wanderung nach Hoogeveen, meist durch die Heide. An einem stürmischen Nachmittag mit Regen, mit Schnee.

Diese Wanderung hat mich sehr erfrischt, oder richtiger, ich fühlte mich so innig mit der Natur verbunden, daß das Wandern eher eine Beruhigung für mich war als etwas anderes. Ich dachte, das Wiedersehen zu Hause würde mir vielleicht größere Klarheit verschaffen in der schwierigen Frage, was ich tun soll... (344, ca. 5. Dez. 1883)

Vincents Beziehungen zu seinen Eltern blieben weiterhin schwierig, zumal er jetzt vorhatte, auf die Dauer bei ihnen zu bleiben.

Ich habe die halbe Nacht wach gelegen, Theo, nachdem ich Dir gestern abend geschrieben hatte. Ich bin tief betrübt über die Tatsache, daß jetzt, da ich nach zwei Jahren Abwesenheit zurückkomme, der Empfang zu Hause zwar sehr, sehr freundlich und lieb war, daß aber im Grunde sich nichts, nichts, nichts geändert hat an der – ich muß es so nennen – an der Blindheit gegenüber der Lage, an der Verständnislosigkeit, die zum Verzweifeln ist. Wir waren nämlich auf dem allerbesten Weg bis zu dem Augenblick, da Pa – nicht nur im Zorn, sondern auch „weil er es satt hatte" – mir das Haus verbot. Sie hätten damals begreifen müssen, daß dies für meinen Erfolg oder Mißerfolg *äußerst* wichtig war, daß es mir dadurch zehnmal schwerer gemacht wurde – beinah unmöglich...

Nichts, nichts von alledem.

Damals wie auch jetzt bei Pa keine Spur, kein Schimmer von Zweifel, daß er richtig gehandelt hat.

Pa kennt die Reue nicht, so wie Du und ich und jeder, der menschlich ist. Pa glaubt an seine eigene Rechtschaffenheit, während Du, ich und andere menschliche Menschen von dem Gefühl durchdrungen sind, daß sie aus Irrtümern und efforts de perdu *bestehen.* Ich beklage Menschen wie Pa – *ich kann ihnen im Grunde meines Herzens nicht böse sein,* weil ich finde, daß sie unglücklicher sind als ich. Warum finde ich sie unglücklicher? – Weil selbst das Gute, das in ihnen ist, falsch von ihnen angewendet wird und als Böses wirkt – weil das *Licht,* das in ihnen ist, schwarz ist – Dunkelheit, Düsternis rings um sie her verbreitet.

Sie denken, daß sie *damals nichts Unrechtes getan* haben, und das ist mir zu arg... (345, 6./7. Dez. 1883)

Die Briefe an Theo nahmen einen beinahe feindseligen Ton an, während er, wie schon in Drenthe, fortfuhr, verbissen auf seinen Behauptungen über den Kunsthandel und Theos Position in dieser Branche zu beharren. Offensichtlich folgerichtige Gedankengänge führten zu unhaltbaren Schlußfolgerungen. Sein größter Wunsch war es, etwas von der Gemeinsamkeit wiederherzustellen, welche die Brüder in der Jugend vereint hatte.

...Ich habe an Dich gedacht, Bruder, auf meiner langen Wanderung durch die Heide, abends bei Sturm. Ich dachte an eine Stelle, ich weiß nicht, aus welchem Buch: deux yeux éclaircis par de vraies larmes veillaient [zwei Augen wachten, von echten Tränen leuchtend]. Ich dachte: *meine Illusionen sind mir genommen;* ich dachte: *ich* habe an viele Dinge geglaubt, von denen ich jetzt weiß, daß es im Grunde traurig damit steht; ich dachte: wenn heut an diesem düsteren Abend meine Augen, wach hier in der Einsamkeit, manchmal voll Tränen gestanden haben, warum sollten die mir nicht von einem Schmerz abgepreßt worden sein, der Enttäuschung bringt – ja, dem Menschen die Illusionen nimmt – aber zugleich ihn *wach* macht?

Ich dachte: *ist es möglich,* daß Theo über viele Dinge ruhig ist, die mich beunruhigen?... (344, ca. 5. Dez. 1883)

...Ich erbitte von Dir keine Vermittlung, ich erbitte von Dir nichts mehr persönlich: ich frage Dich ganz offen, wie stehen wir zueinander – bist Du auch ein „van Gogh"? Für mich bist Du immer „Theo" gewesen.

Im Charakter weiche ich von den verschiedenen Familienmitgliedern ziemlich ab, und eigentlich bin ich *kein* „van Gogh". Aber solltest Du eine angesehene Persönlichkeit werden, eine Rolle in der Welt spielen wie Pa oder C. M. oder sogar V. – gut, ich würde nicht daran rütteln, ich würde es ruhig hinnehmen, ich würde nichts dazu sagen, aber unsere Wege würden zu sehr auseinandergehen, als daß ich es für ratsam hielte, es in geldlicher Hinsicht so zwischen uns zu lassen, wie es jetzt ist. Ich hoffe, Du wirst mich verstehen. Wenn nicht, so muß die Zeit darüber hingehen... (345a, 7./8. Dez. 1883)

Die Spannungen zwischen Vincent und seinen Eltern gipfelten im Bild eines Hundes, das er erfand, um die eigene Situation bei ihnen zu kennzeichnen.

Ich fühle, wie Pa und Ma *instinktiv* (ich sage nicht *bewußt*) über mich denken. Man hat eine ähnliche Scheu, mich ins Haus zu nehmen, wie man sich scheuen würde, einen großen zottigen Hund im Hause zu haben. Er kommt mit nassen Pfoten in die Stube – und er ist überhaupt so zottig und wüst! Allen läuft er in den Weg. *Und er bellt so laut.*

Kurzum – er ist ein schmutziges Vieh.

Schön – aber das Vieh hat eine menschliche Geschichte und, obwohl es ein Hund ist, eine Menschenseele, und noch dazu eine feinfühlige, und es fühlt selbst, wie man über es denkt, was ein gewöhnlicher Hund nicht kann.

Und ich – zugestanden, daß ich eine Art Hund bin – lasse sie denken, was sie wollen... (346, Dez. 1883)

...Ohne persönlich zu werden, nur als Charakterstudie, unparteiisch, als spräche ich nicht von Dir und mir, sondern von Fremden, nur um der Verdeutlichung willen, erinnere ich Dich noch einmal an vorigen Sommer. Ich sehe zwei Brüder im Haag herumgehen (*betrachte sie als Fremde,* denke nicht an Dich oder mich).

Der eine sagt: „Ich muß einen gewissen Stand aufrechterhalten, ich muß beim Handel bleiben, ich glaube nicht, daß ich Maler werden kann." Der andere sagt: „Ich werde ein Hund, ich fühle, daß die Zukunft mich wahrscheinlich häßlicher und unmanierlicher machen wird, und ich sehe eine gewisse *Armut* als mein Los voraus, aber, aber, *ich werde Maler sein.*"

Der eine also – ein gewisser Stand und Kunsthändler.

Der andere also – Armut und Maler.

Und dieselben zwei Brüder sehe ich in früheren Jahren, als Du gerade erst in die Maler-Welt kamst, gerade erst zu lesen anfingst usw. usw. – bei der Rijswijker Mühle oder zum Beispiel auf einer Wanderung im Winter nach Chaam über die verschneite Heide am frühen Morgen! So ganz *dasselbe fühlend, dasselbe denkend* und *glaubend*, daß ich mich frage: sind das dieselben??? Frage: wie wird das nun weiter verlaufen – gehen sie auf ewig auseinander, oder kommen sie für immer auf denselben Weg? ... (347, Dez. 1883)

Als er Sien bei einem Kurzbesuch in Den Haag wiedersah, erinnerte sich Vincent mit Unmut an die Rolle, die der Bruder bei der Entscheidung gespielt hatte, sie zu verlassen. Er schrieb, er habe seine Achtung vor Theo verloren. Die Spannungen zwischen den Brüdern nahmen ständig zu. Vincent ging sogar soweit, zu behaupten, er könne Theos Unterstützung nicht mehr annehmen. Doch seine Zornesausbrüche waren kurzlebig; er war rasch bereit, seine Äußerungen zurückzunehmen. Hauptursache seines Zorns war Theos Mißerfolg bei dem Bemühen, Vincents Arbeiten bekanntzumachen. Denn zu der Zeit erhoffte sich Vincent noch einige Einkünfte aus Verkäufen und Ausstellungen.

... Nun, Bruder, unsere Freundschaft hat einen starken Stoß dadurch bekommen, und wenn Du sagen würdest, wir haben uns sicher nicht geirrt, und wenn Du mir noch in derselben Stimmung wie damals zu sein schienest – so würde ich Dich nicht mehr ganz so wie früher achten können.

Denn ich habe früher auch gerade darum Achtung vor Dir gehabt, weil Du mir geholfen hast, sie am Leben zu erhalten zu einer Zeit, da andere mich nicht mehr kennen wollten, weil ich mit ihr zusammen war.

Ich behaupte nicht, daß keine Änderung oder Umstellung nötig gewesen wäre, aber – wir sind, oder richtiger, ich bin, glaube ich, etwas weit gegangen.

Weil ich jetzt hier ein Atelier habe, ist vielleicht mehr als *eine* finanzielle Schwierigkeit nicht mehr ganz so schlimm.

Ich schließe damit, Dir zu sagen: denke darüber nach, wenn Du willst – aber falls Deine Stimmung, nachdem ich Dir das gesagt habe, ganz die gleiche bleibt wie diesen Sommer, kann ich nicht mehr dieselbe Achtung wie früher vor Dir haben. – Übrigens habe ich auch beschlossen, Dir über eine etwaige Veränderung Deiner Lage oder Deiner Laufbahn kein Wort mehr zu sagen, denn ich sehe sozusagen zwei Naturen in Dir, die sich gegenseitig bekämpfen – eine Erscheinung, die ich auch in mir beobachte; doch sind vielleicht bei mir, weil ich vier Jahre älter bin, einige Fragen entschieden, die bei Dir noch im Gären sind... (350, 25.–28. Dez. 1883)

... Hör mal – als ich jetzt Deinen Brief über die Zeichnungen gelesen hatte, habe ich Dir sofort ein neues Aquarell von einem Weber und fünf Federzeichnungen geschickt. Auch meinerseits will ich Dir franchement [offen] sagen, daß ich für richtig halte, was Du schreibst: meine Arbeiten müssen noch viel besser werden; doch auch Du könntest ein bißchen energischer versuchen, etwas damit zu machen. Du hast *noch nie* auch nur *eine einzige* Arbeit von mir verkauft – weder für viel noch für wenig Geld – und es *eigentlich auch noch nicht versucht.*

Du siehst, ich werde nicht *böse* darüber, aber – wir brauchen nun mal einander nichts vorzumachen.

Auf die Dauer werde ich mich bestimmt nicht damit abfinden.

Du kannst Deinerseits auch weiter franchement sprechen.

Was Verkäuflichkeit und Unverkäuflichkeit betrifft, das ist ein altes Lied, und ich habe nicht die Absicht, mich darauf einzulassen.

Nun, Du siehst, meine Antwort ist, daß ich Dir einige neue schicke, und recht gern will ich das auch weiterhin tun – nichts lieber als das.

Aber Du mußt nun mal ganz frei und offen sagen – das ist mir das liebste –, ob Du Dich in Zukunft damit zu befassen gedenkst oder ob das unter Deiner Würde ist. Von der Vergangenheit will ich nicht reden – ich stehe vor der Zukunft, und ich will, ganz gleich, wie Du darüber denkst, ganz entschieden etwas damit anfangen... (358, ca. 1. März 1884)

Dieser Tage werde ich Dir noch eine neue Federzeichnung von einem Weber schicken – größer als die fünf anderen; der Webstuhl von vorn gesehen –, die wird diese kleine Reihe von Zeichnungen vervollständigen; ich glaube, sie werden sich gut machen, wenn Du sie auf grauem Ingres-Papier montierst.

Es würde mich etwas enttäuschen, wenn ich diese Weber zurückerhielte. Und wenn niemand anders, den Du kennst, etwas davon wissen will, würde ich denken, daß Du sie vielleicht für Dich selbst nehmen könntest, als Anfang einer kleinen Sammlung von Federzeichnungen von Brabanter Handwerkern.

Das würde ich gerne unternehmen, und ich hätte große Lust dazu, da ich wahrscheinlich jetzt ziemlich viel in Brabant sein werde.

Falls wir eine Folge daraus machen, die beisammenbleibt, will ich gern den Preis niedrig ansetzen, so daß es als Ganzes zusammenbleiben kann, auch wenn viele Zeichnungen dieser Art entstehen würden. Jedoch richte ich mich ganz danach, was Du in dieser Sache am besten findest.

Wie Du siehst, bin ich gar nicht darauf aus, die Geschäfte mit Dir abzubrechen; nur wollte ich Dich darauf aufmerksam machen, daß es meines Erachtens von Nutzen wäre, wenn Du die Federzeichnungen, die ich schicke, auch zeigen würdest... (359, ca. 9. März 1884)

Vincents Freundschaft mit der unglücklichen Margo (oder Margot) Begemann, die mit ihren Eltern, Freunden und Nachbarn der Pfarrersfamilie, in Nuenen lebte, führte zu Komplikationen mit der Familie und der Dorfgemeinschaft, als Margo versuchte, sich mit Gift das Leben zu nehmen. Vincents Bericht ist erstaunlich gefaßt und sachlich. Er läßt einen klaren Einblick in Selbstmordversuche und Vergiftungssymptome erkennen. Margo liebte ihn zweifellos, und man erwog eine Heirat. Widerstand flackerte in der Familie auf, obwohl nichts dafür spricht, daß es Vincent besonders um die Sache zu tun war. Nur einmal erscheint flüchtig Kees Bild, eine kurze Unterbrechung in der Kontinuität von schweigend ertragenem, ständigem Leid.

... Es ist etwas geschehen, Theo, wovon die meisten Leute hier *nichts* wissen oder vermuten und auch nie etwas erfahren dürfen, also schweige darüber wie das Grab — aber es ist schrecklich. Wenn ich Dir alles sagen wollte, müßte ich wohl ein Buch schreiben — das kann ich nicht. Fräulein X. hat Gift genommen, in einem Augenblick der Verzweiflung, als sie mit ihren Angehörigen gesprochen hatte und man ihr und mir Schlechtes nachredete; sie war so außer sich, daß sie es meiner Meinung nach in einem Augenblick ausgesprochener *Geistesverwirrung* getan hat. Theo, ich hatte schon einmal wegen gewisser Erscheinungen bei ihr einen Arzt um Rat gefragt; drei Tage vorher hatte ich ihren Bruder unter vier Augen gewarnt: ich fürchtete, sie würde Nervenfieber bekommen; auch müßte ich leider sagen, daß es meiner Meinung nach sehr unvorsichtig von ihren Angehörigen sei, so zu ihr zu sprechen, wie sie es täten. Das half aber nichts, insofern nicht, als die Leute zwei Jahre Aufschub von mir verlangten und ich mich ganz entschieden nicht darauf einlassen wollte und sagte, *wenn* Heiraten hier in Frage käme, so müsse es sehr bald geschehen oder gar nicht.

Theo, Du hast *„Madame Bovary"* gelesen, erinnerst Du Dich an die *erste* Madame Bovary, die an einem Nervenanfall starb? So etwas war es hier auch, doch noch kompliziert dadurch, daß sie Gift genommen hatte. Oft schon, wenn wir ruhig spazierengingen oder so, hatte sie zu mir gesagt: „Ich wünschte, ich könnte jetzt sterben" — ich hatte nie darauf geachtet.

Eines Morgens jedoch fällt sie zu Boden; zuerst dachte ich nichts weiter, als daß es eine kleine Schwäche wäre. Aber es wurde schlimmer und schlimmer, Krämpfe, sie konnte nicht mehr richtig reden und murmelte nur allerhand halbverständliche Worte, verfiel in Krämpfe, Zuckungen usw. Es war doch anders als ein Nervenanfall, obwohl es große Ähnlichkeit damit hatte, und plötzlich wurde ich argwöhnisch und sagte: „Hast du etwas eingenommen?" Da schrie sie „ja". Nun, da habe ich kurzen Prozeß gemacht — sie wollte, ich solle ihr schwören, es keinem Menschen zu sagen; ich sagte: „Gut, ich schwöre dir, was du willst, aber unter der Bedingung, daß du sofort dieses Zeug herausbrichst — stecke den Finger in den Hals, bis du brechen kannst, sonst rufe ich Leute herbei." — Nun, das übrige kannst Du Dir denken...

Aber was ist denn dieser „Stand", und was ist denn diese Religion, der die anständigen Leute angehören — ach, es sind einfach *absurde* Dinge, die die Gesellschaft zu einer Art Irrenhaus machen, zu einer vollkommen verkehrten Welt — o dieser Mystizismus!

Du verstehst, daß mir in diesen letzten Tagen alles, alles durch den Kopf gegangen ist und diese traurige Geschichte alle meine Gedanken beherrscht hat. Nun sie das einmal probiert hat und es ihr mißglückt ist, hat sie wohl so einen Schrecken bekommen, daß sie es nicht so leicht zum zweiten Mal versuchen wird; ein mißlungener Selbstmord ist das beste Heilmittel gegen einen künftigen Selbstmord... (375, Sept. 1884)

P.S.... Schade, daß ich ihr nicht *früher* begegnet bin, z. B. vor etwa zehn Jahren. Jetzt macht sie mir den Eindruck einer Cremoneser Geige, die früher von Pfuschern, die sie reparieren wollten, verdorben worden ist. Und in dem Zustand, in dem ich sie kennenlernte, war, wie mir scheint, schon allzu vieles an ihr verpfuscht.

Doch ursprünglich war es ein seltenes Exemplar von hohem Wert, *und noch immer* hat sie *quand même* großen Wert.

Ich sah eine Photographie von K., die ein Jahr später aufgenommen war — das einzige, was ich je von ihr wiedergesehen habe; war sie darauf weniger anziehend? Nein, *interessanter.*

Dieses *„die Ruhe einer Frau stören"*, wie die theologischen Leute (oft Theologen *sans le savoir* [ohne es zu wissen]) es nennen, ist manchmal ein *Durchbrechen von Stickluft oder Schwermut*, die viele Menschen beschleicht und *schlimmer* ist als der Tod.

Sie wieder ins Leben zurückschleudern, ins Fühlen — es gibt Leute, die das abscheulich finden, und man muß genau erwägen, wie weit man gehen darf.

Aber wenn man es aus noch einem anderen Grund als Selbstsucht tut, nun, dann kommt es wohl vor, daß die Frauen selber *wütend* werden, und notfalls können sie hassen statt zu lieben, *que soit.*

Doch *nicht leicht* werden sie den Mann, der es getan hat, *verachten.* Verachten tun sie Männer, die das Männliche in sich ausgelöscht haben. Nun, das sind tiefe Lebensfragen... (377, Sept. 1884)

Nachdem er schon früher Interesse an der Farbe gezeigt und sich in Den Haag eigene Techniken erarbeitet hatte, vertiefte sich Vincent nun gründlich in die Regeln der Farbe und der Zeichnung – ‚die Grundprinzipien'. Da er die Impressionisten nicht kannte, orientierte er sich hauptsächlich an Delacroix, nicht wissend, daß letzterer ebenso Anreger für die französische Avantgarde, Signac und Toulouse-Lautrec insbesondere, war.

...Sei doch so gut und schreib mir etwas ausführlicher über die Manet-Ausstellung, sag mir, welche seine Bilder da zu sehen sind. Von Manets Arbeiten hatte ich immer den Eindruck einer starken Eigenart. Kennst Du den Aufsatz von Zola über Manet? Ich bedaure, daß ich nur sehr wenige Bilder von ihm gesehen habe. Vor allem seine Frauen-Akte würde ich gern einmal sehen. Ich finde es nicht übertrieben, daß manche, zum Beispiel Zola, für ihn *schwärmen*, obwohl ich durchaus nicht finde, daß er zu den Allerersten unseres Jahrhunderts gehört. Doch er ist ein Talent, das *ganz entschieden* seine *Daseinsberechtigung* hat, und das ist schon viel. Der Aufsatz, den Zola über ihn geschrieben hat, steht in dem Band *„Mes haines"*; den *Schlußfolgerungen* Zolas, als wäre Manet ein Mann, der sozusagen der modernen Kunstauffassung eine neue Zukunft eröffnet, kann ich mich nicht anschließen; für mich ist nicht Manet, sondern *Millet* der ausgesprochen moderne Maler, der vielen einen neuen Horizont eröffnet hat... (355, ca. 24. Jan. 1884)

...Die *Gesetze* der Farben sind unsagbar herrlich, gerade weil es *keine Zufälligkeiten* sind. Ebenso wie man heutzutage nicht mehr an willkürliche *Wunder* glaubt, nicht mehr an einen Gott, der launenhaft und despotisch sich mal so, mal so gebärdet, sondern gerade für die Natur immer mehr Hochachtung und Bewunderung empfindet, immer stärker an sie glaubt, ebenso und aus demselben Grunde finde ich, daß man in der Kunst die altmodischen Ideen von angeborenem Genie, Inspiration usw. ich sage nicht aufgeben, doch mal gründlich bei Lichte besehen, nachprüfen und – und sehr weitgehend berichtigen muß. Ich leugne jedoch nicht, daß es Genie und selbst angeborenes Genie gibt. Doch die Schlußfolgerungen daraus, daß Theorie und Unterricht aus der Natur der Sache heraus stets nutzlos wären, die leugne ich allerdings.

Dasselbe, was ich jetzt bei der Spinnerin und bei dem garnspulenden alten Mann gemacht habe, hoffe ich, oder richtiger, will ich versuchen, später viel *besser* zu machen.

Aber in diesen beiden Studien nach dem Leben bin ich ein *bißchen mehr ich selbst gewesen*, als es mir bisher in den meisten anderen Studien – abgesehen von einigen meiner Zeichnungen – gelungen ist... (371, Juli 1884)

Beiliegend ein paar interessante Seiten über *Farbe*, nämlich die großen Wahrheiten, an die Delacroix glaubte.

Ich füge hinzu: „Les anciens ne prenaient pas par la ligne mais par les milieux" [Die Alten fingen nicht mit der Linie an, sondern mit den Mitten], das heißt, mit dem Kreis oder ellipseförmigen Grundformen der Massen anfangen statt mit der Kontur.

Für das letztere fand ich die richtigen Worte in dem Buch von Gigoux, doch die Tatsache selbst hatte mich schon lange beschäftigt. Mir scheint, je mehr das, was man macht, empfunden ist und Leben hat, um so mehr wird es bekrittelt und erregt Ärgernis, doch zugleich siegt es auf die Dauer über die Kritik...

P.S. Die Alten haben nur drei Grundfarben zugelassen, Gelb, Rot und Blau, und auch die modernen Maler lassen keine anderen zu. Diese drei Farben sind in der Tat die einzigen, die sich weder zerlegen noch reduzieren lassen... (401, Sommer 1885)

...*Es gibt, glaube ich, eine Schule von Impressionisten. Aber ich weiß nicht viel davon.* Wohl aber weiß ich, wer die ursprünglichen und eigentlichen Leute sind, um die sich – wie um eine Achse – die Bauern- und Landschaftsmaler drehen werden. Delacroix, Millet, Corot und die übrigen. Das ist mein eigenes Gefühl, nicht genau ausgedrückt.

Ich meine, es gibt (viel eher als Personen) Regeln oder Grundsätze oder Grundwahrheiten sowohl für *Zeichnen* wie für *Farbe.* Auf die stößt man immer wieder, wenn man etwas *Wahres* findet.

Was Zeichnen angeht –, z. B. das bereits erwähnte kreisweise – nämlich von ovalen Flächen ausgehende – Figurenzeichnen, was schon die alten Griechen fühlten und was bis ans Ende der Welt wahr bleiben wird... (402, Sommer 1885)

Er nahm jede Gelegenheit wahr, einen Gegensatz zu Theo herauszustellen, statt seine tatsächliche Übereinstimmung mit ihm zu betonen. Eine geplante Delacroix-Ausstellung in Paris bot ihm den Anlaß, das Bild *La Liberté guidant le peuple* (Die Freiheit führt das Volk an) zu erwähnen, das sich seiner Ansicht nach auf die Revolution von 1848 bezog. (Tatsächlich wurde das berühmte Gemälde durch die Revolution von 1830 inspiriert.)

...Du sagst, es käme demnächst eine Ausstellung von Delacroix' Werken. Gut. Da wirst Du wohl sicher ein Bild sehen: *„La barricade"*, das ich nur aus Delacroix' Lebensbeschreibungen kenne. Es ist, glaube ich, 1848 gemalt. Du kennst außerdem wohl eine Lithographie von de Lemud, oder wenn nicht von ihm, dann von Daumier, die auch die Barrikade von 1848 darstellt. Ich wollte, Du könntest Dir einmal vorstellen, Du und ich hätten in jenem Jahr 1848 gelebt oder in einer ähnlichen Periode, denn bei dem Staatsstreich Napoleons ist es auch wieder so ähnlich gewesen. Ich werde Dir keine Bissigkeiten sagen – das ist nie meine Absicht gewesen –, ich versuche Dir klarzumachen, inwiefern der Zwiespalt, der zwischen uns entstanden ist, mit allgemeinen Strömungen in der Gesellschaft zusammenhängt und somit etwas ganz anderes ist als absichtliche Gehässigkeit. Also nehmen wir die Zeit von 1848...

Ich beginne mit Guizot und Louis Philippe – waren die schlecht oder tyrannisch? Nicht geradezu; es waren, soviel ich sehe, Leute wie zum Beispiel Pa und Großvater, wie der alte Goupil. Kurz, Männer, die furchtbar ehrwürdig aussehen, tiefsinnig – ernst –, doch wenn man sie sich ein bißchen schärfer und mehr aus der Nähe anguckt, haben sie etwas Trübseliges, Mattes, Fades sogar in einem Grade, daß einem übel werden kann. Ist das zuviel gesagt???...

Aber ich meine, wenn Du und ich *damals* gelebt hätten, wärst Du auf der Seite der Guizots gewesen und ich auf der Seite von Michelet. Und wenn wir beide konsequent geblieben wären, hätten wir mit einer gewissen Wehmut uns direkt als Feinde gegenüberstehen können; zum Beispiel auf so einer Barrikade, Du *davor* als Soldat der Regierung, ich dahinter als Revolutionär oder Rebell... (379, Sept. 1884)

Das nahegelegene Eindhoven war die einzige Stadt, die er gelegentlich besuchte. Er schloß sogar einige Bekanntschaften und gab Amateurmalern Unterricht, u. a. Willem van de Wakker und Anton Kerssemakers. Sein starkes theoretisches Interesse an den Regeln der Farbe und der Musik führten ihn dazu, sogar einige Klavierstunden zu nehmen. Er entwarf sechs Holztafelbilder mit ländlichen Szenen für das Speisezimmer des wohlhabenden Goldschmieds Hermans. Er lieferte die Entwürfe, die der Goldschmied dann kopierte, und Vincent fertigte daraus Gemälde. Der feine Herr blieb Vincent allerdings die Bezahlung für seine Dienste schuldig.

Für Schriftsteller wie Mallarmé und andere bedeutete ein leeres Blatt Papier oftmals eine lähmende Herausforderung. Vincent berichtete über eine ähnliche Erfahrung mit einer neuen Leinwand. Er verglich die leere Leinwand mit dem Leben, möglicherweise auch mit den Frauen. Es war ganz typisch für ihn, daß er eine wütende Attacke gegen das Unbeschriebene, das Unbefleckte ritt.

...Du weißt nicht, wie *lähmend* das ist, dieses von einer weißen Leinwand Angestarrtwerden, das zum Maler sagt: *du kannst nichts*; die Leinwand kann einen geradezu *idiotisch* anstarren und hypnotisiert manche Maler derartig, daß sie selber idiotisch werden.

Viele Maler *haben Angst* vor der weißen *Leinwand*, aber die weiße Leinwand *hat Angst* vor dem wahren, leidenschaftlichen Maler, der es wagt – und der einmal diese Hypnose, dieses „du kannst nichts" durchbrochen hat.

Das Leben an sich kehrt dem Menschen immer auch eine unendlich *nichts*sagende, entmutigende, hoffnungslos machende, weiße Seite zu, auf der *nichts* steht, ebensowenig wie auf einer weißen Malleinwand. Aber *wie* nichtssagend und eitel, wie *tot* sich das Leben auch zeigen mag, der Mann voll Glauben, voll Tatkraft, Wärme, der Mann, der etwas weiß, läßt sich damit nicht zum Narren halten.

Er greift ein und tut etwas und knüpft daran an, kurz, *bricht durch* – *„schändet"*, sagen sie... (378, Okt. 1884)

Zeichnung in Brief 402

Er hoffte, jetzt stärker als jemals zuvor oder später, die überkommene Moral werde einen Wandel, eine Erneuerung durchmachen.

...Für mich persönlich ist ein Hauptunterschied zwischen der Zeit *vor* und *nach* der Revolution – der Wandel in der gesellschaftlichen Stellung der Frau und das Zusammenwirken, das man zwischen Mann und Frau erstrebt, mit gleichen Rechten, mit gleicher Freiheit.

Mich hierüber zu verbreiten, habe ich weder die Worte noch die Zeit noch unter den gegebenen Umständen die Lust. Doch genug, die konventionelle Moral ist in meinen Augen sehr *verkehrt*, und ich sähe gern, daß sie durch die Zeit gewandelt und erneuert würde... (388, ca. 7. Dez. 1884)

In seinem entlegenen Brabanter Winkel nahm er regen Anteil an allen Neuheiten im

Bereich der Kunst und hielt den Kontakt nach draußen aufrecht durch Theo und seine Lektüre. 1884 zum Beispiel informierte er sich über die Pariser Kunstausstellung mit Hilfe von *„L'Illustration"*, worin auch Reproduktionen von Arbeiten Puvis' de Chavannes erschienen. Die vorausblickende Bemerkung eines Kritikers, an die Stelle des neugotischen Stils
94, 97, 96 von Künstlern wie Leys werde ein Realismus im Stile von De Groux treten, bestärkte ihn in seiner eigenen Überzeugung.

... Und ich könnte Dir im Augenblick einige neue Namen nennen von Leuten, die wieder auf demselben alten Amboß hämmern wie de Groux. Wenn es de Groux seinerzeit beliebt hätte, seine Brabanter Typen in mittelalterliche Kostüme zu stecken, so wäre es ihm ähnlich wie Leys ergangen, nicht nur was Genie, sondern vielleicht auch was Einnahmen betrifft.

Das hat er jedoch nicht getan, und jetzt, Jahre später, ist man vom Mittelalterlichen merklich abgekommen, obwohl Leys immer Leys bleibt, und Thijs Maris Thijs Maris, und Victor Hugos Notre-Dame Notre-Dame.

Aber Realismus, damals *nicht gewollt*, wird jetzt *verlangt*, und wir haben ihn nötiger als je.

Den Realismus, der Charakter und ernst zu nehmendes Gefühl hat. Das will ich Dir sagen: ich für mein Teil werde versuchen, mein Schiff geradeaus zu steuern und das Allereinfachste, Alleralltäglichste malen... (390, 15.—17. Dez. 1884)

Das Jahr 1885 begann für ihn mit einer tiefen Depression. Brief 392 zeigt den Zusammenhang zwischen Vincents geistiger und gefühlsmäßiger Empfänglichkeit und dem, was ihm an äußeren Eindrücken zuströmte. Sein Realismus erstrebte die symbolische Aussage, obwohl er die Sinnbilder und Zeichen nicht verwendete, die im aufkommenden Symbolismus der französischen Literatur und Kunst Probleme bereiteten. Seine Beschäftigung mit der sterbenden Zunft der Weber paßte zu seiner eigenen düsteren Stimmung. Die Lektüre von Charlotte Brontës Roman *Shirley*, einem beachtenswerten sozialen Dokument vor Zola, den er 1881 gelesen hatte (Brief 148), hatte ihn offenbar darauf vorbereitet, den sozialen Niedergang der Weber zu verstehen.

... Fast noch nie habe ich ein Jahr mit so düsteren Aussichten und in so düsterer Stimmung begonnen, und ich erwarte mir denn auch keine Zukunft voll Erfolg, sondern eine Zukunft voll Kampf. Draußen ist es trübe, die Felder ein Marmor aus schwarzen Erdschollen und einem bißchen Schnee; meist ein paar Tage mit Nebel und Matschwetter dazwischen, die rote Sonne morgens und abends, Krähen, dürres Gras und welkes, faulendes Grün, schwarzes Gebüsch und die Zweige der Pappeln und Weiden bösartig wie Eisendraht gegen den trüben Himmel.

Das sehe ich im Vorbeigehen, und es steht im Einklang mit dem Innern der Häuser, die an diesen dunklen Wintertagen sehr düster sind.

79, 80 Es steht auch im Einklang mit den Gesichtern der Bauern und Weber. Ich höre keine Klagen von den letzteren, aber sie haben es schlecht. Ein Weber, der dauernd am Webstuhl sitzt, macht zum Beispiel in der Woche ein Stück von etwa sechzig Ellen. Während er webt, muß eine Frau für ihn spulen, das heißt das Garn auf Spulen winden, es sind also *zwei*, die arbeiten und davon leben müssen. An einem solchen Stück verdient er zum Beispiel netto vier Gulden fünfzig die Woche, und wenn er es zum Fabrikanten bringt, bekommt er zur Zeit häufig Bescheid, daß er erst in acht oder vierzehn Tagen ein neues Stück mitnehmen kann. Also ist nicht nur der Lohn niedrig, sondern auch die Arbeit knapp.

Die Leute haben denn auch oft etwas Gehetztes und Unruhiges. Es ist eine andere Stimmung als bei den Bergarbeitern, die ich in einem Jahr von Streiks und Grubenkatastrophen miterlebt habe.

Das war zwar noch schlimmer, aber hier ist es jetzt auch oft herzzerreißend; die Leute sind still, und buchstäblich *nirgends* habe ich etwas gehört, das aufrührerisch klang. Aber sie sehen ebensowenig fröhlich aus wie die Droschkengäule oder wie die Schafe, die im Dampfschiff nach England verfrachtet werden... (392, Jan. 1885)

Vincents Vorahnungen (Brief 392) erwiesen sich als richtig. Sein Vater starb plötzlich am 26. März 1885. Vincent reagierte nüchtern auf das Ereignis, doch sein Arbeitsrhythmus war vorübergehend gestört. Er war damals zutiefst erfüllt von dem, was als reifstes, gewaltigstes
48 Werk aus seiner Brabanter Periode hervorgehen sollte: *Die Kartoffelesser*. Sicherlich nicht unter direktem Einfluß von Werken wie Zolas *Germinal*, aber von der Lektüre Zolas ermutigt, plante Vincent ein Werk, das den starken Eindruck wiedergab, den Bauern bei ihrem einfachen Mahl in ihrer elenden Hütte im Schein einer Lampe auf ihn gemacht hatten. Vincent hatte bereits einen Arbeitsraum im Hause des Küsters der katholischen Gemeinde, Schafrath, gefunden, so daß er sich aus der Bindung an die Familie im Pfarrhaus lösen konnte, die sich ihm gegenüber zunehmend feindselig verhielt. Seine Schwestern, beson-

ders Anna, waren zu einer rechten Plage für ihn geworden. Der Tod seines Vaters bot ihm den Anlaß, zu Schafrath umzuziehen. Er hatte zwei Räume dort, einen kleinen dunklen als Atelier, ein Dachkämmerchen als Schlafraum. Er vernachlässigte sich, genehmigte sich nur knappe Nahrung und wenig Schlaf. Der Drang, zu malen und damit einer Lösung seiner Probleme näherzukommen, war immer stärker als der Selbsterhaltungstrieb.

Es hat mich einigermaßen verwundert, daß ich noch gar nichts von Dir gehört habe.

Du wirst sagen, Du hättest jetzt zuviel zu tun, um daran zu denken, und das kann ich auch ganz gut begreifen.

Es ist schon spät, aber ich wollte Dir doch noch einmal sagen, daß ich recht herzlich hoffe, daß unser Briefwechsel nun wieder etwas lebhafter wird, als er in letzter Zeit war.

Anbei zwei kleine Skizzen nach ein paar Studien, die ich gemacht habe; gleichzeitig bin ich aufs neue mit den Bauern um die Kartoffelschüssel beschäftigt.

Davon komme ich eben nach Hause, ich habe noch bei Lampenlicht daran gearbeitet, obschon ich es diesmal bei Tageslicht angefangen habe.

Da siehst Du, wie die Komposition jetzt geworden ist.

Ich habe es auf eine ziemlich große Leinwand gemalt, und so wie die Skizze jetzt ist, steckt, glaube ich, wirklich Leben drin.

Aber ich weiß doch bestimmt, daß C. M. zum Beispiel von „verzeichnet" usw. reden würde. Weißt Du, was sich entschieden dagegen sagen läßt? Daß die schönen Lichteffekte in der Natur ein sehr schnelles Arbeiten verlangen.

Nun weiß ich sehr wohl, daß die großen Meister, vor allem in der Periode ihrer Reife, sich nicht nur darauf verstanden, ihre Bilder „fertig" zu machen, sondern auch, sie lebendig zu erhalten. Doch das ist etwas, was ich fürs nächste bestimmt nicht so kann.

Auf dem Punkt, wo ich jetzt bin, glaube ich aber, einen empfundenen Eindruck von dem, was ich sehe, wiedergeben zu können.

Nicht immer buchstäblich genau, vielmehr niemals genau, denn man sieht die Natur durch sein eigenes Temperament. Was ich Dir nun raten möchte, ist folgendes: laß die Zeit nicht verstreichen, laß mich soviel wie nur irgend möglich arbeiten, und hebe die Studien von jetzt ab alle bei Dir auf.

Ich möchte lieber noch keine davon signieren, denn ich würde sie nicht gern als Bilder im Umlauf haben, die man später, wenn man vielleicht einen gewissen Namen hat, am besten aufkaufen würde. Aber es ist gut, daß Du sie gelegentlich zeigst, denn Du wirst sehen, eines schönen Tages finden wir jemanden, der dasselbe machen will, was ich Dir vorschlage, nämlich eine Sammlung von Studien anlegen...

Du bist auf der Suche nach neuen Ideen für den Kunsthandel; die Idee, die Kunstliebhaber liebevoll zu behandeln, ist nicht neu, aber es ist eine Idee, die *nie alt wird.*

So auch, Sicherheit bei einem Kauf zu geben. Und ich frage Dich, ist ein Liebhaber nicht besser dran, wenn er von einem Maler zum Beispiel zwanzig sehr verschiedenartige Skizzen hat für denselben Preis, den er billigerweise für ein einziges fertiges Bild bezahlen muß, das als Handelsartikel in Umlauf kommen kann? Ich an Deiner Stelle würde, da Du ja viele junge Maler kennst, die noch keinen Namen haben, auch mal versuchen, *Ölstudien* in den Handel zu bringen, nicht als Bilder, doch auf irgendeine Art montiert, auf vergoldetem Bristol z. B. oder auf Schwarz oder Dunkelrot... (399, 11. April 1885)

Zeichnung in Brief 399

...Die *„Kartoffelesser"* schicke ich nicht, ehe ich nicht bestimmt weiß, daß es was ist. Doch es geht vorwärts damit, und ich glaube, es wird noch etwas ganz anderes hineinkommen, als Du, wenigstens so deutlich, je von mir gesehen hast.

Ich meine gerade das *Leben.* Das male ich *aus dem Kopf auf das Bild selbst.*

Aber Du weißt ja selber, wie viele Male ich die Köpfe gemalt habe! Und immer noch laufe ich jeden Abend wieder hin und sehe mir alles an, um einzelnes an Ort und Stelle zu zeichnen. Aber beim Malen lasse ich meinen eigenen Kopf im Sinn von Gedanken oder Einbildungskraft mitarbeiten, was bei Studien nicht so sehr der Fall ist, wo kein Schöpfungsvorgang stattfinden *darf,* wo man vielmehr aus der Wirklichkeit sich Nahrung für seine Einbildungskraft holt, damit die richtig werde.

Aber du weißt, daß ich an M. Portier geschrieben habe: Jusqu'à présent je n'ai fait que des études, mais les tableaux vont venir [Bis jetzt habe ich nur Studien gemacht, aber die Bilder kommen noch]. Und daran werde ich mich halten.

Ich glaube, daß ich bald auch wieder einige Studien nach der Natur schicken werde. Jetzt erlebe ich zum *zweiten Mal,* daß ein Wort von Delacroix mir sehr viel gibt. Das erste war seine Farbentheorie, aber dann habe ich ein Gespräch gelesen, das er mit anderen Malern über die Mache, nämlich die *Schöpfung* eines Bildes geführt hat.

Er behauptete, die besten Bilder mache man aus dem Kopf. Par cœur! [aus dem Kopf, auswendig] sagte er.

Und über dieses Gespräch las ich noch, daß Delacroix, als all die braven Leute abends spät nach Hause gingen, ihnen mitten auf dem Boulevard mit seiner gewohnten Lebhaftigkeit und Leidenschaft nachrief: „Par cœur! Par cœur!" Wahrscheinlich sehr zur Verwunderung der ehrsamen Passanten... (403, Ende April 1885)

Eben habe ich „*Germinal*" erhalten und sofort damit angefangen. Ich habe etwa fünfzig Seiten davon gelesen, die ich großartig finde; dort bin ich auch mal herumgewandert.

Hier hast Du die Skizze eines Kopfs, den ich eben mit nach Hause bringe.

Der gleiche war auch bei den zuletzt gesandten Studien, nämlich die größte, die dabei war. Aber glatt gemalt.

Ich habe jetzt den Pinselstrich nicht glattgestrichen, und die Farbe ist übrigens auch ganz anders.

Ich habe noch keinen Kopf gemacht, der so sehr „peint avec de la terre" ist, und es werden wohl noch andere folgen.

Wenn alles gut geht – und wenn ich ein bißchen mehr verdiene, so daß ich öfter mal verreisen kann – nun, dann werde ich hoffentlich auch die Bergarbeiterköpfe einmal malen.

Ich arbeite aber weiter, bis ich meiner Sache völlig sicher bin, so daß ich noch schneller arbeite als jetzt, und zum Beispiel im Laufe eines Monats auch an die dreißig Studien mit nach Hause bringe. Ich weiß nicht, ob wir Geld verdienen werden, aber wenn es nur dazu langt, daß wir schrecklich viel arbeiten können, dann bin ich schon zufrieden; das zu machen, was man will, darauf kommt es an... (409, 15. Mai 1885)

Ein längerer Abschnitt aus *Germinal* bietet das beste Beispiel für van Goghs Methode, aus Büchern zu zitieren, die er gelesen hatte. Die zitierte Passage beschreibt, wie der ehemalige Student Suwarin in Moskau Zeuge der Hinrichtung durch Erhängen seiner Freundin, der Anarchistin Anouchka, wird. Sie zeigt den höchst tragischen Augenblick, in dem sie sich, er inmitten der Menge, sie auf dem Schafott, mit den Blicken trafen. Falls van Gogh das Buch vorliegen hatte, muß man davon ausgehen, daß er das Zitat absichtlich auf jenen unergründlichen Augenblick zwischen Leben und Tod beschränkte. Völlig weggelassen hat er die Gründe, die für diese Blicke und das tatsächliche Ereignis angegeben wurden, wie auch die Wirkung auf den Charakter von Suwarin. Letzterer war kein Marxist, stand aber in seinen Ansichten Bakunin nahe und sah als Anarchist in der völligen Vernichtung der bestehenden Gesellschaftsordnung den einzigen Weg zu einer neuen und besseren Welt. Als begeisterter Leser fast aller Werke von Zola verschmolz Vincent eigene Gedanken in lebhafter visueller Vorstellungskraft mit dem Fortgang seiner Lektüre. Vom Standpunkt der Literaturkritik aus gesehen ergab sich dadurch natürlich ein verändertes Bild.

Zeichnung in Brief 409

...„Habe ich dir erzählt, wie sie gestorben ist?" „Wer denn?" „Meine Frau, dort in Rußland." Etienne machte eine unbestimmte Geste, verwundert über das Zittern der Stimme, über dies plötzliche Mitteilungsbedürfnis bei diesem jungen Menschen, der für gewöhnlich so unzugänglich war und sich von anderen und auch von ihm hartnäckig absonderte. Er wußte nur, daß die Frau Suwarins Geliebte gewesen war und daß man sie in Moskau gehängt hatte... Suwarin begann von neuem: „Am letzten Tag war ich da, auf dem Platz... Es regnete – die ungeschickten Kerle, verwirrt durch den strömenden Regen verloren den Kopf; sie hatten zwanzig Minuten gebraucht, um vier andere zu hängen. Sie stand da und wartete. Sie sah mich nicht, sie suchte mich in der Menschenmenge. Ich war auf einen Prellstein gestiegen, und da sah sie mich, unsere Augen haben einander nicht losgelassen. Zweimal hätte ich am liebsten losgeschrien, wäre über die Köpfe weg zu ihr hingestürzt.

Aber wozu? Ein Mann weniger, ein Kämpfer weniger; und ich erriet sehr gut, daß sie ‚nein' sagte mit ihren großen, starren Augen, die den meinen begegneten."... (410, 1. Juni 1885)

Obwohl er völlig in Anspruch genommen war von den komplizierten Problemen des Entwurfs eines figürlichen Bildes wie *Die Kartoffelesser*, das Theo jetzt dem Pariser Künstler Charles Serret zeigte, gab Vincent gelegentlich schlaglichtartig knappe Hinweise darauf, daß er über die Probleme der Freilichtmalerei auf der einen und der Ateliermalerei auf der anderen Seite nachdachte. Auch hier, wie bei der Beschäftigung mit Delacroix, ging es um Fragen, die die Impressionisten schon früher gestellt und gelöst hatten. Aber vor seiner späten Bekanntschaft mit den Impressionisten in Paris setzt Vincent – wie Manet und Renoir und in geringerem Maße Monet und seine Nachfolger – die Figurendarstellung fort, was ihn in die Lage setzen sollte, sich einer totalen Übernahme der Theorien der Impressionisten zu widersetzen.

Er war zunehmend daran interessiert, seine Werke in Sequenzen auszustellen. Diese Einstellung war moderner als es scheinen mag, denn van Gogh verwies so auf die große Bedeutung der Kontinuität. Er konzentrierte sich nicht mehr auf einzelne fertige Werke oder bedeutende Einzelstücke, sondern auf den allgemeinen Gang der Entwicklung. Er wußte, daß er sein Lebenswerk in einer begrenzten Zeitspanne zu vollenden hatte. Instinktiv bemühte er sich deshalb um Zielgerichtetheit und vor allem Geschwindigkeit. Es gab keine wirklichen Pausen, keine Lücken, keine Abwege; aber, wie in seinen Briefen, auch keine wirkliche Ordnung. Wie immer, hätte jedes Einteilen, jedes Herstellen einer Reihenfolge einen rationalen Eingriff bedeutet.

Aber *sogar* in diesem Jahrhundert – wie verhältnismäßig wenige sind es unter der Legion von Malern, welche die *Figur* wollen – ja, avant tout [vor allem] um der *Figur* willen, das heißt, um der Form und um des modelé [Modellierung] willen, sie sich aber nicht anders denken können als arbeitend und die das Bedürfnis haben, dem die Alten aus dem Wege gingen, auch die alten Holländer, die viele konventionelle Bewegungen gaben – und die, sage ich, das Bedürfnis haben, *die Betätigung zu malen um der Betätigung willen!*

So daß das Bild oder die Zeichnung wohl eine *Figuren*zeichnung um der Figur willen ist, um der unsagbar harmonischen Form des menschlichen Körpers willen, doch gleichzeitig *ein Möhren-Herausziehen* im Schnee. Drücke ich mich verständlich aus? Ich hoffe es, und sag Du das auch mal Serret...

... Sag ihm, daß ich Michelangelos Figuren herrlich fände, obwohl die Beine entschieden zu lang, die Hüften und das Hinterteil zu breit sind. Sag ihm, daß in meinen Augen Millet und Lhermitte darum die wahren Maler sind, weil sie die Dinge nicht malen, so wie sie sind, trocken analysierend nachgemalt, sondern so wie *sie*: Millet, Lhermitte, Michelangelo sie fühlen. Sag ihm, daß es meine große Sehnsucht ist, solche Unrichtigkeiten machen zu lernen, solche Abweichungen, Umarbeitungen, Veränderungen der Wirklichkeit, damit es – nun ja, Lügen werden, wenn man will, aber – wahrer als die buchstäbliche Wahrheit...

... Es wird nicht mehr lange dauern, bis wir bedeutendere Sachen vorzeigen können. Du bemerkst es wohl auch – und mir macht diese Erscheinung ungeheure Freude –, daß man immer mehr darauf zukommt, Ausstellungen von nur einem Künstler zu machen oder von einer kleinen Gruppe, die zusammen gehört.

Ich wage zu hoffen, daß diese Erscheinung im Kunsthandel mehr avenir [Zukunft] hat als andere Unternehmungen. Ein Glück, daß man allmählich einsieht: ein Bouguereau kann neben einem Jacque nicht gut wirken, eine Figur von Beyle oder Lhermitte nicht neben einem Schelfhout oder Koekkoek.

Wenn man die Zeichnungen von Raffaelli einzeln sähe, nicht im Zusammenhang – sag selbst, ob *110*
es möglich wäre, sich eine gute Vorstellung von diesem eigenartigen Künstler zu machen!...

Kürzlich schriebst Du mir, Serret habe „voll Überzeugung" über gewisse Fehler im Aufbau der Figuren der „Kartoffelesser" zur Dir gesprochen.

Aber aus meiner Antwort hast Du sehen können, daß meine eigene Kritik, von diesem Standpunkt aus, sie ebenfalls ablehnt; jedoch habe ich darauf hingewiesen, daß es hier um einen Eindruck geht, den ich hatte, nachdem ich die Hütte in dem düsteren Lampenlicht viele Abende lang gesehen, nachdem ich vierzig Köpfe gemalt hatte, woraus folgt, daß ich von einem anderen Standpunkt ausgegangen war...

Statt zu sagen: ein Grabender muß Charakter haben, umschreibe ich es lieber und sage: dieser Bauer muß ein Bauer sein, dieser Grabende muß graben, und dann ist etwas drin, was wesentlich modern ist. Aber auch aus diesen Worten, das fühle ich selbst, könnte man von mir nicht gewollte Schlußfolgerungen ziehen, selbst wenn ich noch schriftliche Erläuterungen dazu gäbe... (418, Juli–Aug. 1885)

Van Gogh wurde ungeduldig, wenn die Stetigkeit der Produktion und sein Schwung nachließen. Er wurde dann nervös, aufgeladen mit Spannung wie ein heraufziehendes Unwetter, explosiv und war nur darum besorgt, die Geburtswehen des kreativen Prozesses zu beschleunigen. Michelet äußerte einmal über sich selbst: „Greif zu und mach dir zu eigen, was gerade in die Wirklichkeit drängt, genau in dem Augenblick, wo es Realität wird"; „laß uns zugreifen, jetzt ist die Stunde da"; „die Zeit eilt und ändert alles".

... Was mich beim Wiedersehen der altholländischen Bilder besonders getroffen hat, ist die Tatsache, daß sie *meistens schnell gemalt sind.* Daß die großen Meister – wie ein Hals, ein Rembrandt, ein Ruysdael und viele andere – soviel wie möglich den premier coup [ersten Hieb] hinsetzen und dann nicht so sehr viel mehr daran machen. Und bitte noch etwas – *wenn es sich gut machte, ließen sie es stehen.* Ich habe
vor allem Hände von Rembrandt und Hals bewundert, Hände, die lebten, aber *nicht fertig* waren in *89*
dem Sinn, den man heutzutage unbedingt erzwingen will – manche Hände bei den *„Staalmeesters"*, sogar bei der *„Judenbraut"*, bei Frans Hals.

Und Köpfe auch – Augen, Nase, Mund mit den ersten Pinselstrichen hingesetzt, ohne irgendwelche Retouche. Unger, Bracquemond haben in der Radierung gut herausgebracht, wie es gemacht ist, in ihren Radierungen kann man die Malweise erkennen...

...*Daran glaube ich*, aber die Bilder, die überall gleichmäßig hell sind, die werden mir immer mehr zuwider. Es ist recht übel für mich, daß sie sagen, ich hätte „keine Technik"; möglich, daß dies Gerede allmählich verstummt, weil ich ja keinen der Maler kennenlerne; hingegen finde ich, daß gerade *in bezug auf Technik* viele von den Leuten, die am lautesten darüber quasseln, *schwach darin* sind! Das hab ich Dir ja schon geschrieben. Aber wenn ich in Holland mit irgendeiner Arbeit hervortrete, so weiß ich schon von vornherein, womit ich es zu tun kriege, mit welchem Kaliber von „Technikern". Inzwi-
90 schen gehe ich lieber ganz ruhig zu den *alten Holländern* und zu den Bildern von Israels und zu denen, die sich *unmittelbar* an Israels anschließen, was die Neueren *nicht* tun. Sie stehen vielmehr in *direktem Gegensatz* zu Israëls...

Was sie „Helligkeit" nennen, ist in vielen Fällen ein häßlicher Atelierton aus einem ungemütlichen Stadt-Atelier. Für die Dämmerung frühmorgens oder abends scheint kein Mensch Augen zu haben, es ist, als gäbe es nichts weiter als die Zeit mittags von elf bis drei, wahrlich eine höchst anständige Zeit! Aber – oft charakterlos und schlafmützig... (427, Okt. 1885)

...Les vrais peintres sont ceux qui ne font pas la couleur locale [Die wahren Maler sind diejenigen, welche keine Lokalfarbe wiedergeben] – das war es, was Blanc und Delacroix einst besprachen.

Darf ich darunter nicht kühnerweise verstehen, daß ein Maler gut daran tut, wenn er von den Farben auf seiner Palette ausgeht statt von den Farben der Natur? Ich meine, wenn man zum Beispiel einen Kopf malen will und man sieht sich die Natur, die man vor sich hat, genau an, dann kann man denken: dieser Kopf ist eine Harmonie von Rotbraun, Violett und Gelb, alles gebrochen – ich werde ein Violett und ein Gelb und ein Rotbraun auf meine Palette setzen und die untereinander brechen...

Viel mehr wert ist ein Porträt von Courbet – männlich und frei gemalt in allerlei tiefen Tönen von Rotbraun, von Goldfarben, von kälterem Violett im Schatten mit Schwarz als repoussoir und dazu ein Stückchen getöntes weißes Leinen als Ruhepunkt für das Auge – schöner als ein Porträt von irgendwem, der mit abscheulicher *Genauigkeit* die Farbe des Gesichts nachgepinselt hat.

Ein Männerkopf oder ein Frauenkopf, in aller Ruhe betrachtet, ist etwas göttlich Schönes, nicht wahr? Nun, dieses allgemeine *Gut-zueinander-Stimmen* der Töne in der Natur, das geht durch peinlich genaues Nachbilden verloren; es bleibt erhalten durch Neuschöpfung einer *parallel verlaufenden* Farbskala, die notfalls nicht genau oder sehr wenig mit der naturgegebenen übereinstimmt... (429, Ende Okt. 1885)

Für kurze Zeit verließ er seinen ruhigen Winkel, um das Museum in Amsterdam zu besuchen. Seine Farbenanalyse eines Werks von Hals ist so hervorragend, lebhaft und klar, daß nur ein Maler, der auch flüssig schreiben konnte und sich intensiv mit den Gesetzen der Farben befaßt hatte, nach dem Gedächtnis darüber berichten konnte. Wie üblich erwähnte er auch Delacroix, denn die Vorstellungen dieses Künstlers und dessen Ideen spielten eine Rolle in der Auseinandersetzung, die sich in seinem Innern vollzog.

88 ...Ich weiß nicht, ob Du Dich erinnerst, daß links von der *„Nachtwache"*, also als Gegenstück zu den *„Staalmeesters"*, ein Bild hängt (mir war es bisher unbekannt) von Frans Hals und P. Codde, etwa zwanzig Offiziere in ganzer Figur. Hast Du Dir das genau angesehen??? Dies Bild allein ist eine Reise nach Amsterdam wert – besonders für einen Koloristen. Da ist eine Figur drauf, die Figur des Fähnrichs, ganz in der linken Ecke, dicht am Rahmen – diese Figur ist von Kopf bis Fuß in Grau, ich will mal sagen Perlgrau –, ein eigenartig neutraler Ton, vermutlich durch eine Mischung von Orange und Blau erzielt, derart, daß die beiden Farben einander neutralisieren. Durch Variieren dieses einen Grundtons – hier etwas heller, dort etwas dunkler – ist mit demselben Grau sozusagen die ganze Figur gemalt. Doch die ledernen Schuhe anders im Material als die Strümpfe, diese anders als die Hosenfalten, diese wieder anders als das Wams – einen anderen Stoff wiedergebend, alles untereinander von sehr verschiedener Farbe – doch alles in einer einzigen Familie von Grau. Nun warte!

In dieses Grau bringt er nun Blau und Orange hinein – und ein bißchen Weiß; das Wams hat Atlasschleifen von einem göttlich zarten Blau, Schärpe und Fahne orange – ein weißer Kragen.

Oranje, blanje, bleu [orange, weiß, blau], die damaligen Nationalfarben – Orange und Blau gegeneinandergesetzt, diese herrlichste Zusammenstellung auf einem Hintergrund von Grau, das gerade durch raffiniertes Mischen dieser beiden – ich will mal sagen Elektrizitätspole (immer von Farbe gesprochen) erzielt ist, so daß sie sich gegenseitig vor diesem Grau und Weiß aufheben. Ferner auf diesem Bild durchgeführt – andere Orange-Töne gegen anderes Blau, ferner die herrlichsten Schwarz' gegen die herrlichsten Weiß'; die Köpfe – etwa zwanzig – sprühend von Geist und Leben, und gemacht! und eine Farbe! und die Haltung all dieser Leute – wunderbar! und alle ganze Figur.

Aber dieser oranje-blanje-bleu-Kerl in der linken Ecke... ich habe selten eine göttlich-schönere Figur gesehen. Es ist etwas Einziges.

Delacroix wäre in Begeisterung geraten – aber in unendliche Begeisterung. Ich stand davor buchstäblich wie angenagelt. Na, Du kennst ja den Sänger, den lachenden Kerl – Brustbild in grünlichem Schwarz mit Karmin, Karmin auch in der Fleischfarbe...

Burger hat über Rembrandts *„Judenbraut"* geschrieben, so wie er über den Delfter Vermeer schrieb, 89,
so wie er über Millets *„Sämann"* schrieb, so wie er über Frans Hals schrieb, hingebend und sich selbst übertreffend. Die *„Staalmeesters"* – das ist vollkommen, das ist der schönste Rembrandt; doch die *„Judenbraut"* – weniger geschätzt – was für ein inniges, was für ein unendlich sympathisches Bild, gemalt d'une main de feu [mit einer Feuerhand]. Siehst Du, in den *„Staalmeesters"* ist Rembrandt der Natur treu, obwohl er *auch da* wie immer in das Höhere, in das Allerhöchste, ins Unendliche geht, aber doch – Rembrandt konnte noch etwas anderes, wenn er nicht treu im *Buchstaben*sinne zu sein brauchte wie beim Porträt, wenn er *dichten* durfte, Poet, d. h. Schöpfer sein. Das ist er in der *„Judenbraut"*.

Wie hätte gerade Delacroix dieses Bild verstanden! Welch edles Gefühl von unergründlicher Tiefe...

Ich sah in Amsterdam auch Bilder von heutzutage, Witkamp und andere. Witkamp ist wohl der beste, erinnert an Jules Breton; andere, die ich im Sinn habe, aber nicht nennen will, die viel hermachen mit dem, was *sie* Technik nennen, fand ich *gerade im Technischen schwach*. Du weißt schon, all diese kalten grauen Töne, die sie für vornehm halten und die flach und trocken und schlecht sind, kindisch gemischt. Zur Bequemlichkeit der Maler, die in einer, wie sie glauben, vornehmen hellen Tonskala arbeiten, stellt man jetzt absichtlich Farben her, die aus den üblichen, gemischt mit reinem Weiß, bestehen... (426, 10./11. Okt. 1885)

Nachdem er jahrelang unzählige Bittbriefe geschrieben und sich vergeblich bemüht hatte, einen Verkauf zu tätigen, hatte Vincent nun die Möglichkeit, seinem Eindhovener Bekannten Kerssenmakers etwas zu verkaufen.

...Du kennst die drei Kopfeichen hinter dem Garten zu Hause; zum vierten Mal habe ich mich mit ihnen herumgeplagt. Drei Tage lang hatte ich davorgesessen mit einer Leinwand ungefähr von der Größe der Hütte und des Bauernkirchhofs, die Du ja hast.

Diese havannabraunen Laubperücken – die wollte ich in Form und Farbe und Ton richtig rauskriegen. Abends ging ich dann damit nach Eindhoven zu einem dortigen Bekannten, der einen ziemlich vornehmen Salon hat, und dort haben wir es aufgehängt (graue Tapete, Möbel Schwarz mit Gold).

Nun, nie zuvor habe ich so fest die Überzeugung gehabt, daß ich Dinge machen werde, die gut wirken, und daß es mir gelingen wird, meine Farben so zu berechnen, daß ich die gewünschte Wirkung herausbekomme. Diese Studie war havannabraun, zartgrün und weiß (grau), sogar reines Weiß unmittelbar aus der Tube (Du siehst, obwohl ich von dunkel rede, habe ich kein préjugé gegen das andere Extrem, nicht mal gegen das Allerextremste).

Obgleich nun dieser Mann Geld hat, obgleich er große Lust dazu hatte – mir prickelte die Zuversicht durch alle Adern, als ich sah, es war gut – so wie es da hing, rief es durch den milden, schwermütigen Frieden dieser Farbenzusammenstellung eine Stimmung wach, daß ich *es einfach nicht verkaufen konnte*.

Aber weil er so davon angetan war, habe ich es ihm geschenkt, und er hat es angenommen, genau wie ich es meinte, ohne viel Worte, nämlich mit wenig mehr als: „Das Ding ist verdammt gut."

Das denke ich selber nun noch nicht, ich muß erst noch mal etwas Chardin, Rembrandt, altholländische und französische Leute sehen und noch einmal tüchtig nachdenken – denn ich will es mit etwas weniger Farbe, als ich z. B. in diesem Ding verwendete, noch stärker durcharbeiten... (431, 8.–12. Nov. 1885)

Die Korrespondenz mit van Rappard nahm einen bissigen Ton an. Seine Beziehungen zu 81, 85,
dem Künstler hatten die Form eines kollegialen Gedankenaustauschs angenommen und bildeten so eine Ergänzung zu dem, was er Theo mitteilte; mehr war es niemals. Van Rappards akademische Kritik der *Kartoffelesser* – die Proportionen, den Körperbau, die Ausführung und die räumliche Vorstellung betreffend – stützte sich auf eine Lithographie, die Vincent nach dem Gemälde hergestellt hatte. Die Folge war eine Reihe leidenschaftlicher Briefe, in denen Vincent seine Absichten verteidigte, und der endgültige Bruch.

...Du wirst mir beistimmen, daß eine solche Arbeit nicht ernstgemeint ist. Glücklicherweise kannst Du mehr als das; aber warum hast Du dann alles gleichermaßen oberflächlich betrachtet und behandelt? Warum die Bewegungen nicht gründlich studiert? *Jetzt* posieren sie. Diese kokette kleine Hand der hintersten Frau, wie wenig wahr! Und welcher Zusammenhang besteht zwischen dem Kaffeekessel, dem Tisch und der Hand, die oben auf dem Henkel liegt? Was macht dieser Kessel eigentlich, er steht nicht, er wird nicht festgehalten, aber was dann? Und warum darf der Mann rechts kein Knie haben und keinen Bauch und keine Lungen? Oder stecken die in seinem Rücken? Und warum muß sein Arm einen Meter zu kurz sein? Und warum muß er auf die Hälfte seiner Nase verzichten? Und warum muß die Frau links so 'nen Pfeifenstiel mit einem Würfel dran als Nase haben?

Und bei einer solchen Arbeitsweise wagst Du dann noch, die Namen von Millet und Breton anzurufen? Wirklich, die Kunst steht zu hoch, scheint mir, als daß man sie so unbekümmert behandeln dürfte. (Van Rappard an Vincent, R 51a, 24. Mai 1885)

Dein Schreiben habe ich soeben erhalten – zu meiner Verwunderung – Du erhältst es anbei zurück. Grüße. (Vincent an Van Rappard, R 51, 24. Mai 1885)

... Es war die Rede von Millet.

Schön – ich will Dir antworten, amice.

Du schreibst mir: „Und so einer wagt Millet und Breton anzurufen."

Darauf antworte ich Dir, daß ich Dir den ernstlichen Rat gebe – einfach *nicht* mit mir zu streiten. Ich für mein Teil gehe meines Weges, siehst Du; aber Streit suche ich mit niemandem – mit Dir auch jetzt *nicht*. Ich würde Dich ruhig reden lassen, was Du willst – falls Du mehr solche Redensarten auf Lager hättest –, mich würde das völlig kaltlassen. Soviel jedoch für heute – schon öfter hast Du gesagt, daß ich keinen Wert auf die Form der Figur legte; darauf einzugehen ist unter meiner Würde, und – Junge – unter Deiner Würde ist es, so etwas Unbegründetes zu sagen. Du kennst mich jetzt seit Jahren – hast Du mich je anders als nach Modell arbeiten sehen? Habe ich die oft so schweren Kosten dafür je gescheut, obwohl ich doch wirklich arm bin?

Was Du mir *nicht* im letzten, doch wiederholt in vorhergehenden Briefen zu meinem Ärger schriebst und was Anlaß zu dem Brief von mir gab, den Du nicht beantwortet hast, das sind Deine Äußerungen über *„Technik"*. Was ich Dir darauf geantwortet habe und nochmals antworte, ist folgendes: die übliche Bedeutung, die man dem Wort Technik mehr und mehr beilegt, und die eigentliche Bedeutung *Wissenschaft*. Nun, Meissonier selber sagt: „La science – nul ne l'a" [Die Wissenschaft – keiner hat sie]. (Vincent an Van Rappard, R 52, 6. Juli 1885)

... Was meine eigene Arbeit angeht: Das Thema von den Kartoffelessern, wovon Du die Lithographie gesehen hast, habe ich zu malen versucht, denn die eigenartige Beleuchtung dieser schmuddeliggrauen Hütte hat es mir angetan. Es ist in einer so tiefen Tonskala angelegt, daß die *hellen* Farben, wenn man sie etwa auf weißes Papier striche, sich wie Tintenkleckse ausnehmen würden, und – auf dem Bild wirken sie wie Lichter, weil so dunkle Töne dagegenstehen, zum Beispiel unvermischtes Preußischblau einfach so hingesetzt. Daß ich darüber die Form der *Oberkörper* vernachlässigt habe, mache ich mir selber zum Vorwurf. Köpfe und Hände aber waren sehr sorgfältig ausgeführt, und da sie das Wichtigste waren und das übrige beinah ganz dunkel (also als Effekt *etwas völlig anderes* als die Lithographie), ist es vielleicht eher zu entschuldigen, als Du denkst, daß ich es *so* gemalt habe, wie ich es tat. Übrigens ist das eigentliche Bild anders in der Zeichnung als die rohe Skizze, die ich noch davon habe und die abends in der Hütte bei einer kleinen Lampe gemacht ist – und auch anders als die Lithographie.

Dann wollte ich Dir noch sagen, daß ich eine ganze Menge Köpfe gemalt habe, seit Du hier warst;
83, 84 auch ziemlich viele Figuren von Bauern habe ich gezeichnet, Leute, die graben, jäten oder mähen. Und bei alledem hat mich direkt oder indirekt die große Frage Farbe beschäftigt. Ich meine die *Brechung* der Farben – Rot mit Grün, Blau mit Orange, Gelb mit Violett –, das stete Nebeneinander der Komplementärfarben und wie sie sich gegenseitig beeinflussen. Davon ist die Natur genauso voll wie von Licht und Dunkel. Eine andere Frage, in die ich mich tagtäglich vertiefe, ist gerade die, von der Du behauptest – wie ich finde, zu Unrecht –, daß ich sie vernachlässige: die Wiedergabe der Form und ihre Modellierung, ihre großen Linien und Massen, wobei man nicht an erster, sondern an letzter Stelle an Kontur zu denken hat.

Anbei zwei Skizzen von kleinen Kompositionen, die ich beide gemalt habe – in letzter Zeit habe ich in ziemlich kleinem Format gearbeitet...

Und in anderen Fragen – ich kann nicht immer ruhig bleiben, es ist mir manchmal, als rücke man mir auf den Leib, so eins fühle ich mich oft mit einer Frage, so sehr ist meine Überzeugung ein Stück von mir selbst.

Es ist richtig, daß in dieser Lithographie und auch in vielen anderen Arbeiten Fehler sind – ganz gewiß. Aber ich beweise in anderen Arbeiten so deutlich, was ich sehe, daß man unrecht daran täte oder nicht guten Glaubens wäre, wenn man die Arbeiten nicht in ihrer Gesamtheit, nicht großzügiger beurteilte und wenn man Ziel und Streben nicht im Auge behielte – nämlich den paysan chez soi zu malen – den Bauern in seiner Umwelt... (Vincent an Van Rappard, R 57, Sept. 1885)

Wie wenig er seine Meinungen auch teilen mochte, der Tod seines Vaters Theodorus van Gogh wurde ihm zum Anlaß, um die Familienbande zu lösen, dann Nuenen und schließlich den Niederlanden den Rücken zu kehren. Sein Leben gestaltete sich nunmehr so, daß immer dann die Idee eines Umzugs hervorkam, wenn er eine Phase seines Werks abgeschlossen hatte.

Theo erhielt eine kurze Mitteilung über die Entscheidung seines Bruders, nach Antwerpen zu gehen, in eine Stadt, in welcher Vincent, wie er früher erwähnt hatte, einige Gemälde verkaufen zu können glaubte und wo er noch einige Kunstwerke kennenzulernen hoffte. Er wollte nur vorübergehend umziehen, so dachte er, nur für wenige Monate, und dann, falls notwendig, zurückkehren. Dies klingt nicht sehr überzeugend.

... Es verlangt mich nun sehr nach Antwerpen. Als erstes werde ich mir vermutlich die Bilder von Leys *in seinem Speisesaal* ansehen, falls die zu sehen sind. Du weißt schon, die *„Promenade sur les Remparts"* und die, welche Bracquemond radiert hat: *„La Table"*, *„La Servante"*.

Ich denke mir, es wird dort auch im Winter schön sein, die Docks im Schnee.

Ich will natürlich ein paar Bilder mitnehmen, und zwar die, die ich sonst dieser Tage Dir geschickt hätte. Eine große Windmühle auf der Heide am Abend, ein Blick auf das Dorf hinter einer Reihe Pappeln mit gelbem Laub, ein Stilleben und eine Anzahl Figurenzeichnungen... (434, 15.–20. Nov. 1885)

... Noch einmal, was meine verhältnismäßig plötzliche Abreise von hier angeht: hätte ich diesen Ärger mit den Modellen nicht gehabt, so wäre ich den Winter über noch hiergeblieben. Aber hier mit Modell zu arbeiten, stößt, wie sich zeigt, nicht so sehr auf den Widerstand des Pfarrers, der an sich durch völlige Nichtbeachtung meinerseits wirkungslos geworden wäre; das Elend ist vielmehr – obwohl ich mich nicht beirren lasse –, daß die Leute zögern und mehr Angst haben, als ich dachte. Und darauf lasse ich mich nicht ein, wenn ich nicht damit rechnen kann, daß sie sich getrauen. Gehe ich jetzt für ein paar Monate weg, so hilft das vielleicht, und hilft es nicht, dann verdient diesen Winter eben keiner von denen was, denen ich vorigen Winter jede Woche etwas dafür gegeben habe... (435, 18.–22. Nov. 1885)

Vincents Mutter schrieb einen undatierten, unveröffentlichten Brief (Archiv des van Gogh-Museums, Amsterdam) – „Freitagmorgen, Den Haag" –, in dem sie Jo van Gogh-Bonger erklärte, daß beim Umzug von Nuenen nach Breda im März 1886 „wir unter den Umständen, die für eine rechte Beurteilung von Vincents Werk ungünstig waren, vielleicht die Dinge nicht genügend schätzten, die wir fanden". Wenn man bedenkt, wie wenige Dinge es waren, die Vincent mit nach Antwerpen nahm und wie viele Arbeiten er damals produzierte, kann das Werk, das er in Nuenen zurückließ, nicht unbeträchtlich gewesen sein, selbst wenn man das berücksichtigt, was er Theo gesandt hatte. Da gab es einen „Mann, der uns beim Räumen und beim Umzug half", und seine Mutter meinte, es könne schon möglich sein, daß „von dieser Seite etwas weggegeben wurde, aber ich weiß nichts Genaues". Sie wollte sich nach jemandem umsehen, um den Mann fragen zu lassen. Für den Handel wurde dieser Brief zu einer willkommenen Quelle, da er auf die mögliche Herkunft angeblicher Werke van Goghs hinwies. Van Gogh hatte ungefähr 70 Studien zu Gemälden in Den Haag zurückgelassen (Brief 329).

48 Die Kartoffelesser, 1885

Die endgültige Version der *Kartoffelesser* stellt eine Synthese aus all den Vorstellungen dar, die Vincent während der Zeit in Holland beschäftigt hatten: Alles, was er von Millet und Breton sowie bei der Lektüre Zolas gelernt hatte *(Germinal* und *La Terre* [Die Erde]), seine religiösen und sittlichen Überzeugungen vom Wert der arbeitenden Bevölkerung und ihres Daseins, das Gefühl der Erdverbundenheit und der Zugehörigkeit zu dieser Gruppe, die des Abends um den Tisch vereint ist. Die Spannungen, denen er sich in den Monaten von Januar bis März 1885 ausgesetzt fühlte, bevor ihm die Vollendung dieses Werks gelang, waren ungeheuer. Er zeichnete zunächst zahlreiche Köpfe bäuerlicher Gestalten. Nachdem er unter den Meistern der Haager Schule herangereift war und die Meisterwerke der holländischen Malerei des 17. Jahrhunderts in sich aufgenommen hatte, zeigte sich Vincent nun als reifer holländischer Maler, als originales Genie, das sich mit sicherer Hand von der Routine und dem Modischen distanzierte in der meisterlichen Handhabung der Proportionen, der Farben und des Raums. „Weil ich zu allen Stunden des Tages immerfort das Bauernleben sehe, bin ich so völlig hineingeraten, daß ich wirklich fast nie an etwas anderes denke." (400)

Etten und Kee

„Etwas Ähnliches wie das, was Weissenbruch von einer Landschaft sagte, einem Stück Torfmoor, hat Mauve von einer Figur gesagt, einem alten Bauern, der am Kamin sitzt und vor sich hindöst oder nachdenkt, als ob im Feuerschein und im Rauch Dinge der Vergangenheit vor ihm aufstiegen.“ (177) Im allgemeinen geben uns die Briefe, die er während seines Aufenthalts in Etten (1881) geschrieben hat, genauer über seine tiefverwurzelte, heftige und hartnäckige Liebe zu seiner Kusine Kee Auskunft als über sein Werk. Fachprobleme diskutierte er kurz und emotionslos. Die Werke selbst belegen jedoch die kraftvolle Entwicklung der Fähigkeit, seinem eigenen schwermütig düsteren Wesen Ausdruck zu verleihen.

49 Kee Vos-Stricker, 1879

50 *Gartenecke mit Laube,* Juni 1881

51 *Hütten,* 1881

52 *Alter Bauer am Herdfeuer,* November 1881
53 *Erschöpft,* 1881

In Den Haag gesehen

Vincents Schaffen fußte nicht nur auf der holländischen, sondern auch auf der englischen und französischen Kunst. Seit 1875 bewunderte er das Werk Jules Bretons. In Den Haag sah er die Sammlung des Malers der Haager Schule H. W. Mesdag, zu der die drei hier abgebildeten Gemälde von Breton, Millet und Jacob Maris gehörten. Mesdag sammelte die konventionelle, modische Kunst nicht, sondern suchte genau die Richtung, die auch van Gogh zusagte. Millet blieb van Gogh während seines ganzen Lebens ein treuer Ratgeber. Immer wieder zitierte er Maximen, wie zum Beispiel: „Ich würde mich dem Leid niemals entziehen, denn es führt oft dazu, daß der Künstler zu besonders kraftvoller, persönlicher Aussage gelangt"; „Ich gehe in Holzschuhen zur Arbeit, also werde ich's schon schaffen"; oder jene andere Maxime, die Vincent um den Preis seines eigenen Lebens bestätigen sollte: „In der Kunst muß man sein ganzes Leben aufs Spiel setzen." (406)

60 Jean-François Millet: *Die Fischersfrau,* ca. 1849

61 Jacob Maris: *Abend in den Dünen (die Fischersfrau, sitzend)*

Anton Mauve, der eine von Frau van Goghs zahlreichen Schwestern, Jet Carbentus, heiratete, kann das Verdienst für sich buchen, van Gogh in seiner Haager Zeit eine Menge an technischen Kenntnissen des Malens und Zeichnens beigebracht zu haben. Darüber hinaus verliehen ihm sein kritischer Geist und sein uneingeschränktes Engagement gegenüber seinem eigenen Werk zusätzliche Autorität in Vincents Augen. Sie entzweiten sich, doch wird Vincent deswegen allzu voreilig von seinen Biographen getadelt, da der launische Mauve zumindest recht schwierig gewesen ist. Vincent jedenfalls hat aus seiner Verehrung für Mauve als Künstler niemals ein Hehl gemacht. Jacob Maris (1837–1899) war der älteste der Brüder Maris. Alle drei waren Maler. Jacob, der lange als der bedeutendste holländische Künstler des 19. Jahrhunderts galt, beeindruckte Vincent mit seinen gedämpften, warmen Farben – im frühen Werk – und seinen Szenen aus dem Leben der Armen.

Linke Seite:
58 Jules Breton: *Die Ernte*
59 Anton Mauve: *Kartoffelernte*

Haager Meister

62 Jules Dupré: *Abend*
63 Charles-François Daubigny: *Sonnenuntergang in Villerville*, 1866
64 Anton Mauve: *Holzversteigerung*, ca. 1881

Links:
Drei weitere Werke, die Vincent in der Sammlung Mesdag kennenlernte. Jules Dupré war ein reiner Landschaftsmaler, in dem französische (Schule von Barbizon) und englische Einflüsse (Constable) zusammenwirkten. Dieser dunkel gehaltene Dupré belegt die Entwicklung des Malers in Richtung auf eine vereinfachte Darstellung auf Kosten des Details. Vincent hat Daubigny sein ganzes Leben lang bewundert. Kurz vor seinem Tode in Auvers malte er *Daubignys Garten* (211). Nicht nur die englischen Illustratoren, auch die Haager Künstler Mauve und Breitner zeichneten Menschengruppen. Dies war ein Thema, das Vincent hauptsächlich während seiner Haager Zeit beschäftigte.

Städtische Wirklichkeit

Linke Seite:
65 *Dächer, vom Dachfenster der Wohnung des Künstlers aus betrachtet,* Juli 1882
66 *Straße in Loosduinen,* 1882

Fünf Zeichnungen aus dem Jahr 1882 zeigen, wie rasch Vincent, nachdem er Etten im Dezember 1881 verlassen hatte, zu erstaunlicher Meisterschaft im Zeichnen gelangte. Er überwand die hochgerühmten Meister der Haager Schule und entwickelte einen differenzierten, letztlich moderneren Stil des expressiven Realismus, indem er die Perspektive als Ausdrucksmittel einsetzte und fast fotografische Präzision mit meisterlicher Beherrschung des Raums verband. *(65, 66)* Er ist modern in der Wahl seiner Themen. *(67, 68)* Die Faszination, die vom städtischen Leben und den Vorstädten in all ihrer Häßlichkeit ausging, ist deutlich zu spüren. Vincent reagierte auf seine Umgebung nicht als Ästhet, nicht mit Abwehr gegen den Schmutz, die Verwahrlosung in seiner unmittelbaren Umgebung, sondern als Künstler, der auf eine unausgesprochene Bedrohung antwortet, als ein Mann, der das zukünftige städtische Leben in all seiner Entwurzelung und Orientierungslosigkeit vorhersah.

67 *Gasbehälter (Die Gastanks von Den Haag),* März 1882
68 *Fabrik in Den Haag (Die Sterkmansche Fabrik),* März 1882
69 *Eingang zum Pfandhaus in Den Haag,* März 1882

70 *Brücke in Neu-Amsterdam (Drenthe),* November 1883
Die stille Traurigkeit dieses ärmlichen, vergessenen Winkels in Drenthe wird von der zarten, blassen Farbe des spätherbstlichen Lichts gut zum Ausdruck gebracht. Ungewöhnlich für Vincent ist die Symmetrie der Komposition.

Ländliche Melancholie

71 *Pfarrgarten mit Gestalten,* Oktober–November 1885
Kurz bevor er Nuenen 1885 für immer verließ, „beschäftigte sich" Vincent „intensiv mit den Farbgesetzen", die Delacroix entwickelt hatte. Hier ist die Komposition etwas steif, doch die Harmonie der dunklen Farben hinterläßt einen starken Eindruck.

72 Bei der Feldarbeit, Okober 1883
Vgl. *22,* eine Landschaft von Boughton mit Baumstämmen, Morast und einem Tümpel (vgl. Vincents Beschreibung in Brief 331). Die seit langer Zeit gehegte Bewunderung Vincents für Boughton war Ausdruck einer tiefen geistigen Verwandtschaft.

73 Weidenallee mit Schäfer und Bäuerin, 1884
Dornbüsche, knorrige Baumstrünke, seltsame Wurzeln und gestutzte Weiden übten eine starke Anziehungskraft auf Vincent aus. (127) Bei Baumstämmen betonte er mehr die Rundung des Stamms als den Umriß (in Übereinstimmung mit den Theorien von Delacroix).

Vincents letzter Aufenthalt im Elternhaus in Nuenen von Dezember 1883 bis November 1885 war auch der längste seit seiner Kindheit. Die zwei Jahre waren erfüllt von intensiver Arbeit. Theodorus van Gogh war Pfarrer in der kleinen reformierten Gemeinde und bewohnte das Pfarrhaus. Fotografien zeigen deutlich, wie intensiv und präzise der Maler äußere Eindrücke aufnahm, hier in Nuenen und an allen anderen Orten, wo er als Künstler lebte.

74 Das Pfarrhaus in Nuenen, Herbst 1885
75 Das Pfarrhaus in Nuenen

76 Pappeln bei Nuenen, Herbst 1885
Seit dem zeitigen Frühjahr 1885 machte Vincent immer wieder seelische Krisen durch, was sich auf seine Schaffenskraft förderlich auswirkte. Sein Vater starb am 26. März. Van Gogh verließ nun das Elternhaus, um allein zu leben und zu arbeiten. Das Gerücht, er habe sich einem seiner Modelle gegenüber unpassend verhalten, führte zu Unstimmigkeiten mit dem katholischen Ortsgeistlichen und steigerte seine innere Unruhe. In dieser Zeit schuf er einige der Meisterwerke der hol-

ländischen Periode. Die *Pappeln bei Nuenen* sind eine wahre Offenbarung, ein herbstlicher Farbenrausch von solchem Reichtum, daß Kunsthistoriker zuweilen die Vermutung äußerten, Vincent habe das Bild nachträglich in Paris überarbeitet. Es gibt eine Anzahl anderer farbkräftiger Bilder, die herbstliche Wege zeigen. Auf allen erscheint die Gestalt der „Dame in Schwarz". Die Möglichkeiten Brabants hatte van Gogh genutzt. Nun war er bereit, zu neuen Ufern aufzubrechen.

77 Gang aus der Kirche in Nuenen, Januar 1884
78 Die Kirche in Nuenen

79 Weber, Frontalansicht, Juli 1884
Seit der Zeit, da er zum ersten Mal Charlotte Brontës *Shirley* gelesen hatte (1881 in Etten) und während seines Aufenthalts in der Borinage und Den Haag faszinierten ihn Weber. Hier haben wir eine seiner besten Arbeiten zu diesem Thema vor uns, ein eindrucksvolles Werk mit einer hoch aufgerichteten Gestalt, die fleißig am Webstuhl arbeitet.

80 Frau am Spinnrad, 1885
Profil und Gestalt der sitzenden Frau, auch die Farbgebung des Bildes sind typisch für die Periode, aus der die *Kartoffelesser* hervorgingen. Die Atmosphäre erinnert an Zola, die klobigen Gestalten haben nichts Sentimentales.

Rechte Seite:
81 Anton van Rappard: *Die Ziegelei,* 1885
82 Constantin Meunier: *Die Ziegelbrenner*
Vincent bewunderte Constantin Meunier mehr als van Rappard, einen Altersgenossen und Freund der Brüsseler Zeit (1880). Vincent kannte das Werk Meuniers so gut, daß er sich an eines seiner Bilder, das er einst gesehen hatte, mit der gleichen Lebhaftigkeit erinnerte wie an eine Arbeit, mit der van Rappard 1885 gerade beschäftigt war. (421)

83 *Ährenlesende Bäuerin,* August 1885
84 *Mäher mit Sichel,* August 1885

Zwei ganz verschiedene Künstler wie van Gogh und van Rappard können das gleiche Thema bearbeiten. Ob das Werk die Zeit überdauert, hängt von ihrem geistigen Ansatzpunkt ab. Von van Rappard haben wir viele gute Arbeiten. Doch er hielt sich an akademische Regeln. Van Gogh dagegen orientierte sich nur an sich selbst und an Delacroix. In der holländischen Zeit erreichen Farbe und Zeichnung bei ihm eine künstlerische Dichte in der Schilderung der menschlichen Arbeit, die ihresgleichen sucht. Mauve hat ähnliche Themen mit ernster Vornehmheit und großer Feinheit gestaltet, und sein Werk, wie das Breitners, ist nach wie vor bedeutsam. Vincent jedoch mit seiner Bereitschaft zu unbedingtem Engagement, furchtlos im Überschreiten der ungeschriebenen Gesetze, die den Künstler einengten, gab nach seinem Tode den Maßstab ab, an dem seine Zeitgenossen gemessen wurden.

85 Anton van Rappard: *Mädchen mit Ziegelpreßform,* 1885
86 Anton Mauve: *Kartoffeln grabender Bauer*
87 Georg Hendrik Breitner: *Das Paar*

Eine feurige Hand

88 Frans Hals und Pieter Codde: *Die Kompanie von Kapitän R. Reael und Leutnant C. Michielsz. Blaeuw,* 1633–1636
Vincent schätzte sehr die Tradition, war aber nie ein unkritischer Bewunderer. Im Oktober 1885, kurz bevor er seine Heimat für immer verließ, besuchte er zum letzten Mal das neue Rijksmuseum in Amsterdam. Ihn interessierte vor allem ein relativ unbekanntes Bild von Frans Hals (von Codde fertiggestellt), insbesondere aber der Fahnenträger auf der linken Seite. (In Brief 426 gab er die vielleicht treffendste Deutung, die er jemals verfaßte.)

89 Rembrandt van Rijn: *Die Judenbraut,* ca. 1666
Über Rembrandts berühmte *Judenbraut,* die er nicht so sehr schätzte wie die *Staalmeesters,* schrieb er: „Was für ein unendlich sympathisches Bild das ist, ‚mit feuriger Hand' gemalt. In der *Judenbraut* zeigt sich Rembrandt als Poet, d. h. als ‚schöpferischer Geist'."

90 Jozef Israëls: *Allein auf der Welt,* 1878
Van Gogh muß zahlreiche Bilder in sich aufgenommen haben, bis zur Erschöpfung. Über dieses Werk von Israëls, den er von Jugend an bewundert hatte, sagte er: „Eine alte Frau sitzt zusammengesunken, gleich einem Bündel Lumpen, neben der Bettstelle, auf der ihr toter Mann liegt... Sollen sie doch über die Technik faseln, soviel sie wollen, in ihrer selbstgerechten, nichtssagenden, scheinheiligen Art." Vincent hielt das Bild für ein Meisterwerk.

III ANTWERPEN UND PARIS

„In der Farbe das Leben suchen"

1885–1886 ANTWERPEN
1886–1888 PARIS

Im November 1885 verließ Vincent seine Heimat, traurig zwar, aber mit einem Gefühl der Erleichterung. Er sollte niemals mehr zurückkehren. Seine Briefe aus Antwerpen während der folgenden drei Monate stehen nicht auf der gleichen Höhe schöpferischer Erregung wie jene aus Drenthe oder Brabant. Trotzdem handelt es sich bei ihnen – wie könnte es bei van Gogh anders sein – um Dokumente von größtem Interesse: abwechselnd scharf, anregend und bisweilen fast überheblich in ihrer Geringschätzung der Antwerpener Akademie.

... Zunächst will ich Dir berichten, daß ich den Speisesaal von Leys gesehen habe, Du weißt schon:
97 *„La Promenade sur les Remparts"*, *„Les Patineurs"*, *„La Réception"*, *„La Table"* und, auf einer Füllung zwischen den Fenstern, *„St. Luc"*. Zu meiner Verwunderung war die Komposition etwas anders – wenigstens bilde ich mir das ein – als die endgültigen Kompositionen; freilich habe ich die Photos nach den *Bildern* noch nicht damit vergleichen können.

Dann ist es à fresque [al fresco] gemalt – also auf den Putz der Wände. Fresko muß und kann eigentlich jahrhundertelang halten, doch diese sind schon merklich verblichen, und das über dem Kamin (ein Stück von *„La Réception"*) hat auch schon einige Sprünge. Auch hat der neunmalgescheite Sohn von Baron Leys eine Verbesserung angebracht, er hat nämlich eine Tür derart vergrößern lassen, daß auf *„Les Patineurs"* die Beine der Kerle, die auf der Brücke stehen und über das Geländer gucken, weggeschnitten sind – das wirkt einfach scheußlich. Dann ist die Beleuchtung arg schlecht; nun denke ich mir, der Raum ist wohl ursprünglich im Hinblick darauf ausgemalt worden, daß er bei Lampenlicht benutzt werden würde. Deshalb habe ich, weil ich wahrhaftig nichts sehen konnte, dem Dienstmädchen ein Trinkgeld gegeben, damit sie den Kronleuchter anzündete, und da habe ich besser gesehen. Nach so vielem, was mich etwas enttäuschte – in erster Linie war die Farbe fresco und, fürchte ich, *schlechtes* fresco, nicht das, was wir von Leys gewohnt sind –, nach so vielem, was mich enttäuschte: doch großartig.

Das Dienstmädchen, die Frau am Bäckerladen, die amoureux [das Liebespaar] und andere Figuren auf der *„Promenade sur les Remparts"* – die Stadtansicht a vol d'oiseau [aus der Vogelperspektive], die Silhouette der Türme und Dächer gegen den Himmel, die durcheinanderwimmelnden Schlittschuhläufer auf dem gefrorenen Festungsgraben – prachtvoll gemacht... (436, Nov. 1885)

Neben zahlreichen Eindrücken vom geschäftigen Leben im Hafen und Beschreibungen
104 verschiedener Gegenden der Stadt sollte seine Entdeckung japanischer Drucke – in Antwerpen allerorten – für Vincents gesamte künftige Entwicklung bedeutsam werden. Dies scheint einfacher, als es in Wirklichkeit ist. Er brachte einige Bilder an den Wänden seines Zimmers an, und ein gewisser Einfluß ging von ihnen aus, in der Art und Weise, wie er die Leute in der Stadt ins Auge faßte. Es lag auch eine Beziehung zu einem Buch vor, *Chérie* von Edmond de Goncourt (1884). Jules de Goncourt war verstorben (1870), und in der Vorrede zu *Chérie* sprach Edmond von ihrer beider engen Zusammenarbeit. Vincent fand es bedauerlich, daß er und Theo nicht in ähnlicher Weise zusammenarbeiten konnten. In einem von Vincents Lieblingsbüchern, *Germinie Lacerteux*, hatten die Bücher Goncourt nachgewiesen, daß es möglich ist, ästhetische Maßstäbe und künstlerische Werte beizubehalten trotz einer tiefen Betroffenheit von ihrem furchtbaren Thema, dem Elend der unteren Klassen. Zu einem früheren Zeitpunkt hatten die Brüder Goncourt auch das Thema Japan und japanische Kunst in ihren Schriften aufgegriffen und sich als Sammler betätigt.

Van Gogh erwarb einige japanische Drucke in Antwerpen und verliebte sich geradezu in diese besondere Richtung der Kunst, die ohne sein Wissen bereits eine befruchtende Wirkung auf Bracquemond, Manet, die anderen Impressionisten und Whistler ausgeübt hatte.

... Heute morgen habe ich im Platzregen einen tüchtigen Spaziergang gemacht, weil ich mein Gepäck vom Zoll holen mußte. Die verschiedenen Lagerhäuser und Schuppen an den Kais sind sehr schön.

Schon öfter bin ich so an den Docks und Kais hingegangen. Besonders wenn man aus dem Sand und der Heide und der Stille eines Bauerndorfes kommt und lange Zeit nur immer in einer friedlichen Umgebung gelebt hat, ist es als Gegensatz merkwürdig – ein unergründlich wirres Durcheinander.

Eine von Goncourts Redensarten war: „Japonaiserie for ever" [Japonaiserie auf immer]. Nun, diese Docks sind eine großartige Japonaiserie, wunderlich, eigenartig, unerhört – wenigstens *kann* man sie so sehen.

Ich würde gern mal mit Dir herumstreifen, um dahinterzukommen, ob wir dasselbe sehen. Alles könnte man da machen, Stadtansichten – Figuren der verschiedensten Art – die Schiffe als Hauptsache mit Wasser und Himmel, ein feines Grau – aber vor allem – Japonaiserien. Ich meine, die Figuren sind da dauernd in Bewegung, man sieht sie in den merkwürdigsten Umgebungen, alles höchst wunderlich, und immer wieder ergeben sich von selbst interessante Gegensätze.

Ein weißes Pferd im Schmutz, in einem Winkel, wo Haufen von Waren mit einer Plane bedeckt liegen – gegen die schwarzverräucherten Mauern des Lagerhauses. Höchst einfach, aber ein Effekt von Black & White.

Oder durchs Fenster einer sehr eleganten englischen Gastwirtschaft sieht man auf den ärgsten Dreck hinaus und auf ein Schiff, wo schöne Waren wie zum Beispiel Felle und Büffelhörner von riesenhaften Schauerleuten oder ausländischen Matrosen ausgeladen werden, und am Fenster steht ein sehr hellhäutiges, sehr feines englisches Mädchen und beobachtet das oder auch etwas anderes. Das Interieur mit der Figur ganz in einem Ton, und als Licht – der silbrige Himmel über diesem Dreck und den Büffelhörnern, auch wieder eine Reihe von ziemlich krassen Gegensätzen.

Oder flämische Matrosen mit übertrieben gesunden Gesichtern und breiten Schultern, kräftig und voll und durch und durch antwerpisch, stehen da und essen Muscheln oder trinken Bier unter großem Lärm und lebhaftem Hin und Her. – Gegensatz: Da kommt ein sehr kleines Figürchen in Schwarz, die Hände an den Körper gepreßt, unhörbar längs der grauen Mauern angeschlichen.

In einer Umrahmung von kohlrabenschwarzem Haar – ein kleines ovales Gesichtchen, braun? orangegelb? Ich weiß es nicht.

Flüchtig schlägt sie die Augen auf und guckt mit schiefem Blick aus einem Paar pechschwarzer Augen herüber – eine chinesische Dirne, geheimnisvoll still wie eine Maus – klein, wanzenhaft von Charakter. Welch ein Gegensatz zu den flämischen Muschelessern!

Ein anderer Gegensatz – man geht durch eine sehr enge Straße zwischen furchtbar hohen Häusern, Schuppen und Lagerhäusern.

Aber unten an der Straße Kneipen für alle Nationen mit den dazugehörigen männlichen und weiblichen Individuen. Läden mit Eßwaren, mit Seemannskleidung, bunt und betriebsam.

Die Straße ist lang, immer wieder sieht man irgend etwas Charakteristisches, und manchmal, wenn es einen Auflauf gibt, ist das Menschengewühl schlimmer als anderswo; du gehst zum Beispiel ruhig deines Wegs und siehst dir alles an, und plötzlich geht ein Hallo los und lautes Geschrei. Am hellichten Tag wird ein Matrose von den Mädels aus einem Hurenlokal geschmissen, und ein wütender Kerl und eine ganze Schar Mädels rennen ihm nach. Offenbar hatte er große Angst vor ihnen – jedenfalls sah ich ihn über einen Haufen Säcke klettern und durch ein Fenster in einem Lagerhaus verschwinden...

... Und meine Werkstatt ist also in Ordnung. Wenn ich ohne viel Kosten zu gutem Modell kommen könnte, dann wäre mir vor nichts bange.

Es macht mir auch nicht viel aus, daß ich nicht soviel Geld habe, wie nötig wäre, um es durch Bezahlen zu erzwingen.

Vielleicht ist die Idee, Porträts zu malen und sich mit Modellstehen dafür bezahlen zu müssen, ein sicherer Weg, denn in der Stadt ist es nicht wie bei den Bauern. Na, wir werden ja sehen.

Bestimmt ist Antwerpen für einen Maler sehr merkwürdig und schön.

Mein Arbeitsraum ist ganz erträglich, besonders weil ich ein paar japanische Holzschnitte an die *104*
Wand gezweckt habe, die mir viel Spaß machen. Du weißt schon, diese Frauenfigürchen in Gärten oder am Strand, Reiter, Blumen, knorrige Dornenzweige... (437, 28. Nov. 1885)

Rubens' Kunst war ihm selbstverständlich vertraut, aber erst nach seinem Umzug nach Antwerpen analysierte er sein Werk gründlich und entdeckte dessen Wert für sich selbst. Wir teilen seine Begeisterung für einige wenige bekannte Gemälde des Meisters, die zwar nicht als typische Beispiele für seine Kunst gelten, aber doch von ganz besonderer Schönheit sind.

... Rubens macht mir doch sehr starken Eindruck, ich finde sein Zeichnen ungeheuer gut, ich meine vor allem die Zeichnung von Köpfen und Händen.

Ich bin zum Beispiel ganz hingerissen von seiner Art, in einem Gesicht mit Pinselstrichen von reinem Rot die Züge zu zeichnen, oder bei den Händen die Finger durch solche Pinselstriche zu modellieren. Ich gehe öfter mal ins Museum und sehe mir dann wenig anderes an als nur ein paar Hände und Köpfe von ihm und Jordaens. Ich weiß, daß er nicht so eindringlich ist wie Hals und Rembrandt, aber *es lebt so*, diese Köpfe an sich. Wahrscheinlich betrachte ich mir nicht die, welche im allgemeinen am meisten bewundert werden. Ich suche mir solche Sachen wie zum Beispiel die blonden Köpfe auf „*Ste. Thérèse au Purgatoire*". *98*

Ich bin auch gerade wegen Rubens auf der Suche nach einem blonden Modell. Aber Du darfst es mir nicht allzu übelnehmen, wenn ich Dir sage, daß ich diesen Monat mit meinem Geld nicht auskommen *kann*.

Ich habe noch Farbe dazugekauft und zwei neue Arten von Zeichenpinseln, die mir ausgezeichnet gefallen und mit denen ich genauer arbeiten kann... (430, 8.–15. Dez. 1885)

In Antwerpen befaßte er sich gründlich mit der zeitgenössischen Kunst. Außer Leys kannte er Henri de Braekeleer, Constantin Meunier, Félicien Rops und Henri de Groux und brachte seine Kenntnisse über sie auf den neuesten Stand. Zu den jüngeren Künstlern, die er kennenlernte, gehörten Edgard Farasyn und Jan Verhas, welche rund 100 Jahre später wieder manches Mittelmäßige in den Schatten stellen und zweifelsfrei ihre Qualitäten haben, wenn ihnen auch nur eine lokale Bedeutung zukommt.

...Ich habe zwei Sammlungen moderner Bilder gesehen. Zunächst, was auf der Ausstellung für die Verlosung angekauft worden ist und dann eine Bildersammlung, die verkauft werden sollte.

Auf die Art habe ich verschiedene schöne Sachen gesehen, zwei Studien von Henri de Braekeleer, Du weißt, daß der nichts mit dem alten de Braekeleer zu tun hat, ich meine den, der ein großartiger Kolorist ist und streng analysiert, Manetartig, wenigstens ebenso ursprünglich wie Manet.

Das eine war eine Frau in einem Atelier oder einem anderen Interieur mit japanischen Gegenständen; die Frau trug ein Kleid gelb mit schwarz. Fleischfarbe weiß mit Karmin. In der Umgebung allerlei merkwürdige Töne.

Das andere war eine halbfertige Landschaftsstudie.

Vergilbte flache Wiesen à perte de vue [soweit das Auge reicht], mittendurch ein schwarzer Schlakkenweg mit einem Graben daneben. Darüber ein lilagrauer Himmel mit Akzenten von ins Karminrote spielendem Lila. In der Ferne eine kleine zinnoberrote Note – ein Dach – und zwei schwarze Bäumchen. Also nichts und doch viel, fand ich, wegen des merkwürdigen Gefühls für Farbengegensätze. Eine alte Studie von de Groux sah ich ebenfalls, eine Frau neben der Wiege, etwa wie ein alter Israels. Ferner – was soll ich Dir von diesen neuen Bildern sagen? Vieles finde ich *sehr schön*, und da meine ich gerade die Arbeiten der Koloristen oder der Leute, die Koloristen sein wollen und überall in den Lichtern perlmuttartige Effekte suchen. Aber für mich ist es längst nicht immer das *Wahre*; es ist zu gesucht, und ich sehe lieber einen einfachen Pinselstrich und eine weniger gesuchte, weniger mühsame Farbe. Kurzum mehr Einfachheit, jene Schlichtheit, die weiß, was sie will, und nicht zurückschreckt vor einer freien Technik. Rubens finde ich schön, gerade weil er so freimütig malt, mit den einfachsten Mitteln arbeitet.

Henri de Braekeleer rechne ich nicht zu den Leuten, die ständig Perlmutteffekte suchen, denn bei ihm ist es ein eigenartiges, ein sehr interessantes Bestreben, buchstäblich wahr zu sein, und er ist ganz selbständig.

Ich sah auch verschiedene graue Bilder, unter anderem eine *„Druckerei"* von *Mertens*, ein Bild von Verhaert, darstellend sein eigenes Atelier, wo er sitzt und radiert, und hinter ihm steht seine Frau... (439, 8.–15. Dez. 1885)

91 Eine bemerkenswerte Entdeckung gelang ihm in der Andrieskerk, der St.-Andreas-Kirche (1523), im ärmlichen Fischerviertel: ein prächtiges farbiges Glasfenster, das er aus dem Gedächtnis beschrieb – gedruckte Führer gab es damals noch nicht. Seine Fähigkeit, genau zu beobachten, und seine Konzentration auf die Farben im besonderen sind erstaunlich. Nach seinen Studien in Brabant spürte er, daß die Farbe für ihn als Maler das wichtigste war. Farbige Glasfenster hatten ihn seit längerem fasziniert, z. B. in England, während die verwandte Technik des Cloisonnismus (flächige, stark konturierte, an Emaillearbeit erinnernde Malerei... siehe S. 195) ihn in Arles eine Zeitlang beschäftigte.

...Ehe ich's vergesse, laß mich zunächst auf Deine Frage von neulich antworten, wegen des Bildes von Franck oder Francken in St. André, das ich mir heute angesehen habe. Ich finde es ein gutes Bild – vor allem schön in der Empfindung – in der Empfindung ist es nicht sehr flämisch oder rubensartig. Man denkt mehr an Murillo. Die Farbe ist warm, in einer rötlichen Tonskala, wie Jordaens sie manchmal hat.

Die Schatten im Fleisch sind sehr kräftig, das hat Rubens nicht, aber Jordaens häufig, und dadurch hat das Bild etwas Geheimnisvolles, das man in dieser Schule wohl schätzen mag.

Ich konnte nicht dicht genug herankommen, um die Malweise aus nächster Nähe zu prüfen – es wäre der Mühe wert gewesen. Der Christuskopf ist nicht so konventionell, wie die flämischen Maler ihn meistens auffassen.

Ich bilde mir aber ein, daß ich es auch so kann, und etwas Neues hat das Bild mir nicht gesagt.

Und da ich mit dem, was ich jetzt kann, nicht zufrieden bin und mit meiner Arbeit weiterzukommen suche – genug davon – und zu anderen Bildern! Sehr gefallen in dieser Kirche hat mir eine Skizze von van Dyck? oder Rubens?, eine *„Descente de la croix"*, die hoch hing, aber mir schön vorkam. Viel Empfindung in dem bleichen Leichnam. Dies nebenbei.

Es ist dort ein gemaltes Fenster, das ich großartig finde – sehr, sehr merkwürdig. Ein Strand, eine grüne See mit einer Burg auf den Felsen, ein funkelnd blauer Himmel in den prächtigsten blauen, grünlichen, weißlichen Tönen, mal tiefer, mal höher im Ton.

Ein riesenhafter Dreimaster, absonderlich und phantastisch, zeichnet sich gegen den Himmel ab, überall Brechung, Licht im Dunkel, Dunkel im Licht. Im Blau eine Gestalt der Heiligen Jungfrau, hochgelb, weiß, orange. Höher oben ist das Fenster wieder dunkelgrün mit Schwarz, mit glühendem Rot.

Ja – besinnst Du Dich darauf? Es ist sehr schön, und Leys hätte sich gewiß in dies Fenster verliebt, oder Tissot in der Zeit seiner alten Manier, oder Thijs Maris. Ich sah ein paar Bilder, die fürs Musée Moderne angekauft waren, Verhas und Farasyn... (443, Jan. 1886)

Während seines mehrmonatigen Aufenthalts in Antwerpen verlangte ein Problem dringlich nach einer Lösung. Wohin sollte er sich wenden, nun, da er sich insbesondere mit Aktstudien befassen wollte, und ein Milieu suchte, das ihn bei seiner Arbeit fördern konnte? *103*

...Immer im Zustand der Verbannung zu sein, immer zwischen Hängen und Würgen, immer halbe Maßnahmen. Na ja – die Familie fremder als fremd – das ist das eine – Holland hinter sich haben, das andere. *Das ist freilich eine Erleichterung.*

Das ist jetzt mein einziges Gefühl, und doch habe ich so an allem gehangen, daß die Entfremdung mich zuerst beinah verrückt gemacht hat.

...Wegen der Modelle will ich diesen Monat mal zu Verlat gehen, dem Direktor der hiesigen Akademie – und ich will sehen, wie die Vorschriften sind und unter welchen Bedingungen man da nach Aktmodell arbeiten könnte; ich will ein Porträt mitnehmen und Zeichnungen... (443, Jan. 1886)

Karel Verlat (1824–1890) war ein talentierter, ehrgeiziger, doch oberflächlicher Mensch und als Lehrer autoritär. Er hatte achtzehn Jahre lang in Paris gearbeitet, war aber über eine Verherrlichung der Tradition nicht hinausgelangt. Vincent konnte Verlats Überzeugung, daß der Zeichnung wesentliche Bedeutung zukomme, kaum etwas entgegensetzen. Aber mit Verlats gegen Delacroix gerichteter Doktrin von der beherrschenden Rolle des Umrisses geriet er natürlich in Konflikt. Van Gogh fand Verlats Farbgebung zu schwer, genauso wie der Kritiker Max Rooses *(Oude en nieuwe Kunst* [„Alte und neue Kunst“], Gent 1896). Verlat drängte seine Studenten, in die Balkanstaaten zu gehen, des südlichen Lichtes wegen. Es ist durchaus denkbar, daß diese Empfehlung in van Gogh gewirkt hat.

Er hatte schon den Gedanken erwogen, im Atelier von Fernand Cormon in Paris zu arbeiten, obwohl jeder etablierte Maler wahrscheinlich massive Einwände gegen dessen Arbeitsweise erheben würde.

...Noch kategorischer muß ich Dir zu meinem Bedauern jedoch melden, daß ich ganz entschieden buchstäblich erschöpft und überarbeitet bin. Bitte überlege: seit ich am 1. Mai in mein eigenes Atelier gezogen bin (in Nuenen), habe ich mir vielleicht sechs- oder siebenmal ein warmes Mittagessen gegönnt. Ich will aus gutem Grunde nicht, daß Du Ma wissen läßt, ich wäre nicht wohl, denn vielleicht würde sie sich dann Gedanken darüber machen, daß es nicht schön war, daß geschah, was geschehen ist, nämlich daß ich nicht zu Hause geblieben bin, gerade weil es nun diese Folgen gehabt hat. Ich werde nichts darüber sagen, sage Du auch nichts.

Aber *damals* und seither *hier* habe ich so gelebt, daß ich nicht genug für mein Essen hatte, weil die Arbeit mich zu viel kostet, und ich habe mich zu sehr darauf verlassen, daß ich es schon aushalten würde.

Der Arzt verlangt, ich müßte *unbedingt kräftiger leben* und, bis ich gekräftigt bin, mich mit der Arbeit schonen. Es ist eine vollständige Entkräftung.

Nun habe ich es noch durch starkes Rauchen verschlimmert, und das habe ich getan, weil man dann seinen leeren Magen nicht so spürt...

Was wir tun müssen und worauf es vor allem ankommt, ist folgendes: Selber die Modelle bezahlen ist zu schwierig; solange man nicht genug Geld hat, muß man die Gelegenheiten in den Ateliers nutzen, Ateliers wie Verlat, wie Cormon. Und man muß in der Künstlerwelt leben, und dann in Klubs arbeiten, wo die Modelle gemeinsam bezahlt werden...

Denn Cormon würde mir, denke ich, ungefähr dasselbe sagen wie Verlat, nämlich daß ich ein Jahr lang Akt oder Antike zeichnen müsse, gerade weil ich immer nach der Natur gezeichnet habe...

Das Zeichnen an sich, technisch, fällt mir ziemlich leicht; es geht mir allmählich von der Hand wie das Schreiben, mit der gleichen Leichtigkeit... (449, 3. Feb. 1886)

Ich muß Dir unbedingt sagen, daß es mich sehr beruhigen würde, wenn Du damit einverstanden wärst, daß ich notfalls schon viel früher als im Juni oder Juli nach Paris käme. Je länger ich darüber nachdenke, um so wünschenswerter erscheint es mir.

Bedenke, wenn alles gut ginge und wenn ich die ganze Zeit gutes Essen usw. hätte, womit es sicher noch hapern wird, bedenke, daß es auch dann etwa sechs Monate dauern würde, bis ich ganz in Ordnung bin...

...Wenn ich in Paris eine Dachstube miete, meinen Malkasten und mein Zeichengerät mitbringe, dann kann ich den Teil der Arbeit, der am eiligsten ist, sofort in Angriff nehmen, nämlich die Studien nach der Antike, die mir sicher nützlich sein werden, bis ich zu Cormon ginge. Zeichnen kann ich entweder im Louvre oder in der Ecole des Beaux-Arts...

...Ich bin doch froh, daß ich auf die Akademie gegangen bin, gerade weil ich dort im Überfluß zu sehen kriege, wohin das prendre par le contour [von der Kontur her anlegen] führt. Denn das tun sie systematisch, und damit suchen sie mich zu schikanieren: „Faites d'abord un contour, votre contour n'est pas juste, je ne corrigerai pas ça, si vous modelez avant d'avoir sérieusement arrêté votre contour" [Machen Sie zuerst eine Kontur, Ihre Kontur ist nicht richtig, das korrigiere ich nicht, wenn Sie modellieren, ehe Sie Ihre Kontur ernstlich festgelegt haben]. Du siehst, darauf läuft alles hinaus. Und nun müßtest Du mal sehen!!! wie flach, wie tot und wie trocken die Ergebnisse dieses Verfahrens sind: ach, ich sage Dir, ich bin sehr froh, daß ich es mal richtig aus der Nähe zu sehen kriege. David oder noch schlimmer, Pieneman in voller Blüte. Gewiß war ich an die fünfundzwanzigmal drauf und dran zu sagen: votre contour est un truc [Ihre Kontur ist ein Schwindel] usw., doch ich fand, es lohnte nicht zu streiten. Aber obwohl ich nichts sage, gehe ich ihnen auf die Nerven und sie mir...

Sie gehen so weit, daß sie sagen: „La couleur et le modelé c'est peu de chose, cela s'apprend très vite, c'est le contour qui est l'essentiel et le plus difficile" [Farbe und Modellierung bedeutet wenig, das lernt man sehr schnell; die Kontur ist das Wesentliche und das Schwerste]...

Gerade gestern habe ich eine Zeichnung fertiggekriegt, die ich für den Wettbewerb in der Abendklasse mitgemacht habe. Es ist die Statue des Germanicus, die Du ja kennst. Gut, ich weiß genau, daß ich bestimmt der Letzte sein werde, denn die Zeichnungen der anderen sind alle über einen Leisten gemacht, und meine weicht glatt davon ab. Aber *die* Zeichnung, die man für die beste erklären wird, habe ich machen sehen, ich saß dicht dahinter; sie ist korrekt, sie ist alles, was Du willst, aber sie ist *tot*, und das sind alle Zeichnungen, die ich gesehen habe... (452, Feb. 1886)

93 Vincents kurze, turbulente Verwicklung in die Antwerpener Akademie endete mit der einstimmig gefaßten Entscheidung der Professorenkommission, ihn in die Elementarklasse zurückzuversetzen. Die Entscheidung wurde am 31. März eingetragen, als er bereits abgereist war. So ist es unwahrscheinlich, daß diese Demütigung, wie man zuweilen vermutet hat, seine Abreise veranlaßt hat. Jedenfalls aber sah er seine eigene Begabung bestätigt durch den Widerspruch, den er erfahren hatte.

Angesichts wie es scheint ausweichender Antworten von Theo verfolgte Vincent sein Vorhaben, nach Paris zu kommen, weiter, indem er seine Vorschläge ständig variierte: Sollten sie den Plan einer gemeinsamen Wohnung aufgeben und eine separate Dachwohnung für Vincent mieten? Oder sollte man sich in eine Wohnung teilen? (Vincent unterbreitete Vorschläge für die Aufteilung der Wohnung.) Er stellte sich vor, sie würden miteinander arbeiten und nachdenken, selbst eine Zugehfrau gemeinsam halten usw. Es ist sinnlos, eine Entscheidung rational zu analysieren, die emotionsbedingt unter dem Druck von Krankheit, Erschöpfung und zermürbender Armut zustandekam. Ohne Theos Zustimmung in der Tasche zu haben, tat Vincent das einzige, was seinen Plänen förderlich sein konnte: Er nahm den Zug nach Paris.

Sei mir nicht böse, daß ich geradenwegs hergekommen bin, ich habe soviel darüber nachgedacht, und ich glaube, auf diese Art gewinnen wir Zeit. Ich bin ab mittag im Louvre oder auch früher, wenn Du willst.

Antworte bitte, damit ich weiß, um welche Zeit Du in die Salle Carrée kommen kannst.

Was die Kosten anlangt, so sage ich Dir noch einmal, es kommt auf dasselbe heraus. Ich habe Geld übrig, das ist selbstverständlich, und ehe ich irgendwelche Ausgaben mache, möchte ich Dich sprechen. Wir werden die Sache schon ins Lot bringen, das wirst Du sehen.

Also komm, sobald du kannst. (459, März 1886, F)

Das berühmte Billet, das Vincent am Gare du Nord schrieb und durch Boten zu Goupil bringen ließ, kennzeichnet den Beginn einer fast zweijährigen Periode, für die die Art der Dokumentation, die aus anderen Zeitabschnitten, sowohl vor- als auch nachher, im Übermaß vorliegt, fast gänzlich fehlt. Diese Periode liefert deshalb aufschlußreiche Beispiele für die Problematik, die sich ergibt, wenn nur Kunstwerke selbst, die Objekte, denen ja auch die überragende Bedeutung zukommt, zur Verfügung stehen.

Die Phase, in der Vincent zwar viel über die Impressionisten hörte, sie aber nicht kannte, war noch nicht vorbei. Er wurde jetzt mit der Bewegung vertraut über die Werke in Theos Galerie und bei seinen Besuchen in Kunstgalerien, durch seine Begeisterung für Japanisches und durch Kontakte zu Künstlern, deren Werk die Fortsetzung des Impressionismus darstellte: Georges Seurat, Paul Signac, Emile Bernard, Emile Anquetin und Louis Angrand.

Vincents Ankunft machte das Leben für Theo nicht gerade einfacher, wie Theos Freund Andries Bonger in seinen Briefen nach Hause berichtete.

... Habe ich Euch schon erzählt, daß van Gogh umgezogen ist, nach Montmartre? Sie haben jetzt eine große, geräumige Wohnung (wenigstens für Paris) und ihren eigenen Haushalt und halten sich eine Köchin in optima forma [bester Art]. Theo sieht noch immer schrecklich schlecht aus, er hat ein ganz schmales Gesicht bekommen. Der arme Kerl hat viele Sorgen. Zudem macht ihm sein Bruder das Leben immer recht schwer und wirft ihm allerlei vor, woran er nicht die leiseste Schuld hat... (Andries Bonger an die Bonger-Familie, 462a, 23. Juni 1886)

... Theos Bruder ist wohl für dauernd hier, er bleibt wenigstens auf drei Jahre, um im Atelier des Malers Cormon zu arbeiten. Ich glaube, ich habe Euch schon im Sommer erzählt, was für ein sonderbares Leben dieser Bruder geführt hat. Für den gibt es keine sozialen Verhältnisse. Mit allen ist er zerfallen. Theo hat denn auch seine liebe Not mit ihm. (Andries Bonger an die Bonger-Familie, 462a, Spätsommer 1886)

Vincent hielt es nur drei oder vier Monate lang im Atelier Cormon aus. Sein Brief an den jungen englischen Maler Horace Mann Livens, der in Antwerpen studierte, berichtet, daß er sich gezwungen sah, das Figurenzeichnen völlig aufzugeben. *109*

Seit ich hier in Paris bin, habe ich sehr oft an Sie und Ihre Arbeit gedacht. Sie erinnern sich wohl, daß ich für Ihre Farbe und Ihre Ansichten über Kunst und Literatur und, möchte ich hinzufügen, für Sie als Mensch viel übrig hatte. Schon früher ist mir der Gedanke gekommen, daß ich Sie wissen lassen sollte, was ich machte und wo ich war. Aber was mich davon abhielt, war die Tatsache, daß ich das Leben in Paris viel teurer finde als in Antwerpen, und da ich Ihre Lage nicht kenne, wage ich nicht zu sagen: Kommen Sie aus Antwerpen nach Paris herüber, ohne Sie zu warnen, daß man hier teurer lebt und daß man als armer Mensch vielerlei auszustehen hat — wie Sie sich denken können. Anderseits aber gibt es mehr Verkaufsmöglichkeiten. Auch gibt es gute Möglichkeiten, mit anderen Künstlern Bilder zu tauschen.

Kurz, ich glaube, mit viel Energie, mit einem ehrlichen persönlichen Gefühl für Farbe in der Natur kommt ein Künstler hier weiter, trotz der vielen Hindernisse. Und ich beabsichtige, noch länger hierzubleiben.

Es gibt hier viel zu sehen — zum Beispiel Delacroix, um nur einen Meister zu nennen. In Antwerpen wußte ich nicht einmal, was die Impressionisten waren; jetzt habe ich sie gesehen und, obwohl ich *nicht* zu ihrem Klub gehöre, doch gewisse Bilder der Impressionisten sehr bewundert — *Degas'* Akt — Claude Monets Landschaft.

Was nun meine eigenen Arbeiten anlangt, so hatte ich kein Geld für Modelle, sonst hätte ich mich ganz der Figurenmalerei gewidmet. Aber ich habe eine Reihe von Farbstudien gemalt, weiße und rosa Rosen, gelbe Chrysanthemen — ich suchte den Kontrast zwischen Blau und Orange, Rot und Grün, Gelb und Violett zu geben, suchte *les tons rompus et neutres* [die gebrochenen und neutralen Töne] in Harmonie mit den schärfsten Gegensätzen zu bringen. Ich habe den Versuch gemacht, intensive *Farbe* wiederzugeben, nicht eine graue Harmonie.

Nun habe ich nach diesen gymnastischen Übungen kürzlich zwei Köpfe gemacht, die, glaube ich, in Licht und Farbe besser sind als meine früheren. So wie wir seinerzeit sagten: in der *Farbe* das *Leben* suchen; das wahre Zeichnen ist ein Modellieren mit Farbe.

Ich habe auch ein Dutzend Landschaften gemacht, frisch drauflos *grün*, frisch drauflos *blau*.

Und so ringe ich um Leben und Fortschritt in der Kunst...

P.S. Was meine Verkaufsmöglichkeiten anlangt — die sind freilich gewiß nicht bedeutend, aber ich habe doch einen Anfang gemacht.

Im Augenblick habe ich vier Kunsthändler gefunden, die Studien von mir ausgestellt haben. Und mit mehreren Künstlern habe ich Studien getauscht.

Der Preis ist jetzt fünfzig Francs. Gewiß nicht viel — aber soweit ich sehe, muß man billig verkaufen, um nach oben zu kommen, sogar zum Gestehungspreis. Und vergessen Sie nicht, mein Lieber, Paris ist Paris. Es gibt nur ein Paris, und so schwierig es auch sein mag, hier zu leben, und selbst wenn es noch schlimmer und schwieriger würde — die französische Luft macht den Kopf klar und tut einem gut — gewaltig gut.

Ich habe drei oder vier Monate bei Cormon im Atelier gearbeitet, doch ich fand das nicht so förderlich, wie ich gedacht hatte. Das kann aber meine Schuld sein, jedenfalls bin ich dort weggegangen, wie ich in Antwerpen weggegangen bin; seither habe ich für mich allein gearbeitet und bilde mir ein, daß ich seitdem das eigene Ich stärker fühle.

Die Geschäfte gehen hier flau. Die großen Kunsthändler verkaufen Millet, Delacroix, Corot, Daubigny, Dupré und ein paar andere Meister zu unerhörten Preisen. Für junge Künstler tun sie wenig oder nichts. Die zweitrangigen Kunsthändler dagegen verkaufen diese, aber zu sehr niedrigen Preisen. Wenn ich mehr verlangte, würde ich wohl gar nichts verkaufen. Aber ich habe nun mal den Glauben an die Farbe. Selbst was den Preis betrifft — schließlich wird das Publikum dafür zahlen. Aber jetzt im

Augenblick ist es äußerst schwierig. Jeder, der es riskiert hierherzukommen, sollte sich also sagen, daß er sich nicht auf Rosen bettet.

Was sich hier erreichen läßt, das ist *Fortschritt*, und was zum Teufel das auch sein mag, der ist hier zu finden. Ich möchte sagen: Jeder, der irgendwo sonst in gesicherten Verhältnissen lebt, sollte bleiben, wo er ist. Aber Abenteurer wie ich verlieren nichts, glaube ich, wenn sie mehr aufs Spiel setzen. Besonders da mich nicht freie Wahl, sondern das Schicksal zum Abenteurer gemacht hat; nirgends fühle ich mich so sehr als Fremdling wie in meiner Familie und in meinem Vaterland. – Bitte grüßen Sie Ihre Wirtin Frau Roosmalen und sagen Sie ihr, wenn sie etwas von meinen Arbeiten ausstellen will, so würde ich ihr ein kleines Bild von mir schicken. (Vincent an H. M. Livens, 459a, Aug.–Okt. 1886, E)

Zwei Monate später schrieb Emile Bernard an den Schriftsteller und Kritiker Albert Aurier und gab einige Informationen über Vincents Mühe mit den Studien nach lebenden Modellen. Sicher ist, daß er im Atelier Cormon Unfrieden stiftete und an Umtrieben gegen Cormon teilhatte, der die neuen Farbentheorien völlig ablehnte.

Nachdem er seiner Mutter am 12. Januar 1886 geschrieben hatte, daß Vincent – damals noch in Antwerpen – sich auf die Porträtmalerei konzentrieren wolle, konnte Theo erst elf Monate später berichten, daß Vincent tatsächlich mit dem Malen von Porträts angefangen habe, „die gut ausgefallen sind, aber er macht es immer umsonst! Schade, er zeigt keinerlei Neigung, etwas Geld zu verdienen, denn wenn er nur wollte, könnte er das wahrscheinlich schaffen. Aber man kann die Leute nicht ändern." Im März 1887 schrieb Theo an Cor, den Bruder, der als Arbeiter beim Bau des Eiffelturms tätig war:

Vincent setzt seine Studien fort und arbeitet mit Talent. Doch es ist schade, daß er sich selbst so im Wege steht. Es ist wirklich unmöglich, auf die Dauer mit ihm auszukommen. Als er letztes Jahr hierherkam, war er zweifellos schwierig, aber ich dachte, es hätte sich immerhin etwas gebessert. Nun ist er wieder ganz der alte, und man kann einfach nicht mit ihm vernünftig reden. Dies macht die Lage für mich nicht angenehm, und ich hoffe auf eine Änderung. Sie wird wahrscheinlich eintreten, aber das ist bedauerlich für ihn. Zusammenzuarbeiten wäre für uns beide besser gewesen. (Theo an Cor, 11. März 1887)

Noch in derselben Stimmung erklärte Theo Dries Bongers Schwester Jo seine Liebe. Die Beziehungen zwischen ihm und Vincent scheinen sich danach deutlich gebessert zu haben.

... Wir haben Frieden geschlossen, denn es hatte keinen Zweck, so wie bisher weiterzumachen. Hoffentlich hält es an. Zum gegenwärtigen Zeitpunkt wird es keine Änderung geben, und ich bin froh darüber. Mir wäre es seltsam vorgekommen, wieder allein zu leben, und er hätte auch nichts dabei gewonnen. *Ich* war es, der ihn zum Bleiben aufforderte. Diese Lösung wird dich vielleicht überraschen, nach allem, was ich dir kürzlich schrieb, aber der Grund dafür ist nicht Schwäche meinerseits. Und da ich mich viel besser fühle als letzten Winter, hoffe ich, daß es mir gelingt, unser Verhältnis dauerhaft zu verbessern... (Theo an Wil, 25. April 1887)

Ihre Beziehungen hatten sich so deutlich gebessert, daß sie beide überrascht feststellten, welch enge Bindung zwischen ihnen bestand. Mehr als zwei Jahre später gab Vincent sogar in einem Brief aus St.-Rémy an seine Mutter (Brief 619) zu, „es ist nur gut, daß ich nicht in Paris geblieben bin, denn er und ich, wir hätten uns zu sehr ineinander versponnen".

Es ist bedauerlich, daß die eher sensationellen Umstände des schwierigen ersten Jahres und der Abbruch von Theos gesellschaftlichen Kontakten wegen Vincents ungeschliffenen Manieren viel besser in der Öffentlichkeit bekannt sind – so, als ob sie sich auf den gesamten Zeitabschnitt bezögen –, als das zweite Jahr, als Frieden und eine zutiefst rätselhafte Bindung zwischen ihnen bestand.

Ein undatierter Brief Vincents an Wil aus dem Jahr 1887 (W I) muß offenbar nach Theos Besuch in Holland im Juli/August geschrieben sein. Nach Vincent war Theos kränkliches Aussehen bei seiner Rückkehr hauptsächlich zurückzuführen auf einen vermutlich wenig herzlichen Empfang bei Bekannten und Freunden. Vincent bemühte eine Allegorie, indem er auf die Fähigkeit zur Entwicklung verwies, die jedem menschlichen Wesen ebenso innewohne wie einem Getreidekorn. „Das natürliche Leben ist also *Keimen*. Was die Keimkraft im Samenkorn, das ist die Liebe in uns." Vincent bezog sich ohne Zweifel auf Theos Liebe zu Jo, die in Amsterdam wenig Widerhall gefunden hatte. Freimütiger berichtete er über sich selbst, als er Wil gegenüber zugab, daß er in Paris in „die unmöglichsten und unpassendsten Liebesgeschichten verwickelt worden sei, aus denen ich meist nur mit Schaden und Schande hervorgehe", und an die Zeit erinnerte, wo er besser verliebt gewesen wäre, statt sich „in religiöse und sozialistische Dinge" zu vertiefen.

Insgesamt hinterläßt das Pariser Werk von Goghs einen weniger geschlossenen Eindruck als die Brabanter Arbeiten, aber es spiegelt direkter die pulsierende, lebenssprühende Umgebung von Malern, die in etwa seine Zeitgenossen waren. Der direkte Ansporn durch Millet, Israëls, Mauve, De Groux und die englischen Illustratoren fiel weg, und der Bauernmaler trug einen Herrenanzug, wenn er nicht gerade arbeitete.

Van Gogh kam erst 1886, seinem ersten Pariser Jahr, mit dem Impressionismus in direkte Berührung. Jetzt fand er, wie ich glaube, an dem zehn Jahre jüngeren Paul Signac einigen *121* Beistand für sich und sein Werk, sogar schon vor 1887, als sie in Asnières bis Ende Mai zusammen im Freien arbeiteten. Signac war gut informiert, er kannte Seurat und Guillaumin seit 1884, Pissarro seit 1885. Seurat näherzukommen war für Vincent anscheinend schwieriger. Vincent schätzte ihn hoch, doch kannte er sich selbst gut genug, um zu wissen, daß Seurats planvoll systematisches Arbeiten seinem eigenen Wesen widersprach. In seiner eigenen Entwicklung vermied er es, seinen Erfindungsreichtum auf Formeln zu reduzieren, die sich dann zum Manierismus weiterentwickeln konnten. Es fiele schwer, seine Arbeitsweise als spontan zu bezeichnen — seine Leidenschaft, sein Ungestüm war die Befreiung von langangestauter emotionaler Energie. Manet, Renoir und vor allem Monet bedeuteten ihm viel, aber für ihn wäre der Wunsch undenkbar gewesen, wie Monet eine Serie über Licht auf einer Kathedrale zu bestimmten Zeiten oder während verschiedener Jahreszeiten zu malen.

Van Goghs Vorbehalte gegenüber dem Impressionismus waren nicht nur das Ergebnis seiner eigenen festen Verwurzelung in den Traditionen des früheren 19. Jahrhunderts, sondern auch seines Mißtrauens gegenüber dem flüchtigen ‚Eindruck', der die Passivität im Erleben der verstreichenden Zeit, des fließenden Wassers und der vorüberziehenden Wolken einschloß. Vincents Melancholie war gewissermaßen eine aktive; jede Enttäuschung, jeder Erfolg setzten seelisch-geistige Energien bei ihm frei. Er betrachtete die Dinge in der Weise, daß jeder Augenblick immer zugleich alle vergangenen Augenblicke mit einschloß. Er gelangte dahin, sich als Impressionist zu betrachten, weil dieser Begriff für Modernität in der Kunst stand. Aber er achtete immer über die bloße Beobachtung der Außenwelt hinaus auf die Bedeutsamkeit der Imagination. So schrieb er aus Arles an Bernard:

> ... Manchmal tut es mir leid, daß ich mich nicht dazu entschließen kann, mehr zu Hause und aus der Phantasie heraus zu arbeiten. Sicher ist die Einbildungskraft eine Fähigkeit, die man ausbilden muß, und sie allein kann uns dazu führen, eine erhebendere und trostreichere Natur zu schaffen, als was uns der rasche Blick auf die ständig sich wandelnde, blitzschnell vorüberziehende Wirklichkeit erfassen läßt... (Vincent an Emile Bernard, B3, April 1888, F)

Die typischsten Ergebnisse seiner Pariser Zeit sind die Selbstbildnisse, die — in der Metropole mit all ihren Ablenkungen — ein Resultat seines Bedürfnisses darstellten, ein wachsames Auge auf sich selbst zu halten, im buchstäblichen wie im übertragenen Sinn. Die Frage, ob einige kleine Selbstbildnisse in Paris oder anderswo gemalt sind, soll hier nicht untersucht werden. Seine Malweise offenbart nicht nur alle Phasen der technischen Entwicklung, die er im Laufe jener zwei Jahre durchgemacht hat, sondern auch alle Phasen seiner körperlichen Verfassung. Der ‚Spiegeltest' blieb ihm unentbehrlich bis weit in die St. Rémy-Periode hinein. Seit Antwerpen, vielleicht schon früher, hatte er sich selbst beobachtet, selbst wenn er nicht malte, wie ein Arzt, der sich selbst erbarmungslos die Diagnose stellt. Solch ein prüfender Blick auf sich selbst ging über die Selbsterforschung eines Künstlers hinaus, der sofort vom Problem der Farbgebung in Anspruch genommen wird, mit dem ihn Palette und Leinwand konfrontieren. Ein knappes Resümee der Ergebnisse kündet von einer gewissen Entrücktheit.

> ... Meine eigenen Abenteuer beschränken sich vor allem darauf, daß ich mich schnell zu einem alten Männlein auswachse, Du weißt schon, mit Falten und Runzeln und einem Strubbelbart und einer Menge falscher Zähne usw. Aber was schadet das schon; ich habe einen dreckigen, ärgerlichen Beruf, das Malen... (W I, Sommer—Herbst 1887)

Neben den Selbstbildnissen gibt es einige Porträts von Bekannten, in denen der Pinselstrich
139, 124 die gleiche Intensität erreicht (Tanguy, Reid, Segatori). Die am stärksten vom Impressionismus beeinflußten Werke dieser Periode sind vielleicht die Landschaften, die er in den Vorstädten von Paris malte.

115 Indem er Pinselstriche in Kontrastfarben auf dem *Selbstbildnis vor der Staffelei*, in bestimmten Bereichen des Segatori-Porträts und in einem der Tanguy-Porträts nebeneinandersetzte, erzielte er Wirkungen, die in Werken von Monet, Renoir oder Signac kaum ihresgleichen finden. Wenn auch vielleicht zu roh für den französischen Geschmack, erreichen diese Werke doch einen Grad der Vollendung, den Vincent selbst in Arles kaum übertraf. Sie zeigen, daß er auch ohne eine enge Zusammenarbeit mit Gauguin, wie sie im Herbst 1888 in Arles Wirklichkeit werden sollte, bereits Flächenwirkungen erzielen und sich vom eigentlichen Material der Farbe selbst inspirieren lassen konnte, so daß das Modell eine
153 sekundäre Bedeutung erhielt. Man braucht nur den Schoß der Gestalt in *La Berceuse* (Arles 1889) mit dem der *Segatori* (Paris 1887) zu vergleichen – beide in der gleichen Haltung –, um festzustellen, daß sowohl im emotionalen wie im kompositorischen Gebrauch der Farbe das spätere Werk dem früheren unterlegen ist. Die *Berceuse* sitzt vor einem realen Hintergrund, einer tapezierten Wand. Die *Segatori* hat keinen Hintergrund, sondern nur eine grell gelbe Fläche, die zuweilen, meiner Ansicht nach zu Unrecht, als Imitation zerknitterten Japanpapiers betrachtet wird (Crépon). Das ist weder Papier noch eine Wand, sondern eine Fantasie in Gelb.

In Paris besuchte er öfters die Kunsthandlung Samuel Bing und kaufte kolorierte japa-
133–135 nische Holzschnitte, die im Preis für ihn und Theo erschwinglich waren. Als Versuch stellte
136–138 er einige Ausdeutungen dieser Werke in Öl her. So konnte er die Kompositionen genauer im Detail studieren und mit seinen eigenen farblichen Vorstellungen vergleichen, während er die zeichnerische und stoffliche Leichtigkeit der Originale in eine völlig westliche, das heißt schwere Form übertrug. Zur Reife gelangte der japanische Einfluß erst in Arles, wo sich zwar nur geringe Spuren japanischer Vorwürfe in seinem Werk finden, wo er aber mit Japan eine Vorstellung von Klarheit und Licht verband, die er nicht mehr ‚impressionistisch' nennen konnte. Seine eigene Vorstellungskraft war in dieser Hinsicht japanisch geworden, und ihn faszinierten Hinweise auf das Wesen der Japaner, wie er sie bei Schriftstellern wie Pierre Loti fand, besonders aber das Denken und die Religion des Zen-Buddhismus. Schließlich assoziierte er japanische Kunst mit rascher, spontaner Arbeitsweise und
149–151 fertigte Rohrfederzeichnungen an, die eher in der Technik japanisch sind als ihrem Gegenstand nach.

Die Empfindungen, mit denen er Paris hinter sich ließ, wurden in gefährlicher Weise beeinträchtigt, wenn nicht gar beherrscht von dem Gefühl, nicht wirklich gelebt zu haben, einem Gefühl der „existence manquée" (der verpfuschten Existenz).

Ich danke Dir für Deinen Brief und seinen Inhalt.

Ich bin traurig, daß einem das Malen, selbst wenn man Erfolg hätte, nicht so viel einbringen wird, wie es kostet.

Es hat mich gerührt, was Du von zu Hause schreibst: „es geht ihnen ganz gut, und doch ist es traurig, sie zu sehen."

Jedoch vor zehn, zwölf Jahren hätte man geschworen, daß trotz alledem das Leben zu Hause glücklich weitergehen würde. Für Mutter wäre es eine große Freude, wenn es mit Deiner Heirat etwas würde, und auch Deiner Gesundheit und Deinen Geschäften würde es zugute kommen, wenn Du nicht mehr alleine wärst.

Mir selber vergeht allmählich die Lust zur Ehe und zu Kindern, und manchmal macht es mich recht traurig, daß ich so bin, wie ich bin – mit meinen fünfunddreißig Jahren sollte ich mich ganz anders fühlen. Und manchmal bin ich wütend auf dieses ekelhafte Malen.

Richepin hat irgendwo gesagt: „L'amour de l'art fait perdre l'amour vrai" [Die Liebe zur Kunst nimmt einem die wahre Liebe].

Ich finde das schrecklich richtig, aber umgekehrt nimmt einem auch die wahre Liebe die Lust zur Kunst.

Und zuweilen fühle ich mich schon alt und zerschlagen und doch noch hinreichend zum Lieben aufgelegt, daß ich nicht fürs Malen begeistert bin. Um Erfolg zu haben, muß man ehrgeizig sein, und Ehrgeiz scheint mir abgeschmackt.

Was daraus werden wird, weiß ich nicht; vor allem wünschte ich, ich wäre Dir weniger zur Last – und von jetzt ab ist das nicht unmöglich, denn ich hoffe, solche Fortschritte zu machen, daß Du meine Sachen unbedenklich zeigen kannst, ohne Dir was zu vergeben.

Selbstbildnis, 1887

Und dann ziehe ich mich irgendwohin in den Süden zurück, damit ich nicht so viele Maler zu sehen brauche, die mir als Menschen zuwider sind... (462, Juli–Aug. 1887, F)

Berichte über exzentrisches Verhalten von seiten Vincents, meist jüngeren Datums und nicht nachprüfbar, unterstreichen nur den Mangel an präzisen Kenntnissen über diesen Lebensabschnitt. Es schmerzt, so wenig über die Kreise zu wissen, in denen Vincent ohne Theo verkehrte. Welche Rolle spielten z. B. jene mysteriöse Comtesse de la Boissière und ihre Tochter, oder Asnières?

Jedenfalls war das Verhältnis zwischen den beiden Brüdern, das überaus gespannt gewesen war, wieder völlig in Ordnung, als Vincent Anfang 1888 beschloß, Paris zu verlassen. Er war erschöpft, beinahe zum Alkoholiker geworden und wieder einmal bereit zu völligem Szenenwechsel. Er schob einen Besuch in Seurats Atelier ein, ehe er abreiste.

...Letzten Sonntag ist Vincent nach dem Süden abgereist. Zuerst geht er nach Arles, um sich dort etwas umzusehen, dann wahrscheinlich nach Marseille... Die Jahre voll Kummer und Sorge haben an seinen Kräften gezehrt. Er hat das Bedürfnis, in einem milderen Klima zu leben. Ich bin überzeugt, daß es sich auf seine Gesundheit günstig auswirkt und auch seinem Werk zugutekommt. Als er vor zwei Jahren hier ankam, hätte ich nie gedacht, daß eine so enge Bindung zwischen uns entstehen könnte. Jetzt, da ich wieder allein bin, spüre ich die Leere in meiner Wohnung um so deutlicher. Es wäre schön, würde man jemanden finden, mit dem man zusammenleben könnte, aber es ist nicht einfach, einen Menschen wie Vincent zu ersetzen. Er hat enorme Kenntnisse und eine sehr klare Auffassung von der Welt. Ich bin überzeugt, wenn ihm noch einige Jahre bleiben, wird es ihm gelingen, sich einen Namen zu machen. Durch ihn lernte ich eine Reihe von Malern kennen, die ihn sehr schätzen. Er gehört zu den Vorkämpfern der neuen Ideen, oder vielmehr, da es ja bekanntlich nichts Neues unter der Sonne gibt, er bemüht sich um eine Wiederbelebung von Ideen, die in der Routine des Alltags verfälscht wurden und ihren Glanz verloren haben. Auch hat er ein so gutes Herz und bemüht sich ständig, etwas für andere zu tun. Um so schlimmer für all jene, die ihn nicht kennen oder nicht verstehen wollen... (Theo an Wil, 24./26. Februar 1888)

91 Das *Stella-Maris*-Fenster, Andrieskerk, Antwerpen, 16. Jh. Der Abschied von den Alten Meistern in Amsterdam hatte Vincent tief bewegt. Aus Antwerpen, wo er gegen Ende 1885 eingetroffen war, berichtete er weniger emotional über Malerei, dafür aber recht angeregt über das Leben und Treiben im Hafen. In der Andrieskerk (St.-Andreas-Kirche) in Antwerpen beeindruckte ihn im Januar ein Fenster aus dem 16. Jahrhundert (das älteste in der Kirche, was Vincent aber wahrscheinlich nicht wußte). Die Jungfrau Maria ist als *Stella Maria*, Meerstern, dargestellt, als Beschützerin der Seeleute in Not. Das Symbol des Schiffbruchs, gängiger Bestandteil anderer Briefe, bleibt in Vincents Bericht an Theo über das Fenster unerwähnt. Denn hier geht es ihm eher um eine gründliche Analyse der Farbe und um Farbtheorie: „Es gibt dort ein ganz vorzügliches farbiges Glasfenster, das mir sehr, sehr merkwürdig erscheint. Ein Ufer, grüne See, eine Burg auf einem Felsen, ein leuchtender Himmel in den schönsten Blautönen, grünlich oder weißlich, in dunklerem oder hellerem Ton. Ein gewaltiger Dreimaster, seltsam unwirklich, ragt gegen den Himmel empor, und über allem diffuses Licht, Licht im Dunkel, Dunkelheit im Licht. Im Blau des Himmels die Gestalt der Heiligen Jungfrau in leuchtendem Gelb, Weiß und Orange. Weiter oberhalb erscheint das Fenster wieder dunkelgrün mit Schwarz und glühendem Rot."

Antwerpen

Mit dem Besuch der Akademie hatte es Vincent nicht eilig, als er in Antwerpen ankam. Erst am 18. Januar 1886 meldete er sich für einen Abendkurs in Zeichnen nach antiken Modellen (Gipsabgüssen) und für einen Malkurs an. (444)

96 Charles de Groux: *Der Tischsegen,* 1861
Neben der *Armenbank* war dies hier eines von Vincents Lieblingsbildern von früher Jugend an. Selbst als er, nun Eigenes gestaltend, an den *Kartoffelessern (48)* arbeitete, verblaßte die Erinnerung an de Groux' Bilder in ihm nicht.

97 Henri de Braekeleer: *Das Speisezimmer des Baron Leys,* 1869
Henri Leys war zu seiner Zeit ein berühmter Maler, der sich zunächst mit historischen Themen aus dem Mittelalter beschäftigte, später aber mehr das tägliche Leben dar-

Links oben:
92 Das Haus in der Beeldekenstraat (Rue des Images), in welchem Vincent wohnte.

Links:
93 Academie Royale des Beaux-Arts (Königliche Kunstakademie), Antwerpen

Oben:
94 Henri Leys: *Steen,* Antwerpen
95 *Der Marktplatz in Antwerpen,* 18. Dezember 1885

stellte. Sein Stil war nüchtern, ohne die Tendenz zum Anekdotischen. Vincent schätzte sein Werk, sonst hätte ihn sein erster Gang in Antwerpen nicht zu Leys geführt, in sein Speisezimmer mit den bekannten Wandmalereien von Leys selbst. Er war enttäuscht: „Fresko muß und kann eigentlich jahrhundertelang halten, doch diese sind bereits schon merklich verblichen . . ." (436) Dennoch lehnte er Leys merkwürdigerweise nicht völlig ab: „Im Grunde ist es doch prachtvoll." Ein anderer Maler des Realismus, für den Vincent sich besonders interessierte, war Leys' Neffe Henri de Braekeleer. Vincent rühmte sein „seltsames . . . Bemühen um ungeschminkte Wahrheit".

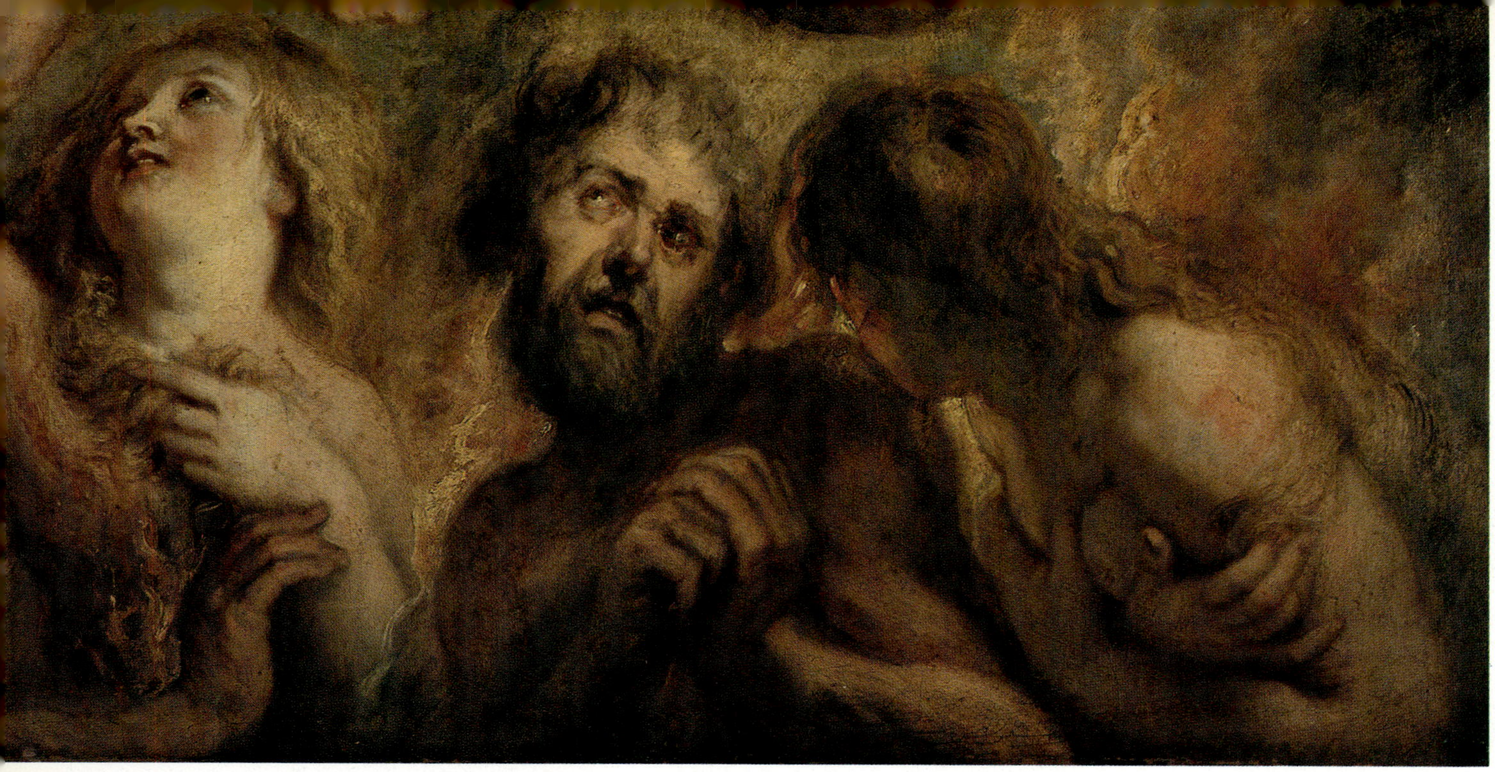

Flämische Modelle

98 Peter Paul Rubens: *Die heilige Therese von Avila bittet für die Seelen im Fegefeuer und Bernhard von Mendoza,* (Ausschnitt), ca. 1638
In Antwerpen beschäftigte sich Vincent mit maltechnischen Problemen und ihrer Lösung bei anderen Künstlern. Vom psychologischen Standpunkt aus hatte er Bedenken gegen Rubens, aber seine Art, mit den Farben umzugehen, interessierte ihn, besonders die Fleischtöne auf diesem Bild, die „mit Pinselstrichen von reinem Rot" modelliert sind . . . „Wahrscheinlich betrachte ich nur nicht die, welche im allgemeinen am meisten bewundert werden. Ich suche nur solche Sachen wie zum Beispiel die blonden Köpfe auf Ste. Thérèse au Purgatoire." (439)

99 *Weibliches Bildnis,* Dezember 1885
„Ich habe zwei ziemlich große Köpfe gemacht . . . dann habe ich auch eine Frauenstudie. In dem Frauenporträt habe ich hellere Töne in das Fleisch gebracht, *weiß*, getönt mit Karmin, Zinnober, Gelb und ein heller Hintergrund, graugelb . . ." (439)

Rechte Seite:
100 *Weibliches Bildnis,* Anfang Dezember 1885
In Antwerpen sah Vincent hin und wieder prächtige Köpfe. Er genoß die Spaziergänge durch den Hafen, studierte Städter und Schiffsbesatzungen. Eigentlich wollte er mit Porträts etwas Geld verdienen, aber stattdessen gab er für Modelle so viel aus, daß ihm schließlich die Mittel für den Lebensunterhalt fehlten.

101 Eugène Delacroix: *Studie für das Deckengemälde „Der Krieg" im Salon du Roi, Palais Bourbon,* 1833–1838

102 *Tanzende Frauen,* Anfang Dezember 1885

„Antwerpen ist schön in der Farbe, und schon um der Motive willen lohnt es sich. Einen Abend bin ich auf einem bal populaire (Volksball) von Matrosen usw. in der Nähe des Docks gewesen ... und es ging *anständig* zu. Da war zum Beispiel niemand betrunken ... Es waren sehr schöne Mädchen da, und die allerschönste war häßlich. Ich meine eine Gestalt, die mir auffiel wie ein erstaunlich schöner Jordaens oder Velázquez oder Goya – sie war in schwarzer Seide, wahrscheinlich irgendeine Wirtsfrau, mit einem häßlichen, unregelmäßigen Gesicht, aber voller Leben und reizvoll à la Frans Hals." (438) Er zeichnete die Frauen in der Bewegung, so wie Delacroix, den er bewunderte.

103 Weiblicher Akt, Januar 1886
In den Abendkursen der Akademie arbeitete Vincent nach lebenden Modellen. „Nachdem ich jahrelang nach bekleidetem Modell gezeichnet habe, einmal wieder Akt und Antike zu sehen ..." (447) Er erinnerte sich an Géricault, Gros, Delacroix und nahm sich vor, „wie die Griechen" zu zeichnen, d. h. „von den Mitten aus, von den Kernen ... und nicht von der Kontur ausgehend".

104 Oko Kunisada II: *Zwei badende Mädchen,* 1868
In Antwerpen erwachte Vincents Interesse an japanischen Drukken. Er kaufte einige, ohne sich zunächst darüber klarzuwerden, daß sie auf seine gesamte Entwicklung zunehmend Einfluß gewinnen sollten. *Das Japanische* lag in Antwerpen gewissermaßen in der Luft. Der Künstler Henry van de Velde und der Schriftsteller Max Elskamp brachten *L'Eventail japonais* (Der japanische Fächer) heraus. Dort erwarb Vincent auch seinen Druck.

105 Totenschädel mit brennender Zigarette, Dezember 1885

106 Félicien Rops: *Der Weg alles Irdischen; der Tod der Sünde*

107 Hängendes Skelett mit schwarzer Katze, Dezember 1885–Januar 1886

Ein Künstler, der sich wie van Gogh fachliche und anatomische Kenntnisse aneignen will, muß unweigerlich Skelettstudien treiben. Hier nimmt nun das Zeichnen der Masse anstelle der Konturen (449) eine Wendung ins Makabre. 1885 in Antwerpen zeichnete Vincent den seltsamen, schwer erklärbaren *Totenschädel mit brennender Zigarette,* ein eindrucksvolles *memento mori,* dessen Bezug zu Vincents Gesundheit unübersehbar ist, geschwächt, überanstrengt und unterernährt, wie er war. Der schwarze Humor in dieser Arbeit erinnert an den belgischen Zeichner Félicien Rops, dessen Werk Vincent bewunderte. 1873 besaß er ein Exemplar von Rops' *Uilenspiegel,* einer Art satirisch-kritischem *Journal des arts.* Rops war ein guter Illustrator Baudelaires.

108 Rue Lepic, Montmartre, spätes 19. Jh. Kurz nach Vincents plötzlicher Ankunft im Jahr 1886 zog Theo in die Rue Lepic 54 um.

109 Der Salon des Malers Fernand Cormon, Paris
Die strittige Frage, seit wann Vincent das Atelier Cormon besuchte, soll hier nicht diskutiert werden. Von Gauzi, dem Freund Toulouse-Lautrecs, erfahren wir, daß Vincent „ein guter Kamerad" war, „sofern man ihn in Frieden ließ". Bei seinen Schülern aus der jungen Avantgarde hatte Cormon zwar keinen Erfolg, doch stellte er ein Zentrum zur Verfügung, in dem van Gogh mit Bernard, Toulouse-Lautrec, Russell und Hartrick Freundschaft schloß.

110 Jean-François Raffaeli: *Ansicht vom Montmartre*
Auf dieser feinen Radierung, die Theo gehörte, dem Werk eines von van Gogh hochgeschätzten Künstlers, sehen wir den Verlauf der Neigungslinie des Hügels, die uns von zahlreichen Werken dieser Zeit (van Gogh, Angrand, Gauguin) vertraut ist.

111 John P. Russell: *Vincent van Gogh,* November 1886
Russell, ein reicher Australier, hielt auch nach Vincents Abreise aus Paris den Kontakt mit ihm aufrecht. Er kaufte zahlreiche Werke der Impressionisten. Von Vincent erhielt er eine Reihe von Zeichnungen.

112 Meyer de Haan: *Theo van Gogh,* ca. 1889
Meyer de Haan, ein holländischer Maler, zog bei Theo ein, als Vincent 1888 von Paris nach Arles abgereist war. (Auch Joseph Isaäcson, ein anderer holländischer Künstler, war nach Arles gegangen.) De Haan gewährte seinem Freund Gauguin finanzielle Unterstützung, solange er konnte. Er war ein philosophisch-religiöser Mensch. Seine besten künstlerischen Arbeiten entstanden in England in Zusammenarbeit mit Gauguin.

113 *Ein Paar Schuhe,* gegen Ende 1886
Dieses berühmte Gemälde hat zu vielerlei symbolischer und philosophischer Interpretation Anlaß gegeben. Das ausdrucksstarke Bild hat allerdings auch zu zahllosen Deutungsversuchen geführt, die eher an der Sache vorbeigehen.

114 Henri de Toulouse-Lautrec: *Vincent van Gogh,* 1886

Toulouse-Lautrec soll diese Pastellzeichnung im Café Le Tambourin am Boulevard de Clichy angefertigt haben *(linke Seite)*. Alle Energie und Genialität van Goghs kommt in der geradezu löwenhaft gespannten Haltung zum Ausdruck. Dieses eindrucksvollste Bild der Pariser Zeit zeigt Vincent, wie ein Außenseiter ihn sah und gibt deutlich den Mann wieder, der uns in den Selbstbildnissen begegnet.

115 Selbstbildnis vor der Staffelei, Anfang 1888

116 Selbstbildnis mit grauem Filzhut, Sommer 1887

117 Selbstbildnis, Herbst 1887

Diese drei Selbstbildnisse erlauben, in Verbindung mit der Pastellzeichnung von Toulouse-Lautrec, einen genaueren Blick auf Vincents vom Zwang bestimmtes Leben in Paris, das zu völliger Erschöpfung führte, und wo er „beinahe ein Kranker und beinahe ein Trinker" wurde. (544a) Das letzte Selbstbildnis entstand Anfang 1888, kurz vor der Abreise. Es ist „das Angesicht des Todes", mit Blick in den Spiegel gemalt. (W 7)

Eindrücke bei Theo

118 Claude Monet: *Vier Boote im Winterquartier, Etretat,* 1885
Vincent war ein Bewunderer Monets. Von den Werken, die er bei Theo gesehen und im Gedächtnis behalten hatte, scheint dieses hier mit seinem pastosen Farbauftrag und dem stark strukturierenden Pinselstrich besonders darauf abgestimmt gewesen zu sein, ihm zu gefallen.

119 Louis Anquetin: *Die Avenue de Clichy,* 1887
Dieses Bild mit den kahlen Bäumen und den warm gekleideten Gestalten ist wahrscheinlich im Herbst gemalt, und Vincent sah es „wenige Monate vor seiner Abreise aus Paris". (B. Welsh-Ocharov, *Vincent van Gogh: His Paris Period (Seine Pariser Periode,* Utrecht 1976)

120 Adolphe Monticelli: *Vase mit Blumen,* 1875–1880
Ein Werk aus dem Besitz Theos, über das sich Vincent anerkennend aussprach. Vincent hatte eine eigenartige Beziehung zu Monticellis Werk. Aufgrund seiner Kenntnisse von Delacroix, als dessen Anhänger er Monticelli ansah, untersuchte Vincent dessen Faszination von der Farbe. Oft äußerte er sich über Monticellis Persönlichkeit und identifizierte sich mit dessen Schicksal, als Maler unterschätzt und als Trunkenbold verachtet zu werden.

121 Paul Signac: *Stilleben mit Maupassants Buch „Au Soleil",* datiert 1883
Vincents enge Freundschaft mit Signac war außergewöhnlich, denn zwischen ihnen gab es niemals Streit. Dieses Stilleben muß Vincent sehr beeinflußt haben. Es liegt zeitlich vor Signacs Ansichten vom Montmartre, auf die Rewald hinweist und die zwischen 1884 und 1887 entstanden sind. Signac informierte Vincent über Theorie und Maltechnik des Pointillismus. (Seurat war zu wenig ansprechbar.)

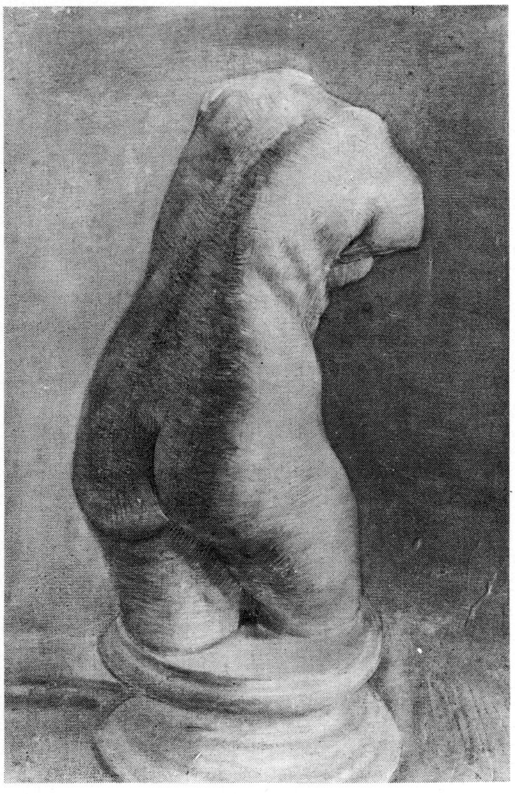

Die Frau

122 Gipsabguß, 1886–1887
Weniger brutal als die vereinzelt erhaltenen Aktdarstellungen nach lebenden Modellen sind die zahlreichen Akte nach Gipsabgüssen. Doch konnten diese Arbeiten den akademischen Ansprüchen der Antwerpener Professoren kaum genügen und nicht ihre Anerkennung finden.

123 Weiblicher Akt auf einem Bett, 1887
Zu diesem Bild gibt es eine Zeichnung (F I 404). Es ist einer der wenigen erhaltenen Akte van Goghs. Vermutlich sind viele nach seinem Tod vernichtet worden. Diese Zeichnung wirkt befremdend, wenn nicht sogar anrüchig.

124 Bildnis einer Italienerin (Agostina Segatori?), Winter 1887–1888
Dieses Bildnis der Agostina Segatori, der Eigentümerin des „Tambourin", mit der Vincent ein Verhältnis gehabt haben soll, ragt als Spitzenleistung aus dem Pariser Werk hervor. Man kann das Modell ohne weiteres vergessen, ebenso die Anklänge an die Volkskunst, an Japan und einige der Malerfreunde (Monticelli, Guillaumin). Denn Vincent schafft hier eine moderne, straffe und zugleich harmonische Struktur konstrastierender farbiger Pinselstriche, eine überzeugende Synthese all dessen, was er seit Nuenen über die neuen Möglichkeiten der Farbe in sich aufgenommen hatte.

Asnières

125 Asnières, an der ersten Seineschleife nördlich von Paris, Anfang 1887. Van Gogh (von hinten) und Emile Bernard scheinen über Kunstprobleme zu diskutieren.

126 *Uferspaziergang nahe bei Asnières,* Frühsommer 1887
Der Stil des Impressionismus, fast schwerelos in seiner Wirkung mit den Farbtupfen *(pointilles),* stellt in van Goghs Werk eine ganz kurze Entwicklungsphase dar, wenn auch impressionistische Einflüsse in seinen Zeichnungen länger wirksam bleiben.

127 *Fabrik in Asnières,* Sommer 1887
Im gleichen Jahr, in derselben Jahreszeit entstanden wie Bild *126,* doch anders in der Maltechnik: lange, klare, regelmäßige Pinselstriche, die die Formen gliedern und betonen. Hier wie dort besteht eine Ähnlichkeit mit Signac.

Rechte Seite:
128 Brücke bei Asnières, spätes 19. Jh.
Die Landschaft zog die Künstler an, weniger war es gegenseitige Einflußnahme. Beide malten die gleiche Szene nacheinander, nicht gleichzeitig. Fotografien sind oft wenig hilfreich im Vergleich mit Gemälden. Aber hier zeigt die Fotografie mit dem Zug auf der Brücke, welch eindrucksvolle Gestaltungselemente diese halbartifizielle Landschaft zu bieten hatte.

129 Emile Bernard: *Die Brücken von Asnières,* Herbst 1887

E Bernard 1887

RESTAURANT DE LA SIRENE

130 Restaurant de la Sirène in Asnières, Frühsommer 1887
Niemals befolgt Vincent die Maltechnik des Pointillismus so streng, daß ein statisches Muster von Punkten entsteht. Er drückt vielmehr eine Bewegung aus, auf der Linie zwischen Zeichnung und Malerei.

131 Badeanstalt an der Seine bei Asnières, Sommer 1887
Ein Beispiel für Vincents stark strukturierenden Pinselstrich, ähnlich der Malweise von Monet.

132 Fabriken in Asnières, vom Quai de Clichy aus gesehen, Sommer 1887
Emile Bernard wohnte in Asnières bei seinen Eltern. Er und Vincent trafen sich dort im Frühjahr 1887 öfter mit Signac. Alle drei sahen sich zwei konträren Richtungen gegenüber: zum einen dem Führungsanspruch Seurats mit seinem strengen Pointillismus, zum anderen der flächigen Malweise und Betonung des Umrisses, die von den Japanern herkam und deren Verfechter Anquetin war. Asnières befriedigte Vincents Interesse an der Landschaft und am halb industrialisierten Vorstadtmilieu *(banlieue).*

133 Utagawa Kuniyoshi: *Bildnis einer Blumen betrachtenden Frau, mit einem Nebenbild zum örtlichen Handwerk, Provinz Bitchu,* 1852
Die klar geschnittene, flache Silhouette und die Haltung zeigen eine verblüffende Ähnlichkeit mit einem der beiden Bildnisse der Madame Ginoux, das in Arles entstand *(155)*, und das Vincent mit „japanischer" Geschwindigkeit in weniger als einer Stunde malte. Die Verwendung von Drucken als Hintergrund entspricht japanischer Gewohnheit.

Linke Seite:
134 Utagawa Hiroshige: *Blühende Pflaumenbäume,* 1857
135 Utagawa Hiroshige: *Schauer über der Ohashi-Brücke bei Ataka,* 1857

Links:
136 *Blühender Pflaumenbaum,* erste Hälfte 1887
137 *Brücke im Regen,* Sommer 1887

Vincent besaß zwölf Drucke aus der Serie *Berühmte Stätten in Edo.* Die beiden Ölgemälde rechts sind vergrößerte Kopien, angefertigt in Übereinstimmung mit dem Original und durch eine japanische Beschriftung ergänzt (einschließlich einem deutlich lesbaren Hinweis auf ein Bordell, wie es heißt).

138 *Japanisches: Oiran,* Sommer 1887
Nach einem Druck, *Der Schauspieler,* von Kesai Yeisen (1790–1848), mit Veränderungen, die Vincent verschiedenen Quellen entnahm (einschließlich *Paris Illustré*). Seine Kopien japanischer Drucke sind typisch westliche Interpretationen mit ihrer Hintanstellung des Umrisses gegenüber der Farbe.

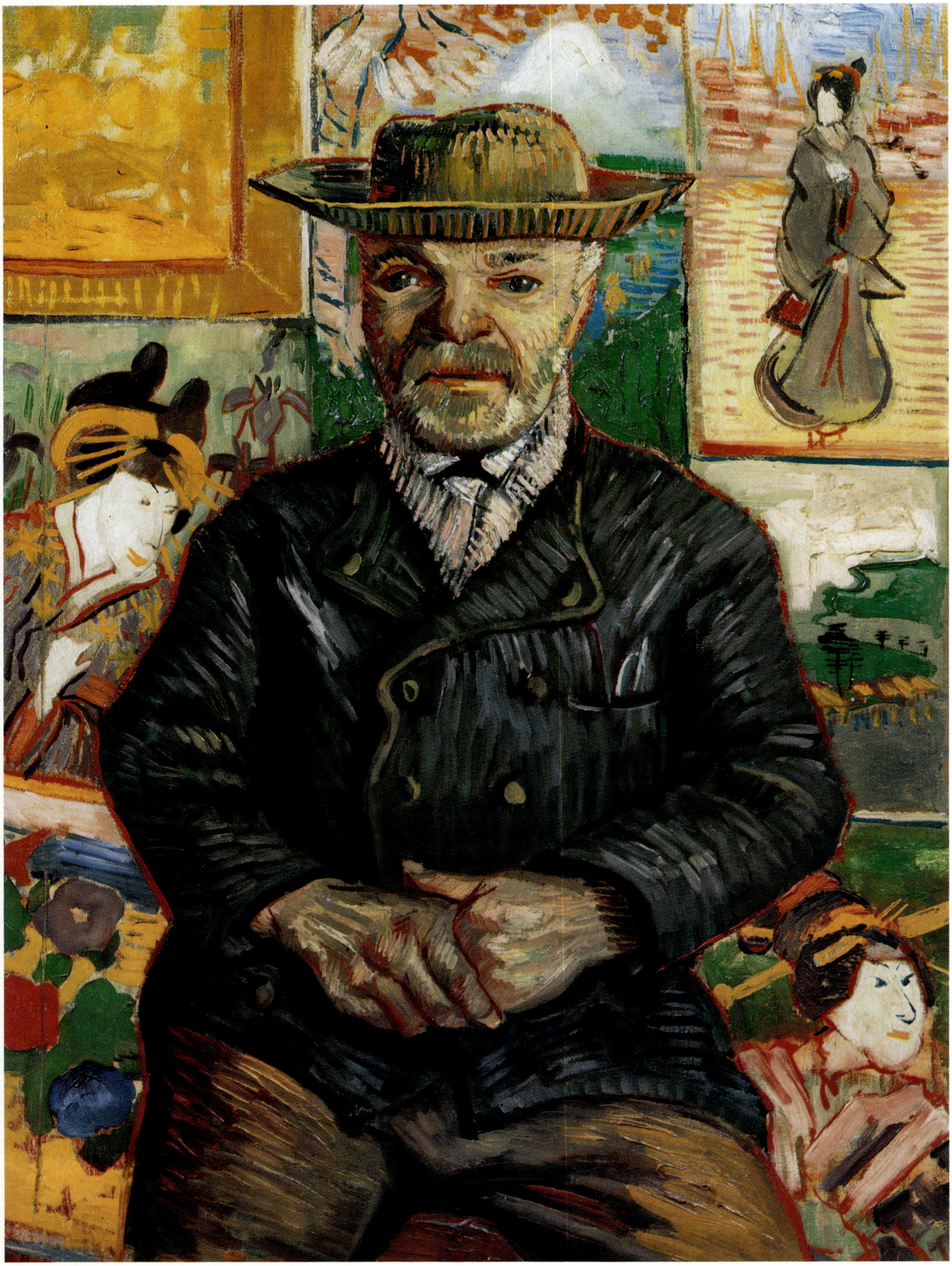

139 Porträt des Père Tanguy, Herbst 1887
Eine zweite Version in größerem Format mit zusätzlichen Details (F 636) hat ausschließlich japanische Drucke als Hintergrund. Diese Fassung, die ältere, zeigt auch ein herbstliches Stilleben von van Gogh selbst (F 383). Tanguy hat hier mehr Spannkraft und Vitalität, der Gesichtsausdruck ist unmittelbarer.

IV ARLES

„Kann nicht auskommen ohne etwas, das größer ist als ich, das mein Leben ist – die Kraft zu schaffen“

1888–1889 ARLES

Was Vincent in Arles schuf, ist im großen und ganzen eine Fortsetzung seiner besten Arbeiten der letzten Pariser Monate. Die Farbe trat nun zunehmend in den Vordergrund. In seinen Zeichnungen wurde die Linienführung deutlich besser, vor allem in den Rohrfederzeichnungen (ein japanisches Werkzeug). Der Einfluß des Impressionismus schwand. Vincent hatte die Idee, ein kleines Künstlerkollektiv zu gründen, welches gemeinsam künstlerische Probleme und solche der praktischen Lebensführung leichter lösbar machen sollte, als es der einzelne vermocht hätte. Mit der für ihn typischen Großzügigkeit und Tatkraft schlug er vor, das von ihm gemietete gelbe Haus in Arles als bescheidenes Arbeits- und Diskussionszentrum für sich und seine Gäste zu nutzen. Mit der langersehnten Ankunft Gauguins nahm die Idee im Oktober 1888 reale Gestalt an und endete zu Weihnachten in einer Katastrophe, der hastigen Abreise Gauguins und Vincents Einweisung in das örtliche Krankenhaus. Es gelang Vincent nicht, seine Gesundheit wiederherzustellen, aber er konnte sein Werk vor Vernichtung und Zusammenbruch retten. Die Zuwendung zur Religion, die in Paris etwas lockerer geworden war, und ein steigendes Interesse an der Vorstellung eines Fortlebens nach dem Tode verkomplizierten seine geistige Existenz in steigendem Maße.

... Als ich auf der Gare du Midi von Dir wegfuhr, war ich todunglücklich und beinah krank und beinah ein Säufer, weil ich mich so kaputt gemacht hatte.

Ich habe immer das dunkle Gefühl gehabt, als hätten wir vergangenen Winter in unseren Diskussionen mit so vielen interessanten Leuten und Künstlern unser Herzblut hingegeben, aber ich habe noch nicht zu hoffen gewagt.

Nach all den Anstrengungen, die Du und ich bis heute gemacht haben, beginnt es sich am Horizont zu lichten: die Hoffnung. (544a, 29. Sept. 1888, F)
196

Den erbärmlichen Vergleich mit einem Hund hatte er aufgegeben. Stattdessen verglich er sich und seine Freunde jetzt mit alten, klapprigen Droschkengäulen.

... Aber, mein lieber Bruder — Du weißt, ich fühle mich hier wie in Japan: weiter brauche ich Dir nichts sagen, und dabei habe ich noch nichts im gewohnten Glanz gesehen.

Deshalb zweifle ich nicht am Gelingen dieses Unternehmens, daß ich lange im Süden bleiben will (obwohl es mich betrübt, daß die Ausgaben groß sind und die Bilder nichts einbringen). Hier sehe ich Neues, ich lerne, und wenn ich ein bißchen sanft mit ihm umgehe, verweigert mir auch mein Körper seine Dienste nicht. Aus vielerlei Gründen wünschte ich, ich könnte eine Freistatt gründen, wo die armen abgerackerten Pariser Droschkengäule auf die Weide geführt würden — Du nämlich und manche unserer Impressionisten-Freunde, die kein Geld haben.

Ich war bei der Untersuchung eines Verbrechens dabei, das vor der Tür eines Bordells hier begangen worden ist: zwei Italiener haben zwei Zuaven umgebracht. Ich habe die Gelegenheit benutzt und bin in eins der Bordelle in dem Gäßchen, das „des ricolettes" heißt, hineingegangen.

Darauf beschränken sich meine Liebesabenteuer mit den Arlesierinnen. Die Menge hätte *beinahe* (wie das Beispiel Tartarins zeigt, ist der Süden schneller mit dem Wollen bei der Hand als mit dem Handeln) also die Menge hätte *beinahe* die im Rathaus eingesperrten Mörder gelyncht, aber als Gegenmaßnahme sind sämtliche Italiener und Italienerinnen, einschließlich der kleinen Savoyardenjungen, aus der Stadt ausgewiesen worden.

Ich würde Dir das nicht erzählen, aber ich wollte Dir berichten, daß ich die Straßen voll von erregten Menschen gesehen habe. Und das war wirklich sehr schön.

Meine drei letzten Studien habe ich mit Hilfe des Perspektivrahmens gemacht, den Du ja kennst. Ich lege großen Wert darauf, den Rahmen zu benutzen, denn ich glaube, in nicht allzuferner Zukunft werden viele Künstler ihn verwenden, ebenso, wie ihn die alten deutschen und italienischen Maler bestimmt verwendet haben, und auch die Flamen, möchte ich annehmen.

Die moderne Anwendung dieses Gerätes mag von der Anwendung in früheren Zeiten abweichen — aber erzielt man nicht auch mit der Ölmalerei heutzutage ganz andere Effekte als die Erfinder des Verfahrens, Jan und Hubert van Eyck? Ich hoffe noch immer, daß ich nicht für mich allein arbeite; ich glaube an die unbedingte Notwendigkeit einer neuen Kunst der Farbe, des Zeichnens und — des künstlerischen Lebens. Und wenn wir in diesem Glauben arbeiten, scheint es mir möglich, daß unsere Hoffnungen nicht trügen. (469, 17. März 1888, F)

Einige seiner Arbeiten wurden zur Ausstellung im Salon des Indépendants in Paris angenommen. Er bestand darauf, seinen Namen nur mit Vincent anzugeben und argumentierte, die Leute könnten ganz unmöglich den Namen van Gogh aussprechen. Dieses Argument traf allerdings nicht für Holland und Belgien zu, wo er seine Werke in der Regel auch nur mit ‚Vincent' signiert hatte. Wahrscheinlich fing er in Brabant damit an, um die Trennung von der Familie hervorzuheben. Vincent steht so am Anfang einer Mode, die sich bis heute unter Künstlern gehalten hat.

...Im Grunde freut es mich sehr, daß man sie neben die anderen Impressionisten gehängt hat.

Aber obwohl es für diesmal gar nicht drauf ankommt, sollte man künftig meinen Namen im Katalog so anführen, wie ich meine Bilder signiere, nämlich unter Vincent und nicht unter van Gogh, aus dem vortrefflichen Grunde, daß diesen letzteren Namen kein Mensch hier aussprechen kann. Inliegend schicke ich Dir den Brief von Tersteeg zurück und den von Russell; vielleicht wäre es interessant, den Briefwechsel mit den Künstlern aufzuheben...

P.S. Die Stadt Paris zahlt nicht; es täte mir leid, wenn die Seurats in ein Provinzmuseum oder in einen Keller kämen; diese Bilder sollten in lebendigen Händen bleiben – wenn Tersteeg wollte... Wenn wir die drei ständigen Ausstellungen machten, so brauchten wir einen großen Seurat für Paris, einen für London, einen für Marseille. (471, 24. März 1888, F)

Die Nachricht von Mauves frühem Tod traf ihn als harter Schlag. Von ihren früheren Meinungsverschiedenheiten in Den Haag war bei ihm kein Groll zurückgeblieben. Ganz im Gegenteil, Vincent schickte Mauves Witwe, seiner Tante Jet, den heutzutage berühmten *Blühenden Pfirsichbaum, Erinnerung an Mauve*, signiert mit ‚Vincent'. Man hat angenommen, das Bild sei zunächst mit ‚Vincent Theo' signiert worden. Es ist nicht bekannt, ob Theo der Verwendung seines Namens widersprochen hat.

...Ich hatte im Freien, in einem Obstgarten, ein Bild zu 20 gemacht, umgegrabener lila Boden, ein Schilfzaun, zwei rosa Pfisichbäume gegen einen leuchtend blau-und-weißen Himmel. Wahrscheinlich die beste Landschaft, die ich je gemacht habe. In dem Augenblick, als ich damit nach Hause kam, erhalte ich von unserer Schwester einen holländischen Artikel, dem Andenken Mauves gewidmet; mit seinem Bild (sehr gut das Bild), der Text schlecht und nichtssagend, eine hübsche Radierung. Aber da hat mich irgendetwas gepackt und mir vor Erregung die Kehle zugeschnürt, und ich habe auf mein Bild geschrieben:

Souvenir de Mauve,
Vincent & Theo

Und wenn es Dir recht ist, schicken wir beide es, so wie es ist, an Frau Mauve. Ich habe absichtlich die beste Studie genommen, die ich hier gemacht habe; ich weiß nicht, was sie zu Hause davon sagen werden, aber das ist uns gleich; mir war zumute, als müsse es zur Erinnerung an Mauve etwas Zartes und zugleich sehr Farbenfreudiges sein, nicht eine Studie in ernsteren Tönen als diese.

„Ne crois pas que les morts soient morts,
Tant qu'il y aura des vivants,
Les morts vivront, les morts vivront."

[Glaub nicht, die Toten wären tot.
Solange hier Lebendige sind,
Leben die Toten auch, leben die Toten auch.]
So empfinde ich das Ganze, nicht trauriger... (472, 30./31. März, 1888, F)

...Die Luft hier tut mir entschieden gut, ich würde Dir ein paar Lungen voll davon wünschen; eine ihrer Wirkungen ist recht drollig: ein einziges kleines Glas Cognac schmeißt mich hier um; daß ich also keine Reizmittel brauche, um meinen Blutkreislauf zu beschleunigen, wird meiner Gesundheit zugute kommen.

Nur mein Magen ist schrecklich schwach, seit ich hier bin; aber da heißt es wahrscheinlich lange Geduld haben.

Ich hoffe dieses Jahr gute Fortschritte zu machen, was ich auch sehr nötig habe...

Mauves Tod ist ein schwerer Schlag für mich gewesen. Du wirst wohl sehen, daß die rosa Pfirsichbäume mit einer gewissen Leidenschaft gemalt sind.

Ich muß auch eine Sternennacht mit Zypressen haben, oder – vielleicht über einem reifen Kornfeld; es gibt hier sehr schöne Nächte. Ich bin in einem ständigen Arbeitsfieber... (474, 9. April 1888, F)

Besonders in seinen Briefen aus Arles schuf Vincent durch das Wort einen unbegrenzten Raum für ungewohnte Gedankenverbindungen, fernab von vernünftiger, folgerichtiger Ordnung, dem Staccato eines feinnervigen Geigers vergleichbar. Erinnerung und Beobachtung laufen nebeneinander her und reiben sich ständig aneinander. Zunehmende Hast und

Verlangsamungen sind in den Manuskripten seiner Briefe deutlich sichtbar, die Regeln der Zeichensetzung vernachlässigt. Zu- und abnehmende Größe der Schrift entsprechen einem Prozeß angespannter Konzentration und nachfolgender Entspannung, so, als wollte er einen Gedankengang gliedern.

... Ich glaube, hier ließe sich auch allerlei mit Porträt machen. Wenn die Leute auch von einer bodenlosen Unwissenheit sind, was Malerei im allgemeinen anlangt, so sind sie doch *sehr viel künstlerischer* veranlagt als die im Norden, wenn es sich um die eigene Erscheinung und um das eigene Leben handelt. Ich habe hier Figuren gesehen, die bestimmt ebensoschön wie ein Goya oder ein Velazquez waren. Sie verstehen es, durch einen kleinen rosa Effekt einem schwarzen Kleid eine besondere Note zu geben oder eine Gewandung in Weiß, Gelb und Rosa zustande zu bringen, oder in Grün und Rosa, oder in *Blau und Gelb*, woran es vom künstlerischen Standpunkt nichts zu verbessern gibt. Seurat würde hier Männerfiguren finden, die sehr malerisch sind, trotz ihrer modernen Kleidung.

Ich möchte glauben, daß die Leute hier Geschmack an Porträts finden würden. Aber ehe ich es wage, mich aufs Bildnismalen zu verlegen, will ich meine Nerven beruhigt haben, und dann will ich so eingerichtet sein, daß man im Atelier jemanden empfangen kann. Und wenn ich Dir die harte Wahrheit meiner Berechnungen verraten soll, so höre: ich würde ein Jahr brauchen, um ganz gesund zu werden und mich hier zu akklimatisieren, und um mich einzurichten, würde ich an die tausend Francs brauchen. Wenn ich im ersten Jahr – dem laufenden – monatlich hundert Francs für das Leben und hundert Francs für die Einrichtung ausgeben würde, so bliebe, wie Du siehst, bei dieser Berechnung kein Pfennig fürs Malen übrig. Aber am Ende dieses Jahres hätte ich dann auch meine Einrichtung einigermaßen instand und, möchte ich glauben, auch meine Gesundheit. Bis dahin würde ich mich in der Hauptsache jeden Tag mit Zeichnen befassen und außerdem zwei oder drei Bilder im Monat malen. Zur Einrichtung rechne ich auch eine vollkommene Erneuerung meiner Wäsche, meiner Kleider und meines Schuhwerks. Und am Ende des Jahres wäre ich ein anderer Mensch.

Ich hätte ein Zuhause, und ich hätte die für meine Gesundheit nötige Ruhe...

Mein armer Freund, unsere Neurose usw. kommt zum Teil von unserer etwas zu künstlerischen Lebensweise, aber sie ist auch ein verhängnisvolles Erbteil, denn in unserer Zivilisation wird der Mensch von Generation zu Generation schwächlicher. Nimm unsere Schwester Wil; sie hat weder getrunken noch ein lockeres Leben geführt, und doch gibt es eine Photographie von ihr, auf der sie den Blick einer Geisteskranken hat – ein Beweis, daß auch wir, wollen wir uns über unseren wahren Gesundheitszustand nichts vormachen, zu denen gehören, die an einer lang vorbereiteten Neurose leiden...

Doch wenn wir leben und arbeiten wollen, müssen wir sehr vernünftig sein und auf unsere Gesundheit achten. Kaltes Wasser, frische Luft, gute, einfache Kost, gute Kleidung, guter Schlaf und kein Ärger. Und sich nicht soviel mit den Frauen und mit dem wahren Leben abgeben, wie man wohl möchte... (481, 3./4. Mai 1888, F)

... Dreckig ist diese Stadt mit ihren alten Straßen!

Die Arlesierinnen, von denen doch so viel geredet wird, weiß Du, was ich eigentlich von ihnen denke? Gewiß, sie sind wirklich entzückend, aber es ist nicht mehr das, was es einmal gewesen sein muß. Es ist eben oft mehr Mignard als Mantegna, denn sie sind mitten in der Dekadenz. Das ändert nichts daran, daß es schön ist, sehr schön, und ich spreche hier nur über den Typus von römischem Charakter – ein wenig langweilig und banal. Aber wie viele Ausnahmen!

Es gibt Frauen wie von Fragonard und – wie von Renoir. Und dann welche, die sich wohl nirgends einordnen lassen in alledem, was die Malerei bisher hervorgebracht hat.

Das Beste, was man machen könnte, wäre in jeder Hinsicht: Frauen- und Kinderbildnisse malen. Nur sieht es mir nicht so aus, als ob ich derjenige wäre, der das tun wird, dazu bin ich nicht Bel Ami genug.

Aber ich wäre schon ganz zufrieden, wenn dieser Bel Ami des Südens – Monticelli war es nicht, aber er hat ihn vorbereitet, und ich bin es auch nicht, das weiß ich, aber ich spüre, daß er kommen wird – ich wäre, wie gesagt, ganz zufrieden, wenn in der Malerei ein Mann wie Guy de Maupassant auftauchte, um seelenvergnügt all die schönen Menschen und Dinge hier zu malen. Ich für mein Teil werde arbeiten, und hier und da wird mal was von meiner Arbeit bleiben, aber wo ist einer, der für die Figur tun wird, was Claude Monet für die Landschaft getan hat? Du fühlst doch sicher genau wie ich, daß es in der Luft liegt. Rodin? Der arbeitet nicht mit Farbe, der ist es nicht. Aber der Maler der Zukunft ist ein *Kolorist, wie es noch keinen gegeben hat.* Manet hat ihn vorbereitet, aber Du weißt ganz genau, daß die Impressionisten schon stärker mit Farbe gearbeitet haben als Manet. Dieser Maler der Zukunft – ich kann mir nicht vorstellen, daß er sich in kleinen Kneipen rumtreibt, mehrere falsche Zähne im Munde hat und in Zuavenbordelle geht wie ich... (482, 3./4. Mai 1888, F)

... Und wir, die wir, glaube ich, dem Tode keineswegs so nahe sind, fühlen nichtsdestoweniger, daß die Sache größer ist als wir und von längerer Dauer als unser Leben.

Wir fühlen uns nicht dem Tode nahe, aber wir spüren, wie es in Wirklichkeit ist: wir bedeuten wenig, und wir zahlen einen harten Preis dafür, daß wir ein Glied in der Kette der Künstler sind – wir zahlen mit unserer Gesundheit, mit unserer Jugend, mit unserer Freiheit, deren wir niemals froh werden, sowenig wie der Droschkengaul, der einen Wagen mit Leuten zieht, die froh in den Frühling hinausfahren.

Nun, ich wünsche Dir und auch mir, daß es uns gelingen möge, wieder gesund zu werden, denn wir haben es nötig. Diese „*Hoffnung*" von Puvis de Chavannes ist eine solche Wirklichkeit. In der Zukunft wird es eine Kunst geben, die muß so schön, so jung sein, daß wir, auch wenn wir jetzt unsere eigene Jugend opfern, nur an heiterer Ruhe gewinnen können. *196*

Es ist vielleicht töricht, das alles zu schreiben, aber ich fühle es so, und mir schien, als littest Du wie ich darunter, Deine Jugend dahinschwinden zu sehen wie Rauch; doch wenn sie in dem, was man schafft, aufs neue grünt und lebendig wird, so ist nichts verloren, und die Fähigkeit zu arbeiten ist eine zweite Jugend.

Sei also ernstlich darauf bedacht, wieder gesund zu werden, denn wir haben unsere Gesundheit nötig... (489, ca. 19. Mai 1888, F)

...P.S. Wenn es also so steht, daß Du diese Reisen machen mußt, ohne je zur Ruhe zu kommen, so nimmt mir das wirklich alle Lust, meine eigene Ruhe wiederzugewinnen. Und wenn Du diese Vorschläge annimmst, gut – aber dann verlange von diesen Goupils, daß sie mich wieder anstellen mit meinem damaligen Gehalt, und nimm mich mit auf Deine Reisen. Menschen sind wichtiger als Dinge, und was mich anlangt – je mehr Mühe ich mir mit meinen Bildern gebe, um so kälter lassen mich die Bilder an sich. Ich mache sie, weil ich unter Künstlern sein möchte. Versteh mich recht – ich wäre unglücklich, wenn ich der Anlaß wäre, daß Du Geld verdienen müßtest; bleiben wir lieber auf jeden Fall zusammen. Wo ein Wille ist, ist auch ein Weg, und ich habe das Gefühl, Du würdest auf viele Jahre hinaus gesund, wenn Du jetzt gesund wirst. Aber richte Dich jetzt nicht zugrunde, weder für mich noch für andere. Du kennst das Bildnis des alten Six – ein Mann, der davongeht, den Handschuh in der Hand; gut, *lebe*, bis Du so davongehst; so sehe ich Dich; verheiratet, in einer fabelhaften Stellung in Paris. Auf diese Art kommst Du zu Erfolg und Ansehen. Überlege es Dir und frage Gruby um seinen Rat, ehe Du diesen Vorschlag annimmst. (492, ca. 29. Mai 1888, F)

Ich denke sehr oft an Dich [Gauguin], und wenn ich erst jetzt schreibe, so deshalb, weil ich keine leeren Redensarten schreiben mochte. Aus der Sache mit Russell ist wieder nichts geworden, aber Russell hat trotzdem Impressionisten gekauft. Guillaumin und Bernard, und – warte Deine Stunde ab – er wird von allein drauf kommen, doch ich habe ihn nicht stärker drängen können, nachdem er es zweimal abgeschlagen hat, aber jedesmal unter Versprechungen für die Zukunft.

Ich wollte Dir jetzt schreiben, daß ich eben ein Haus mit vier Zimmern hier in Arles gemietet habe.

Und es scheint mir, wenn ich einen anderen Maler fände, der Lust hätte, den Süden auszubeuten, und der wie ich so von seiner Arbeit beansprucht wäre, daß er sich damit abfände, so wie ich wie ein Mönch zu leben, der alle vierzehn Tage mal ins Bordell geht, im übrigen aber seiner Arbeit lebt und wenig geneigt ist, seine Zeit zu vertrödeln, so wäre das eine gute Sache. Ganz allein, wie ich bin, leide ich ein wenig unter dieser Isolierung.

Ich habe denn oft daran gedacht, ganz offen mit Dir darüber zu reden. Du weißt, mein Bruder und ich schätzen Deine Bilder sehr und wünschen von Herzen, Du hättest ein bißchen Ruhe.

Mein Bruder kann aber nicht Dir Geld in die Bretagne und mir Geld in die Provence schicken. Aber würdest Du hier mit mir teilen mögen? Wenn wir uns zusammentäten, würde es vielleicht für uns beide langen, ich glaube das sogar ganz bestimmt. Da ich den Süden nun einmal in Angriff genommen habe, sehe ich keinen Grund, wieder davon abzulassen.

Ich war krank, als ich herkam, jetzt bin ich gesund – kurz, ich fühle mich wohl im Süden, wo man fast das ganze Jahr über im Freien arbeiten kann.

Das Leben hier kommt mir jedoch ziemlich teuer vor, aber auch die Möglichkeit, zu Bildern zu kommen, ist sehr groß. Wie dem auch sei, wenn mein Bruder monatlich für uns beide zweihundertfünfzig Francs schickte, würdest Du da kommen? Wir würden teilen. Nur müßte man sich dann entschließen, soviel wie möglich zu Hause zu essen; man würde für ein paar Stunden am Tage eine Art Aufwartung nehmen und so alle Gasthauskosten sparen.

Und Du würdest meinem Bruder jeden Monat ein Bild geben, während Du mit den anderen machen könntest, was Du willst... (Vincent an Paul Gauguin, 494a, ca. 5. Juni 1888, F)

...Wenn Gauguin herkäme, so hätten wir, glaube ich, einen Schritt vorwärts getan. Dann wären wir eben die Maler des Südens, dagegen gäbe es nichts zu sagen. Ich muß diese Festigkeit der Farbe erreichen, die ich in dem Bild habe, das alle anderen totschlägt...

Dieses letzte Bild erträgt die Umgebung der roten Ziegel, mit denen das Atelier gepflastert ist. Wenn ich es auf den Boden lege, auf diesen ziegelroten, *sehr roten* Hintergrund, wird die Farbe des Bildes nicht matt oder blaß. Die Gegend von Aix, wo Cézanne arbeitet, ist genau dieselbe wie hier, es ist auch die Crau. Wenn ich mit meiner Leinwand nach Hause komme und mir sage: „Sieh mal an, da bin *141* ich ja zu genau denselben Tönen gelangt wie der Vater Cézanne", so will ich damit nur sagen: Cézanne, der *aus genau derselben Gegend* wie Zola stammt, kennt sie so bis ins kleinste, und wenn man zu denselben Tönen gelangt, muß man innerlich dieselben Überlegungen angestellt haben. Nebeneinander gesehen, würden die Sachen sich behaupten, aber selbstverständlich einander nicht gleichen... (497, 12.–13. Juni 1888, F)

Er tat alles, um das Gelbe Haus [Maison Jaune] wohnlich zu gestalten bei möglichst geringen Kosten und malte Sonnenblumendekorationen zu Gauguins Begrüßung. Noch immer setzte er alle seine Hoffnungen auf die Errichtung eines Künstlerzentrums, obwohl er zuweilen das Utopische seiner Idee spürte. Von Zeit zu Zeit unternahm er lange Streifzüge, z. B. an die Küste nach Saintes-Maries-de-la-Mer. Dort inspirierte ihn ein Gang am Ufer entlang zu einem großartigen, knappen Bericht über das erregende Erlebnis der Nacht.

161, 162 ... Einmal bin ich nachts am öden Strand spazierengegangen. Es war nicht heiter, aber auch nicht trau-
147, 148 rig, es war – schön.
Am tiefblauen Himmel standen Wolken von noch tieferem Blau als das Grundblau, ein intensives
Kobalt, und noch andere von hellerem Blau, wie das blaue Weiß der Milchstraße. In der blauen Tiefe
150, 151 funkelten hell die Sterne, grünlich, gelb, weiß, noch hellere rosa, leuchtender, diamentenhafter als bei
uns – auch als selbst in Paris – wie lauter Edelsteine: Opale, Smaragde, Lapislazuli, Rubine, Saphire.

Das Meer ein ganz tiefes Ultramarin – der Strand ein veilchenblauer und blaßroter Ton, wie mir schien – mit Buschwerk auf der Düne (fünf Meter hoch, die Düne), preußischblaues Buschwerk... (499, 22. Juni 1888, F)

Trotz wiederholten Abgleitens in Phasen der Inaktivität überwog seine Schaffenskraft, ein Ergebnis all dessen, was er in äußerem Erleben und innerer Schau von der Natur wahrnahm. Diese Gedanken lassen sich in dem Begriff ‚Japan' subsumieren.

... Ich wünschte, Du könntest mal eine Zeit hier sein, Du würdest es nach einer Weile spüren, das Sehen wird anders, man sieht mit mehr japanischen Augen, man fühlt die Farbe anders.

Auch bin ich überzeugt, daß gerade durch einen langen Aufenthalt hier meine Persönlichkeit freier werden wird.

Der Japaner zeichnet schnell, sehr schnell, wie der Blitz, denn seine Nerven sind feiner, sein Empfinden ist schlichter.

Ich bin erst seit ein paar Monaten hier – aber sag mal: hätte ich in Paris die Zeichnung mit den Booten *in einer Stunde* machen können? Nicht einmal mit Hilfe des Rahmens, und das hier ist gemacht ohne abzumessen, ich habe einfach der Feder freien Lauf gelassen...

Anquetin und Lautrec werden wohl mit meinen jetzigen Sachen nicht einverstanden sein; in der *„Revue Indépendante"* ist, wie es scheint, ein Artikel über Anquetin erschienen; da wird er der Führer einer neuen Kunstrichtung genannt, in der die Japanmode noch ausgeprägter sei usw. Ich habe es nicht gelesen, aber der Führer des Kleinen Boulevards ist schließlich ohne jeden Zweifel Seurat, und die Japanmode hat der kleine Bernard vielleicht mehr mitgemacht als Anquetin. Sag ihnen, ich hätte ein Bild mit Booten, das und der *„Pont de l'Anglais"* könnten etwas für Anquetin sein. Pissarro hat ganz recht: man müßte die Effekte, welche die Farben durch ihren Einklang oder ihren Mißklang hervorbringen, kühn übertreiben. Es ist dasselbe wie mit der Zeichnung – richtige Zeichnung, richtige Farbe ist vielleicht nicht das Wesentliche, was man erstreben muß, denn wenn es möglich wäre, das Abbild der Wirklichkeit mit Farbe und alledem im Spiegel festzuhalten, so wäre das noch keineswegs ein Bild, sondern nicht mehr als eine Photographie... (500, 23. Juni 1888, F)

Zu leicht übersieht man, wie eine Persönlichkeit eine Krise durchlebt, lange ehe diese bestimmte Verhaltensweisen hervorruft und lange bevor die Außenwelt einen Grund zum Eingreifen sieht. Die fortlaufende Woge ständig neuer Wunschziele; seine gesundheitliche Verfassung während der Erntezeit, in der er sich ausschließlich der malerischen Erfassung dieses Themas widmete bis zur völligen Erschöpfung; das fragwürdige Heilmittel, von dem er sprach; sein Gefühl vorzeitigen Alterns und Zerschlagenseins; all dies war Ausdruck der zerstörerischen Wirkung eines hemmungslosen schöpferischen Willens auf eine schwache gesundheitliche Konstitution. In den gleichen Zusammenhang gehören die klarsichtigen aber düsteren Augenblicke, in denen Vincent übernatürliche Bilder bemühte, die in irgendeiner Form an das Nachleben nach dem Tode denken ließen. Eine kaum verhüllte Todessehnsucht sprach sich in diesen Träumen aus.

Immer wieder kam er auf Monticelli zurück, mit dessen unordentlicher Lebensweise ihn, menschlich wie künstlerisch, ein Gefühl geistiger Verwandtschaft verband.

... Es ist gewiß eine merkwürdige Erscheinung, daß alle Künstler, Dichter, Musiker, Maler in den äußeren Dingen des Lebens unglücklich sind – auch die Glücklichen; was Du neulich von Guy de Maupassant geschrieben hast, beweist es aufs neue. Das rollt die ewige Frage wieder auf: ist das Leben in seiner Ganzheit für uns sichtbar, oder kennen wir vor dem Tode nur die eine Hälfte?

Die Maler – um nur von ihnen zu reden – sprechen, wenn sie tot und begraben sind, durch ihre Werke zur nächsten Generation oder zu vielen späteren Generationen.

Ist das alles, oder gibt es gar noch mehr? Der Tod ist vielleicht nicht das Schwerste, was es im Leben eines Malers gibt.

Ich erkläre, daß ich nichts darüber weiß, aber beim Anblick der Sterne verfalle ich immer ins Träumen, *genauso einfach*, wie die schwarzen Punkte auf der Landkarte, die Städte und Dörfer bedeuten, mich zum Träumen bringen. Warum, frage ich mich, sollten uns die leuchtenden Punkte am Himmelsgewölbe weniger zugänglich sein als die schwarzen Punkte auf der Karte von Frankreich?

Wie wir den Zug nehmen, um nach Tarascon oder nach Rouen zu fahren, so nehmen wir den Tod, um auf einen Stern zu gelangen.

An diesem Gedankengang ist eines sicher wahr; solange wir *am Leben* sind, können wir uns *nicht* auf einen Stern begeben, ebensowenig wie wir den Zug nehmen können, wenn wir tot sind.

Jedenfalls scheint es mir nicht unmöglich, daß Cholera, Nierensteine, Schwindsucht, Krebs himmlische Beförderungsmittel sind, so wie Dampfschiffe, Omnibus und Eisenbahn irdische sind.

Ruhig an Altersschwäche sterben hieße dann zu Fuß hingehen... (506, 1.–3. Aug. 1888, F)

... Ich komme allmählich dahinter, daß gewisse Landschaften, die ich schneller gemacht habe denn je, die besten sind, die ich überhaupt gemacht habe.

So auch die, von der ich Dir die Zeichnung geschickt habe, die „*Ernte*", und auch die „*Strohschober*"; freilich muß ich *das Ganze* noch einmal vornehmen, um sie noch etwas durchzuarbeiten und den Farbauftrag auszugleichen, aber die Hauptarbeit ist in einer einzigen langen Sitzung gemacht, und mit dem Dranherumarbeiten bin ich möglichst zurückhaltend.

Aber ich versichere Dir, wenn ich nach so einem Arbeitstag nach Hause komme, dann ist mein Hirn so müde, daß ich völlig geistesabwesend bin und ganz unfähig zu allerlei gewöhnlichen Verrichtungen, besonders wenn es oft vorkommt wie jetzt während der Ernte.

In solchen Augenblicken ist mir die Aussicht, nicht allein zu sein, keineswegs unangenehm. Und wenn ich mich selber heimkommen sehe von dieser Hirnarbeit, die sechs Hauptfarben Rot–Blau–Gelb–Orange–Violett–Grün ins Gleichgewicht zu bringen, dann muß ich sehr oft an diesen ausgezeichneten Maler Monticelli denken, von dem es heißt, er habe getrunken und sei verrückt geworden.

Arbeit und trockne Berechnung – der Geist ist bis zum äußersten gespannt wie bei einem Schauspieler in einer schwierigen Rolle auf der Bühne; in einer einzigen halben Stunde muß man an tausend Dinge zugleich denken.

Nur eines verhilft einem danach zu Erleichterung und Zerstreuung: daß man sich betäubt durch tüchtiges Trinken oder sehr starkes Rauchen – das gilt für mich wie für andere. Das ist zweifellos nicht sehr tugendhaft, aber ich will auf Monticelli zurückkommen. Das möchte ich mal sehen, einen Trunkenbold vor einer Leinwand oder auf den Brettern! Natürlich ist es eine ganz plumpe Lüge, dieses bösartige, jesuitische Gerede der Roquette über Monticelli.

Monticelli, dieser logische Kolorist, der imstande war, die feinsten und verwickeltsten Berechnungen auszuführen, um die Töne der Farbskala ins Gleichgewicht zu bringen, hat ganz gewiß mit dieser Arbeit sein Hirn überanstrengt, wie Delacroix und Richard Wagner... (507, ca. 7. Juli 1888, F)

Mittlerweile versuchte er, angeregt von Pierre Lotis *Madame Chrysanthème* (ein Reisebericht aus Japan, 1887), in das Wesen Japans einzudringen. Deshalb konnte er mit Recht behaupten, daß eine seiner schönsten Landschaften, die *Ansicht der Ebene von Crau bei Arles*, die 141
oberflächlich betrachtet nichts mit Japan zu tun hat, dennoch die japanischste seiner Arbeiten sei, und zwar wegen des Lichtes und der Klarheit, der formalen Exaktheit und der Genauigkeit der Linienführung und des Detail- und Farbenreichtums, der zwar in seinem gesamten Werk präsent ist, aber niemals dominiert. So betrachtet hatte der Cloisonnismus für ihn niemals die Bedeutung, die andere Künstler ihm beimaßen. Er war für ihn ein Endergebnis, realisiert mit den Ausdrucksmitteln der westlichen Welt, aber mit japanischem Hintergrund, während van Gogh – und dies war nur möglich dank seiner ekstatischen Veranlagung – sich vorstellte, er sehe und erlebe seinen Gegenstand unter einem echt japanischen Aspekt.

... Hast Du „*Madame Chrysanthème*" gelesen? Es hat mir viel zu denken gegeben, daß die echten Japaner *nichts an den Wänden* haben; die Beschreibung des Klosters oder der Pagode, wo einfach *nichts* ist (die Zeichnungen und Kuriositäten werden in Schubladen aufbewahrt). Ach, *so* also sollte man ein japanisches Kunstwerk betrachten, in einem ganz hellen Raum mit nackten Wänden und freiem Blick ins Land hinaus... (509, 18. Juli 1888, F)

Meinen Brief von heute früh, dem ich den Fünfzigfrancsschein für Bing beigelegt hatte, wirst Du schon erhalten haben, und über diese Sache mit Bing möchte ich Dir noch mal schreiben! Wir wissen nämlich nicht genug über japanische Kunst.

Glücklicherweise wissen wir mehr über die französischen Japaner, die Impressionisten. Das ist gewiß das Wesentliche und das Wichtigste.

Dadurch gerät die eigentlich japanische Kunst, die schon in Sammlungen geborgen und in Japan selbst nicht mehr zu finden ist, etwas ins Hintertreffen.

Aber das ändert nichts daran, daß ich, wenn ich auch nur auf einen Tag nach Paris zurückkäme, zu Bing ginge, nur um die Hokusais und andere Zeichnungen aus der besten Periode zu sehen. Als ich die gewöhnlichen Japandrucke so bewunderte, sagte mir Bing selbst, ich würde später schon sehen, daß es noch andere Dinge gäbe... (511, 22. Juli 1888, F)

In wenigen Zeilen drückte Vincent ihrer beider, sein und seines Bruders, Lebensgefühl aus, in einer Art, wie es uns aus der Literatur des 19. Jahrhunderts vertraut ist, dem Gefühl, sein Leben vertan zu haben. Es verdient festgehalten zu werden, daß der Grund nicht darin zu suchen ist, daß er in seine Kunst kein Vertrauen mehr setzte, sondern daß er sich niemals mit der Tatsache abfinden konnte, daß das, was er echtes Leben nannte, ihm entgangen war aufgrund des Drucks und der Belastung durch seinen schöpferischen Auftrag.

...Meine Malerfinger werden jedoch immer gelenkiger, obwohl mein Kadaver herunterkommt. Und der Kopf des Händlers, des Verkäufers – ein Handwerk, das gelernt sein will – wird auch reicher an Erfahrung. In unserer, wie Du mit Recht sagst, so mißlichen Lage dürfen wir unsern Vorteil nicht vergessen und müssen versuchen, unsere Geduld und unsern Scharfblick zu bewahren, um Gutes zu leisten.

Ist es etwa nicht wahr, daß es jedenfalls besser ist, wenn man eines Tages zu Dir sagt: fahre nach London, als daß man Dich vor die Tür setzt und nichts mehr von Dir wissen will?

Ich bin älter als Du, und ich möchte es dahin bringen, daß ich Dir weniger zur Last bin. Und wenn keine allzu pyramidale Katastrophe eintritt und wenn es nicht Kröten regnet, hoffe ich, das auch zu erreichen...

Mein lieber Bruder, wenn ich nicht infolge dieser verfluchten Malerei verratzt und verrückt wäre, was für einen Kunsthändler würde ich noch abgeben, gerade mit den Impressionisten! Aber ich bin eben verratzt. London ist gut, London ist genau das, was wir brauchen, aber leider spüre ich, daß ich nicht mehr kann, was ich gekonnt hätte. Aber zerbrochen und so, wie ich bin, sehe ich *kein Unglück* darin, daß Du nach London gehst – wenn es dort Nebel gibt, bei Gott, damit scheint's in Paris auch immer ärger zu werden.

Was *tatsächlich* los ist –: wir sind älter geworden und demgemäß müssen wir uns verhalten; *alles übrige existiert nicht.* Nun hat dieses „Wider" auch sein „Für" und das muß man nutzbar machen... (513, 26./27. Juli 1888, F)

...Je mehr ich mich verbrauche, je kränker und kraftloser ich werde, um so mehr werde ich zum Künstler, zum Schöpfer in dieser großen Wiedergeburt der Kunst, von der wir reden.

So liegen die Dinge ganz bestimmt; aber diese Kunst, die ewig lebende, und diese Wiedergeburt, dieser grüne Schößling, der aus den Wurzeln des alten, gefällten Stammes aufsprießt, dies sind so sehr Dinge des Geistes, daß uns eine gewisse Schwermut überkommt bei dem Gedanken, daß man mit geringerer Mühe Leben statt Kunst hätte schaffen können... (514, 29. Juli 1888, F)

Die Briefe aus der Zeit zwischen August und Oktober, vor Gauguins schließlichem Eintreffen, enthalten Hinweise darauf, daß van Gogh am Rande eines totalen Zusammenbruchs lebte, wenn auch nicht im Sinne geistiger Verwirrtheit. Ganz im Gegenteil, die Briefe sind ausgesprochen positiv zu beurteilen, denn sie beinhalten einen unerhörten Reichtum tiefer Gedanken über Leben und Tod. Überwältigende Eindrücke vom Leben und der Landschaft, gefühlsgeladene Vorstellungen über all das, was er noch zu tun gedachte, Einzelheiten über seine Lektüre, seine Malerei und seine Zeichnungen ergänzen das Bild des Menschen. Man muß die Briefe in ihrer Gesamtheit lesen, will man den gewaltigen Strom verstehen, der aus seinem Unterbewußtsein hervordrängte und ihn wegschwemmte, ohne daß die Aussicht bestanden hätte, in ruhigere Gewässer zu gelangen.

Vincent konnte seinem Streben nach Totalität, dem ständigen Wiedererleben zurückliegender Erfahrungen nicht entfliehen. Sie blieben als solche präsent neben der Wirklichkeit seines augenblicklichen Tuns. Natürlich braucht man nicht besonders zu betonen, daß in all dem auch ein Element der Regression lag, wenn auch beherrscht von dem Zwang, über den gegenwärtigen Augenblick hinauszugelangen, um sich das Ganze zu eigen zu machen.

...Ich glaube, es war richtig, daß Du zu Onkels Begräbnis gefahren bist, denn Mutter hat Dich offenbar erwartet. Bei einem Todesfall ist es das einfachste, von dem illustren Verstorbenen ohne weiteres anzunehmen, daß er der beste aller Menschen auf der besten aller Welten war, wo immer alles aufs beste geht. Da dies unbestritten und folglich unbestreitbar ist, ist es uns dann sicher gestattet, zu unseren Geschäften zurückzukehren. Es freut mich, daß unser Bruder Cor größer und stärker geworden ist als wir anderen. Und er müßte dumm sein, wenn er sich nicht verheiratete, denn er hat nur das und seine Arme. Damit und mit seinen Armen wie damit und mit seiner Kenntnis von Maschinen wäre ich gern an seiner Stelle, wenn ich irgendwie den Wunsch hätte, irgend jemand anderes zu sein...

...Ich habe weder Leinwand noch Farben mehr und habe schon hier welche kaufen müssen. Und ich muß noch mehr haben.

Bitte schicke also den Brief so, daß ich ihn Sonnabend früh habe. Heute fange ich wahrscheinlich das Innere des Cafés an, wo ich wohne, abends bei Gasbeleuchtung.

Es ist, was man hier ein „Nachtcafé" nennt (die sind hier ziemlich häufig), es bleibt die ganze Nacht über offen. Die „Nachtschwärmer" finden da also eine Zuflucht, wenn sie sich kein Gasthaus leisten können oder wenn sie so besoffen sind, daß man sie da nicht reinläßt.

All diese Dinge, Familie, Vaterland, sind vielleicht schöner in der Einbildung von Menschen wie uns, die wir ganz leidlich ohne Vaterland und auch ohne Familie auskommen, als irgendwo in der Wirklichkeit. Ich fühle mich immer wie ein Reisender, der irgendwohin fährt, an ein Ziel.

Wenn ich mir sage, dieses Irgendwo und dieses Ziel existieren nicht, so scheint mir das sehr vernünftig und wahr.

Wenn der Zuhälter im Bordell jemanden zur Tür hinauswirft, so hat er eine ähnliche Logik; auch er überlegt und hat immer recht, das weiß ich. Aber ich werde am Ende meines Weges unrecht haben. Und wenn schon. Dann werde ich dahinterkommen, daß nicht nur die schönen Künste, sondern auch alles übrige weiter nichts als Träume waren, daß man selber überhaupt nichts war. Wenn wir *so unbedeutend* sind, um so besser für uns, nichts widersetzt sich dann der unbegrenzten Möglichkeit einer zukünftigen Existenz. Daher kommt es, daß jetzt bei Onkels Tod das Gesicht des Toten ruhig war, friedlich und ernst. Dabei ist es eine Tatsache, daß er das im Leben nicht oft gewesen ist, weder in der Jugend noch im Alter. So oft habe ich diese Erscheinung festgestellt, wenn ich einen Toten, wie um ihn zu fragen, betrachtet habe. Und das ist für mich *ein* Beweis, nicht der stärkste – für ein Leben jenseits des Grabes.

Auch ein Kind in der Wiege, wenn man es in Ruhe betrachtet, hat das Unendliche in den Augen. Nun, ich weiß nichts darüber, aber gerade dieses Gefühl, *nichts zu wissen* macht das wirkliche Leben, das wir tatsächlich leben, einer Eisenbahnfahrt ohne Rückfahrkarte vergleichbar. Man fährt rasch, aber man sieht nichts aus der Nähe, und vor allem sieht man die Lokomotive nicht.

Es ist eigentlich merkwürdig, daß sowohl unser Onkel als auch unser Vater an ein künftiges Leben glaubten. Ganz zu schweigen von unserem Vater, habe ich Onkel doch öfter darüber Betrachtungen anstellen hören. Ach, sie waren sicherer als wir – sie bejahten, und sie wurden böse, wenn man die Sache tiefer ergründen wollte.

Das *künftige* Leben der Künstler *in ihren Werken*, da sehe ich nicht viel drin. Ja, die Künstler bilden eine fortgesetzte Reihe, der eine reicht die Fackel dem nächsten, Delacroix den Impressionisten usw. Aber ist das alles?

Wenn eine gute alte Familienmutter mit leidlich beschränkten und verquälten christlichen Ideen unsterblich wäre, so, wie sie es glaubt, und zwar ernstlich – und ich leugne das gewiß nicht, warum sollte dann ein schwindsüchtiger oder nervöser Droschkengaul wie Delacroix oder Goncourt mit ihren großen Ideen weniger unsterblich sein?

Es scheint nur gerecht, daß die leersten Menschen diese unbestimmbare Hoffnung in sich aufkeimen fühlen.

Genug davon, warum sich damit abgeben? Aber wenn man mitten in der Zivilisation lebt, mitten in Paris und mitten in den schönen Künsten, warum sollte man da nicht an diesem Alt-Weiber-Ich festhalten, wenn die Frauen selber ohne ihren instinktiven Glauben *„das gibt es"* nicht die Kraft fänden, zu gebären und zu handeln?

Dann kommen die Ärzte und sagen uns, daß nicht nur Moses, Mohammed, Christus, Luther, Bunyan und andere verrückt waren, sondern ebenso Frans Hals, Rembrandt, Delacroix und ebenso alle guten alten beschränkten Frauen wie unsere Mutter.

Ah, das ist eine ernste Sache. Man könnte diese Ärzte fragen: und wo bleiben die vernünftigen Leute?

Sind das die Zuhälter im Bordell, die immer recht haben? Wahrscheinlich. Also was wählen? Glücklicherweise gibt es keine Wahl... (518, 6. Aug. 1888, F)

...Ich merke jedoch, daß alles, was ich in Paris gelernt habe, *entschwindet*, und ich komme auf die Ideen zurück, die ich mir früher auf dem Lande zusammengedacht habe, ehe ich die Impressionisten kannte.

Und ich würde mich nicht wundern, wenn die Impressionisten bald allerlei an meiner Malweise auszusetzen fänden, die eher durch die Ideen von Delacroix befruchtet worden ist als durch die ihren.

Denn statt genau wiederzugeben, was ich vor Augen habe, bediene ich mich der Farbe eigenmächtiger, um mich kraftvoll auszudrücken.

Na, lassen wir das, soweit es Theorie ist, aber ich will Dir ein Beispiel geben, wie ich es meine.

156 Ich möchte das Bild eines Freundes machen, eines Künstlers [Eugène Boch], der von großen Dingen träumt, der arbeitet, wie die Nachtigall singt, weil das seine Natur ist. Dieser Mann wird blond sein. Ich möchte in das Bild die Bewunderung legen, die Liebe, die ich für ihn empfinde.

Ich werde ihn also zuerst malen, wie er ist, so getreu ich kann. Aber damit ist das Bildnis nicht beendet. Um es zu beenden, werde ich jetzt der eigenmächtige Kolorist sein.

Ich übertreibe das Blond des Haares, ich komme zu Orange-Tönen, zu Chroms, zu blassem Zitronengelb.

Hinter den Kopf, statt der nichtssagenden Wand des schäbigen Zimmers, male ich das Unendliche, ich mache einen einfachen Hintergrund vom sattesten, eindringlichsten Blau, das ich zustande bringen kann, und durch diese einfache Zusammenstellung bekommt der blonde, leuchtende Kopf auf dem sattblauen Hintergrund etwas Geheimnisvolles wie der Stern am tiefblauen Himmel... (520, 11. Aug. 1888, F)

Gleichzeitig zeigte sich Vincent weiterhin technisch und sachlich interessiert an der Zusammensetzung und der Qualität der von ihm verwendeten Farben.

Bitte frage doch Tasset, wie er über folgende Frage denkt. Mir scheint, je feiner eine Farbe gerieben ist, desto mehr Öl saugt sie auf. Nun, dem Öl sind wir nicht sehr gut, das ist selbstverständlich.

Wenn man wie der Herr Gérôme malte und wie die anderen Herrschaften, die photographische Treue anstreben, so würden wir zweifellos sehr fein geriebene Farben haben wollen. Wir hingegen haben es ganz gern, wenn das Bild ein wenig rauh aussieht. Wenn man also, statt die Farbe Gott weiß wie lange auf dem Stein zu reiben, sie nur gerade solange riebe, wie nötig ist, um sie verwendbar zu machen, und sich um die Feinheit des Korns nicht weiter kümmerte, so hätte man frischere Farbe, die vielleicht weniger leicht nachdunkelte. Vielleicht macht er mal einen Versuch mit den drei Chromen, mit Veroneser Grün, Zinnober, orange Mennige, Kobalt, Ultramarin – ich bin beinah sicher, daß ich dann mit geringeren Kosten nicht nur frischere, sondern auch haltbarere Farben bekäme. Zu welchem Preis wohl? Das muß sich bestimmt machen lassen. Wahrscheinlich auch für Krappfarben und Smaragdgrün, die durchsichtig sind... (527, 22. Aug. 1888, F)

...Die Malerei, wie sie jetzt ist, verspricht feinnerviger zu werden – mehr Musik und weniger Skulptur – kurz, sie verspricht *Farbe*. Wenn sie dieses Versprechen nur hält!

Das Pointillieren, das Aureolieren und dergleichen, das halte ich für wirkliche Entdeckungen; aber man muß schon jetzt dafür sorgen, daß diese Technik nicht – sowenig wie andere – zu einem allgemeinen Dogma wird. Ein Grund mehr, daß die *„Grande Jatte"* von Seurat, die stark pointillierten Landschaften Signacs, das *„Schiff"* von Anquetin mit der Zeit noch persönlicher, noch origineller wirken werden.

Was meine Kleider anlangt, na ja, sie werden allmählich etwas schäbig, aber gerade vorige Woche habe ich mir ein schwarzes Samtjackett von ziemlich guter Qualität für zwanzig Francs gekauft und auch einen neuen Hut, also das hat keine Eile... (528, 26. Aug. 1888, F)

Nichts entging seiner Aufmerksamkeit. Der Gefühlsüberschwang seiner Äußerungen und die Bilder, deren er sich dazu bediente, wie z. B. „eine Vermählung zweier Komplementärfarben... das geheimnisvolle Vibrieren einander angenäherter Töne", gehen über die einfache Beschreibung hinaus. Das ist ein Neuerleben von Gesehenem beim Schreiben. Der abrupte
164 Wechsel im Ausdruck, z. B., wenn er von seinem *Nachtcafé* als dem „Scheußlichsten, was ich gemacht habe", spricht, ist Teil seiner ekstatischen Gemütsverfassung. Im Vergleich zu allem, was andernorts zu der Zeit gemalt wurde, stellen diese Werke entwicklungsgeschicht-
124 lich einen gewaltigen Sprung dar, selbst nach dem *Bildnis einer Italienerin* (La Segatori) und
115 den letzten Pariser Selbstbildnissen. Es war die Entdeckung des „Schrecklichen" (der „terri-
195 bilità") in der Farbe, die – er wußte das – verborgen bereits bei Delacroix vorhanden war. Seine Überlegungen kreisten in dieser Zeit nicht um irgendwelche religiösen oder historischen Zusammenhänge, sie waren vielmehr völlig modern.

Vom literarischen Standpunkt aus gesehen, d. h. soweit aus dem Text seiner Briefe ersichtlich, kam Vincent jetzt Huysmans (Joris-Karl H., 1848–1907, französischer Romancier) näher als Zola (Emile Zola, 1840–1902, Hauptvertreter des Naturalismus; Romancier). Die Fin-de-siècle-Verderbtheit von ‚Louis-XV-Grün' und ‚Malachit' und ‚der schweflige Geruch des Verbrechens' ist nicht gerade das, was der Leser erwartet, wenn Vincent seinem häufig geäußerten Wunsch Ausdruck gibt, er wolle sich der Kunst bedienen, um „etwas Tröstliches zu sagen, ähnlich wie die Musik", noch zeigt es jene andere Seite seines Wesens, das über Giotto und Puvis de Chavannes nachzudenken begonnen hatte, während er in Arles weilte.

... Ach, mein lieber Bruder, manchmal weiß ich so ganz genau, was ich will. Ich kann im Leben und auch in der Malerei sehr gut ohne den lieben Gott auskommen, aber ich, ein leidender Mensch, kann nicht auskommen ohne etwas, das größer ist als ich, das mein Leben ist – die Kraft zu schaffen.

Und wenn man, im Physischen betrogen um diese Schaffenskraft, Gedanken zu schaffen sucht statt Kinder, so gehört man dadurch ja auch der Menschheit an.

Und in einem Bild möchte ich etwas Tröstliches sagen, wie Musik. Ich möchte Männer und Frauen mit diesem gewissen Ewigen malen, wofür früher der Heiligenschein das Symbol war, und das wir durch das Leuchten, durch das Zittern und Schwingen unserer Farben zu geben suchen.

So aufgefaßt, wird ein Porträt kein Ary Scheffer, weil da ein blauer Himmel dahinter ist wie auf dem *„Heiligen Augustinus"*. Denn Kolorist ist Ary Scheffer sehr wenig.

Aber es wäre mehr das, was Delacroix in seinem *„Tasso im Gefängnis"* und in so vielen anderen Bildern gesucht und gefunden hat – einen *wahren* Menschen darzustellen. Ach, das Bildnis, das Bild mit dem Geist, mit der Seele des Modells, mir scheint, das muß unbedingt kommen...

Ich bin also ständig zwischen zwei Gedankenbereichen, erstens: die materiellen Sorgen, das ewige Hin und Her bloß um des bißchen Lebens willen, und dann: das Studium der Farbe. Mir ist immer, als müßte ich da irgend etwas entdecken. Die Liebe zweier Liebenden auszudrücken durch eine Vermählung zweier Komplementärfarben, durch ihre Mischung und ihre Entgegensetzungen, durch das geheimnisvolle Vibrieren einander angenäherter Töne. Das Geistige einer Stirn auszudrücken durch das Leuchten eines hellen Tones auf einem dunklen Hintergrund.

Die Hoffnung durch einen Stern auszudrücken. Die Leidenschaft eines Menschen durch einen leuchtenden Sonnenuntergang. Das ist gewiß keine realistische Augentäuscherei, aber ist es nicht etwas wirklich Vorhandenes?... (531, 3. Sept. 1888, F)

Tausend Dank für Deinen guten Brief und die beiliegenden dreihundert Francs; nach einigen sorgenreichen Wochen habe ich jetzt eine viel bessere hinter mir. Und wie die Sorgen nicht einzeln kommen, so auch die Freuden nicht. Denn gerade weil mich diese Geldschwierigkeiten mit meinen Gastwirten dauernd bedrückten, hatte ich mich entschlossen, es von der heiteren Seite zu nehmen. Besagter Gastwirt ist schließlich kein schlechter Mensch – ich hatte ihn tüchtig angeschnauzt und ihm gesagt, ich würde aus Rache dafür, daß ich ihm für nichts und wieder nichts soviel Geld gezahlt hätte, seine ganze dreckige Bude so malen, daß ich wieder auf meine Kosten käme. Kurz, ich bin zur großen Freude des *164*
Gastwirts, des Postmeisters, den ich bereits gemalt habe, der Nachtschwärmer und zu meiner eigenen *154*
drei Nächte lang aufgeblieben und habe am Tage geschlafen. Manchmal kommt es mir vor, als sei die Nacht viel lebendiger und farbstärker als der Tag. Freilich, das Geld, das ich dem Gastwirt bezahlt habe, werde ich durch das Bild schwerlich wieder hereinkriegen, denn es ist eins der krassesten, die ich je gemacht habe. Es ist, wenn auch anders, den *„Kartoffelessern"* gleichwertig. *48*

Ich habe versucht, mit Rot und Grün die schrecklichen menschlichen Leidenschaften auszudrükken. Der Raum ist blutrot und mattgelb, ein grünes Billard in der Mitte, vier zitronengelbe Lampen mit orangefarbenen und grünen Strahlenkreisen. Überall ist Kampf und Antithese: in den verschiedensten Grüns und Rots, in den kleinen Figuren der schlafenden Nachtbummler, in dem leeren, trübseligen Raum, im Violett und Blau. Das Blutrot und das Gelbgrün des Billards kontrastieren mit dem zarten Louis-XV-Grün der Theke, auf der ein rosa Blumenstrauß steht.

Die weiße Kleidung des Wirts, der in einer Ecke dieses Backofens wacht, wird zitronengelb, blaßgrün und leuchtend...

Das *„Nachtcafé"* ist eine Fortsetzung des *„Sämanns"*, ebenso der Kopf des alten Bauern und des Dichters, wenn ich dazu komme, dieses letztere Bild zu machen.

Das ist dann eine Farbe, die vom realistischen Standpunkt der Augentäuscher-Malerei nicht die richtige Lokalfarbe ist, sondern eine Farbe, die irgendwie Erregung, Leidenschaft, Temperament suggeriert.

Als Paul Mantz in der Ausstellung, die wir in den Champs Elysées gesehen haben, die heftige und erregte Skizze der *„Christusbarke"* von Delacroix sah, geht er nach Hause und ruft in seinem Artikel: *193*
„Ich wußte nicht, daß man mit Blau und Grün so schrecklich sein kann."

Hokusai entlockt Dir den gleichen Ausruf, aber er durch seine *Linien*, seine *Zeichnung*, wenn Du in Deinem Brief sagst: „Diese Wogen sind *Klauen*, das Schiff ist drin gefangen, man spürt das."

Na ja, und wenn man die ganz genaue Farbe gäbe oder die ganz genaue Zeichnung, so würde man keine solchen Gefühle auslösen... (533, 8. Sept. 1888, F)

... In meinem Bild vom Nachtcafé habe ich auszudrücken versucht, daß das Café ein Ort ist, wo man sich ruinieren, wo man verrückt werden und Verbrechen begehen kann. Durch die Gegensätze von zartem Rosa und Blutrot und Dunkelrot, von mildem Louis-XV- und Veroneser Grün gegen die gelbgrünen und harten blaugrünen Töne – das alles in einer Atmosphäre von höllischer Backofenglut und blassem Schwefelgelb – habe ich die finstere Macht einer Kneipe ausdrücken wollen.

Und zwar unter dem Deckmantel japanischer Heiterkeit und der Biederkeit eines Tartarin. Aber was würde Herr Tersteeg zu diesem Bild sagen, er, der schon vor einem Sisley – Sisley, dem diskretesten und zartesten der Impressionisten! – gesagt hat: „Ich kann mir nicht helfen, mir kommt es so vor, als wäre der Künstler, der das gemalt hat, ein bißchen benebelt gewesen." Vor meinem Bild würde er da sagen, es wäre Delirium tremens im höchsten Stadium.

Ich hätte nicht das geringste gegen den Plan, von dem Du schreibst, einmal bei der *„Revue Indépendante"* auszustellen, wenigstens wenn ich den andern, die gewöhnlich dort ausstellen, nicht den Platz wegnehme...

152 ... Während ich Dir schreibe, kommt gerade der kleine Bauer ins Café, der wie eine Karikatur unseres Vaters aussieht.

Die Ähnlichkeit ist trotzdem schrecklich.

Das Ausweichende, das Müde und Unsichere des Mundes vor allem. Ich bedauere es immer wieder, daß ich ihn nicht habe malen können... (534, Sept. 1888, F)

... Ideen für die Arbeit kommen mir *im Überfluß*, und deshalb habe ich trotz meiner Vereinsamung keine Zeit zum Denken und Fühlen; ich bin im Gang wie eine Mal-Lokomotive.

Das wird wohl auch kaum je wieder aufhören. Und ich glaube, ein lebendiges Atelier findet man nie fix und fertig vor, sondern es schafft sich durch die Arbeit von Tag zu Tag neu, wenn man geduldig am selben Ort bleibt...

Die Idee des *„Sämanns"* geht mir noch immer durch den Kopf. Solche zugespitzten Studien wie der *„Sämann"* oder jetzt das *„Nachtcafé"* kommen mir selber *gewöhnlich* furchtbar häßlich und schlecht vor, aber wenn mich irgend etwas sehr bewegt, wie jetzt dieser kleine Artikel über Dostojewski, dann scheinen es mir die einzigen, die ernstere Bedeutung haben... (535, 10. Sept. 1888, F)

140 ... Das dritte Bild dieser Woche ist ein *beinah farbloses* Selbstporträt, aschfarbene Töne auf einem Hintergrund von blassem Veroneser Grün.

Ich habe absichtlich einen ziemlich guten Spiegel gekauft, damit ich in Ermangelung von Modellen mich selbst malen kann, denn wenn es mir gelingt, meinen eigenen Kopf in der richtigen Farbgebung zu malen, was gewisse Schwierigkeiten bietet, so kann ich auch die Köpfe anderer braver Männer und Frauen malen.

Das Problem, Nachtszenen oder Nachteffekte an Ort und Stelle gleich in der Nacht zu malen, fesselt mich ungeheuer. Diese Woche habe ich absolut nichts anderes getan als gemalt und geschlafen und meine Mahlzeiten eingenommen. Das bedeutet zwölf Stunden hintereinander über der Arbeit gesessen, oder sechs Stunden, je nachdem, und dann zwölf Stunden Schlaf, ebenfalls ununterbrochen hintereinander... (537, 16./17. Sept. 1888, F)

Den September und Oktober 1888, vor Gauguins Ankunft am 23. Oktober, verbrachte Vincent in wechselnden Stimmungen. Er erlebte Augenblicke höchsten Glücksempfindens, eine Klarheit, die er als Segen empfand, einen Zustand des Begnadetseins („Es ist nicht mein Verdienst, aber mein Geist ist voll Klarheit") und ein starkes Bedürfnis nach Religion, wobei er dieses Wort nur im Sinne einer Naturreligion gebrauchte. Tolstois Idee einer bevorstehenden innerpersönlichen Revolution beeindruckte Vincent sehr. Gedanken über die Musik und eine „mehr von der Musik geprägte" Lebensweise, für die wir bei Wagner und der Wagnerkritik wahrscheinlich die einzigen glaubhaften Quellen zu suchen haben, hatten den gleichen metaphorischen Aussagewert erhalten. Van Gogh war unfähig, die Beziehung zwischen Musik und Farbe zu definieren, ging aber dem weiter nach, was er im Werk von Delacroix und Monticelli als die „suggestive Farbe" bezeichnete.

Heute morgen habe ich Dir schon ganz zeitig geschrieben, dann habe ich an dem Bild von einem sonnigen Garten weitergemalt. Dann habe ich es nach Hause getragen – und bin mit einer weißen Leinwand wieder losgezogen, und die ist auch fertig. Und jetzt habe ich Lust, Dir noch einmal zu schreiben.

Solche Möglichkeiten habe ich noch nie gehabt, die Natur hier ist *außerordentlich* schön. Überall ist die Himmelskuppel von einem wunderbaren Blau, die Sonne strahlt ein blasses Schwefelgelb aus, und das ist wohltuend und reizvoll wie das Nebeneinander von Himmelblau und Gelb in den Bildern von Vermeer van Delft. So schön kann ich zwar nicht malen, aber ich versenke mich so tief hinein, daß ich mich gehenlasse, ohne an irgendwelche Regeln zu denken...

... Ich habe soviel Freude an dem Haus, an der Arbeit, daß ich noch immer zu hoffen wage, diese Freuden bleiben nicht für mich allein, sondern Du wirst sie mit mir teilen und auch Glück und Erfolg haben.

Vor einiger Zeit habe ich einen Artikel über Dante, Petrarca, Boccaccio, Giotto, Botticelli gelesen; mein Gott, was für Eindruck haben mir die Briefe dieser Menschen gemacht.

Petrarca hat hier ganz in der Nähe gelebt, in Avignon, und ich sehe dieselben Zypressen und Oleander wie er.

Ich habe versucht, etwas davon in einem der Gartenbilder auszudrücken, das sehr pastos gemalt ist, zitronengelb und zitronengrün. Giotto hat mich am meisten bewegt – *immer krank* und immer voll Güte und glühendem Eifer, als lebte er schon in einer anderen Welt.

Giotto ist überhaupt außerordentlich, ich kann mich besser in ihn einfühlen als in die Dichter: Dante, Petrarca, Boccaccio. Es kommt mir immer vor, als sei die Dichtkunst *schrecklicher* als die Malerei, obwohl die Malerei viel mehr Schmutz und Schmiererei mit sich bringt. Aber schließlich sagt der Maler nichts, er schweigt, und das ist mir lieber. Mein lieber Theo, wenn Du die Zypressen, die Oleander, die Sonne hier gesehen haben wirst – und dieser Tag wird kommen, da kannst Du ganz ruhig sein –, dann wirst Du noch öfter an die schönen Puvis de Chavannes denken, *„Mildes Land“*, und so viele andere. Neben der Tartarin-Seite und der Daumier-Seite dieses drolligen Landes, wo die guten Leute mit dem Akzent reden, den Du ja kennst, gibt es schon soviel Griechisches, es gibt die Venus von Arles wie die von Lesbos, und diese Jugend spürt man noch trotz allem.

Was macht Seurat? Ich würde es nicht wagen, ihm die bereits geschickten Studien zu zeigen, aber die von den Sonnenblumen und den Cafés und den Gärten – daß er *die* sähe, hätte ich gern; ich denke *148, 164, 143*
oft über sein System nach, jedenfalls werde ich es ganz und gar nicht befolgen, doch er ist ein echter Kolorist, und dasselbe gilt für Signac, aber in anderer Hinsicht; die Pointillisten haben etwas Neues gefunden, und ich liebe sie trotz allem sehr.

Giotto-Schule: *Tod der Jungfrau*, 14. Jahrhundert
Dieses Werk, Giotto zugeschrieben, war im Museum von Montpellier ausgestellt, als van Gogh und Gauguin dieses besuchten.

Ich aber – das sage ich offen – komme eher auf das zurück, was ich vor meinem Pariser Aufenthalt gesucht habe; ich weiß nicht, ob schon vor mir jemand von suggestiver Farbe gesprochen hat, aber Delacroix und Monticelli, selbst wenn sie nicht davon geredet haben, haben sie gemacht.

Ich bin noch der gleiche, der ich in Nuenen war, als ich einen vergeblichen Anlauf nahm, Musik zu lernen; schon damals fühlte ich starke Beziehungen zwischen unserer Farbe und der Musik Wagners.

Nun sehe ich zwar im Impressionismus die Auferstehung von Eugène Delacroix, aber da die Interpretationen nicht nur voneinander abweichen, sondern sich auch nicht recht miteinander vereinbaren lassen, so wird es wohl noch nicht der Impressionismus sein, der die Doktrin formuliert.

Deshalb bleibe ich für meine Person bei den Impressionisten, weil das nichts besagt und zu nichts verpflichtet, und ich brauche mich als Zugehöriger nicht festzulegen. Mein Gott, im Leben muß man sich dumm stellen, ich verlange Zeit, um zu lernen, und Du – verlangst Du etwas anderes? ... (539, ca. 18. Sept. 1888, F)

Ich weiß wohl, daß ich Dir schon gestern geschrieben habe, aber der Tag war noch so schön. Mein großer Kummer, daß Du nicht sehen kannst, was ich hier sehe.

Seit sieben Uhr früh habe ich vor etwas gar nicht besonders Großartigem gesessen, vor einem in Kugelform geschnittenen Zedern- oder Zypressenbusch, der mitten im Gras steht. Du kennst ihn schon, diesen Kugelbusch, denn Du hast ja schon eine Studie von dem Garten. Beiliegend übrigens eine Skizze meines Bildes, wieder eins zu 30.

Der Busch ist grün, mit ein bißchen Bronze und verschiedenen anderen Tönen.

Das Gras ist sehr, sehr grün, Veroneser Grün mit Zitronengelb, der Himmel ist sehr, sehr blau.

Die Buschreihe im Vordergrund sind lauter Oleander, wahre Wüstlinge, die verdammten Pflanzen blühen wie verrückt, als wollten sie sich die Rückenmarksschwindsucht holen. Sie sind überladen mit frischen Blüten und auch massenhaft mit verwelkten, auch ihr Laub erneuert sich durch kräftige neue Triebe, sie scheinen unerschöpflich.

Darüber erhebt sich eine ganz schwarze, düstere Zypresse, ein paar bunte Figürchen ergehen sich auf einem rosa Pfad.

Das ergibt das Gegenstück zu einem zweiten Bild eins zu 30 vom gleichen Ort, nur von einem ganz anderen Standpunkt aus – da ist der ganze Garten in sehr verschiedenen Grüns getönt, unter einem Himmel von blassem Zitronengelb.

Aber ist es nicht wahr, hat dieser Garten nicht etwas Merkwürdiges an sich, kann man sich nicht gut vorstellen, wie die Renaissance-Dichter, Dante, Petrarca, Boccaccio, sich zwischen den Büschen auf dem blumenübersäten Rasen ergehen? Ein paar Bäume habe ich freilich weggelassen, aber was ich in der Komposition beibehalten habe, ist in Wirklichkeit genauso. Nur hat man den Garten mit allerhand Gebüschen überladen, die nicht zum Stil passen.

Um diesen wahreren, wesentlicheren Charakter herauszufinden, male ich dieselbe Stelle schon zum dritten Mal. Das ist übrigens der Garten gerade vor meinem Haus. Aber dieser Gartenwinkel ist ein gutes Beispiel für das, was ich Dir sagte: um den wirklichen Charakter der Dinge hier zu erfassen, muß man sie sehr lange anschauen und sehr oft malen. Denn vielleicht siehst Du aus der Skizze weiter nichts, als daß die Linie jetzt einfach ist.

Dieses Bild ist wieder sehr pastos wie sein Gegenstück mit dem gelben Himmel. Morgen hoffe ich wieder mit Milliet zu arbeiten.

Auch heute habe ich von früh um sieben bis abends um sechs gearbeitet, ohne mich vom Fleck zu rühren, außer daß ich in zwei Schritt Entfernung ein paar Bissen gegessen habe. Deshalb geht die Arbeit so schnell.

Aber was wirst Du dazu sagen, wie wird es mir selbst in einiger Zeit vorkommen?

Ich habe jetzt der Arbeit gegenüber die Hellsichtigkeit oder die Blindheit eines Verliebten, denn diese Farbenwelt ist für mich etwas ganz Neues und erregt mich ungeheuer.

Von Müdigkeit keine Spur, sogar noch heute nacht würde ich ein weiteres Bild machen und auch fertigbringen.

Glaub mir, ganz eilig brauche ich

6 große Tuben Chromgelb, 1 Zitrone
6 „ „ Veroneser Grün
3 „ „ Preußischblau
10 „ „ Zinkweiß
(große Tube wie das Zink- und Silberweiß)

Das ist dann von der gestrigen Bestellung abzuziehen.

Ebenso fünf Meter Leinwand.

Ich weiß nicht, wie es kommt; ich fühle mich hellsichtig, und ich will so viele Bilder wie irgend möglich malen, um meine Stellung zu wahren, denn die andern machen ja auch große Anstrengungen für das Jahr 89. Seurat hat mit zweien oder dreien seiner riesigen Bilder genug, um allein eine Ausstellung zu bestreiten. Signac ist ein guter Arbeiter und hat auch etwas, Gauguin und Guillaumin ebenfalls. Also möchte ich um diese Zeit auch gern die zusammenhängende Studienreihe haben, ob wir sie nun ausstellen oder nicht: die *Ausschmückung*... (541, 23./24. Sept. 1888, F)

... Ich habe noch einen Artikel über Wagner gelesen, „Die Liebe in der Musik" – ich glaube, vom selben Verfasser, der das Buch über Wagner geschrieben hat. Wie nötig brauchten wir so was in der Malerei!

In seinem Buch „*Meine Religion*" gibt Tolstoi offenbar zu verstehen, daß, ganz abgesehen von heftigen, aufrührerischen Revolutionen, auch eine innerliche, geheime Revolution in den Menschen vor sich gehen werde, aus der eine neue Religion geboren werden wird oder vielmehr etwas ganz Neues, das keinen Namen hat, das aber dieselbe Wirkungskraft haben wird, zu trösten und das Leben möglich zu machen, wie früher die christliche Religion.

Ich glaube, dieses Buch muß sehr interessant sein; schließlich wird man mal genug haben vom Zynismus, vom Skeptizismus, von der Spötterei, und man wird musikalischer leben wollen. Wie kann das geschehen, und was wird man finden? Es wäre seltsam, wenn man es vorhersagen könnte, aber immerhin besser, das vorauszuahnen, als in der Zukunft nichts weiter als Katastrophen zu sehen, die uns freilich nicht erspart bleiben, sondern wie schreckliche Blitze auf die moderne Welt und die Zivilisation herabstürzen werden: als Revolution oder Krieg oder Zusammenbruch der wurmstichigen Staaten. Wenn man sich mit japanischer Kunst befaßt, dann sieht man, wie ein unbestreitbar weiser und philosophischer und kluger Mann seine Zeit womit verbringt? Die Entfernung des Mondes von der Erde zu studieren? Nein; die Politik Bismarcks zu studieren? Nein; er studiert einen einzigen Grashalm.

Aber dieser Grashalm bringt ihn dazu, alle Pflanzen zu zeichnen, dann alle Jahreszeiten, die weiten Landschaften, schließlich die Tiere, dann die menschliche Gestalt. So verbringt er sein Leben, und das Leben ist zu kurz, um das alles auszuführen.

Sieh mal, ist das nicht beinah eine wahre Religion, was uns diese schlichten Japaner lehren, die in der Natur leben, als wären sie selber Blumen?

Und mir scheint, man kann sich nicht mit japanischer Kunst befassen, ohne viel heiterer und viel glücklicher zu werden, und wir müssen zurück zur Natur trotz unserer Bildung und trotz unserer Arbeit in einer Welt der Konventionen... (542, 25./26. Sept. 1888, F)

... Als ich auf der Gare du Midi von Dir wegfuhr, war ich todunglücklich und beinah krank und beinah ein Säufer, weil ich mich so kaputt gemacht hatte.

Ich habe immer das dunkle Gefühl gehabt, als hätten wir vergangenen Winter in unseren Diskussionen mit so vielen interessanten Leuten und Künstlern unser Herzblut hingegeben, aber ich habe noch nicht zu hoffen gewagt.

Nach all den Anstrengungen, die Du und ich bis heute gemacht haben, beginnt es sich am Horizont zu lichten: die Hoffnung. *196*

Ob Du bei den Goupils bleibst oder nicht, das ist gleich, Du gehörst unbedingt zu Gauguin und seiner Schar.

Du wirst einer der ersten oder überhaupt der erste Apostel unter den Kunsthändlern sein. Ich sehe meine Malerei vor mir – und gleichzeitig Arbeit unter den Künstlern. Denn wenn Du Dich bemühen wirst, uns Geld zu verschaffen, so werde ich alles, was in meinen Bereich kommt, auf die künstlerische Arbeit ausrichten, und ich selbst will ein Beispiel geben.

Und wenn wir durchhalten, wird etwas zustande kommen, das länger lebt als wir selbst... (544, ca. 29. Sept. 1888, F)

Heute morgen habe ich Ihren ausgezeichneten Brief erhalten, den ich an meinen Bruder weitergeschickt habe; Ihre Auffassung des Impressionisten im allgemeinen, für die Ihr Porträt ein Symbol ist, bewegt mich sehr. Ich bin aufs äußerste gespannt, es zu sehen – aber wahrscheinlich, dessen bin ich schon im voraus sicher, ist dieses Werk zu bedeutend, als daß ich es im Tausch haben möchte. Doch wenn Sie es für uns zurückhalten wollen, wird mein Bruder es nehmen – worum ich ihn sofort gebeten habe; wenn Sie wollen, bei nächster Gelegenheit, und hoffen wir, daß das bald sein wird.

Denn wir versuchen immer wieder, Ihr Kommen recht bald zu ermöglichen. Ich muß Ihnen sagen, daß ich sogar beim Arbeiten immerfort an den Plan denke, ein Atelier zu gründen, in dem Sie und ich dauernd wohnen, aber das wir beide zu einem Asyl, zu einem Obdach für die Freunde machen wollen in Zeiten, da sie in ihrem Kampf schlecht dran sind. Als Sie aus Paris abgereist waren, haben mein Bruder und ich noch eine Zeit zusammen verbracht, die mir immer unvergeßlich bleiben wird. Die Diskussionen hatten weitere Kreise gezogen – mit Guillaumin, mit Pissarro Vater und Sohn, mit Seurat, den ich noch nicht kannte (ich war wenige Stunden vor meiner Abreise bei ihm im Atelier).

In diesen Diskussionen handelte es sich oft um das, was uns, meinem Bruder und mir, so sehr am Herzen liegt: Maßnahmen zu ergreifen, die das materielle Dasein der Maler sichern, ihnen ihre Produktionsmittel (Farben, Leinwand) sichern und ihnen direkt einen Anteil an dem Preis sichern, den ihre Bilder erst viel später erzielen, wenn sie nicht mehr Eigentum der Künstler sind.

Wenn Sie hier sind, werden wir alle diese Diskussionen Revue passieren lassen.

Wie dem auch sei, als ich von Paris abreiste, sehr, sehr unglücklich, ziemlich krank und beinah ein Säufer, weil ich mich maßlos abgerackert hatte, als meine Kräfte mich verließen – da habe ich mich ganz in mich verschlossen und noch nicht zu hoffen gewagt. Aber jetzt zeigt sich am Horizont eine leise Hoffnung für mich – diese ab und zu verlöschende und dann wieder aufleuchtende Hoffnung, die mich in meinem einsamen Leben manches Mal getröstet hat... (Vincent an Gauguin, 544a, Sept.–Okt. 1888, F)

Der Brief vom 13. Oktober verriet die ersten Anzeichen einer nahenden Krise: Ermüdung, ja selbst Erschöpfung; ungewöhnlich übermüdete Augen; ein übermäßiges Schlafbedürfnis, bis zu 17 Stunden ununterbrochen; Konzentrationsschwierigkeiten beim Schreiben; wechselnde Größe der Handschrift, die zuweilen sehr groß und von einer Anzahl alleinstehender Buchstaben durchsetzt war; keinerlei Neigung zum Zeichnen. Dies scheint mir ausreichend als Beleg dafür, daß Vincent am Rande eines Zusammenbruchs stand. Er selbst sah diese Möglichkeit voraus, als er versuchte, seinen etwaigen Wahnsinn zu definieren, wobei er den Verfolgungswahn ausschloß und sich Gedanken machte, ob er vorübergehend weniger arbeiten sollte.

Dank für Deinen Brief und den Fünfzigfrancsschein, der dabei lag. Danke Dir auch, daß Du mir mehr über das Bild dieser holländischen Künstler geschrieben hast.

Ich habe Gas ins Atelier und in die Küche legen lassen, was mich fünfundzwanzig Francs für Installation kostet. Wenn Gauguin und ich vierzehn Tage lang jeden Abend malen, bringen wir da das Geld nicht wieder herein? Aber da Gauguin nun jeden Tag kommen kann, brauche ich unbedingt, unbedingt noch mindestens fünfzig Francs.

Ich bin nicht krank, aber ich würde es zweifellos werden, wenn ich nicht kräftiges Essen hätte und für ein paar Tage das Malen sein ließe. Kurz, ich bin wieder mal dem Wahnsinnszustand des Hugo van der Goes auf dem Bild von Emile Wauters nahe. Und hätte ich nicht gewissermaßen eine Doppelnatur, die eines Mönchs und die eines Malers, so wäre ich, und zwar längst und vollständig, in besagten Zustand verfallen.

Aber selbst dann glaube ich nicht, daß es sich bei mir als Verfolgungswahn äußern würde, denn meine Empfindungen und Gedanken befassen sich im Zustand der Überspannung eher mit der Ewigkeit und dem ewigen Leben.

Aber immerhin muß ich mich mit meinen Nerven usw. in acht nehmen... (556, 21./22. Okt. 1888, F)

Gauguins Ankunft wirkte offenbar beruhigend auf ihn. Beide bereiteten ihre Leinwand vor und benutzten jetzt billigere Farben. Sie teilten die Hausarbeit, und Gauguin besorgte zusätzliche Einkäufe. Jeder suchte sich seine eigene ‚Arlésienne'.

Dank für Deinen Brief und den Fünfzigfrancsschein. Wie Du aus meinem Telegramm erfahren hast, ist Gauguin bei guter Gesundheit hier angekommen. Ich habe sogar den Eindruck, als ginge es ihm besser als mir.

Er ist natürlich sehr erfreut über den Verkauf, den Du bewerkstelligt hast, und ich nicht weniger, denn nun brauchen einige für die Einrichtung unbedingt nötige Ausgaben nicht zu warten und nicht nur Dir zur Last zu fallen.

157 Gauguin wird Dir gewiß noch heute schreiben.

158 Er ist als Mensch sehr, sehr interessant, und ich bin voll Zuversicht, daß wir mit ihm zusammen eine Menge Dinge machen werden. Er wird hier wahrscheinlich viel fertigbringen, und vielleicht – hoffentlich – ich auch.

Und ich wage zu hoffen, daß die Last für Dich *etwas* weniger schwer wird, ich wage zu hoffen, *viel* weniger schwer.

Ich fühle, daß ich bis zur seelischen Vernichtung und völligen körperlichen Leere schaffen muß, gerade weil ich überhaupt kein anderes Mittel habe, unsere Ausgaben je wieder hereinzubringen.

Ich kann nichts dran ändern, daß meine Bilder sich nicht verkaufen.

Doch es wird der Tag kommen, wo man sehen wird, daß sie mehr wert sind als die Kosten für die Farben und für mein doch recht kümmerliches Leben, die wir dranwenden.

Ich habe in geldlicher Hinsicht keinen anderen Wunsch und keine andere Sorge, als erst einmal schuldenfrei zu sein.

Aber, mein lieber Bruder, meine Schuld ist so groß, daß die Anstrengung, Bilder hervorzubringen, mein ganzes Leben aufgezehrt haben wird, wenn ich eines Tages diese Schuld bezahlt habe, was mir, wie ich trotz alledem glaube, doch gelingen wird; aber mir wird zumute sein, als hätte ich nicht gelebt. Nur wird mir die Produktion von Bildern vielleicht mit der Zeit etwas schwer, und so werden es vielleicht zahlenmäßig nicht immer so viele sein wie jetzt... (557, 24. Okt. 1888, F)

...Ohne daß er oder ich drauf aus war, hat Gauguin mir einigermaßen klargemacht, daß es an der Zeit ist, ein wenig Abwechslung in meine Arbeit zu bringen; ich fange an, aus dem Kopf zu komponieren, und für diese Arbeit werden mir alle meine Studien stets von Nutzen sein, weil sie mir früher gesehene Dinge ins Gedächtnis zurückrufen.

Was kommt es also schon drauf an, sie zu verkaufen, wenn wir nicht unbedingt Geld brauchen... (563, 2.–11. Dez. 1888, F)

Der gemeinsame Besuch Vincents und Gauguins in Montpellier bedeutete eine Art Wendepunkt und führte zu hitzigen Auseinandersetzungen. Vincents Brief vom 23. Dezember berichtet verdächtig gelassen darüber, daß Gauguin, von Arles und insbesondere von Vincent aus der Fassung gebracht, abreisen wollte, während Vincent dieser Gedanke aus verständlichen Gründen unerträglich war. Gauguin war ihm zum Symbol seiner leidenschaftlichen Hoffnungen geworden, die zum Teil mit Theos Interesse zu tun hatten, Gauguin an sein Geschäft zu binden, zum Teil seine eigenen Bemühungen betrafen, die Realisierbarkeit einer Lebens- und Arbeitsgemeinschaft von Malern zu prüfen. Er hoffte, damit die eigene Einsamkeit zu überwinden und das Gelbe Haus einem sinnvollen Zweck zuzuführen.

Gauguin und ich waren gestern in Montpellier, um uns das dortige Museum anzusehen und besonders den Bruyas-Saal. Da sind viele Bruyas-Bildnisse, von Delacroix, von Ricard, von Courbet, von Cabanel, von Couture, von Verdier, von Tassaert und noch anderen. Außerdem gibt es Bilder von Delacroix, von Courbet, von Giotto, von Paul Potter, von Botticelli, von Th. Rousseau, sehr schöne. Bruyas war ein Wohltäter der Künstler, weiter brauche ich Dir nichts zu sagen.

Im Porträt von Delacroix ist er ein Herr mit rotem Haar und rotem Bart und hat eine verdammte Ähnlichkeit mit Dir oder mit mir, so daß ich an Mussets Gedicht denken mußte: „Überall, wo ich hinkam auf Erden, hat sich in schwarzem Rock ein Unglücklicher zu uns gesetzt und uns angeblickt wie ein Bruder." Du würdest denselben Eindruck haben, da bin ich sicher.

Ich bitte Dich sehr, geh doch mal in diese Buchhandlung, wo man die Lithographien nach alten und modernen Künstlern verkauft, ob Du dort für nicht zu teures Geld die Lithographie nach Delacroix bekommen kannst: *„Tasso im Irrenhaus"*, denn mir scheint, diese Figur steht mit dem schönen Porträt von Bruyas irgendwie in Zusammenhang...

...Gauguin und ich reden viel von Delacroix, Rembrandt usw.

Das Gespräch ist oft von einer *unerhörten elektrischen Spannung*, und manchmal sind wir hinterher so erschöpft wie eine elektrische Batterie nach der Entladung. Wir waren mitten drin in der Magie, denn, wie Fromentin so richtig sagt: Rembrandt ist vor allem ein Magier...

...Erzähle Degas, daß Gauguin und ich in Montpellier gewesen sind und das Bruyas-Porträt von Delacroix gesehen haben, denn man muß kühn glauben, daß *das, was ist, ist*, und das Bruyas-Porträt von Delacroix gleicht Dir und mir wie ein neuer Bruder... (564, ca. 15.–20. Dez. 1888, F)

Ich danke Dir vielmals für Deinen Brief, für den beigelegten Hundertfrancsschein und ebenso für die Postanweisung über fünfzig Francs.

Ich glaube, Gauguin hat die gute Stadt Arles, das kleine gelbe Haus, in dem wir arbeiten, und vor allem mich selber einigermaßen satt.

Tatsächlich gäbe es für ihn wie für mich hier noch ernstliche Schwierigkeiten zu überwinden.

Aber diese Schwierigkeiten liegen mehr in uns selbst als anderswo.

Ich glaube, er wird entweder kurz entschlossen abreisen oder kurz entschlossen dableiben.

Ich habe ihm gesagt, ehe er etwas tut, müsse er sich alles überlegen und noch einmal genau nachrechnen.

Gauguin ist sehr stark, sehr schöpferisch, aber gerade deswegen braucht er Ruhe. Wird er sie anderswo finden, wenn er sie hier nicht findet?

Ich warte seine Entscheidung in aller Gelassenheit ab!... (565, 23. Dez. 1888, F)

Am nächsten Tag, dem Vortag des Weihnachtsfestes – dies war für Vincent sein Leben lang oftmals eine schlechte Zeit – rief Gauguin Theo nach Arles, nachdem die Dinge eine dramatische Entwicklung genommen hatten. Die Ereignisse dieser Tage sind in Berichten über Vincents Leben zu stark herausgestellt worden. Eine sensationelle Darstellung trägt wenig zum Verständnis des Menschen wie des Werks bei. Das Lokalblatt berichtete am nächsten Wochenende über das Geschehen:

Am vorigen Sonntag, abends um 11 Uhr 30, erschien ein gewisser Vincent Vangogh, Maler, aus Holland gebürtig, im Freudenhaus Nr. 1, verlangte eine gewisse Rachel zu sprechen und übergab ihr... sein Ohr mit den Worten: „Heben Sie diesen Gegenstand sorgfältig auf." Dann verschwand er. In Kenntnis gesetzt von diesem Vorgang, der nur die Tat eines armen Geisteskranken sein konnte, begab sich die

Polizei am nächsten Morgen ins Haus des Vorgenannten und fand ihn im Bett liegend vor; er gab kaum noch ein Lebenszeichen von sich.

Der Unglückliche wurde als dringender Fall dem Krankenhaus überwiesen... (*Le Forum républicain* [Arles], 30. Dez. 1888, F)

Am 1. Januar 1889 schrieb Emile Bernard an den Kritiker Albert Aurier und übermittelte ihm Gauguins Version des Geschehens. Gauguins Haltung mag anfechtbar, sein Bericht

Eugène Delacroix: *Alfred Bruyas*, 1853
Van Gogh schrieb den Namen immer Brias.

über die Ereignisse korrekturbedürftig sein, aber er kommt von all dem, was wir in Händen haben, jedenfalls einem unmittelbaren Bericht aus erster Hand am nächsten. Die wenigen Künstler, die Vincent nahestanden, waren erschüttert von dem Geschehen. Das Ereignis scheint ihnen schlagartig van Goghs wirkliche Bedeutung als Künstler ins Bewußtsein gerückt zu haben.

In der Zwischenzeit hatte sich Theo verlobt. Er hatte bisher gedacht, sein Antrag sei endgültig abgelehnt, zumindest aber nicht günstig aufgenommen worden. Seit dieser Ablehnung im Sommer war er seinem Freund Andries Bonger in Paris aus dem Wege gegangen. Nun aber geschah es, daß Jo Bonger, die einen Monat bei ihrem Bruder verbracht hatte, einige Tage vor dem 21. Dezember Theo traf und ihn sprechen wollte. Sie meinte, sie sei schuld daran, daß Andries und Theo einander aus dem Wege gingen. Nach der Aussprache besserten sich die Beziehungen rasch. Und nach einer Beratung mit den Eltern wurde ihre Verlobung Anfang 1889 in Holland bekanntgegeben.

Das zeitliche Zusammentreffen zwischen der Verlobung und der krisenhaften Zuspitzung des Verhältnisses zwischen Vincent und Gauguin hat einige Autoren dazu bewogen, dem Verlöbnis einen aktiven Anteil an der Schuld für Vincents Geistesstörung zuzuschreiben. In Wirklichkeit war es so, daß Vincent zwar voll über die Entfremdung zwischen Theo und Jo informiert war (er hatte seinen Bruder wiederholt gedrängt, sich zu verheiraten), von ihrer beider erneuerten Annäherung jedoch nichts wußte.

Theo teilte seiner Mutter in einem Brief vom 21. Dezember die Neuigkeit mit. Weitere Briefe gingen an Lies, Vincent und die anderen Familienmitglieder, wurden aber erst am 24. Dezember abgeschickt. Nichts läßt darauf schließen, daß Theo noch vor Weihnachten an Vincent geschrieben hat.

Die Ursache, die man für Vincents Zusammenbruch herkömmlicherweise anführt, die Spannung zwischen Gauguin und ihm selbst, ist einleuchtend genug. Der 23. Dezember, ein Sonntag, sah nicht den ersten Ausbruch einer Krise. Jetzt war vielmehr ein Endzustand dessen erreicht, was seit Monaten drohte, schwelte und mit dem Besuch der Freunde in Montpellier am 13. Dezember in ein akutes Stadium eintrat. Der Mann, der Gauguin empfing, hatte bereits eine Krise hinter sich, die, mit zeitweiligen Unterbrechungen, seit August angedauert hatte und um den 13. Oktober einen Höhepunkt erreichte. Er war erschöpft von ekstatischen Zuständen, Depressionen und Überarbeitung. Auch Gauguin hatte mit Anfällen von Depressionen zu kämpfen. Sein Anteil an Vincents Geistesstörung beschränkt sich darauf, daß er zusätzlichen Zündstoff mitbrachte.

Ich benutze meinen ersten Ausgang aus dem Krankenhaus, um Ihnen ein paar Worte aufrichtigster und tiefempfundener Freundschaft zu schreiben.

Im Krankenhaus und selbst mitten in Fieber und Schwäche habe ich viel an Sie gedacht.

Sagen Sie – war die Reise meines Bruders Theo wirklich nötig – lieber Freund? Beruhigen Sie ihn jetzt wenigstens völlig, und bitte haben Sie selbst das feste Vertrauen, daß in dieser besten aller Welten schließlich immer alles aufs beste geht.

Grüßen Sie den guten Schuffenecker vielmals von mir, und bitte sagen Sie nichts Schlechtes über unser armes kleines gelbes Haus, bevor Sie nicht alles noch einmal gründlich bedacht haben, und empfehlen Sie mich den Malern, die ich in Paris kennengelernt habe.

Ich wünsche Ihnen alles Gute für Paris. (Vincent an Gauguin, 566a, 4. Jan. 1889, F)

... Roulin ist nach Marseille versetzt worden und eben abgereist. Es war rührend, ihn in den letzten *154*
Tagen mit der kleinen Marcelle zu sehen, wenn er sie zum Lachen brachte und auf seinen Knien reiten ließ... (Vincent an Gauguin, 573a, 23. Jan. 1889, F)

... Du hast recht, es ist schrecklich, daß Gauguin einfach abgereist ist, ein schwerer Schlag für uns, gerade wo wir das Haus eingerichtet und möbliert haben, um Freunde in schlechten Zeiten hier zu beherbergen.

Aber wir wollen die Möbel usw. trotzdem behalten. Jetzt werden sich wohl alle vor mir fürchten, aber das kann sich mit der Zeit wieder geben.

Wir sind alle sterblich und allen möglichen Krankheiten ausgesetzt, was können wir dafür, wenn diese Krankheiten nicht gerade angenehmer Art sind? Am besten, man versucht, gesund zu werden.

Ich habe auch Gewissensbisse, wenn ich an alle die Unannehmlichkeiten denke, die ich Gauguin verursacht habe, freilich ganz ohne es zu wollen.

Aber schon früher und bis zu den letzten Tagen habe ich immer das eine gesehen: daß er beim Arbeiten hin und her gerissen war zwischen dem Wunsch, nach Paris zu gehen und dort seine Pläne zu betreiben, und dem Wunsch, in Arles zu bleiben.

Was wird sich aus alledem für ihn ergeben?...

Jetzt ist die Hauptsache, daß Deine Heirat sich nicht verzögert. Durch Deine Heirat machst Du die Mutter ruhig und glücklich, und Deine Stellung im Leben und im Beruf fordert es eigentlich auch. Wird der Kreis, dem Du angehörst, es zu schätzen wissen? Vielleicht ebensowenig, wie die Künstler ahnen, daß ich manchmal für die Allgemeinheit gearbeitet und gelitten habe... Von mir, Deinem Bruder, wirst Du nicht die alltäglichen Glückwünsche erwarten und die Versicherung, daß Du nun unmittelbar ins Paradies versetzt wirst. Wenn Deine Frau bei Dir ist, bist Du nicht mehr allein, was ich ja auch unserer Schwester so sehr wünschte.

Das ist jetzt, nach Deiner eigenen Heirat, mein größter Wunsch...

Was ich auch über gewisse andere Punkte denken mag – als Eheleute sind unser Vater und unsere Mutter vorbildlich gewesen. Ich werde nie vergessen, wie Mutter bei Vaters Tod nur ein einziges kleines Wort gesagt hat – das hat bei mir bewirkt, daß ich die alte Mutter wieder lieber gewonnen habe.

Ja, als Eheleute waren unsere Eltern vorbildlich, wie auch Roulin und seine Frau, um ein anderes Beispiel zu nennen.

Nun, gehe auch Du diesen Weg. Während meiner Krankheit habe ich jedes Zimmer im Hause in Zundert vor mir gesehen, jeden Weg, jede Pflanze im Garten, die Umgebung, die Felder, die Nachbarn, den Friedhof, die Kirche, unseren Gemüsegarten dahinter – bis auf das Elsternnest in der hohen Akazie auf dem Friedhof.

Denn aus jenen Tagen habe ich die frühesten Erinnerungen von euch allen, an Dinge, auf die sich nur noch Mutter und ich besinnen können...

Und überhaupt würde es mich freuen, auch weiterhin mit Gauguin Bilder zu tauschen, auch wenn es mir manchmal nicht leicht fiele.

Hast Du bei Deinem eiligen Besuch hier das Porträt in Schwarz und Gelb von Frau Ginoux gese- *155*
hen? Dieses Porträt habe ich in einer Dreiviertelstunde gemalt.

Jetzt muß ich schließen... (573, 23. Jan. 1889, F)

Paul Signac war der einzige unter den Künstlern, der Vincent im Krankenhaus besuchte:

„Ich habe Vincent das letzte Mal in Arles gesehen", erzählte Signac, „im Frühling des Jahres 1889. Er befand sich schon im dortigen Krankenhaus.

Einige Tage vorher hatte er sich unter den Ihnen bekannten Umständen das Ohrläppchen (nicht

das Ohr) abgeschnitten. (Auch Frau J. van Gogh-Bonger bestätigt, daß nur das Ohrläppchen abgeschnitten wurde.) Aber am Tage meines Besuches war er völlig klaren Geistes, und der Arzt erlaubte mir, mit ihm auszugehen. Er hatte die bekannte Binde um den Kopf und trug seine Pelzmütze. Er führte mich in seine Wohnung an der Place Lamartine, wo ich die wunderbaren Bilder sah, seine Mei-
164, 153 sterwerke: die *„Gräberstraße"*, das *„Nachtcafé"*, die *„Berceuse"*, die *„Schleuse"*, das *„Saintes-Maries"*, die *„Sternennacht"* usw. Stellen Sie sich die Pracht dieser weißgetünchten Wände vor, von denen sich seine Farben in all ihrer Leuchtkraft abhoben!

Den ganzen Tag lang redete er mit mir über Malerei, Literatur und Sozialismus. Am Abend war er etwas müde. Wir hatten einen furchtbaren Mistral, der ihm vielleicht stark auf die Nerven ging. Er wollte sogar einen Liter Terpentin trinken, das im Zimmer auf dem Tisch stand. Es war Zeit, ins Krankenhaus zurückzukehren.

Am nächsten Morgen ging ich noch einmal zu ihm, um mich zu verabschieden; ich fuhr weiter nach Cassis, dort erhielt ich einen guten Brief von ihm, in dem er über Kunst und Freundschaft sprach und mir sagte, wie sehr mein Besuch ihn gefreut habe; das Schreiben war mit einer (genau: mit zwei) schönen Zeichnungen illustriert. Ich habe ihn nicht wiedergesehen." (Paul Signac, mitgeteilt von Gustave Coquiot, 1923)

... Ich schreibe Dir, um Dir zu berichten, daß Signac bei mir gewesen ist, das hat mir recht wohlgetan. Er war sehr tüchtig, sehr vernünftig und einfach, als die Schwierigkeit auftauchte, ob man die von der Polizei verschlossene Tür (wobei das Schloß kaputtgegangen war) mit Gewalt öffnen sollte oder nicht. Erst wollten sie uns nicht machen lassen, aber schließlich sind wir doch ins Haus gekommen. Ich habe ihm als Andenken ein Stilleben geschenkt, das die guten Gendarmen der Stadt Arles in Wut versetzt hat, weil es zwei geräucherte Heringe darstellt, die man, wie Du weißt, Gendarmen nennt. Du erinnerst Dich wohl, daß ich in Paris schon zwei- oder dreimal dasselbe Stilleben gemacht habe, damals habe ich eines davon gegen einen Teppich eingetauscht. Du siehst also, womit die Leute sich befassen und wie albern sie sind.

Ich finde, Signac ist sehr ruhig, und doch gilt er für heftig; er macht mir den Eindruck eines sicheren, ausgeglichenen Menschen. Selten oder nie habe ich mit einem Impressionisten ein Gespräch geführt, das so ohne jeden Mißklang oder ärgerlichen Zusammenstoß verlaufen wäre. So hat er Jules Dupré besucht, und er verehrt ihn. Gewiß bist Du nicht ganz unschuldig daran, daß er hergekommen ist und mir ein bißchen Mut gemacht hat, und dafür danke ich Dir. Ich habe meinen Ausgang dazu benutzt, mir ein Buch zu kaufen: *„Die von der Scholle"* von Camille Lemonnier. Zwei Kapitel davon habe ich geradezu verschlungen — das ist von einer Schwere, von einer Tiefe! Warte, bis ich es Dir schicke. Es ist das erste Mal seit mehreren Monaten, daß ich ein Buch in die Hand nehme. Das sagt mir viel und trägt beträchtlich zu meiner Genesung bei. Übrigens sind mehrere Bilder da, die ich Dir schicken möchte, wie auch Signac feststellen konnte; er entsetzt sich nicht über meine Bilder, wie mir schien. Signac fand, und das ist auch vollkommen richtig, daß ich gesund aussähe.

Bei alledem habe ich Lust und Liebe zur Arbeit. Aber natürlich, wenn ich Tag für Tag in meiner Arbeit und in meinem Leben von Gendarmen belästigt werde und von diesen giftigen Faulpelzen, den städtischen Wählern, die an den von ihnen gewählten Bürgermeister, der natürlich ihre Stimmen nicht verlieren will, Eingaben machen, so wäre es nur menschlich, wenn ich von neuem unterläge. Signac wird Dir, glaube ich, etwas Ähnliches sagen.

Meiner Ansicht nach muß man sich dem Verlust der Möbel usw. kräftig widersetzen. Dann — bei Gott — muß ich meine Freiheit haben, um mein Handwerk zu treiben.

Herr Rey behauptet, statt genügend und regelmäßig zu essen, hätte ich mich durch Kaffee und Alkohol aufrechterhalten. Das gebe ich alles zu, aber um den hohen gelben Ton zu erreichen, den ich diesen Sommer erreicht habe, hab ich mich eben ziemlich aufpulvern müssen. Schließlich ist ein Künstler ein arbeitender Mensch, und dem ersten besten Maulaffen kommt es nicht zu, ihn endgültig kaputtzumachen.

Wenn ich das Gefängnis oder die Irrenzelle auf mich nehmen muß — warum nicht? Haben nicht Rochefort, Hugo, Quinet und andere die Verbannung erduldet und damit ein ewiges Beispiel gegeben — und der erstgenannte war sogar im Bagno. Aber ich will nur sagen, daß das mit der Frage Krankheit oder Gesundheit nichts zu tun hat.

Natürlich ist man im entsprechenden Fall außer sich — ich sage nicht: im gleichen Fall, denn ich stehe ja längst nicht so hoch und bin viel unbedeutender, aber ich sage, es ist ein entsprechender Fall.

Und da hast Du die erste und letzte Ursache meiner Geistesverwirrung. Kennst Du diesen Ausspruch eines holländischen Dichters:

„Ik ben aan d'aard gehecht met meer dan aardsche banden" [Ich bin an die Erde gebunden mit mehr als irdischen Banden]. Das habe ich in vielen tödlichen Ängsten gespürt — vor allem in meiner sogenannten Geisteskrankheit...

Ich gedenke, meinen Beruf als Verrückter ebenso gelassen hinzunehmen wie Degas den Beruf als Notar. Aber ich fühle eben nicht ganz die nötige Kraft, eine solche Rolle zu übernehmen.

Du schreibst mir über etwas, was Du „den wahren Süden" nennst. Ich hab Dir ja geschrieben, warum ich da nie hingehen werde. Das überlasse ich Leuten, die besser instand sind als ich, mehr aus einem Stück. Ich tauge nur zu halbschürigen, zweitrangigen, untergeordneten Dingen.

Wenn ich auch noch so stark empfinde und wenn meine Ausdruckskraft noch so stark wird in einem Alter, wo die körperlichen Leidenschaften mehr erlöschen – nie werde ich auf einer so wurmstichigen, erschütterten Vergangenheit ein großartiges Gebäude errichten können... (581, 24. März 1889, F)

Nachdem ich an der Küste herumgestreift bin, habe ich mich in Cassis festgesetzt. Ich schicke Ihnen meine Adresse, damit Sie mir schreiben können, daß es Ihnen gut geht. An Ihren Bruder habe ich geschrieben, er hat mir noch nicht geantwortet. (Paul Signac an Vincent, 583a, 4. April 1889, F)

Vielen Dank für Ihre Postkarte, die mir Nachricht von Ihnen gibt. Daß mein Bruder Ihren Brief noch nicht beantwortet hat, ist, glaube ich, nicht seine Schuld. Auch ich bin seit etwa vierzehn Tagen ohne Nachricht von ihm. Er ist nämlich in Holland und heiratet dort dieser Tage. Ich leugne zwar keineswegs die Vorteile einer Ehe, wenn sie erst mal geschlossen ist und man sich ruhig zu Hause eingerichtet hat, aber das Trauergepräge eines Empfangs mit den kläglichen Gratulationen zweier (noch dazu gebildeter) Familien gleichzeitig, gar nicht zu reden von dem albernen Antreten in jenen Giftmischerbuden, wo vorsintflutliche zivile oder kirchliche Beamte hausen – bei Gott – ist der arme Unglückliche nicht zu beklagen, daß er sich, mit den nötigen Papieren bewaffnet, an Orte begeben muß, wo man ihn mit einer wilden Wut, die bei den grausamsten Menschenfressern nicht ihresgleichen hat, auf dem kleinen Feuer besagten Trauergepränges bei lebendigem Leibe verheiratet?

Ich bin Ihnen noch immer sehr dankbar für Ihren so freundschaftlichen und wohltuenden Besuch, der wesentlich dazu beigetragen hat, mir wieder Mut zu machen. Es geht mir jetzt gut, und ich arbeite im Krankenhaus oder in seiner Umgebung... (Vincent an Paul Signac, 583b, April 1889, F)

...Und nun mache ich mich zum fünften Mal an meine „*Berceuse*". Wenn Du sie siehst, wirst Du mir recht geben, daß es weiter nichts ist als ein Farbdruck aus dem Kaufladen, und dabei ist es nicht mal photographisch richtig in den Proportionen oder in irgendwas sonst. Aber ich will ja ein Bild machen, wie es ein Seemann, der nichts vom Malen versteht, sich vorstellen würde, wenn er auf hoher See an eine Frau an Land denkt.

Im Krankenhaus sind sie jetzt sehr zuvorkommend gegen mich, was mich wie vieles andere verwirrt und ein bißchen konfus macht.

Nun, ich glaube, Du würdest lieber ohne all die üblichen Feierlichkeiten und Beglückwünschungen heiraten, und ich bin von vornherein überzeugt, daß Du sie nach Möglichkeit vermeiden wirst...

Wie seltsam scheinen mir diese drei letzten Monate! Einmal namenlose innere Ängste, und dann wieder Stunden, wo der Schleier der Zeit und des Unabänderlichen sich für einen Augenblick zu lüften schien.

Gewiß hast du schließlich recht, verdammt recht – auch wenn man die Hoffnung nicht aufgibt, muß man sich doch mit der wahrscheinlich sehr trostlosen Wirklichkeit abfinden. Hoffentlich kann ich mich wieder ganz in die Arbeit stürzen, die so lange liegengeblieben ist.

Ach, ich darf nicht vergessen, Dir etwas zu erzählen, woran ich sehr oft gedacht habe. Ganz zufällig fand ich in einem Artikel in einer alten Zeitschrift ein Wort, das auf einem antiken Grab in der Gegend zwischen hier und Carpentras steht.

Da hast Du diese sehr, sehr alte Grabinschrift – nehmen wir an, aus der Zeit von Flauberts „*Salambo*":

„Thebe, Tochter des Thelhui, Priesterin des Osiris, die sich nie über jemand beklagt hat."

Wenn Du Gauguin siehst, solltest Du ihm das erzählen. Und ich dachte an eine verblühte Frau – Du hast eine Studie von dieser Frau mit den seltsamen Augen, der war ich durch irgendeinen Zufall begegnet.

Was ist das, „sie hat sich nie über jemand beklagt"? Stellt Euch eine vollkommene Ewigkeit vor, warum nicht – aber vergessen wir nicht, daß die Wirklichkeit der alten Jahrhunderte dies hier hat: „Und sie hat sich nie über jemand beklagt."

Weißt Du noch, wie uns eines Sonntags der gute Thomas besuchte und sagte: „Nanu – sind das denn die Frauen, bei denen Ihr hochkommt?"

Nein, dabei kommt man nicht gerade hoch, aber schließlich fühlt man sich von Zeit zu Zeit im Leben so stark betroffen, als ob man im Erdboden Wurzel faßte... (582, 29. März 1889, F)

...Im Krankenhaus habe ich alles bis heute geregelt, da ist dort noch ungefähr so viel Geld, wie ich für den Rest des Monats brauche, so habe ich dort hinterlegt. Ende des Monats möchte ich in die Anstalt in St. Rémy gehen, oder in eine ähnliche Anstalt dieser Art, von der Herr Salles mir erzählt hat. Erspare es mir, auf Einzelheiten einzugehen und das Für und Wider eines solchen Schrittes zu erwägen...

Es bedeutet einen kleinen Trost für mich, daß ich allmählich den Irrsinn als eine Krankheit wie jede andere auch betrachte und die Sache eben hinnehme; aber während der eigentlichen Anfälle hielt ich alles, was ich mir einbildete, für wirklich. Doch daran will ich weder denken noch davon reden. Erlasse mir nähere Erklärungen, aber ich bitte Dich und die Herren Salles und Rey, richtet es so ein, daß ich Ende dieses Monats oder Anfang Mai als interner Pensionär dort aufgenommen werde.

Dieses Malerleben wie bisher von neuem anzufangen, einsam im Atelier, ohne andere Zerstreuung als ins Café oder ins Restaurant zu gehen, fortwährend die tadelsüchtigen Augen der Nachbarn auf mir — *das kann ich nicht*; mit einem anderen Menschen zusammenleben, etwa mit einem anderen Künstler — schwer — sehr schwer — man nimmt eine zu große Verantwortung auf sich. Ich wage nicht mal daran zu denken.

Fangen wir zunächst mal mit drei Monaten an und sehen wir dann weiter; die Pension dort muß ungefähr achtzig Francs kosten, und ich werde ein wenig zeichnen und malen, ohne es so wütend zu betreiben wie voriges Jahr. Gräme Dich nicht über das alles. Jetzt diese Tage — das Ausziehen, das Abtransportieren all meiner Möbel, das Einpacken der Bilder, die ich Dir schicken will — das war traurig; Du hast mir ja das alles aus so großer brüderlicher Liebe geschenkt, hast mich so viele Jahre lang allein erhalten, und nun muß ich Dir mit dieser ganzen traurigen Geschichte kommen — das ist das Allertraurigste. Aber es fällt mir schwer, das so in Worte zu fassen, wie ich es fühlte. Die Güte, die Du mir erwiesen hast, ist nicht verloren — Du hast sie mir erwiesen, und das bleibt Dir; selbst wenn die materiellen Ergebnisse gleich null wären, so bleibt Dir das um so mehr, aber ich kann es nicht so sagen, wie ich es fühlte.

Du begreifst wohl: wenn der Alkohol sicherlich eine der Hauptursachen meines Irreseins gewesen ist, so ist es sehr langsam gekommen, und es wird auch langsam wieder weggehen — falls es überhaupt weggeht, wohlgemerkt. Oder wenn es vom Rauchen kommt — dieselbe Sache... (585, 21. April 1889, F)

Zum ersten Mai wünsche ich Dir ein nicht allzu schlechtes Jahr und vor allem Gesundheit.

Wie sehr wünschte ich, ich könnte Dir von meinen körperlichen Kräften abgeben, ich habe das Gefühl, als hätte ich augenblicklich mehr als genug davon. Was nichts daran ändert, daß der Kopf durchaus noch nicht so ist, wie er sein sollte.

Wie recht hatte Delacroix, daß er sich nur von Brot und Wein nährte — er hatte einen Weg gefunden, in Harmonie mit seinem Beruf zu leben. Doch immer bleibt die fatale Geldfrage. Delacroix war vermögend. Corot auch. Und Millet — Millet war Bauer und Sohn eines Bauern. Vielleicht interessiert Dich der Artikel, den ich aus einer Marseiller Zeitung ausgeschnitten habe, weil Monticelli darin vorkommt; die Beschreibung des Bildes, das eine Friedhofsecke darstellt, finde ich sehr interessant. Ach, aber das ist auch so eine immer beklagenswerte Geschichte.

Wie traurig ist es, zu denken, daß auf einen Maler, der nur halbwegs Erfolg hat, ein halbes Dutzend Künstler kommen, denen es noch schlechter geht als ihm.

Aber denke an Pangloss, denke an Bouvard und Pécuchet, ich weiß, dann ist auch das erklärlich; doch diese Leute wissen vielleicht nichts von Pangloss, oder man vergißt alles, was man davon weiß, wenn einen die wirkliche Verzweiflung und die großen Schmerzen so furchtbar zu packen kriegen.

Und übrigens geraten wir damit unter der Bezeichnung Optimismus abermals in eine Religion, die mir wie eine Art Ableger des Buddhismus aussieht. Nichts dagegen zu sagen, im Gegenteil, wenn man will.

Der Artikel über Monet im *„Figaro"* gefällt mir nicht sehr gut — wieviel besser war dieser andere Artikel in *„Le XIXe Siècle"*! Da *sah* man die Bilder, und der da enthält nichts weiter als geistloses Zeug, das mich melancholisch macht.

Heute packe ich eine Kiste mit Studien und Bildern...

Diese Studie und auch einige andere haben während meiner Krankheit durch Feuchtigkeit gelitten.

Bei einer Überschwemmung ist das Wasser bis wenige Meter vor dem Hause gestiegen, und da während meiner Abwesenheit nicht geheizt worden ist, schwitzten die Mauern Wasser und Salpeter aus, als ich wiederkam.

Das hat mir sehr weh getan — nicht nur das Atelier ist gescheitert, sondern sogar die Studien sind vernichtet, die eine Erinnerung daran gewesen wären — das ist unwiderruflich dahin —, und ich bin voll so echter Begeisterung daran gegangen, etwas sehr Einfaches, aber Dauerhaftes zu schaffen. Es ist ein Kampf gegen höhere Gewalt gewesen, oder vielmehr Charakterschwäche meinerseits, denn dauernd quälen mich arge Gewissensbisse, die ich nur schwer erklären könnte. Ich glaube, daher kommt es, daß ich während der Anfälle so sehr geschrien habe — ich wollte mich verteidigen, und das gelang mir nicht. Denn nicht mir, sondern Malern wie diesem Unglücklichen, von dem der beiliegende Artikel handelt, hätte das Atelier dienen können...

...Wenn ich Deine Freundschaft nicht hätte, brächte man mich dahin, daß ich ohne Gewissensbisse Selbstmord beginge, und so feige ich auch bin, schließlich würde ich es doch tun.

Das ist der Punkt — und ich hoffe, auch Du erkennst das —, wo es uns erlaubt ist, gegen die Gesellschaft zu protestieren und uns zu verteidigen. Du kannst so gut wie sicher sein, daß der Selbstmord des Marseiller Künstlers nicht eine Folge des Absinths war, aus dem einfachen Grunde, weil niemand ihm welchen angeboten haben wird und weil er selber kein Geld hatte, um sich welchen zu kaufen. Übrigens wird er nicht nur zu seinem Vergnügen getrunken haben; sondern weil er schon krank war, hat er sich auf diese Art aufrechterhalten.

Herr Salles ist in St. Rémy gewesen – sie wollen mir nicht erlauben, außerhalb der Anstalt zu malen, und sie wollen mich nicht für weniger als hundert Francs im Monat nehmen. – Das sind also sehr schlechte Nachrichten. Wenn ich die ganze Sache dadurch umgehen könnte, daß ich mich auf fünf Jahre für die Fremdenlegion verpflichte, so wäre mir das eigentlich lieber...

Wenn ich dort nur unter Aufsicht arbeiten darf! Und in der Anstalt – mein Gott, lohnt sich das, dafür Geld zu zahlen?

In der Kaserne könnte ich gewiß ebenso und besser arbeiten. Nun, ich will es mir überlegen, tu Du das auch und laß uns nicht vergessen, daß in der besten aller Welten immer alles aufs beste geht, das ist nicht unmöglich... (588, 30. April 1889, F)

Dein guter Brief heute hat mir wohlgetan; also gut – auf nach St. Rémy!

Aber ich sage Dir noch einmal: wenn es nach reiflicher Überlegung und nach Beratung mit dem Arzt vielleicht entweder notwendig oder auch nur nützlich und klug wäre, zum Militär zu gehen, so sollten wir das genauso und ohne Vorurteil in Erwägung ziehen. Das wäre alles! Denn Du mußt Dich freimachen von dem Gedanken, daß es ein Opfer wäre. Ich schrieb es noch neulich an die Schwester: mein ganzes Leben oder wenigstens fast mein ganzes Leben lang habe ich alles andere gesucht als ein Märtyrerdasein, für das ich nicht geschaffen bin.

Wenn ich Schwierigkeiten vorfinde oder verursache, so bin ich weiß Gott entsetzt. Gewiß, ich achte, ja ich bewundere Märtyrer usw., aber weißt Du, zum Beispiel *„Bouvard und Pécuchet"*, das ist eben etwas anderes, das unserm kleinen Dasein gemäßer ist...

Ich sehe aus den Zeitungen, daß gute Sachen im „Salon" sind. Hör mal, geh nicht völlig in den Impressionisten auf – wenn es sonst irgendwo Gutes gibt, verliere es nicht aus den Augen. Gewiß, die Farbe ist auf dem Vormarsch, *gerade durch* die Impressionisten, selbst wo sie auf falschem Wege sind, aber Delacroix war schon vollendeter als sie.

Und verdammt noch mal, Millet, der doch beinah gar keine Farbe hat, wie groß ist sein Werk!

Irresein ist insofern heilsam, als man vielleicht toleranter wird...

... Ach, Figuren zu malen, wie Claude Monet Landschaften malt! Das wird man trotz allem noch tun müssen, bevor man von den Impressionisten eigentlich nur Monet sieht.

Denn im Figürlichen haben Delacroix, Millet und verschiedene Bildhauer schließlich viel Besseres geleistet als die Impressionisten, und sogar Jules Breton.

Nun, mein lieber Bruder, seien wir gerecht, und jetzt, wo ich dabei bin abzutreten, sage ich Dir: vergessen wir nicht, wenn wir zu alt werden, um uns zu den Jungen zu zählen, daß wir einst Millet geliebt haben, Breton, Israels, Whistler, Delacroix, Leys. Und glaube mir, ich bin davon überzeugt, daß ich dahinter keine Zukunft sehen werde und übrigens nicht zu sehen wünsche.

Die Gesellschaft ist eben, wie sie ist, und wir können natürlich nicht verlangen, daß sie sich gerade unseren persönlichen Wünschen anbequemt.

Obgleich ich es sehr, sehr richtig finde, daß ich nach St. Rémy gehe, wäre es doch wirklich das beste, wenn man Leute wie mich in die Fremdenlegion steckte.

Wir können nichts dazu tun, und es ist mehr als wahrscheinlich, daß sie mich gar nicht nehmen würden, wenigstens hier nicht, wo mein Abenteuer zu bekannt ist und vor allem noch übertrieben wird.

Ich sage es in vollem Ernst: körperlich geht es mir besser als seit Jahren, und den Militärdienst könnte ich aushalten.

Überlegen wir es doch noch mal, auch wenn ich nach St. Rémy gehe...

... P.S. So viele unterschiedliche Abgrenzungen im Impressionismus haben *nicht* die große Wichtigkeit, die man ihnen hat beimessen wollen...

... Hier im Krankenhaus haben sie viel Platz, da ließen sich Ateliers für dreißig und mehr Maler einrichten.

Ich muß wirklich eine Entscheidung treffen; es ist nur allzu wahr, daß eine Menge Maler geisteskrank werden – es ist ein Leben, das einen, milde ausgedrückt, sehr weltfremd macht. Wenn ich mich wieder Hals über Kopf in die Arbeit stürze, so ist das gut, aber halb verdreht werde ich immer bleiben. Wenn ich auf fünf Jahre zum Militär gehen könnte, würde ich bedeutend gesünder werden, würde vernünftiger und mehr Herr meiner selbst sein.

Aber ob nun dies oder das, mir ist es gleich... (590, 3. Mai 1889, F)

140 Selbstbildnis, September 1888
meinem Freund Gauguin gewidmet. An seine Schwester Willemien schrieb er, er habe ein Selbstbildnis in Arbeit, auf dem er wie ein Japaner aussehe (W 7). Und Theo gegenüber beschrieb er das Bild als *„beinah farblos“,* in „aschfarbene Töne auf einem Hintergrund von blassem Veroneser Grün…“ C537). Gauguin, dem Empfänger der Widmung gegenüber, bezeichnete er es als „völlig aschfarbig… Ich übertreibe auch meine persönlichen Züge, denn ich will das Wesen eines buddhistischen Mönchs darstellen, der den Ewigen Buddha verehrt.“ (vgl. auch *147*) Auf einem der letzten Pariser Selbstbildnisse *(117)* hatte er bereits einen gewissen Verfall ins Bewußtsein gerückt. Dieses Bild, das erste, das in Arles entstand, zeigt ihn in einer noch schlechteren Verfassung. Es erinnert an Hiob 10, 8: „Deine Hände haben mich bereitet und gemacht alles, was ich um und um bin; und du wolltest mich verderben?“

141 Ansicht der Ebene von Crau bei Arles mit Mont Majour im Hintergrund, Juni 1888
In seinem Werk *Van Gogh au seuil de la Provence* (1959) schrieb Charles Mauron: „Japan ist für Vincent nicht mehr nur das ‚Land der heiteren Farben' und der Farbdrucke, sondern die Heimat buddhistischer Weisheit. Hier liegt die Verbindung zwischen dem *Selbstbildnis* als Mönch (vorhergehende Seite) und dieser lichterfüllten Landschaft, in der Eindrücke aus Holland, der Provence und Japan weiterwirken.

Linke Seite:
142 Boote am Molo mit Sand ausladenden Männern, August 1888
„Alles von oben aus der Vogelperspektive gesehen", schrieb Vincent an Bernard. „Kein Himmel, es ist nur eine Skizze, eine ganz flüchtige Sache, bei starkem Mistral gemacht." (B I 5) Ein Gekritzel, doch ein Meisterwerk einer Zeichnung in Farbe, das ein sicheres Auge und eine geschulte Hand verrät. Die Umrißlinie ist schärfer gezeichnet als bei einem japanischen Holzschnitt.

Oben:
143 Parklichtung: Der Garten des Dichters, September 1888
Der September 1888 war ein Monat, in dem Vincent zwischen Hochstimmung und tiefer Depression schwankte. Sein Stil wandelte sich vom heiteren, bejahenden Pariser Impressionismus hin zur lichten Klarheit eines strahlenden Realismus.

144 Die Schauerleute, Ende August 1888

Sonne und Sonnenblumen

145 Sonnenblumen an der Straße nach Tarascon, 1981
146 *Die Straße nach Tarascon: Himmel mit Sonne,* August 1888

Seit das großartige Gemälde *Vincent auf der Straße nach Tarascon* (F 448) im Jahr 1945 durch Feuer vernichtet wurde, sind wir um so glücklicher über den Besitz dieser Zeichnung. Die Zeichentechnik wechselt auf diesem Bild in ganz erstaunlichem Maße: Ovale, kurze gerade Linien, Krümmungen, ein Tanz von Punkten und Strichen in unterschiedlicher Länge, Getüpfeltes, über allem eine Sonne, die man nur als ein ungeheures vibrierendes *Kraftfeld* beschreiben kann. Vincent selbst bleibt unsichtbar, aber er ist präsent.

147 Paul Gauguin: *Vincent van Gogh malt Sonnenblumen,* Herbst 1888
148 *Stilleben: Vase mit vierzehn Sonnenblumen,* Sommer 1888

1888 zeichnete Vincent erstmals Sonnenblumen als Dekoration für das Gelbe Haus und zum Empfang Gauguins. Gauguin, der Symbolist, stellte lieber den erschöpften Vincent dar, wie er verblühte Sonnenblumen malte.

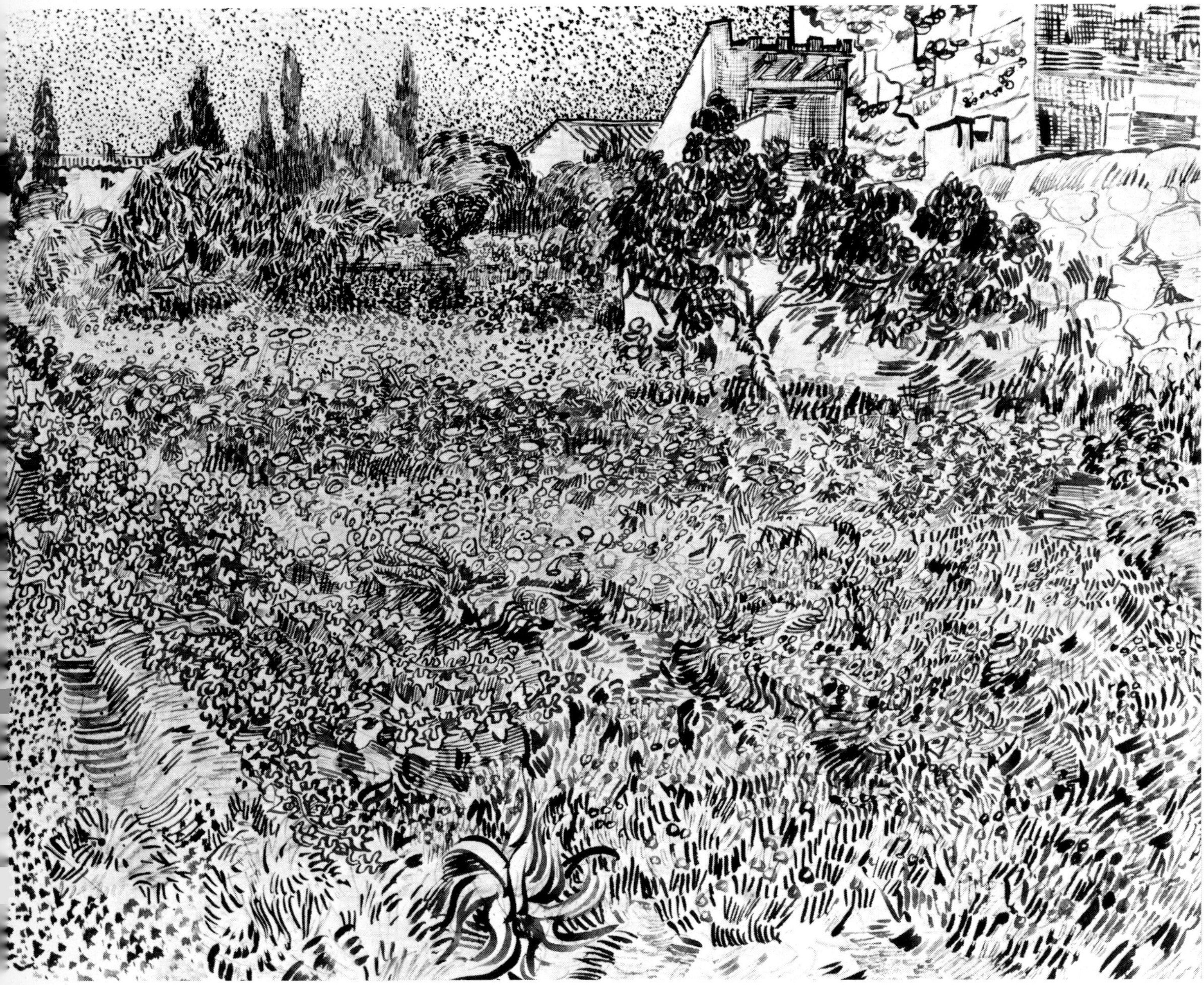

149 Ein Garten, Juli 1888
In Arles zeichnete Vincent drei verschiedene Gärten. Von dieser Version hier gibt es auch Entwürfe in Farbe. Die verschwenderische Vielfalt im Detail, die jedoch nicht diesem an sich gilt, sondern das üppige Wachstum in der Natur feiert, zeigte sich schon in der *Straße nach Tarascon. (146)*

150 Seestück, 2. Junihälfte 1888
151 Gasse in Saintes-Maries-de-la-Mer, 2. Junihälfte 1888
Die gleiche Vielfalt in der Darstellung findet sich auch in den Rohrfederzeichnungen, die er bei seinem einzigen Besuch am Mittelmeer in Saintes-Maries-de-la-Mer anfertigte. Die Zeichnung tendiert zum Abstrakten, rein Rhythmischen, die Realität ordnet sich einem musikalischen Duktus unter.

152 Bildnis des Patience Escalier, August 1888

Eine enge Freundschaft verband Vincent mit vier der Personen, die ihm für diese Gemälde Modell gesessen hatten. Das fünfte Modell, Patience Escalier, war Hirte und Gärtner. Vincent begegnete ihm im Nachtcafé *(164),* der „von Sonne und Wind gebräunte". (520) Vincent beobachtete in den unschönen, von Unsicherheit und einer gewissen Müdigkeit geprägten Zügen von Escaliers Gesicht die „Unentschlossenheit des Mundes", die seinem eigenen Vater so „bestürzend ähnlich" sah. Das Bildnis drückt „etwas von dem Ewigen aus, das ehedem der Heiligenschein zu versinnbildlichen pflegte".

153 La Berceuse: Madame Auguste Roulin, Januar 1889

155 L'Arlésienne: Madame Ginoux mit Büchern, November 1888

154 Joseph Roulin, an einem Tisch sitzend, August 1888

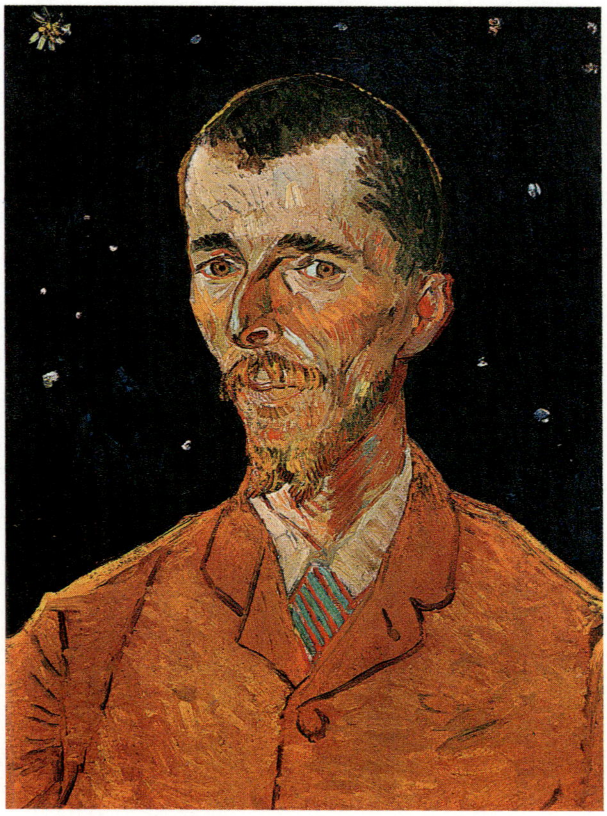

156 Bildnis des Eugène Boch, eines belgischen Dichters, September 1888

P Gauguin 88

157 Paul Gauguin: *Weinberge in Arles mit Bretoninnen,* 1888
158 Erinnerung an den Garten in Etten, November 1888

159 Gauguins Stuhl, Kerze und Bücher, (Der leere Stuhl), Dezember 1888
160 Van Goghs Stuhl und Pfeife, Dezember 1888 – Januar 1889

Diese vier Gemälde entstanden in der Zeit, als die beiden Maler zusammen im Gelben Haus lebten. Sie zeugen von ihrem Zusammenleben und ihren leidenschaftlichen, oftmals stürmischen Diskussionen über aktuelle Kunstprobleme. Die beiden *leeren Stühle,* absichtlich einander gegenübergestellt, sollte man im Zusammenhang mit Vincents früheren Reaktionen auf leere Stühle sehen: Fildes' Stich *(36);* seine Tränen beim Anblick des leeren Stuhls, auf dem sein Vater bei einem Besuch in Amsterdam gesessen hatte. Symbolische Bedeutung und Realität stimmen hier überein und finden ihren malerischen Ausdruck in der Farbe. Albert Aurier hat mit Recht auf Vincents Fähigkeit hingewiesen, eine moderne Symbolsprache zu schaffen. Der *Garten in Etten* entstand ebenfalls aus einer Verbindung von Erinnertem, leidvoller Erfahrung, momentanem poetischen Empfinden und Imagination, während Vincent das tatsächliche Motiv nicht vor Augen hatte (Gauguins Ratschlag an Vincent). Für beide Künstler rückte zuweilen eine wirkliche Zusammenarbeit mit gegenseitiger Befruchtung in greifbare Nähe. Vincents tragischer Akt der Gewalt gegen sich selbst am 23. Dezember bedeutete den dramatischen Abschluß dieser Epoche.

„Ein teuflisches Gelb“

161 Das Gelbe Haus vor der Zerstörung im Zweiten Weltkrieg. Vincent mietete den rechten Flügel, in dem später eine *Bar-Tabac* eingerichtet wurde.

162 Van Goghs Haus an der Place Lamartine, Arles (Das Gelbe Haus), September 1888

163 Van Goghs Schlafzimmer in Arles, Oktober 1888
164 Das Nachtcafé, September 1888

Rechts:
Im September und Oktober 1888 sprach Vincent noch von Harmonie und Tröstung, doch muß er sich der Heftigkeit seiner Farben nicht bewußt gewesen sein. Er fühlte, daß *Vincents Schlafzimmer* den Gedanken „an Ruhe oder ganz allgemein an Schlaf“ nahelegte. Das *Nachtcafé* andererseits ist „ein Ort, wo man sich ruinieren, verrücktwerden oder ein Verbrechen begehen kann“. (533)

Vincent
le café de nuit

Krankheit

165 Selbstbildnis mit verbundenem Ohr, Januar 1889
166 Stilleben: Zeichentisch mit Teller und Zwiebeln, Pfeife, Leuchter etc., Januar 1889
167 Das Hospital in Arles, April – Oktober 1889

Alle drei Werke entstanden in Vincents Atelier in Arles nach dem Aufenthalt im dortigen Krankenhaus und vor seiner Abreise nach St.-Rémy. Dort vollendete er das Bild über das Hospital in Arles aus der Erinnerung. Er beschäftigte sich vorwiegend mit sich selbst, seiner Krankheit, seinem Geisteszustand und seiner äußeren Erscheinung (der Spiegel). Alles, was ihn umgab und was er malte, beschäftigte ihn intensiv, mehr als nur unter dem künstlerischen Aspekt. Das Stilleben besteht nur aus Dingen, die einen besonderen Bezug zu seiner Gesundheit hatten: Bei dem Buch handelte es sich um einen medizinischen Ratgeber, welcher Dr. Rey gehörte, die Pfeife war seine Hauptstütze im Kampf gegen Depressionen. Der Gedanke an Arles ließ ihn auch in St.-Rémy nicht los. Er hätte gern die Menschen wiedergesehen, an denen er hing. Er hatte versucht, im Gelben Haus in dieser kleinen provençalischen Stadt Wurzeln zu schlagen. Um so tragischer war es für ihn, daß er von dort weggehen mußte.

Der Hospitalgarten

168 Der Innenhof des Hospitals in Arles, 1981
169 *Der Hof des Hospitals in Arles,* April – Mai 1889

In Paris war Vincent zu sehr mit Farbtheorien beschäftigt, um seinen Zeichnungen große Bedeutung beizumessen. Mit den Bauern von Nuenen schien seine Entwicklung als Zeichner abgeschlossen. In Arles schwindet der impressionistische Einfluß, der japanische nimmt zu. Eine Rückbesinnung auf die Probleme der holländischen Periode beginnt. Sein Zeichenstil in Arles ist eher klassisch: streng, sicher in der Linienführung und durch und durch realistisch. Nach dem Spätsommer 1888 machte er eine innere Wandlung durch. Seine Zeichnung des Hospitalhofs, ein spätes Werk von Arles, atmet barocke Bewegtheit. Die Linienführung löst sich mehr und mehr von den vorgegebenen Formen, das Detail verliert an Bedeutung gegenüber einem immer wieder unterbrochenen Rhythmus.

V SAINT-RÉMY UND AUVERS

„Und meine eigene Arbeit, nun, ich setze mein Leben dabei aufs Spiel, und mein Verstand ist zur Hälfte dabei draufgegangen“

1889–1890 SAINT-RÉMY-DE-PROVENCE
1890 AUVERS-SUR-OISE

In St.-Rémy zu leben bedeutete eine ständige Auseinandersetzung mit dem beengten Lebensraum der Nervenheilanstalt. Den Aufenthalt dort hielt Vincent für notwendig. Er nahm den Kampf mit der Krankheit auf, einen Kampf um die Erhaltung seiner Kreativität. Dabei half ihm die Begegnung mit der überwältigend schönen Landschaft jenseits der Mauern. Allerdings wurden diese Kontakte zur Natur zeitweilig eingeschränkt oder sogar ausdrücklich untersagt: „Denn ich verhehle Dir nicht, daß der Aufenthalt hier durch seine Eintönigkeit furchtbar ermüdend ist und daß einem die Gesellschaft all dieser Unglücklichen, die absolut nichts zu tun haben, sehr auf die Nerven geht." (Brief 614)

Von Zeit zu Zeit schwächte ihn die zerstörerische Gewalt der Krankheit auf heimtükkische Weise. Die Wurzeln dieses Leidens sind in seiner Kindheit zu suchen. Es handelt sich hier um ein komplexes Problem, da wir es zunächst mit einer Neurose, von Arles an mit einer Psychose zu tun haben. Nach Jean Delays Definition ist die Neurose die psychische Übertreibung von Persönlichkeitsmerkmalen, eine Anormalität, die die Persönlichkeit nicht berührt oder intellektuelle Defekte zur Folge hat, sondern gestauten Energien und gestörten Emotionen den Weg zum Ausbruch freigibt. Die Psychose dagegen ist ein organischer Prozeß, der sich auf die Kreativität ungünstig auswirkt. Die Persönlichkeit wird in Mitleidenschaft gezogen, ein intellektueller Verfall findet statt, vorhandene Kreativität wird gehemmt (vgl. die Antrittsvorlesung von Prof. Jean Delay, Paris, ‚Neurose und Kreativität'; Psychiater- und Neurologenkongreß, Lüttich, 19.–26. Juli 1954, Masson, Paris).

Es beunruhigt, zu sehen, mit welch klarem Bewußtsein Vincent erlebte, hörte und sah, selbst wenn er sich in einem Zustand starker emotionaler Erregtheit befand. Schon ehe jene aus dem Unbewußten hervorquellenden und ins Bewußtsein drängenden Vorstellungen rationaler Interpretation und Verdrängung unterworfen wurden, machte Vincent Andeutungen über sie. Er unterbrach sich zuweilen und weigerte sich weiterzuschreiben „aus Angst vor einem Rückfall". Vincent setzte seine Arbeit während der Krisen fort, ausgenommen lediglich die schlimmsten Phasen der Erkrankung, wenn er das Gefühl hatte, sein Kopf sei leer, wenn seine Energie geschwunden war und er die aktive Tätigkeit des Schreibens, Lesens und Arbeitens nicht bewältigen konnte. Große Angst hatte er vor einem endgültigen Versiegen seiner kreativen Kräfte. Er berichtete selbst, daß er es trotz der damit verbundenen großen Anstrengung geschafft hatte, mehrere Werke zu vollenden und daß er sogar Ideen für einige neue Werke entwickelt hatte.

Nach seinen Briefen zu schließen bemühte er sich in St.-Rémy ständig, eine plausible Erklärung für seinen Aufenthalt in der Anstalt zu finden. Ein ‚Unglücksfall wie jeder andere', dachte er, aber seine Gedanken zu diesem Thema wurden zuweilen jäh beendet durch irrationale Einbrüche von Angst und Schrecken. Es war ein Leben auf der Grenzlinie zur und im Banne der Vernunft. Leben auch in einer Gemeinschaft, die soweit als möglich nach vernünftigen Prinzipien geleitet wurde. Und dann glitt er plötzlich wieder über jene Grenzlinie hin zu Daseinsformen, in denen heftigste Emotionen das Bild von Zeit und Raum verformten. Schwindelerregende, tödliche Ängste überfielen ihn dann.

Symptome, die man üblicherweise mit Schizophrenie verbindet, gab es, aber sie standen im Widerspruch zu anderen. Wie immer sah er die Dinge symbolisch. Er sah eine katastrophale Zukunft für die Welt voraus, aber er neigte nicht zu Wahnvorstellungen im medizinischen Sinne. Ähnlich stand es mit der Epilepsie: Er wußte, daß sie in der Familie seiner Mutter vorkam, aber seine Symptome ergaben keinen schlüssigen Beweis für ihr Vorhandensein.

Da es Vincent immer wieder gelang, sein Syndrom zu überwinden, wodurch er eine ganze Reihe verschiedenster wissenschaftlicher Diagnosen über den Haufen warf, scheint mir die Ansicht Jean Delays das meiste für sich zu haben. Er stützt seine Thesen auf Schriftsteller, nicht auf Maler, und sie beziehen sich auf das Verhältnis von Neurosen und Kreativität im allgemeinen. Delay sagt, daß die gleichen Phänomene, die bei manchen Persönlichkeiten zu einer Neurose mit katastrophalen Folgen führen, von bestimmten hochbegabten Menschen zu Höchstleistungen verarbeitet werden können. Von solchen Persönlichkeiten – und dies gilt genau für van Gogh – wird jeder Konflikt so intensiv durchlebt (vécu), daß es hart an die Krise grenzt. In Arles geriet Vincent, wie mir scheint, in eine derartige Krise hinein, welche in St.-Rémy dauernde, wenn auch zeitweilig unterbrochene Herrschaft über sein Leben gewann. Immer wieder verfiel er in neurotische Zustände, in denen aber die Kraft seines Denkens ungeschmälert und seine Persönlichkeit unentstellt weiterbestand, und in denen er das gestörte Gleichgewicht jeweils durch sein Werk wiederherstellen konnte.

...Vielleicht ist es ein recht sonderbares Ergebnis dieses furchtbaren Anfalls, daß sich in meinem Innern kaum mehr ein klarer Wunsch, eine klare Hoffnung regt, und ich frage mich, ob man so empfindet, wenn die Leidenschaften gedämpft sind und man bergabwärts wandert, statt bergauf zu steigen. Nun, meine liebe Schwester, wenn Du glauben könntest oder wenigstens nahezu glauben könntest, daß in dieser besten aller Welten immer alles aufs beste geht, so könntest Du vielleicht auch glauben, daß Paris die beste Stadt in dieser besten aller Welten ist.

Hast Du schon bemerkt, daß die alten Droschkengäule in Paris manchmal große, schöne, schmerzbewegte Augen wie Christenmenschen haben?

Wie dem auch sei, wir sind weder Wilde noch Bauern, und vielleicht ist es *sogar unsere Pflicht*, die (sogenannte) Zivilisation zu lieben...

Es könnte wohl sein, daß ich ziemlich lang hierbleibe, um endlich ein wenig zum Malen zu kommen; nie bin ich so ruhig gewesen wie hier und im Krankenhaus in Arles. Hier ganz in der Nähe gibt es kleine Berge, grau oder blau, und an ihrem Fuß sehr, sehr grüne Kornfelder und Kiefern...(Vincent an Jo van Gogh-Bonger, 591, 9. Mai 1889, F)

...Um von meinem Zustand zu sprechen — auch für noch was anderes bin ich sehr dankbar; ich beobachte bei den anderen, daß auch sie in ihren Anfällen wie ich seltsame Laute und Stimmen gehört haben, und daß auch vor ihren Augen die Dinge sich zu verwandeln schienen. Und das mildert für mich das Grauen, das ich früher vor so einem Anfall hatte, wie ich ihn gehabt habe; wenn einen so etwas unversehens überfällt, ist man natürlich maßlos entsetzt. Weiß man aber erst mal mit der Krankheit Bescheid, so nimmt man es hin wie anderes auch. Wenn ich nicht andere Geisteskranke aus der Nähe gesehen hätte, käme ich nicht davon los, dauernd daran zu denken. Denn die Todesangst, die man bei einem Anfall aussteht, die ist nicht zum Lachen. Die meisten Epileptiker beißen sich in die Zunge und sie verletzen sich. Rey sagte mir, er habe einen Fall erlebt, daß einer sich das Ohr verstümmelt habe wie ich, und ich glaube, ich habe einen hiesigen Arzt sagen hören, der mich mit dem Direktor besuchte, er habe das auch schon gesehen. Ich möchte wirklich glauben, wenn man erst mal weiß, was es ist, wenn man sich seines Zustandes bewußt ist, und daß man solchen Anfällen ausgesetzt ist, dann kann man auch selbst etwas dazutun, damit man von der Todesangst und dem Entsetzen nicht so völlig überrascht wird.

Jetzt sind es fünf Monate her, daß es immer mehr abnimmt, und ich habe die beste Hoffnung, daß ich darüber wegkomme oder daß wenigstens die Anfälle nicht mehr derartig heftig auftreten.

Es gibt hier einen, der *immer* so schreit und redet wie ich vierzehn Tage lang; er bildet sich ein, in den hallenden Korridoren Stimmen und Worte zu hören, wahrscheinlich weil der Hörnerv krank und überempfindlich ist; bei mir war es gleichzeitig Hören und Sehen, was, wie Rey mir mal sagte, im Anfangsstadium der Epilepsie das Übliche ist. Die Erschütterung war so gewaltig, daß ich einen Widerwillen davor hatte, auch nur die kleinste Bewegung zu machen, und nichts wäre mir lieber gewesen, als wenn ich nicht wieder aufgewacht wäre. Jetzt ist dieses *Grauen vor dem Leben* schon weniger ausgeprägt und die Schwermut nicht mehr so qualvoll. Aber *Willen* habe ich noch keinen, Wünsche kaum oder keine, und alles, was zum gewöhnlichen Leben gehört, zum Beispiel der Wunsch, die Freunde wiederzusehen, an die ich doch denke, ist fast gleich Null. Deshalb kann ich fürs nächste noch nicht hier weg, ich würde überall noch dem Trübsinn verfallen bleiben.

Und erst in diesen allerletzten Tagen hat sich der Abscheu vor dem Leben wirklich gemildert. Von da bis zum Willen und Handeln ist es noch ein weiter Weg...(592, 25. Mai 1889, F)

Einigermaßen skeptisch betrachtete Vincent eine neue ‚Sekte', der unter anderem die Künstler Gauguin, Bernard und Anquetin angehörten. Er verstand darunter den Cloisonnismus, der anläßlich der 1891 in Toronto und Amsterdam von Bogomila Welsh-Ovcharov organisierten Ausstellung und in Studien im Anschluß an die Ausstellung erstmals kritisch gewürdigt worden war. *157, 129, 119*

...Unter den Sachen, die man macht, sind immer ein paar, die man stärker gefühlt oder gewollt hat als andere, und die man gerade deshalb behalten möchte. Wenn ich ein Bild sehe, das mich besonders fesselt, frage ich mich unwillkürlich jedesmal: „In welchem Haus oder Zimmer oder in welcher Ecke, bei welchen Menschen würde es sich gut ausnehmen, wäre es an seinem Platz?"

So sind die Bilder von Frans Hals, Rembrandt, Vermeer van Delft nur im alten holländischen Hause am rechten Platz.

Mit den Impressionisten ist es dasselbe: wenn ein Raum nicht vollständig ist ohne Kunstwerk, so ist ein Bild ebensowenig vollständig, wenn es nicht ein Ganzes bildet mit einer angemessenen Umgebung, die ein Ergebnis derselben Epoche ist, welche das Kunstwerk hervorgebracht hat. Und ich weiß nicht, ob die Impressionisten besser sind als ihre Zeit oder ob sie noch nicht so gut sind. Mit einem Wort: gibt es Menschen und gibt es Räume in Häusern, die bedeutsamer sind als das, was durch Malerei ausgedrückt worden ist? Fast möchte ich es glauben.

Ich habe gelesen, daß demnächst eine Ausstellung von Impressionisten stattfinden wird, Gauguin, Bernard, Anquetin und andere Namen. Ich möchte also glauben, daß sich noch eine neue Sekte gebildet hat, nicht weniger unfehlbar als die anderen, bereits existierenden.

War das die Ausstellung, von der Du mir geschrieben hast? Was für Stürme in Wassergläsern!

Mit der Gesundheit geht es gut, mal so, mal so; ich fühle mich hier mit meiner Arbeit glücklicher, als ich es draußen sein könnte. Wenn ich lange genug hierbleibe, gewöhne ich mich an eine geregelte Lebensführung, und daraus ergibt sich auf die Dauer mehr Ordnung im Leben und geringere Reizbarkeit.

Und das wäre ein großer Gewinn... (594, ca. 9. Juni 1889, F)

... Ich danke Dir vielmals für die Farbensendung; ziehe sie von der seitdem ergangenen Bestellung ab, aber, wenn möglich, *nicht* das Weiß. Ebenso danke ich Dir sehr herzlich für den Shakespeare. Das wird mir helfen, mein bißchen Englisch nicht zu vergessen, aber vor allem ist es so schön. Ich habe angefangen, die Sachen zu lesen, die ich am wenigsten kenne und die ich früher nicht lesen konnte, weil andere Dinge mich ablenkten oder ich sonst keine Zeit hatte: die Königsdramen; ich habe schon *„Richard II."*, *„Heinrich IV."* und die Hälfte von *„Heinrich V."* gelesen. Ich lese, ohne darüber nachzudenken, ob die Ideen der Menschen jener Zeit dieselben sind wie unsere, oder was daraus werden würde, wenn man sie republikanischen, sozialistischen oder anderen Anschauungen gegenüberstellte. Aber vor allem bewegt mich, wie auch bei gewissen Romanschriftstellern unserer Zeit, daß die Stimmen dieser Menschen, die ja im Falle Shakespeare aus einer Entfernung von mehreren Jahrhunderten zu uns dringen, nichts Fremdes für uns haben. Es ist so lebendig, daß man meint, man kenne diese Menschen und sähe alles mit eigenen Augen.

Auch das, was unter den Malern allein oder fast allein Rembrandt hat, findet man oft bei Shakespeare – diese Zartheit im Blick der Menschen wie in den *„Jüngern von Emmaus"*, in der *„Judenbraut"* oder in der seltsamen Engelsgestalt auf dem Bild, das Du zu sehen gekriegt hast – diese schmerzliche Zartheit, dieses halbenthüllte übermenschliche Unendliche, das dann so natürlich erscheint. Und dann die ernsten oder heiteren Porträts, wie Six oder wie der Wanderer oder wie Saskia, das gibt es auch so oft bei Shakespeare.

Welch eine gute Idee vom Sohn Victor Hugos, das alles ins Französische zu übersetzen, so daß es auf diese Art allen zugänglich wird!

Gerade für uns ist da viel zu lernen, wenn ich an die Impressionisten denke und an alle Kunstfragen der Jetztzeit. Was ich eben gelesen habe, bringt mich auf den Gedanken, daß die Impressionisten tausendmal recht haben, aber sie sollen immer und lange darüber nachdenken, ob daraus folgt, daß sie das Recht oder die Pflicht haben, sich selbst Recht zu verschaffen.

Und wenn sie sich Primitive zu nennen wagen, so wäre es gewiß gut, sie lernten auch als *Menschen* ein bißchen primitiv zu sein, ehe sie das Wort primitiv wie einen Ehrentitel aussprechen, der ihnen Rechte auf ich weiß nicht was alles verleiht. Aber die dran schuld sind, daß die Impressionisten unglücklich sind, für die liegt natürlich die Sache ebenfalls ernst, wenn sie sich auch darüber lustig machen...

Die Bücher von Zola werden auch in Zukunft schön bleiben, eben weil sie voll Leben sind.

Was ebenfalls voll Leben ist, das ist Mutters Freude über Deine Heirat; ich denke, Euch selber, Dir und Jo, wird das auch nicht unlieb sein! Aber die Trennung von Cor wird so hart für sie sein, wie man sich's kaum vorstellen kann. Leiden lernen ohne zu klagen, den Schmerz ohne Widerwillen hinzunehmen – gerade dabei kann einem leicht schwindlig werden; und doch überkommt uns manchmal eine dunkle Ahnung, daß wir vielleicht auf der anderen Seite des Lebens ein Daseinsrecht des Schmerzes erkennen, der, von hier aus gesehen, zuweilen den ganzen Horizont so beherrscht, daß er uns wie eine hoffnungslose Sintflut vorkommt. Wie sich das alles zueinander verhält, davon wissen wir sehr wenig, und wir tun besser daran, ein Kornfeld anzuschauen, auch wenn es nur ein gemaltes ist... (597, 30. Juni–4. Juli 1889, F)

Sein Arbeitsdrang hielt an, auch wenn neue Anfälle auftraten.

Ich danke Jo vielmals, daß sie mir geschrieben hat; ich weiß, Du hättest gern ein paar Worte von mir, und so teile ich Dir mit, daß das Schreiben mir sehr schwerfällt, denn mein Kopf ist ganz durcheinander. Ich mache mir also eine Zwischenzeit zunutze.

Herr Dr. Peyron ist sehr gut und sehr geduldig mit mir gewesen. Du kannst Dir denken, wie tieftraurig ich bin, daß die Anfälle wiedergekommen sind, in einer Zeit, als ich schon zu hoffen wagte, sie würden sich nicht wiederholen.

Vielleicht wäre es gut, wenn Du Herrn Dr. Peyron ein paar Worte schreiben würdest, daß die Arbeit an meinen Bildern eigentlich zu meiner Genesung nötig ist, denn die Tage jetzt, wo ich nichts tue und nicht in das Zimmer darf, das er mir als Malraum angewiesen hatte, sind mir beinah unerträglich.

(Freund Roulin hat mir auch geschrieben.)

Den Katalog von der Ausstellung Gauguin, Bernard, Schuffenecker usw. habe ich erhalten, ich finde ihn sehr interessant. Gauguin hat mir auch einen guten Brief geschrieben, immer ein bißchen dunkel und unbestimmt, aber ich muß ja sagen, ich gebe ihnen völlig recht, daß sie unter sich ausgestellt haben.

Viele Tage lang war ich *vollkommen verwirrt* wie in Arles, genauso, wenn nicht schlimmer, und es ist anzunehmen, daß diese Anfälle auch in Zukunft wiederkommen; das ist *entsetzlich*.

Seit vier Tagen habe ich nichts essen können, weil ich einen geschwollenen Hals hatte. Aber nicht um mich zu beklagen, schreibe ich Dir diese Einzelheiten, sondern um Dir zu beweisen, daß ich noch nicht imstande bin, nach Paris oder nach Pont-Aven zu gehen, höchstens nach Charenton.

Ich sehe keine Möglichkeit mehr, Mut oder Hoffnung zu schöpfen, aber schließlich wissen wir ja nicht erst seit gestern, daß das kein fröhliches Handwerk ist... (601, ca. 17. Aug. 1889, F)

Von Selbstmordgedanken sprach er nicht, doch sein Arzt, Dr. Peyron, erwähnte solche Gedanken Theo gegenüber in einer angehängten Notiz zu Vincents Brief vom 3./4. September:

„Ich füge dem Brief Ihres Bruders einige Worte hinzu und möchte Ihnen mitteilen, daß er sich von einer Krise ganz erholt, die Klarheit seines Geistes völlig wiedererlangt und das Malen wie gewohnt wieder aufgenommen hat. Seine Selbstmordgedanken sind geschwunden. Lediglich die beunruhigenden Träume halten noch an, haben aber abnehmende Tendenz und sind weniger heftig. Sein Appetit ist zurückgekehrt, und er hat seine gewohnte Lebensweise wieder aufgenommen." (Dr. Peyron an Theo, 602a, 3./4. September 1889, F)

Es besteht eine deutliche Verbindung zwischen seiner Bedrücktheit über eine Reihe von Anfällen und dem unwiderstehlichen Wiederaufleben seiner alten Sehnsucht nach dem Norden. Dabei steht das Wort ‚Norden' für persönliche wie ästhetische Erfahrungen. Er strebte los von der Palette des Impressionismus und wollte von neuem versuchen, mit Grautönen etwas zustandezubringen.

...Seit Du mir geschrieben hast, Maus habe sich meine Bilder angesehen, habe ich dieser Tage und während meiner Krankheit viel an die belgischen Maler denken müssen.

Dann kommen die Erinnerungen über mich wie eine Lawine, und ich suche mir diese ganze moderne flämische Malerschule wieder vorzustellen, bis ich Heimweh danach kriege wie ein Schweizer.

Das ist nicht gut, denn unser Weg geht vorwärts, und umzukehren ist verboten und unmöglich, das heißt, man könnte daran denken, ohne sich allzu wehmütig-sehnsüchtig in die Vergangenheit zu versenken.

Nun, Henri Conscience ist durchaus kein vollendeter Schriftsteller, doch was für ein Maler ab und zu, eigentlich überall! Und wieviel Güte liegt in dem, was er gesagt und gewollt hat! Die ganze Zeit geht mir die Vorrede zu einem seiner Bücher (die zum „*Konskribierten*") durch den Kopf; darin sagt er, daß er sehr krank gewesen sei und in seiner Krankheit, trotz all seiner Bemühung, gefühlt habe, wie seine Liebe zu den Menschen sich verflüchtigt habe; und wie dann auf langen Spaziergängen durch die Felder dieses Gefühl der Liebe wieder in ihm erwacht sei. Diese Unausweichlichkeit des Leidens und der Verzweiflung – nun, jetzt bin ich noch mal wieder für eine Zeitlang obenauf – dafür bin ich dankbar.

Ich schreibe Dir diesen Brief nach und nach in Zwischenphasen, wenn ich müde vom Malen bin. Die Arbeit geht recht gut vorwärts – ich ringe mit einem Bild, das ich ein paar Tage vor meinem Unwohlsein angefangen hatte: ein Schnitter; die Studie ist ganz gelb, schrecklich dick aufgetragen, aber das Motiv ist schön und einfach. Ich sehe in diesem Schnitter – einer unbestimmten Gestalt, die in sengender Hitze wie der Teufel dreinhaut, um mit der Arbeit fertig zu werden –, ich sehe in ihm ein Bild des Todes in dem Sinne, daß die Menschen das Korn sind, das er niedersichelt. Es ist also, wenn man will, das Gegenstück zu dem Sämann, den ich früher versucht habe. Aber dieser Tod hat nichts Trauriges, das geht bei hellem Tageslicht vor sich, mit einer Sonne, die alles mit feinem Goldlicht überflutet...

Mein lieber Bruder – ich schreibe Dir immer zwischen der Arbeit –, ich schufte wahrhaftig wie ein Besessener, ich habe eine verbissene Arbeitswut wie nie zuvor. Und ich glaube, das trägt dazu bei, daß ich gesund werde. Vielleicht geht mit mir etwas Ähnliches vor wie das, wovon Eugène Delacroix spricht, „ich bin zum Malen gelangt, als ich weder Zähne noch Atem mehr hatte", in dem Sinne, daß meine elende Krankheit mich mit verbissener Wut arbeiten macht – sehr langsam – aber von früh bis abends, ohne lockerzulassen – und – darin liegt wahrscheinlich das Geheimnis – lange und langsam arbeiten...

115–117 ...Du wirst das auch sehen, wenn Du das Selbstbildnis mit hellem Hintergrund, das ich eben beendet habe, neben die stellst, die ich in Paris von mir gemacht habe – ich sehe *jetzt* gesünder aus als damals, sogar viel gesünder.

Fast möchte ich glauben, das Porträt sagt Dir besser als mein Brief, wie es mir geht, und das wird Dich beruhigen – es hat mich viel Mühe gekostet.

Und mit dem „*Schnitter*" geht es auch gut vorwärts, glaube ich – dies Bild ist sehr, sehr einfach...

Uff – der „*Schnitter*" ist fertig, ich glaube, das ist etwas, was Du Dir in die Wohnung nehmen wirst – es ist ein Abbild des Todes, so wie das große Buch der Natur uns von ihm spricht – aber was ich darin anstrebe, ist das „beinah lächelnd". Es ist ganz gelb, außer einer violetten Hügellinie, ein blasses, blondes Gelb. Drollig, daß ich das durch die Eisenstäbe einer Irrenzelle gesehen habe!... (604, 5.–6. Sept. 1889, F)

Er widerstand der Vorstellung eines persönlichen Martyriums, trug jedoch stark emotional gefärbte Ideen über das frühe Christentum mit sich herum. Sein Wunsch, einem neuen Adam gleich zum Ursprung aller Dinge zurückzukehren, seine Lösung von der Kirche belebte erneut seine nachlassenden religiösen Gefühle, jedoch in einem weiter gesteckten Rahmen.

153 ...Ich muß Dir sagen – und Du siehst es an der „*Berceuse*", so verfehlt und schwach dieser Versuch auch sein mag –, hätte ich die Kraft gehabt fortzufahren, so hätte ich die Porträts von heiligen Männern und Frauen nach der Natur gemacht, und sie wären wie aus einem anderen Jahrhundert gewesen; dabei wären es heutige Bürgersleute gewesen, und doch hätten sie etwas von den ersten Christen gehabt.

Doch bei solchen Sachen regt man sich viel zu sehr auf, ich würde dabei draufgehen, aber später, später – ich sage nicht, daß ich es nicht noch mal versuchen werde!... (605, 7. Sept. 1889, F)

Seine Fähigkeit zur Kritik blieb ihm erhalten. Unzufriedenheit mit seinem Werk richtete sich vorzugsweise gegen die Linienführung, wenn er sie zu unpersönlich oder gefühllos fand und meinte, sie sollte straffer, überlegter sein. Seine Vorstellungen über den Cloisonnismus spielten hier bis zu einem gewissen Grade mit hinein. Hier war er sich mit Gauguin und Bernard einig.

...Ich lege der Rolle mit den Bildern noch eine Blumenstudie bei – nichts Großartiges, aber zerreißen mag ich sie doch nicht.

Kurz, in dieser Sendung finde ich ein *bißchen* gut nur das „*Kornfeld*", den „*Berg*", den „*Obstgarten*", die „*Ölbäume*" mit den blauen Bergen und das „*Selbstporträt*" und den „*Eingang zum Steinbruch*"; alles übrige sagt mir *nichts*, weil es den persönlichen Willen vermissen läßt, die durchempfundenen Linien. Da, wo die Linien gestrafft und gewollt sind, fängt das Bild an, selbst wenn es übertrieben wäre. So ähnlich empfinden auch Bernard und Gauguin; sie verlangen durchaus nicht die genaue Form eines Baumes, aber sie wollen unbedingt, daß man aussage, ob die Form rund oder eckig ist – und bei Gott, sie haben recht, erbittert, wie sie sind, durch die alberne photographische Vollkommenheit gewisser Leute. Sie verlangen nicht den genauen Farbton der Berge, aber sie sagen: „Zum Teufel, waren die Berge blau? Dann kleckst Blau hin und erzählt mir nicht, es wäre so oder so blau gewesen, es war eben blau, nicht wahr? Gut – macht sie blau, und fertig!"... (607, 19. Sept. 1889, F)

Der Gedanke an den Norden ließ ihm keine Ruhe. Theo hatte die Adresse eines gewissen
205 Dr. Paul Gachet in Auvers-sur-Oise, nördlich von Paris, ausfindig gemacht. Vielleicht konnte Vincent dort unter seiner Aufsicht leben. Vincent zögerte. Einerseits hatte er den Wunsch, nach einem Anfall so schnell wie möglich abzureisen, auf der anderen Seite fürchtete er, zu früh abzureisen.

...Wenn ich in den Norden käme, selbst wenn bei diesem Doktor kein Platz für mich wäre, so würde er doch wahrscheinlich auf Deine und Vater Pissarros Empfehlung hin eine Unterkunft in einer Familie oder ganz einfach im Gasthof ausfindig machen können.

Hauptsache, man kennt den Arzt, damit man nicht, wenn ein Anfall kommt, in die Hände der Polizei gerät und mit Gewalt in eine Anstalt geschleppt wird.

Glaube mir, ich bin so gespannt auf den Norden wie auf ein neues Land... (609, 5. Okt. 1889, F)

Der unbedeutende holländische Maler J. J. Isaäcson verfaßte einen Artikel, der (in einer Fußnote) einige Werke Vincents erwähnte, die er in Theos Wohnung gesehen hatte. Vincent, den der Hang zu oberflächlichem Mystizismus in Isaäcsons Werk möglicherweise verärgert hatte, empfand keine Freude an diesem ersten Vorgeschmack öffentlicher Aufmerksamkeit für sein Werk.

... Herr Peyron hat mir noch einmal gesagt, es sei eine beträchtliche Besserung eingetreten, und er sei sehr hoffnungsvoll und habe gar nichts dagegen, daß ich dieser Tage nach Arles fahre.

Aber die Schwermut überkommt mich oft mit großer Gewalt, und je mehr meine Gesundheit normal wird, je mehr ich imstande bin, kühl und logisch zu denken, um so wahnsinniger scheint es mir, daß ich weiter Bilder fabriziere, die uns soviel kosten und nichts einbringen, nicht einmal die Gestehungskosten – etwas völlig Vernunftwidriges. Dann bin ich ganz unglücklich, und das Schlimme ist, daß es in meinem Alter verdammt schwer ist, etwas anderes anzufangen.

In den holländischen Zeitschriften, die Du den Millets beigelegt hast, finde ich Pariser Briefe, die wohl von Isaacson sind. Es ist sehr feinsinnig, und man spürt, daß der Verfasser ein sehr empfindsames, unruhiges Wesen ist, von seltener Feinfühligkeit – einer Feinfühligkeit, die mich unwillkürlich an Heines *„Reisebilder"* erinnert.

Ich brauche Dir nicht zu sagen, daß ich ungeheuer übertrieben finde, was er in einer Notiz über mich sagt – ein Grund mehr, warum es mir lieber wäre, er sagte überhaupt nichts über mich. Und in all diesen Artikeln finde ich neben sehr feinen Dingen irgend etwas, das mir ungesund vorkommt... (611, ca. 25. Okt. 1889, F)

Van Gogh machte kein Hehl aus seiner kritischen Einstellung zu zeitgenössischen Adaptionen der Symbole Christi bei Bernard und Gauguin. Er war der Meinung, sie malten Christus am Ölberg, ohne die Ölbäume wirklich zu begreifen, und er könne das Wesentliche dieses Themas auch erfassen, indem er ausschließlich Ölbäume malte. Dem Beispiel Puvis' de Chavannes folgend wollte er beweisen, daß er auf diese Weise alte und moderne Empfindungen mit malerischen Mitteln darstellen könnte. Zu dieser Zeit arbeitete er oft stundenlang und sehr langsam. Seine Geschwindigkeitsmanie war vorbei.

... Ich habe nämlich diesen Monat in den Ölbaumgärten gearbeitet, denn sie hatten mich ganz wütend gemacht mit ihren Christussen auf dem Ölberg, wo nichts wirklich beobachtet ist. Versteh mich recht, mir geht es nicht darum, etwas Biblisches zu machen – ich habe an Bernard und auch an Gauguin geschrieben, meiner Ansicht nach sei es unsere Pflicht, zu denken und nicht zu träumen, und daher sei ich beim Anblick ihrer Arbeiten erstaunt gewesen, daß sie sich in dieser Hinsicht so gehenließen. Denn Bernard hat mir Photos seiner Bilder geschickt. Sie haben so was von einem Traum oder Albdruck an sich, es steckt Gelehrsamkeit drin – man sieht, das ist jemand, der in die Primitiven vernarrt ist – aber offen gestanden, die englischen Präraffaeliten machten das viel besser, und dann Puvis und Delacroix, die sind viel gesünder als diese Präraffaeliten... (615, ca. 18. Nov. 1889, F)

... Man darf nur nicht vergessen – angeknackst ist eben angeknackst, und jedenfalls habe ich nicht das Recht, Ansprüche zu stellen.

Ich sage mir, bei uns in Holland hat man stets eine gewisse Achtung vor der Malerei, und in einer Anstalt würde man mir kaum Schwierigkeiten machen, sondern mich malen lassen. Aber es wäre sehr viel wert, wenn man Gelegenheit hätte, sich zu beschäftigen – auch abgesehen vom Malen –, und es würde weniger kosten. Haben wir nicht immer eine Vorliebe für das Land und fürs Arbeiten auf dem Lande gehabt? Und ist uns beiden, Dir wie mir, das Großstadtleben nicht recht gleichgültig?...

Damit will ich sagen, daß ich keine Bedenken trage, Kopien zu machen. Wie gern würde ich, wenn ich Zeit zum Reisen hätte, die Werke Giottos kopieren! Dieser Maler wäre modern wie Delacroix, wenn er nicht primitiv wäre, und er ist so anders als die anderen Primitiven. Ich habe freilich nicht viel von ihm gesehen, aber das ist einer, der trostreich ist... (623, Jan. 1890, F)

Zwei Ereignisse im Januar 1890 haben Vincent stark beeindruckt: Die Geburt seines Namensvetters Vincent in Paris am 31. Januar und das Erscheinen einer ersten grundlegenden Untersuchung über sein Werk von Albert Aurier (1865–92) im *Mercure de France.* Vincent war zweifellos sehr befriedigt davon und wollte Kopien an drei Leute, alle Kunsthändler, schicken: Alexander Reid, H. C. Tersteeg und C. M. van Gogh. Keiner von ihnen war zu diesem Zeitpunkt sein Freund, aber einst hatten sie es alle in ihrer Macht gehabt, ihn zu unterstützen. Aurier war Jurastudent, und nebenbei schrieb, malte und zeichnete er. Rémy de Gourmont nannte ihn „einen Erneuerer der Kunstkritik". Es war also kein in der Routine erschlaffter Berufsjournalist, der als erster Vincents Werk bekanntmachte. Vincent hatte tatsächlich einen Funken gezündet. Aurier war ein glühender Verehrer der italienischen Primitiven. Vincents Interesse an Giotto, das sich in der Abgeschlossenheit entwickelt hatte, ordnet sich so in einen größeren Zusammenhang ein.

Albert Aurier

... Nichtsdestoweniger glaube ich, daß im Falle Vincent van Goghs, trotz der zuweilen verwirrenden Seltsamkeit seiner Bilder, kein Unvoreingenommener, der zu sehen versteht, die naive Wahrhaftigkeit seiner Kunst, die echte Unbefangenheit seines künstlerischen Schauens leugnen oder bestreiten könnte. Unabhängig von diesem undefinierbaren Duft der Glaubhaftigkeit und des wirklich Gesehenen, den alle seine Bilder ausströmen, ist es die Wahl der Vorwürfe, die stete Bezogenheit der überschwenglichsten Töne, das gewissenhafte Studium kennzeichnender Merkmale, das ständige Suchen nach dem Wesentlichen eines jeden Dinges, sind es tausend bedeutungsvolle Einzelheiten, die seine tiefe, beinahe kindliche Aufrichtigkeit einwandfrei bestätigen, seine große Liebe zur Natur und zum Wahren – zu dem, was für ihn das Wahre ist...

Was seinem ganzen Werk eigentümlich ist, ist das Übermaß – Übermaß an Kraft, Übermaß an feinfühliger Reizbarkeit, die Heftigkeit im Ausdruck. In der gebieterischen Bejahung des Wesentlichen der Dinge, in der oft kühnen Vereinfachung der Formen, in der frechen Unbekümmertheit, mit der er die Sonne vor uns hinsetzt, in der stürmischen Bewegung seiner Zeichnung und seiner Farbe, ja, in den kleinsten Eigentümlichkeiten seiner Technik enthüllt sich eine große, männliche Natur, ein Wagemutiger, sehr oft roh und zuweilen von einfältiger Zartheit. Und überdies – das erfät man aus den gewissermaßen orgiastischen Übertreibungen alles dessen, was er gemalt hat – ist er ein Feuerkopf, ein Feind bürgerlicher Nüchternheit und Kleinlichkeit, eine Art trunkener Riese, mehr dazu geschaffen, Berge zu versetzen als mit Nippsachen zu hantieren, ein brodelndes Hirn, das seine Lava unwiderstehlich in alle Schluchten der Kunst ergießt, ein schreckliches, halbtolles Genie, oft erhaben, zuweilen grotesk, immer fast ans Krankhafte streifend. Schließlich und vor allem ist er ein Überempfindlicher mit allen Kennzeichen eines solchen, der mit außerordentlicher, vielleicht sogar schmerzhafter Intensität die unmerkliche, geheime Wesensart der Linien und Formen, aber mehr noch die Farben, die Lichter wahrnimmt, das magische Schillerspiel der Schatten, die feinsten Abstufungen, die für gesunde Augen unsichtbar sind. Deshalb ist sein Realismus der Realismus eines krankhaft empfindlichen Menschen, und deshalb sind seine Lauterkeit und seine Wahrhaftigkeit so anders...

Wird dieser starke und wahre Künstler, dieser echte Künstler mit den brutalen Händen eines Riesen, mit der Überempfindlichkeit einer hysterischen Frau, mit der Seele eines Erleuchteten, der so ganz er selbst ist und inmitten unserer heutigen erbärmlichen Kunst so abseits steht, wird er eines Tages – alles ist möglich – die Freuden der Ehrenrettung, die reumütigen Schmeicheleien modischer Beliebtheit kennenlernen? Vielleicht. Doch was auch kommen möge, auch wenn die Mode einst seine Bilder – was wenig wahrscheinlich ist – so hoch bezahlen wird wie die kleinen Schandtaten des Herrn Meissonier, so glaube ich doch nicht, daß diese späte Bewunderung des großen Publikums jemals sehr aufrichtig sein wird. Vincent van Gogh ist zu einfach und zu subtil zugleich für den bürgerlichen Geist unserer Zeitgenossen. Völlig verstanden wird er stets nur von seinen Brüdern werden, von den Künstlern, die wahrhafte Künstler sind... und von den glücklichen unter den kleinen Leuten, unter den ganz kleinen Leuten, die durch Zufall den heilsamen Belehrungen der Laienschule entronnen sind!...
(Alber Aurier, „Les Isolés. Vincent van Gogh". *Mercure de France*, Jan. 1890)

Vielen Dank für Ihren Artikel im *„Mercure de France"*, der mich sehr überrascht hat. Er gefällt mir ausgezeichnet als Kunstwerk an sich, ich finde, Sie verwandeln Ihre Worte in Farbe; in Ihrem Artikel finde ich meine Bilder wieder, aber besser, als sie in Wirklichkeit sind, reicher, bedeutender. Doch ist mir unbehaglich zumute, wenn ich bedenke, daß das, was Sie sagen, viel eher als mir anderen gebührt, zum Beispiel vor allem Monticelli. Sie schreiben: „Soviel ich weiß, ist er der einzige Maler, der die Farbe mit einer derartigen Eindringlichkeit, mit einer so metallischen, edelsteingleichen Leuchtkraft empfindet" – bitte sehen Sie sich bei meinem Bruder einen gewissen Blumenstrauß von Monticelli an – einen Strauß in Weiß – mit blauen Vergißmeinnicht und Orange, dann werden Sie verstehen, was ich meine. Aber seit langer Zeit sind die besten Monticellis in Schottland und England. In einem Museum im Norden – Lille, glaube ich – muß aber noch ein wahres Wunder von ihm sein, ungemein reich und gewiß nicht weniger französisch als Watteaus *„Abfahrt nach Kythere"*. Herr Lauzet bereitet jetzt die Vervielfältigung von etwa dreißig Monticellis vor. Es gibt, soviel ich weiß, keinen anderen Koloristen, der so unmittelbar und geradenwegs von Delacroix herkäme; und doch wäre es meiner Meinung nach nicht ausgeschlossen, daß Monticelli die Farbentheorien von Delacroix nur aus zweiter Hand kannte, nämlich durch Diaz und Ziem. Monticellis Künstlertemperament scheint mir von gleicher Art wie das des Decamerone-Verfassers Boccaccio - er ist Melancholiker, ein Unglücklicher, der sich einigermaßen abgefunden hat, der die Vergnügungen der Glücklichen, der Verliebten seiner Zeit als abseitiger Zuschauer betrachtet, sie malt, sie zergliedert. Er hat Boccaccio nicht etwa *nachgeahmt*, ebensowenig wie Henri Leys die Primitiven nachgeahmt hat. Nun, mit alledem will ich nur sagen, daß Sie mir ein Lob spenden, welches eher Monticelli zukäme, dem ich viel verdanke. Auch Paul Gauguin verdanke ich viel; ich habe in Arles einige Monate mit ihm zusammen gearbeitet, kannte ihn aber schon von Paris her.

Gauguin, dieser merkwürdige Künstler, dieser Fremdling, dessen Wesen und Blick ein wenig an das Rembrandtsche Männerbildnis in der Galerie Lacaze erinnert – dieser Freund läßt einen gern fühlen, daß ein gutes Bild einer guten Handlung gleichen soll; nicht daß er das sagte, aber man kann schwerlich mit ihm umgehen, ohne daß einem der Gedanke an eine gewisse sittliche Verantwortung käme.

Einige Tage vor unserer Trennung, als die Krankheit mich zwang, in eine Heilanstalt zu gehen, habe ich versucht, „seinen leeren Platz“ zu malen.

Es ist eine Studie von seinem dunkel-rotbraunen Holzlehnstuhl mit grünlichem Strohsitz und darauf statt des Abwesenden eine brennende Kerze und moderne Romane. Bitte sehen Sie sich in Erinnerung an ihn gelegentlich diese Studie an, die ganz in gebrochenen grünen und roten Tönen gehalten ist. Sie merken dann vielleicht, daß Ihr Artikel richtiger und, wie mir scheint, deshalb beweiskräftiger gewesen wäre, wenn Sie bei Behandlung der Zukunftsfrage „Malerei der Tropen“ und der Farbfrage auf Gauguin und Monticelli hingewiesen hätten, ehe von mir die Rede gewesen wäre. *Denn der Anteil, der mir gebührt oder gebühren wird, das versichere ich Ihnen, wird auch in Zukunft sehr nebensächlich sein...*

Zum Schluß erkläre ich, daß ich nicht verstehe, wieso *Sie* von Schandtaten Meissoniers sprechen. Mag sein, daß ich von dem trefflichen Mauve seine grenzenlose Bewunderung für Meissonier übernommen habe; Mauve war unerschöpflich im Lobe Troyons und Meissoniers – ein seltsames Paar...

Meiner nächsten Sendung an meinen Bruder lege ich eine Zypressen-Studie für Sie bei, wenn Sie mir die Freude machen wollen, sie in Erinnerung an Ihren Artikel anzunehmen. Im Augenblick arbeite ich noch daran, denn ich will noch eine kleine Figur hineinsetzen. Die Zypresse ist für die Landschaft der Provence ungemein charakteristisch, das haben Sie gefühlt, als Sie schrieben „selbst die schwarze Farbe“. Bis jetzt habe ich sie nicht so machen können, wie ich sie empfinde; die Erregung, die mich angesichts der Natur ergreift, steigert sich bei mir bis zur Ohnmacht, und dann folgen etwa vierzehn Tage, an denen ich unfähig zur Arbeit bin. Jedoch ich rechne damit, daß ich, ehe ich hier weggehe, den Angriff auf die Zypresse wiederholen kann. Die Studie, die ich für Sie bestimmt habe, stellt eine Zypressengruppe an einem Kornfeld an einem sommerlichen Mistraltag dar. Es ist also eine gewisse schwer zu beschreibende schwarze Note gegen das vom starken Wind bewegte Blau, und im Gegensatz zu der schwarzen Note steht das Zinnoberrot des Mohns.

Sie werden sehen, daß das ungefähr den Zusammenklang dieser hübschen karierten schottischen Stoffe ergibt, grün, blau, rot, gelb, schwarz, die Ihnen und mir seinerzeit so gut gefielen und die man heutzutage leider kaum mehr sieht.

Empfangen Sie inzwischen, sehr geehrter Herr, den Ausdruck meiner Dankbarkeit für Ihren Artikel. Sollte ich im Frühling nach Paris kommen, so werde ich gewiß nicht verfehlen, Ihnen persönlich zu danken... (Vincent an Albert Aurier, 626a, 10./11. Feb. 1890, F)

Stolz auf die Ehre, die ihm widerfahren war, schrieb er auch an die Familie Ginoux in Arles und berichtete über die günstige Aufnahme in der Öffentlichkeit. Sein Gemeinschaftssinn war echt und unverfälscht, wogegen er persönlich immer bescheiden blieb. Auch weiterhin wollte er die Bindungen zwischen seiner Gegenwart und den Stationen der Vergangenheit aufrechterhalten.

Anna, eine Schwester seines belgischen Freundes Boch, kaufte bei der Ausstellung der Gruppe der Zwanzig in Brüssel ein Bild von Vincent für 400 Francs, ein weiteres erwarb sie später bei Tanguy. Kein Zweifel, das Blatt wendete sich. Die wenigen Besucher, die in Theos Wohnung und bei Tanguy sein Werk kennengelernt hatten, müssen tief beeindruckt gewesen sein, als er auf einmal ein solches Ansehen als avantgardistischer Maler genoß. Die Anerkennung kam zu spät für Vincent, wie sich bald herausstellen sollte. Noch einmal besuchte er Arles am 22./23. Februar. Es folgte eine relativ langandauernde Krise, die ihn am Schreiben und Arbeiten hinderte.

... Was soll ich Dir von diesen zwei letzten Monaten schreiben? Es geht gar nicht gut; wie traurig und stumpfsinnig ich bin, kann ich Dir gar nicht sagen, und ich weiß nicht mehr, woran ich bin.

Die Farbenbestellung ist ein bißchen reichlich, schicke ruhig erst nur die Hälfte, wenn es Dir so besser paßt.

Obwohl ich krank war, habe ich noch ein paar kleine Bilder aus dem Kopf gemacht, die Du später mal sehen wirst, Erinnerungen an den Norden, und jetzt habe ich ein Stück sonnenbeschienene Wiese beendet, das ich für recht stark halte. Du wirst es bald zu sehen kriegen...

Auch von zu Hause sind Briefe gekommen, ich habe noch nicht den Mut aufgebracht, sie zu lesen – ich bin zu traurig, zu unglücklich.

Sage doch bitte Herrn Aurier, er soll keine Artikel mehr über meine Bilder schreiben, schärfe ihm ein, daß er sich erstens in mir täuscht, und dann, daß ich mich wirklich durch Kummer und Leid völlig vernichtet fühlte und nicht ertrüge, irgend etwas mit der Öffentlichkeit zu tun zu haben. Bilder zu machen lenkt mich ab, aber wenn ich davon reden höre, so tut mir das weher, als er ahnt... (629, 30. April, 1890, F)

... Ich habe mit Herrn Peyron über die Lage gesprochen und ihm gesagt, daß es mir fast unmöglich sei, mein Los hier zu ertragen; und da ich nicht recht wüßte, wie ich mich entscheiden solle, schiene es mir besser, wieder in den Norden zu gehen.

Wenn es Dir recht ist, und wenn Du mir den Tag angibst, an dem Du mich in Paris erwartest, lasse ich mich durch jemanden von hier ein Stück Wegs begleiten, entweder bis Tarascon oder bis Lyon. Dann holst Du mich in Paris am Bahnhof ab oder läßt mich abholen. Mach es, wie es Dir am besten scheint. Vorläufig lasse ich meine Möbel bis auf weiteres in Arles. Sie sind bei Freunden, und ich bin überzeugt, wenn ich sie eines Tages haben möchte, würden sie sie schicken, aber Fracht und Verpackung würden fast soviel kosten, wie die Sachen wert sind. Ich betrachte die Reise hierher als einen Schiffbruch; man kann nicht, wie man will, und auch nicht, wie man sollte. Als ich einmal ein bißchen im Garten spazierenging, habe ich meine ganze Klarheit für die Arbeit wiedergewonnen. Ich habe mehr Ideen im Kopf, als ich je werde ausführen können, aber ohne daß sie mich verwirren. Die Pinselstriche gehen wie mit der Maschine. Darauf beruht meine Hoffnung, daß ich im Norden mein Gleichgewicht wiederfinden würde, wenn ich nur erst einmal aus einer Umgebung und aus Verhältnissen befreit bin, die ich nicht verstehe und auch nicht zu verstehen wünsche... (630, 2. Mai 1890, F)

...Ich habe versucht, geduldig zu sein, bisher habe ich niemandem Böses getan, muß ich es mir da gefallen lassen, wie ein gefährliches Tier begleitet zu werden? Danke, nein, ich protestiere. Wenn ein Anfall kommen sollte, so weiß man auf jedem Bahnhof, was zu tun ist, und ich werde alles mit mir geschehen lassen.

Aber ich möchte glauben, daß mein seelisches Gleichgewicht nicht versagen wird. Es ist mir ein solcher Kummer, auf diese Art fortzugehen, daß der Kummer stärker sein wird als der Wahnsinn; ich werde also die nötige Selbstsicherheit haben, das glaube ich wirklich... (631, Mai 1890, F)

Dies sind wertvolle Hinweise wegen der Hellsichtigkeit, mit der Vincent seine eigene Lage und seine Arbeitsfähigkeit beurteilte und wegen des ungeheuren Einflusses, den die Natur auf seine Schaffenskraft ausübte. Er war sich bewußt, daß „der Kummer stärker sein wird als der Wahnsinn", ein unvergeßliches Bekenntnis: So unermeßlich war sein Leid, daß es die geistige Verwirrung noch überstieg. Für uns, vielleicht auch für ihn, hatte es eine Ursache, aber es war schlechthin namenlos: „Ich betrachte die Reise hierhin als einen Schiffbruch." Sein letzter Wunsch aus St.-Rémy richtete sich an seinen Wirt in Arles. Er bat, ihm seinen Spiegel zuzusenden, der ihm jahrelang bei der prüfenden Selbstbetrachtung unentbehrliche Dienste geleistet hatte.

...Die übrigen Möbel, na ja, da ist zum Beispiel der Spiegel, den ich gerne hier hätte. Sie könnten Papier darüber kleben, damit er nicht zerbricht – aber die beiden Kommoden, die Stühle, die Tische können Sie für Ihre Mühe behalten, und wenn noch Kosten dazukommen, so lassen Sie es mich bitte wissen.

Es tut mir so leid, daß ich an dem Tage krank geworden bin, als ich in Arles war, um mich von Ihnen allen zu verabschieden – ich bin seitdem zwei Monate lang krank gewesen und habe nicht arbeiten können. – Jetzt aber bin ich wieder völlig gesund... (Vincent an Ginoux, 634a, 12./13. Mai 1890, F)

Obgleich der Arzt in St.-Rémy, aber auch Theo und Jo einige Bedenken hatten, reiste Vincent am 16. Mai 1890 mit dem Nachtzug nach Paris ab und kam am nächsten Tag frühmorgens 5 Uhr dort an. Er hielt sich drei Tage auf, um seine Schwägerin und seinen dreieinhalb Monate alten Neffen kennenzulernen. Nichts deutet darauf hin, daß in dieser Zeit irgendwelche hitzigen Diskussionen über Theos Zukunft in Paris stattgefunden haben. Doch fiel es Vincent schwer, sich in Paris zurechtzufinden und in ein normales Familienleben einzuordnen. Drei Tage später fuhr er nach Auvers-sur-Oise, entweder mit dem letzten Zug am 19. Mai oder am nächsten Morgen. Am 2. Juni konnten Theo und Jo ganz beruhigt an Wil berichten:

Vincent war bei uns. Er hat noch nie besser ausgesehen und spricht wieder ganz normal. Er ist operiert worden und hat infolge seines angegriffenen Magens alle Zähne verloren. Er spürt jedoch, daß die Anfälle wiederkommen können, und das ist etwas, was ihn ängstigt. Anscheinend treten sie ganz plötzlich auf, und man hat in St.-Rémy offenbar nichts dagegen unternommen, außer, ihn ruhigzustellen. Wie er schreibt, wohnt er in einem Gasthof bei Ravoux. Offenbar fühlt er sich im Moment dort ganz wohl... (Theo und Jo an Wil, 2. Juni 1890)

Schon seit mehreren Tagen wollte ich Dir mit ausgeruhtem Kopf schreiben, aber ich war ganz vertieft in die Arbeit. Heute morgen kommt Dein Brief, ich danke Dir dafür und für den Fünfzigfrancsschein, der darin lag. Ja, ich glaube, aus vielen Gründen wäre es gut, wenn wir etwa acht Tage Deines Urlaubs hier noch alle beisammen wären, falls es nicht länger möglich ist. Ich denke oft an Dich, an Jo und an den Kleinen, wenn ich sehe, wie gesund die Kinder hier an der frischen Luft aufwachsen. Und doch ist

es schon hier ziemlich schwierig, sie großzuziehen, um wieviel schwieriger ist es, sie in einem vierten Stockwerk in Paris wohl und gesund zu erhalten! Aber schließlich muß man die Dinge nehmen, wie sie sind. Herr Gachet sagt, Vater und Mutter müßten sich natürlich gut ernähren, er spricht von täglich zwei Litern Bier und ähnlichen Maßnahmen. Aber es wird Dich gewiß freuen, ihn näher kennenzulernen; er rechnet darauf, und jedesmal, wenn ich ihn sehe, spricht er von Eurem Kommen. Er scheint mir sicher ebenso krank und nervös zu sein wie Du oder ich, und er ist älter und hat vor einigen Jahren seine Frau verloren, aber er ist Arzt durch und durch, und sein Beruf und sein Glaube halten ihn aufrecht. Wir sind schon sehr gute Freunde; zufällig hat er noch Bruyas in Montpellier gekannt, und er denkt über ihn genau wie ich – er hält ihn für eine sehr wichtige Erscheinung in der Geschichte der
modernen Kunst. Ich arbeite an seinem Porträt: der Kopf, sehr blond, sehr hell, mit einer weißen 205
Mütze, die Hände auch hell, fleischfarben, der Rock blau, der Hintergrund kobaltblau, den Arm auf einen roten Tisch gestützt, darauf ein gelbes Buch und Fingerhutstengel mit purpurroten Blüten. Es ist aus derselben Empfindung heraus gemacht wie das Selbstbildnis, das ich gemalt habe, ehe ich hierherfuhr. Herr Gachet ist ganz *begeistert* von diesem Porträt und will, daß ich auch eins von ihm mache, wenn möglich, ganz genau wie dieses, und ich möchte es auch gern. Er ist jetzt auch dahin gekommen,
das letzte „*Arlesierin*"-Porträt zu verstehen, von denen Du eines in Rosa hast; wenn er mich besucht, 155
um die Studien anzusehen, kommt er immer wieder auf diese beiden Bildnisse zurück, und er ist ganz und gar mit ihnen einverstanden, so wie sie sind.

Ich hoffe, Dir bald ein Porträt von ihm zu schicken. Dann habe ich zwei Studien bei ihm gemalt, die ich ihm vorige Woche geschenkt habe, eine Aloe mit Ringelblumen und Zypressen und vorigen Sonntag weiße Rosen, Weinstöcke und eine weiße Figur darin.

Wahrscheinlich werde ich auch das Porträt seiner Tochter machen, die neunzehn Jahre alt ist; ich 200
glaube, Jo würde sich rasch mit ihr anfreunden.

Und dann freue ich mich darauf, Euch alle im Freien zu porträtieren: Dich, Jo und den Kleinen...

...Und mit der Gesundheit geht es gut, ich gehe um neun zu Bett, aber meistens stehe ich um fünf auf. Hoffentlich wird es nicht unangenehm sein, sich nach so langer Zeit wiederzusehen...

...Doch nichts, absolut nichts hält uns hier außer Gachet – aber der wird uns ein Freund bleiben, das glaube ich bestimmt. Jedesmal wenn ich zu ihm gehe, kann ich ein gar nicht so schlechtes Bild bei ihm machen, und er wird mich auch weiter alle Sonntage oder Montage zum Essen einladen.

Aber wenn es bisher auch sehr nett ist, bei ihm zu malen, so ist es eine wahre Strafe, bei ihm zu Mittag oder zu Abend zu essen, denn der vortreffliche Mann tut es nicht unter vier oder fünf Gängen, was für ihn wie für mich geradezu schrecklich ist – denn er hat bestimmt keinen guten Magen. Aber ich mochte bisher nichts dagegen sagen, weil ich sehe, daß ihn das an frühere Zeiten erinnert, wo es große Familienessen gab – wir kennen das ja gut.

Aber die moderne Sitte, ein – höchstens zwei – Gänge zu essen, ist bestimmt ein Fortschritt und eine späte Rückkehr zur guten alten Zeit.

Nun, Vater Gachet ist sehr, aber sehr ähnlich wie Du und ich... (638, 3. Juni 1890, F)

Wahrscheinlich wird es niemals möglich sein, verläßlich die Reihenfolge seiner Werke und der Briefe zu rekonstruieren, die in dieser Zeit zwischen Auvers und Paris hin- und hergingen. Diejenigen, die sich mühen, eine Ordnung hineinzubringen, versuchen dies immer wieder von neuem. Es fällt ihnen schwer, das Zusammenhanglose, Erschreckende, Ungleichmäßige in seinen letzten Werken zu akzeptieren, das in Bereiche des Gestörtseins und des Chaotischen hineinreicht. Und doch gehört das Zerstörerische, der Angriff auf die gegebene Ordnung der Dinge in einen zusammenhängenden Entwicklungsprozeß. Die Briefe sind, für Vincent, vergleichsweise knapp gehalten und geben einigen Einblick in seine Stimmungen, besonders gegenüber Dr. Gachet (sowohl was die kritische Haltung ihm gegenüber als auch was die Selbstbespiegelung anbelangt). Der einzige Brief an seine Mutter, wahrscheinlich am 11. oder 12. Juni nach dem Besuch Theos und seiner Familie geschrieben, schlägt einen ernsteren Ton an. Wohl hatte sich Vincent früher mehr über seinen Vater als über seine Mutter geärgert, doch hatten sich beide Eltern gleich unfähig erwiesen, für seine Kunst Verständnis aufzubringen. Nun aber hatte Vincent auf einmal keine Bedenken mehr, seiner Mutter anzuvertrauen, was er als Mensch und als Künstler dachte. Die Stelle aus 1. Korinther 13, die er zitierte, hatte ihn bereits 1877 tief beeindruckt (vgl. S. 32), und das Abschiednehmen hatte von jeher sein Gemüt stark bewegt. „Durch einen Spiegel in einem dunklen Wort" bedeutete für Vincent vor allem die Konfrontation mit einem Spiegel, den er nur auf sich selbst richtete als Mittel zur Steigerung des Wissens um sich selbst.

Es hat mich sehr bewegt, was Du in Deinem Brief schreibst – daß Du, als Du in Nuenen alles wiedergesehen hast, „dankbar gewesen bist, daß es einst das Deine war", und nun alles ruhig den anderen überläßt.

Wie durch einen Spiegel in einem dunklen Wort – es ist so geblieben; das Leben und das Warum des Scheidens und Sterbens und das Bleiben der Unruhe, man begreift nicht mehr davon als das. —

Für mich könnte das Leben wohl mal einsam bleiben. Die, denen ich am meisten zugetan war, habe ich nicht anders wahrgenommen als durch einen Spiegel in einem dunklen Wort. Und doch hat es seinen Grund, daß jetzt oft mehr Harmonie in meinen Arbeiten ist. Das Malen ist etwas für sich. Voriges Jahr habe ich irgendwo gelesen, daß ein Buch zu schreiben oder ein Bild zu malen dasselbe sei wie ein Kind zu bekommen. Das wage ich aber nicht für mich in Anspruch zu nehmen — ich habe immer gefunden, daß das letztere das Natürlichste und Beste sei, und nur *wenn* es einmal so wäre und *wenn* es einmal auf das gleiche herauskäme.

Darum strenge ich mich auch oft aufs äußerste an, wenn auch gerade diese Arbeit am wenigsten verstanden wird, und für mich ist sie das einzige Band zwischen der Vergangenheit und dem Heute.

Hier im Dorf sind viele Maler — im nächsten Haus eine ganze Familie Amerikaner, die von früh bis abends malen, aber ich habe von ihren Arbeiten noch nichts gesehen, und es ist meistens nur allzu dünn.

Theo, seine Frau und sein Kind sind am Sonntag hiergewesen, und wir haben bei Dr. Gachet zu Mittag gegessen... (Vincent an die Mutter, 641a, 11./12. Juni 1890)

Was war denn an diesen Worten des Paulus, daß sie eine Saite in ihm so stark zum Klingen brachten, daß er mit dem Nachdenken darüber niemals fertig wurde und sie nicht mehr vergessen konnte? In einem brillanten Essay („Le miroir des énigmes" [Der rätselhafte Spiegel], Enquêtes 1937—1952, Paris 1957, S. 177—183) diskutiert Jorge Luis Borges die Textstelle und ihre verschiedenen Übersetzungen. Insbesondere aber berichtet er über die Faszination, die sie auf Léon Bloy ausübte. Van Gogh spürte, daß er von unbewußten Emotionen und Kräften getrieben wurde und sehnte sich nach letztem Wissen über sich selbst. Borges zitiert eine eindrucksvolle Passage aus Bloy: „Die furchterregende Unermeßlichkeit der Tiefen des Himmels ist ein Abbild, ein äußeres Spiegelbild *unserer eigenen Abgründe, in einem Spiegel* gesehen... Wenn wir die Milchstraße sehen, so bedeutet das, daß sie in unserer Seele wirklich existiert." Sicherlich war es dies, was van Gogh sah, wenn er sehr genau in den Spiegel blickte.

„Wenn es mit der symbolischen Funktion seine Richtigkeit hat, so ist unser eigentliches Wesen innen", sagte Jacques Lacan, dessen Selbstbetrachtungen im Spiegel in der psychoanalytischen Literatur wohlbekannt sind (*Séminaire II*, Paris 1978, S. 48). Er fügte hinzu: „Wir sind mit dem Kern unseres Wesens so sehr innen, daß wir nicht nach außen gelangen können." Nach außen zu gelangen, sich zu lösen — so interpretiert Vincent wahrscheinlich die Stelle bei Paulus —, das war es, was er zu tun hatte, wenn er aus seiner Isolation heraus in eine Innenwelt übergehen wollte.

Haben die familiären Probleme von Theo und Jo Vincent beunruhigt und eine Verschlechterung seines Zustands herbeigeführt? Sie hatten sich große Sorgen um ihr Baby gemacht, aber nun ging es besser; das Kind bekam Eselsmilch. Auch die finanziellen Sorgen waren nicht mehr so drückend wie bis dahin. Theo hatte noch immer vor, ein eigenes Geschäft aufzumachen, und wenn er diesen Plan später auch aufgab (Brief an Wil, 22. Juli), so hoffte er doch immer noch, daß die Wende bevorstand, als er Ende Juni an Vincent schrieb:

Wir sind in größter Sorge gewesen, unser Liebling war sehr krank, aber zum Glück hat der Arzt, der selber beunruhigt war, zu Jo gesagt: „Davon wird Ihnen das Kind nicht sterben."...

...Zerbrich Dir meinetwegen oder unsertwegen nicht den Kopf, mein Guter; Du mußt wissen, daß es meine größte Freude ist, wenn es Dir gut geht und wenn Du Dich Deiner Arbeit widmest, die großartig ist. Du hast so schon zu viel Feuer, und wir müssen im Kampfe noch lange unsern Mann stehen, denn wir werden uns unser Leben lang herumschlagen müssen und keinen Gnadenhafer bekommen wie die alten Pferde in vornehmen Häusern. Wir werden den Pflug ziehen, bis es nicht mehr geht, und uns dabei doch an Sonne oder Mond freuen, je nach der Tageszeit... (Theo an Vincent, T 39, 30. Juni 1890, F)

Man nimmt an, daß Vincent zwischen dem 5. und 15. Juli einen weiteren Tag bei Theo in Paris verbracht hat. Die Einladung erreichte ihn am Samstag, 5. Juli. Er antwortete am gleichen Tag, er werde „am Sonntag mit dem ersten Zug" kommen — vermutlich also am nächstfolgenden Tag. Das Ergebnis dieses Besuchs ist wohlbekannt: Alle drei wurden noch gespannter, müder und aufgeregter.

... Eins ist gewiß, wir alle denken an den Kleinen, und Jo soll sagen, was sie wünscht. Theo und ich werden uns ihrer Meinung fügen, das glaube ich bestimmt. Im Augenblick kann ich nur das eine sagen: ich finde, daß wir alle Ruhe nötig haben. Ich fühle mich – völlig verratzt. – So steht es mit mir – ich empfinde es als mein Schicksal, das ich annehme und das sich nicht mehr ändern wird. Aber das ist ein Grund mehr – *wenn man jeden Ehrgeiz beiseite läßt* –, daß wir noch jahrelang zusammenleben können, ohne uns gegenseitig zugrunde zu richten.

Siehst Du, mit den Bildern, die noch in St. Rémy sind – zusammen mit den vier von hier sind es mindestens acht –, versuche ich, nicht aus der Übung zu kommen.

Aber das ist unbedingt wahr: es ist schwer, eine gewisse Leichtigkeit des Schaffens zu erlangen, und wenn ich aufhören würde zu arbeiten, so würde ich sie viel leichter und in viel kürzerer Zeit verlieren, als es mich gekostet hat, sie mir anzueignen. Der Ausblick auf das Kommende verdüstert sich, ich sehe durchaus keine glückliche Zukunft vor mir.

Schreibe mir umgehend, wenn Du noch nicht geschrieben hast; in Gedanken drücke ich Euch herzlich die Hand; hoffentlich findet sich recht bald eine Möglichkeit, daß wir einander mit ausgeruhten Köpfen wiedersehen. (Vincent an Theo und Jo, 648, Juli 1890, F)

Ein Brief von Jo sollte ihm klarmachen, daß er die Lage zu ernst beurteilt hatte.

Jo's Brief ist ein Evangelium für mich gewesen, wahrhaftig eine frohe Botschaft – eine Erlösung aus großer Angst, die ihre Ursache hatte in den schweren und für uns alle sorgenvollen Stunden, die ich mit Euch geteilt habe.

Es ist nichts Geringes, wenn wir alle unser tägliches Brot gefährdet fühlen, nichts Geringes, wenn wir auch noch aus anderen Gründen die Unsicherheit unserer Existenz spüren.

Nach meiner Rückkehr hierher bin ich noch sehr traurig gewesen und habe auch auf mir das Unwetter lasten fühlen, das Euch bedroht.

Was tun – seht Ihr, meistens versuche ich ja, meine gute Laune zu erhalten, aber auch mein Leben ist an der Wurzel angegriffen, auch mein Schritt ist unfest und schwankend.

Ich habe gefürchtet – nicht ganz und gar, aber doch ein wenig –, daß ich Euch ängstige, weil ich Euch zur Last bin, doch Jo's Brief beweist mir deutlich, daß Ihr fühlt, auch ich bin voll Unruhe und Sorge wie Ihr.

Sobald ich hier war, habe ich mich wieder an die Arbeit gemacht – der Pinsel ist mir freilich fast aus der Hand gefallen; aber da ich genau wußte, was ich wollte, habe ich trotzdem seither drei große Bilder gemalt.

Es sind endlos weite Kornfelder unter trüben Himmeln, und ich habe den Versuch nicht gescheut, *206, 208*
Traurigkeit und äußerste Einsamkeit auszudrücken. Ihr werdet sie hoffentlich bald sehen – denn ich möchte sie Euch so bald wie möglich nach Paris bringen; ich glaube fast, diese Bilder werden Euch sagen, was ich in Worten nicht sagen kann, nämlich was ich Gesundes und Kraftgebendes im Landleben erblicke. Das dritte Bild ist der Garten Daubignys, ein Bild, das ich im Kopf mit mir herumtrage, *211*
seit ich hier bin.

Ich hoffe von ganzem Herzen, daß die geplante Reise Euch ein wenig Ablenkung verschafft... (Vincent an Theo und Jo, 29. Juli 1890, F)

Beruhigung konnte nichts nützen in einer Gemütsverfassung, in der der Betroffene nur darauf wartete, abzudrücken – ebensowenig wie die ersten Zeichen beruflichen Erfolgs ihm in St.-Rémy seine tiefe Niedergeschlagenheit überwinden halfen. Ehe jemand es hatte für möglich halten können und nach Theos Voraussagen durchschaut zu haben scheint, war Vincent dabei, seine beiden letzten Briefe zu schreiben. Den einen (652) fand Theo nach seinem Tod bei ihm, undatiert und unsigniert. Der beiden letzten Abschnitte wegen ist dieser Brief der bedeutendere. Dr. Jan Hulsker vermutete – sicherlich zu Recht – daß er vor dem anderen geschrieben ist. Im letzten Satz sprach Vincent zusammenfassend von seiner Krise, dem lebensbedrohenden Zustand, in dem er sich befand, und dem Geist, aus dem sein Werk entsprang. Was er sich selbst nun antat, war nicht die Folge von Theos prekärer finanzieller Lage.

Ich danke Dir für Deinen guten Brief und den Fünfzigfrancsschein, den er enthielt.

Es gibt vieles, worüber ich Dir gern schreiben würde, aber ich fühle, wie nutzlos es ist. Ich hoffe, ces messieurs waren bei Deiner Rückkehr gut gegen Dich aufgelegt.

Daß Du mich über den friedlichen Zustand Eures Haushalts beruhigst, wäre nicht nötig gewesen, ich glaube, ich habe das Gute gesehen und auch die andere Seite. – Ich bin übrigens ganz mit Euch darin einig, daß es sehr schwer ist, ein Kind in einem vierten Stockwerk großzuziehen, schwer für Dich und schwer für Jo. – Aber da dies gut geht, was die Hauptsache ist, warum sollte ich da auf weniger wichtige Dinge zurückkommen; bei Gott, *bis es soweit ist, daß wir Geschäftliches mit ausgeruhterem Kopf besprechen können, wird es wahrscheinlich noch lange dauern.*

Das ist das einzige, was ich jetzt sagen kann; daß ich das mit einem gewissen Schrecken feststellte, habe ich ja nicht verborgen. Aber das ist auch alles. Die andern Maler, wie sie auch darüber denken mögen, halten sich instinktiv von Diskussionen über den jetzigen Kunsthandel zurück.

Und in der Tat können wir nur unsere Bilder sprechen lassen.

Und doch, mein lieber Bruder, es bleibt bei dem, was ich Dir immer gesagt habe, und ich sage es noch einmal mit dem ganzen Gewicht, das angestrengtes, gesammeltes Nachdenken darüber, wie man es am besten ausdrücken könnte, einer Äußerung verleiht – ich sage es Dir noch einmal: für mich bist Du nicht nur ein einfacher Kunsthändler, der Corots verkauft, sondern durch mich hast Du Anteil auch am Schaffen bestimmter Bilder, die sogar im Zusammenbruch ihre Ruhe behalten.

Denn soweit sind wir, und das ist alles oder wenigstens das Wichtigste, was ich Dir in einem recht kritischen Augenblick sagen kann. In einem Augenblick, wo die Lage zwischen Händlern mit Bildern toter Künstler und Händlern mit Bildern lebender Künstler sehr gespannt ist.

Und meine eigene Arbeit, nun, ich setze mein Leben dabei aufs Spiel, und mein Verstand ist zur Hälfte dabei draufgegangen – gut –, aber Du gehörst, soviel ich weiß, nicht zu den Menschenhändlern, und Du kannst, finde ich, Stellung nehmen und wirklich menschlich handeln – aber was soll man machen? (652, 23./24. Juli 1890, nicht verschickt, F)

Dank für Deinen heutigen Brief und für den Fünfzigfrancsschein, der ihm beigelegt war.

Ich hätte Dir wohl über vielerlei zu schreiben, aber erstens ist mir die Lust dazu ganz vergangen, und dann fühle ich, wie nutzlos es ist.

Ich hoffe, ces messieurs waren bei Deiner Rückkehr gut gegen Dich aufgelegt.

Von mir ist zu sagen, daß ich meine ganze Aufmerksamkeit auf meine Bilder richte und es so gut zu machen suche wie gewisse Maler, die ich sehr geliebt und bewundert habe.

Als ich nun wieder in Paris war, hatte ich den Eindruck, daß die Maler selbst immer übler dran sind.

Gut... aber ist der Augenblick nicht eigentlich schon verpaßt, um ihnen klarzumachen, wie nützlich ein Zusammenschluß wäre? Anderseits wäre eine Vereinigung, falls sie zustande käme, zum Scheitern verurteilt, wenn alles übrige Schiffbruch erleiden muß.

Du wirst mir vielleicht erwidern, daß einige Kunsthändler sich für die Impressionisten zusammentun würden – das wäre nur sehr vorübergehend. Nun, mir scheint, die persönliche Initiative bleibt wirkungslos; und nachdem man die Erfahrung einmal gemacht hat, sollte man da von neuem damit anfangen?

Ich habe mit Freuden festgestellt, daß der Gauguin aus der Bretagne, den ich gesehen habe, sehr schön ist; auch die anderen Bilder, die er dort gemacht hat, müssen wohl schön sein.

Vielleicht siehst Du Dir diese Skizze von *„Daubignys Garten"* mal an – es ist eines meiner stärksten Bilder; ich lege noch eine Skizze von alten strohgedeckten Hütten bei und die Skizzen zu zwei Bildern in Größe 30, die weite Kornfelder nach dem Regen darstellen. Hirschig läßt Dich bitten, die beiliegende Farbenliste für ihn bei demselben Farbenhändler zu bestellen, von dem Du mir meine schickst.

Tasset kann sie direkt unter Nachnahme an ihn schicken, das wäre das einfachste; aber er müßte ihm natürlich die zwanzig Prozent bewilligen.

Oder Du legst sie der Farbensendung an mich bei und die Rechnung dazu, oder Du schreibst mir, wieviel sie kosten, und dann schickt er das Geld an Dich.

Hier kann man überhaupt keine guten Farben bekommen.

Meine eigene Bestellung habe ich auf ein unbedingt nötiges Minimum eingeschränkt; Hirschig fängt allmählich an, ein bißchen zu begreifen, wie mir schien; er hat das Porträt des alten Schulmeisters gemacht und es ihm geschenkt, gut – und dann hat er Landschaftsstudien, ungefähr so in der Farbe wie die von Koning, die Du hast. Vielleicht werden sie noch ganz so wie die oder wie die Sachen von Voerman, die wir zusammen gesehen haben.

Auf bald, laß es Dir gut gehen, viel Glück mit den Geschäften usw., herzliche Grüße an Jo, und in Gedanken einen Händedruck...

211 P.S. *„Der Garten Daubignys":*

Vordergrund grün und rosa Gras. Links ein Gebüsch, grün und lila, und ein Baumstumpf mit weißlichem Laub.

In der Mitte ein Rosenbeet, rechts ein Gatter, eine Mauer und, die Mauer überragend, ein Haselnußstrauch mit violettem Laub.

Dann eine Fliederhecke, eine Reihe kugelförmig geschnittener gelber Linden, das Haus selbst im Hintergrund, rosa, mit einem bläulichen Ziegeldach.

Eine Bank und drei Stühle, eine Gestalt in Schwarz mit gelbem Hut und im Vordergrund eine schwarze Katze. Der Himmel blaßgrün... (651, 23./24. Juli 1890, F)

Vincent verließ das Hotel Ravoux mit seinem Malwerkzeug am 27. Juli 1890, und sobald er außer Sichtweite war, schoß er mit einem Revolver auf sich. Die spärlichen Informationen von seiten der Bewohner des Orts, die ihn an diesem Tag sahen, lassen uns in Zweifel darüber, wo sich der Selbstmord ereignete: Auf dem Wege nach Chaponval oder Commenay

Zeichnung in Brief 651

oder hinter dem Misthaufen im Hof eines kleinen Bauernguts in der Rue Boucher. Die Lage des Geschosses ist niemals offiziell festgestellt worden. Wie gewöhnlich hat sein Selbstmordversuch zu vielerlei Erklärungen Anlaß gegeben, wobei den ersten Andeutungen, die in seinen Briefen von 1873 an wiederholt erscheinen, das größte Gewicht zukommt.

Sein Entschluß, sich dem rätselhaften Vorgang des natürlichen Sterbens zu entziehen, stand voll im Einklang mit seinem Wesen. Spannungen hatte er immer durch hastige Abreisen oder durch forcierte Entscheidungen gelöst. Er konnte niemals in Ruhe abwarten und die Dinge auf sich zukommen lassen, weder bei seiner Arbeit noch in seinem Leben als Künstler. So schrieb Maurice Blanchot in seiner feinsinnigen Analyse: „Eine bemerkenswerte Absicht beim Selbstmord ist es, die Zukunft aufzuheben, da diese das Geheimnis des Todes birgt. Man möchte sich irgendwie selbst töten, um damit der Zukunft ihr Geheimnis zu nehmen." (*L'Espace littéraire*, Paris 1955, S. 127—31). Der anfängliche Fehlschlag seines Versuchs änderte seine Lage in bezeichnender Weise. Er hatte gerade die Entscheidung heraufbeschworen, der er hatte entfliehen wollen. Dies machte es ihm nun möglich, jenen zuzuhören, die an seinem Bett Wache hielten, so daß die ruhige Klarheit der Erwartung wirklich über ihn kommen konnte. Er rauchte seine Pfeife und wartete. Jetzt, am Morgen des 29. Juli 1890, konnte er endlich hinter den Spiegel schauen, „von Angesicht zu Angesicht".

Brachte Auvers, nach Arles und St.-Rémy, einen echten Abschluß? Nicht nur seiner Krankheit wegen strebte van Gogh nach dem Norden zurück, die Rückkehr dorthin war für ihn auch ein künstlerisches Problem. Impressionismus und Neoimpressionismus hatte er aufgenommen und hinter sich gelassen. Was den Symbolismus anging, so stand er allein da. Innerlich, wenn auch nicht nach außen hin war er zwar ein kompromißloserer Symbolist als Bernard, Gauguin, Denis und die anderen. Dieser Mann hätte also glatt — wie andere — die Symbole Christi in seinem Werk wieder verwenden können. Doch er hatte die Realität der Dinge geistig herausgearbeitet, ihrem Wesen und seinem eigenen Wesen gemäß, und er wollte auch weiterhin die Realität darstellen.

Einen bedeutsamen Einfluß auf die Auvers-Periode übte Puvis de Chavannes aus, wenn *196—199*
auch nicht im Sinne einer Neuentdeckung. Puvis de Chavannes mit seiner al-fresco-artigen Malweise und seinen zarten, lichten Farben schloß sich weder den Impressionisten an, noch wandte er sich ausdrücklich von ihnen ab. Vielmehr ließ er etwas von der gemessenen, zeitlosen Würde der großen Freskomaler vor Michelangelo und Raffael wiederaufleben, allerdings in der Ausdrucksweise des 19. Jahrhunderts. Vincents Offenheit gegenüber diesem Einfluß läßt an den Beginn eines Wandels in seinem Werk denken. Bis zu einem gewissen Grad scheint er mehr und mehr erschöpft gewesen zu sein, war aber, worum er sich schon lange bemüht hatte, zu einem Künstler des Trostes geworden, dessen Werk von Ergebung, ja von Resignation kündet.

Wie in einem Shakespeare-Drama vollzog sich im Schlußakt der Zusammenbruch einer Familie. Theos zarte Gesundheit verschlechterte sich massiv im Laufe eines Monats nach der Beerdigung, und im September brach er völlig zusammen. Er starb in einer Utrechter Klinik am 25. Januar 1891. Er und Jo hatten immer in all ihrer Bedrängnis ihre ganze Hoffnung auf die Zukunft gesetzt. Vincents Tod bedeutete das jähe Ende all ihrer Hoffnungen. Im September 1890 ernannte Theos Firma einen Nachfolger für ihn.

170 Zwei Pappeln an einem Weg durch die Hügel, Oktober 1889
In der Anstalt von St.-Rémy wurde Vincent zum erstenmal völlig versorgt. Aber ihm war die Freiheit genommen, so wie im Gelben Haus nach eigenem Gutdünken zu essen (oder auf das Essen zu verzichten), zu trinken und sich zu überarbeiten. Er unterwarf sich der Hausordnung und fügte sich, wenn auch widerstrebend, der Anordnung, im Haus zu bleiben, wenn eine Krise drohte. Die unmittelbare Umgebung der Anstalt war ganz anders als in Arles. Die Natur – Weinberge, Ölbäume, Pappeln, Zypressen, Hügel und Hohlwege – boten ihm zahlreiche neue Motive. Ein Gemälde wie dieses hier ist ungeheuer spannungsreich in der Führung der Hauptlinien und in den bewegten barocken Details der Ausführung. Nirgendwo der gleiche Pinselstrich ein zweites Mal. Vincent las Shakespeare und beschäftigte sich mit Homer und Sokrates. Sein Gefühlsleben und sein Intellekt blieben (auch in der Anstalt) unbeeinträchtigt. Er lauschte dem sommerlichen Gezirp der Zikaden, die der „gute Sokrates so gern hatte ... hier zirpen sie bestimmt noch in klassischem Griechisch.“.

Saint-Rémy

171 Olivenbäume mit blauem Himmel und große weiße Wolke, Sept. – Nov. 1889
172 Unterholz (Efeu), Juli 1889

173 Kiefern am Abend, Oktober – Dezember 1889
174 Selbstbildnis, September 1889

Diese vier qualitätvollen Werke entstanden alle in einer Zeit schwerer Krankheit. Eine Krise hatte ihn überfallen, als er im Juli 1889 die sommerlichen Felder malte. Zwischen dem Bild *Unterholz,* wahrscheinlich der ältesten dieser vier Arbeiten, und dem Bild *Olivenbäume* fand Vincent den Weg zu einer direkten Umsetzung beobachteter Landschaft in gekrümmte, bewegte Linien, die zuweilen Konturen wiedergeben. Meistens sind es jedoch ineinander übergehende Pinselstriche als Träger von Farbe und Linie. Er ging jetzt noch einen Schritt weiter als die Japaner: Ihm ging es nicht um eine dekorative Linienführung, sondern er gehorchte spontan seinen machtvollen inneren Visionen. Der Efeu hatte für Vincent seit früher Jugend immer auch symbolische Bedeutung gehabt. Nun denkt er wieder an den Efeu in dieser Periode des Verstimmtseins, der Ermüdung und Teilnahmslosigkeit. Das Bild *Kiefern am Abend* hat die kantige Schärfe eines Holzschnitts und entstand unter dem belastenden Druck einer Mistralperiode. Vincent beschreibt es so: „Vom blaßzitronengelben Himmel heben sich die Silhouetten der traurigen Kiefern wie köstliche schwarze Spitze ab." (617) Das *Selbstbildnis* (zuweilen den Arbeiten der Auvers-Periode 1890 zugerechnet) zeigt Vincent als einen Menschen, der sich nicht sicher ist, ob er noch eine Zukunft hat, dem die gewohnte geistige Klarheit abhandengekommen ist, voller Mißtrauen und todmüde.

Der Blick von drinnen

175 Brunnen im Garten des Van-Gogh-Hospitals, St.-Rémy, 1981
176 *Brunnen im Garten des Saint-Paul-Hospitals, St.-Rémy,* Mai – Juni 1889

177 *Feld mit Mohnblumen,* April 1890
178 *Weizenfeld hinter dem Saint-Paul-Hospital,* Juni – September 1889

Vincents durchdringender Blick erfaßte seine Umgebung ganz, in allen ihren Einzelheiten. Er schaute nicht mit den Augen des Impressionisten, sein Blick ging tiefer, unter die Oberfläche. Er erfaßte mehr als nur Licht und Form. Sein Auge sah die gleichen Dinge wie eine Kamera, aber er stellte eine Verbindung zwischen Innenwelt und geschauter Außenwelt her und drückte dies mit den Mitteln der Malerei aus (vgl. auch *168, 169*). Man hat das Bild *Feld mit Mohnblumen,* offenbar seiner geradezu klassischen Harmonie wegen, zuweilen der Zeit in Arles zugeordnet. Doch hat man den gleichen Eindruck von Harmonie auch, wenn man die in Auvers entstandene Landschaft mit Kutsche und Zug (F 760) betrachtet, die Vincent wenige Monate später gemalt hat. Van Gogh konnte zuweilen unberechenbar sein.
Das Thema des Schnitters – ein Bild entstand an Ort und Stelle, zwei Repliken folgten – griff er auf einige Tage vor seiner „Unpäßlichkeit". (604) Der Schnitter war für ihn „ein Abbild des Todes". Die Menschen sind somit der Weizen, den er mäht. Rilke schrieb: „Van Gogh mochte zwar sein inneres Gleichgewicht verlieren, aber sein Werk hatte Bestand, unabhängig von seiner Geistesverfassung. *Das* konnte ihm nicht verlorengehen."

179 Eingefriedetes Gelände hinter dem Saint-Paul-Hospital mit aufgehender Sonne, November 1889
180 Weizenfeld hinter dem Saint-Paul-Hospital mit Bauer, der Garben trägt, Oktober 1889
181 Studie: Weiße Lilien, April – Mai 1890
182 Sämann im Regen, Januar – April 1890

Meyer Schapiro hat diese Zeichnung kritisch untersucht *(179).* Das Motiv bot sich Vincent beim Blick aus dem Fenster seines Zimmers, war also für ihn sichtbar, auch wenn er das Haus nicht verlassen konnte: „In dem Bild finden zwei konkurrierende Vorstellungen ihren Ausdruck, es hat gewissermaßen zwei Zentren: Ein subjektives in dem Fluchtpunkt; dies ist zu verstehen als eine Projektion des Künstlers selbst mit seinem scharfblickenden Auge und mit seiner leidenschaftlichen Sehnsucht nach dieser Welt. Das andere Zentrum, ein eher äußerliches, objektgebundenes, seitlich, ist nicht weniger gefühlsbefrachtet." (*Modern Art,* New York 1978, S. 88) Spannung liegt auch in der zeichnerischen Bewältigung des Raums: keine festen Umrisse, sondern eine Vielzahl einander zugeordneter Linien. Selbst die Mauern ein Stakkato von Strichen. Alles offen, das Haus ausgenommen.
Die gleiche Landschaft im Regen *(182):* Gröber im Strich, weniger elegant die Vielzahl kurzer Linien.
Die Studie mit weißen Lilien *(181)* stellt einen seltsamen Rückgriff auf die Konturenzeichnung dar. Sie geht mehr ins Dekorative. Die leeren Flächen füllt ein abstraktes Muster.
Das Landschaftsbild in Öl *(180)* ist eine emotionsbetonte Zeichnung in Farbe, eine geradezu barocke Komposition, ohne *(eigentlichen)* Mittelpunkt, „nichts als unwirtliches Land und Felsen". (B 2)

Erschütterungen

183 *Die Straßenarbeiter,* Dezember 1889
184 Boulevard Mirabeau, St.-Rémy-de-Provence

Die Stadt St.-Rémy bot Vincent kaum Motive. Das Bild, welches wir unter dem Titel *Die Straßenarbeiter* kennen, stellt in der Hauptsache riesige Bäume dar mit sich windenden Stämmen, zum Teil Ausdruck von Vincents eigener Persönlichkeit. Die Straßenszene dient nur als Hintergrund. Das Foto zeigt demgegenüber ein ganz anderes Bild.

185 Selbstbildnis, September 1889 oder Frühmai 1890
Bei dem Selbstbildnis handelt es sich wohl um eines der beiden Bilder, die in den Briefen 604, 607 und W 14 erwähnt werden, nicht um ein Bild aus Paris oder Auvers, noch um jenes, das Vincent an Theo schickte. Es ging aus dem Besitz der Familie Gachet direkt in den des Louvre über.

Sehnsucht nach dem Norden

In Skizzen halten Künstler zuweilen Zwiesprache mit sich selbst. Diese Arbeiten aus St.-Rémy entstanden zu einer Zeit, als sich die Sehnsucht nach dem Norden von neuem bei Vincent bemerkbar machte. Da der Süden unmittelbar präsent, der Norden aber fern war, löste sich die Beziehung zur unmittelbaren Realität, und Vergangenes gewann erneut Einfluß auf ihn. Millet, sein erster großer Lehrmeister, steht für diese Vergangenheit, aber auch der lebenslang gehegte Wunsch, eine eigene Familie bzw. ein Künstlerzentrum zu gründen. Diese Skizzen rufen die Erinnerung an Nuenen wach, an den Kamin und die Bauern, aber auch an Madame Roulin in Arles mit ihrem Baby. Die Grabenden gehören nach Etten und Nuenen, aber auch nach St.-Rémy selbst. Die Skizzen befassen sich mit dem Dasein der armen Leute und nehmen Bezug auf seine eigenen häufigen, rastlosen Streifzüge durch die Felder bei Courrières und Arles. Die Gestalten sind gesichtslos, aber ihre Beine sind in ständiger Bewegung; Ruhe gibt es nicht. Es zog Vincent von St.-Rémy fort, aber wohin sollte er gehen?

186 Winterliche Landschaft mit Gestalten, Januar – April 1890
187 Bauernfamilie am Kamin, Mai 1890
188 Nacht: Die Wache (Weiden flechtender Bauer und nähende Bäuerin), (nach Millet), Oktober 1889

189 Studie mit neun Bauern, zwei Grabende, zwei Männer mit Schubkarren, Anfang 1890
190 Auf der Straße, Anfang 1890
191 Hände; ein Grabender, Anfang 1890

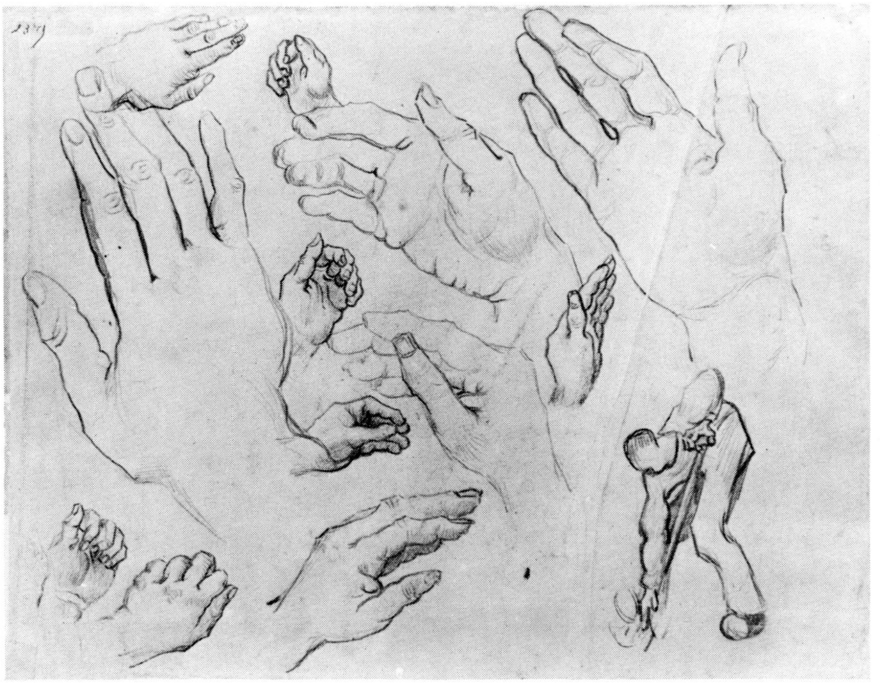

Wie es scheint, sind von den Kopien und Paraphrasen von Werken anderer Künstler, die zumeist in St.-Rémy entstanden, noch ungefähr 36 vorhanden. Novotny und Chetham haben sich mit diesen Arbeiten befaßt und eine Vielzahl einleuchtender Erklärungen für ihre Entstehung gegeben, wenn auch manches unerklärbar bleibt. Vincents Krankheit nötigte ihn häufig, im Hause zu bleiben. Er hatte keine Modelle. Mit Vorliebe stellte er Werke in zusammengehörigen Serien her. Er nahm sich die Freiheit, mit zuvor festgelegten Themen zu experimentieren. Seine Vorlage war immer ein Schwarz-Weiß-Druck.
„Und dann improvisiere ich darüber in Farbe, doch versteh mich recht – ich bin nicht ganz ich, sondern such Erinnerungen an *ihre* Bilder festzuhalten – aber diese Erinnerung, der ungefähre Zusammenklang der Farben, die ich gefühlsmäßig erfasse, auch wenn es nicht genau die richtigen sind – das ist meine eigene Interpretation ... Dann bewegt sich der Pinsel in meinen Fingern wie der Bogen über die Geige, rein zu meinem Vergnügen." (607)

192 Rembrandt van Rijn: *Die Auferweckung des Lazarus,* ca. 1632
193 Eugène Delacroix: *Christus auf dem See Genezareth,* 1854

194 Die Auferweckung des Lazarus (nach Rembrandt), Mai 1890
195 Pietà (nach Delacroix), September 1889

Bei der Wahl der Themen machten sich Vincents religiöse Bindungen von einst wieder bemerkbar. Das Bild *Christus auf dem See Genezareth* blieb ihm im Gedächtnis wegen seiner *terribilità* der Farben (533). Seine Beschreibung von Delacroix' *Pietà* zeugt indes eher von seinem eigenen Ergriffensein als von dem Delacroix'. „Das fahle Antlitz, der irre, bestürzte Blick eines durch Angst, Tränen und Nachtwachen erschöpften Menschen erinnert eher an *Germinie Lacerteux.*" (W 14)

Das Bild *Die Auferweckung des Lazarus* ist eine Bearbeitung eines Ausschnitts von Rembrandts Kupferstich. An die Stelle der zentralen Gestalt Christi und einiger anderer tritt die Sonne, so, als ob Vincent Rembrandts Idee von der „lebensspendenden Kraft des Lichts" gekannt hätte. (Karel Boon, *The Complete Etchings of Rembrandt,* New York o. J.)

Hoffnung

196 Pierre Puvis de Chavannes: *Hoffnung* (zweite Version), 1872
197 Pierre Puvis de Chavannes: *Inter artes et naturam,* 1890
198 *Skizze aus einem Brief an Willemien* (W 22), 4./5. Juni 1890

Unter dem Einfluß von Puvis de Chavannes änderte sich van Goghs Kunstauffassung, die sich in Arles durch seine Begegnung mit der Antike, mit Petrarca, Dante und Giotto herausgebildet hatte. Schon in Nuenen war Vincent auf Puvis de Chavannes aufmerksam geworden. Als er, aus der Provence kommend, 1890 in den Norden zurückkehrte, sah er *Inter artes et naturam* im Pariser Salon und skizzierte das Bild in einem Brief an seine Schwester. Er berichtete ihr, er glaube an eine „allumfassende, beglückende Wiedergeburt all der Dinge, an die man geglaubt, die man ersehnt hat, eine seltsame, glückliche Verschmelzung einer weit zurückliegenden Vorzeit mit dem ungeschminkten Heute." (W 22) In dem großartigen Bildnis von Puvis' de Chavannes Frau, der Prinzessin Kantakuzena, sah er „eine Frau, bereits gealtert, doch so, wie Michelet schrieb, ‚so etwas wie eine alte Frau gibt es eigentlich gar nicht'". Die Generation der Symbolisten sah in Puvis de Chavannes das vielbewunderte Vorbild einer anzustrebenden modernen Malerei: „Eines Tages wird vielleicht jeder Mensch eine Neurose haben, den Horla, den Veitstanz oder etwas anderes. Aber gibt es denn kein Gegengift? ... Siehe die *Hoffnung* von Puvis de Chavannes." (574)

199 Pierre Puvis de Chavannes: *Prinzessin Maria Kantakuzena*, 1883

200 *Junges Mädchen vor einem Getreidefeld*, zweite Junihälfte 1890

Auvers und Dr. Gachet

201 Dr. Gachets Haus in Auvers-sur-Oise, 1981
202 *Dr. Gachets Garten,* Mai 1890
203 Das Rathaus, Auvers 1981
204 *Das Rathaus von Auvers,* Juli 1890

205 Bildnis des Dr. Gachet, Juni 1890

Das Bildnis des Dr. Gachet ist die zweite von zwei Versionen (vgl. F 753). Es ist das verhärmte Antlitz unserer Zeit (643), das uns in beiden Versionen entgegenblickt, und „hat einen schwermütigen ... Ausdruck, der dem Betrachter wie eine Grimasse erscheinen kann". (W 23)

Die Ernte

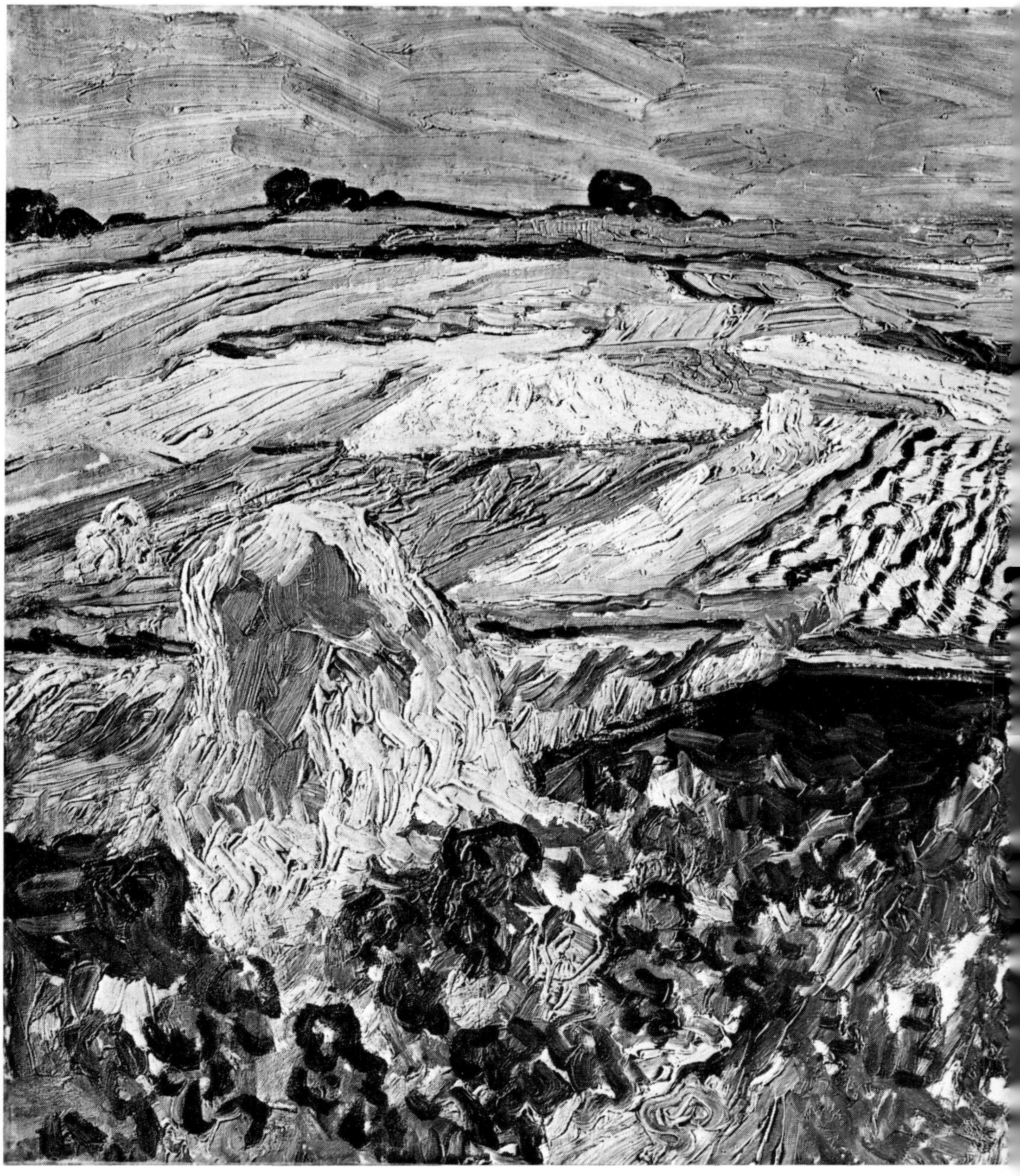

Die Schnitter von Nuenen hatte Vincent meist von hinten oder im Profil dargestellt. Diese Frontalansicht zeigt, wie hier die Bewegung im Vordergrund steht. Schwingende Linien verbinden die Gestalt mit Feld und Wolken. Im Hintergrund sehen wir weniger Himmel, mehr die Ebene, die als endlose Fläche erscheint, welche Vincent in vielfältig abgestuften, blassen Farbtönen wiedergab. Für die Landschaftsbilder von Auvers wählte Vincent bewußt ein neues, gestreckteres Format. „Wir sind noch weit entfernt von einer Zeit, wo die Menschen begreifen werden, daß zwischen verschiedenen Teilen der Natur eine eigenartige Beziehung besteht und diese sich gegenseitig erklären und dabei ihre Eigenart hervorheben." Alles in diesem von der Horizontale beherrschten Bild ist offen. Die Bäume scheinen nicht in der Erde zu wurzeln, sie wirken eher wie ruhelose, lebendige Gestalten. Wiederholt fassen lange horizontale Linien die einzelnen Abschnitte ein. Alle Linien zielen auf den Horizont.

206 Ebene bei Auvers, Juli 1890
207 Der Schnitter, Juli 1890
208 Ebene von Auvers, Juli 1890

209 Landschaft bei Auvers im Regen, Juli 1890

Letzte Landschaften

Van Goghs Auvers-Periode dauerte gerade 69 Tage lang, lange genug, um zumindest vierzehn hochkarätige Gemälde entstehen zu lassen, neben über achtzig Arbeiten, die der La-Faille-Katalog verzeichnet. Selbst wenn aufgrund späterer Forschungsergebnisse die Anzahl der Werke von Auvers geringer angesetzt werden müßte, bliebe doch die Tatsache bestehen, daß Vincents

210 Bauernhäuser bei Chaponval, Juli 1890

211 Der Garten von Daubigny, Juni – Juli 1890

kreative Energie zu dieser Zeit ungewöhnlich groß war. Diese neunundsechzig Tage lassen bis heute zahlreiche Fragen unbeantwortet. Selbst die Datierung der Briefe ist problematisch. Kunsthistoriker haben sich weit häufiger über Zweitfassungen der Bilder *Der Garten von Daubigny* und *Bildnis des Dr. Gachet* geäußert als über andere Probleme. Die Landschaften von Auvers legen jedoch Zeugnis ab von entscheidenden Konflikten und Richtungsänderungen in bezug auf Bildraum und Farbe. Im Gegensatz zu Arles und St.-Rémy hat sich dieses Suchen nicht in einem charakteristischen „Auvers-Stil" niedergeschlagen. Die Werke zeigen eine verwirrende Vielfalt stilistischer Formen, Pseudoklassisches steht neben Barockem. Vincents Fähigkeit, bestechend klar zu sehen, die Augenblicke, in denen er mit den Sternen Zwiesprache hielt, sind vorbei.

212 Das Haus des Père Pilon, Juni 1890

213 Emile Bernard: *Die Bestattung Vincent van Goghs in Auvers,* 1893
214 Paul van Rijssel (Dr. Paul Gachet): *Vincent van Gogh auf dem Totenbett,* 29. Juli 1890
215 Die Grabsteine von Vincent und Theo in Auvers

Hier die Namen von einigen derer, die dem Sarg folgten: Theo van Gogh, Lauzet, Gachet, Père Tanguy, Emile Bernard, Charles Laval, Hirschig, Mademoiselle Mesdag, Ravoux, Andries Bonger, schließlich Bauern und Bewohner des Orts.

Als der Besitzanspruch der Familie an Vincents Grab nach fünfzehn Jahren erlosch, erwarb Jo van Gogh-Bonger einen anderen Grabplatz im erweiterten Friedhofsgelände, wo die Brüder jetzt Seite an Seite ruhen. Theo hatte seinen Bruder um kaum sechs Monate überlebt.

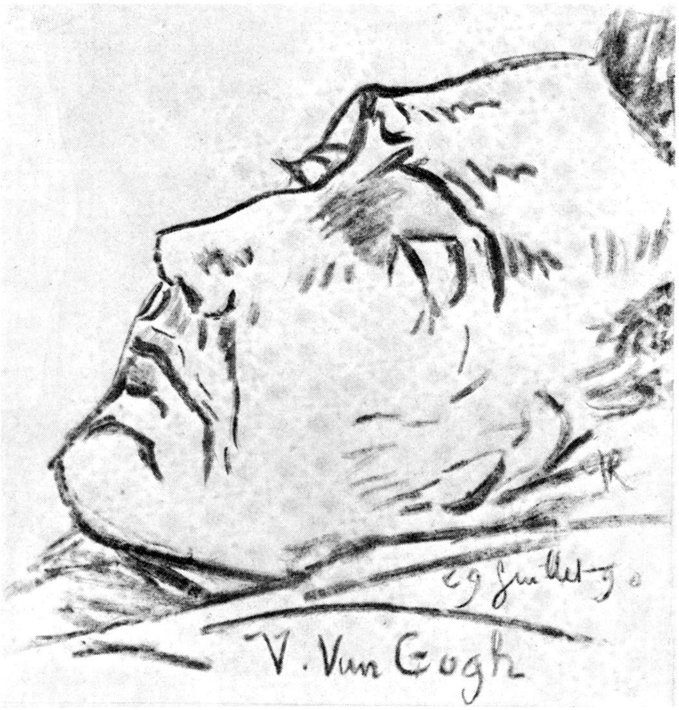
29 Juillet 90
V. Van Gogh

ICI REPOSE
VINCENT VAN GOGH
1853 – 1890
ICI REPOSE
THÉODORE VAN GOGH
1857 – 1891

216 Die Kirche von Auvers, 3.–8. Juni 1890
Vincent beschrieb dieses Werk ausschließlich mit farblichen Begriffen, und wenn er nicht den „Sand mit dem rosigen Leuchten des Sonnenlichts darauf" (W 22) dargestellt hätte, könnten wir auf diesem Bild keinerlei natürliche Lichtquelle entdecken. Er hat ein reines Kobaltblau beschworen, tief und nächtlich dunkel. Das Dach ist violett-orange. Die Kirche erscheint in einer visionären Transfiguration, eher unwirklich als real.

BIBLIOGRAPHIE

DIE BRIEFE

Vincent van Gogh, *Brieven aan zijn broeder,* hg. mit einem Vorwort von Jo van Gogh-Bonger, Amsterdam 1914, 3 Bände. Diese Ausgabe enthält alle Briefe an Theo. Briefe in französischer Sprache sind in Französisch wiedergegeben. Unveränderter Neudruck 1924. Der zweite Neudruck, 1952–54, enthält auch Briefe an van Rappard, Bernard und Willemien, sowie von Theo an Vincent, außerdem aufschlußreiche Beiträge und Anmerkungen.

The Complete Letters of Vincent van Gogh, Greenwich (Connecticut) und London 1958, 3 Bände, Neudruck 1978.

Letters of Vincent van Gogh, 1886–1890, Amsterdam und London 1977. Eine Faksimileausgabe, die lediglich die Pariser Periode sowie die nachfolgende Zeit umfaßt und die Briefe an Theo, Willemien, seine Mutter, Eugène Boch und J. J. Isaäcson einschließt.

Van Gogh door van Gogh, hg. von Jan Hulsker, Amsterdam 1973. Eine Auswahl aus seinen Briefen, im Zusammenhang seiner Werke; Datierungen revidiert.

Lettres de Paul Gauguin à Emile Bernard, 1881–1891, Genf 1954.

Letters to an Artist: from Vincent van Gogh to Anton Ridder van Rappard, 1881–1885, New York 1937. (Holländische Ausgabe Amsterdam 1937).

Lettres de Vincent van Gogh à Emile Bernard, Paris 1911.

Vincent van Gogh, *Briefe an Emile Bernard und Gauguin,* Basel 1921.

KATALOGE

J. B. de la Faille, *The Works of Vincent van Gogh,* bearbeitet, vervollständigt und kommentiert von einer Kommission unter Vorsitz von A. M. Hammacher und unter Mitarbeit von Jan van Gelder, W. Jos de Gruyter, Jan Hulsker, Ellen Joosten, Horst Gerson, Sturla Gudlaugson, Amsterdam 1970.

Paul Lecaldano, *Tutta la pittura di Van Gogh,* mit einer Einführung von Paul Aletrino, Mailand 1971. (Französische Ausgabe: *Tout van Goghm* Paris 1971) In etwa eine Kurzfassung des oben genannten Werks.

Jan Hulsker, *The Complete Van Gogh: Paintings, Drawings, Sketches,* Oxford und New York 1980. (Holländische Ausgabe: *Van Gogh en zijn weg,* Amsterdam 1977, 1979) Eine Bearbeitung des La Faille-Katalogs; Datierungen überarbeitet, Gemälde und Zeichnungen nicht getrennt, geänderte Numerierung. Ein Teil der Dokumente fehlt. Die Daten im vorliegenden Werk stützen sich auf die Forschungsarbeit von Dr. Hulsker.

EINZELUNTERSUCHUNGEN

Englische Periode

Alan Bowness, ‚Vincent in England', im Ausstellungskatalog ‚Van Gogh', Hayward Gallery, London 1968–69.

Vincent van Gogh in England, aus den Briefen zusammengestellt von Dr. V. W. van Gogh, Amsterdam 1968.

Holländische Periode

Walter van Beselaere, *De Hollandsche Periode (1880–1885) in het werk van Vincent van Gogh,* Antwerpen und Amsterdam 1937. (Französische Ausgabe Antwerpen und Amsterdam 1937)

Carlo Derkert, ‚Theory and Practice in Van Gogh's Dutch Painting', *Kunsthistorisk Tidskrift,* XV 3/4, (1946).

Marc Edo Tralbaut, *Vincent van Gogh in Drenthe,* Assen 1959.

Paul Nizon, Die Anfänge van Goghs: der Zeichnungsstil der holländischen Zeit, Diss. Bonn 1960.

Griselda Pollock, Vincent van Gogh and the Hague Scool, Diss. London 1972. Diese Arbeit diente als Grundlage für die Ausstellung und den einführenden Text zu ‚Vincent van Gogh in zijn Hollandsche jaren', Rijksmuseum Vincent van Gogh, Amsterdam 1980–81. (Kurze Zusammenfassung in englischer Sprache) Der Hauptakzent der Arbeit liegt auf den holländischen Künstlern. Sie berücksichtigt daneben nur fünf französische, jedoch keinen der belgischen und englischen Künstler, für die Vincent in dieser Zeit Interesse zeigte.

Belgische Perioden

Marc Edo Tralbaut, *Vincent van Gogh in zijn Antwerpse periode,* Amsterdam 1948.

‚Van Gogh en Belgique', Ausstellungskatalog mit einer Einführung von A. M. Hammacher und biographischen Angaben über andere Künstler; ‚Les Affinités de Vincent van Gogh', von Gisèle Ollinger-Zinque, Musée des Beaux-Arts, Mons 1980.

Pariser Periode

Bogomila Welsh-Ovcharov, Vincent van Gogh: his Paris Period, Diss. Utrecht 1976. Die erste wissenschaftliche Untersuchung über die einzige Periode in van Goghs Leben, für die nur wenige Dokumente vorhanden sind.

Arles, Saint-Rémy und Auvers

W. Scherfon und W. J. de Gruyter, *Vincent van Gogh's Great Period, Arles, Saint-Rémy and Auvers-sur-Oise,* Amsterdam 1937.

Charles Mauron, *Van Gogh au seuil de la Provence: Arles, de février à octobre 1888,* Saint-Rémy-de-Provence 1959. Mauron (1899–1966), ein Pionier auf dem Gebiet der psychoanalytischen Methode in der Literaturkritik (Mallarmé, Racine, Baudelaire), befaßte sich auch mit der bildenden Kunst, insbesondere mit van Gogh. Sein tiefes Verständnis für Vincent in seiner Zeit in Arles, sein Vortrag „Vincent et Théo van Gogh: une symbiose" sowie seine „Notes sur la structure de l'inconscient chez Vincent van Gogh", in *Psyche* (1953), S. 75–78, haben mich dauerhafter beeinflußt als die Arbeit jedes anderen Kunstkritikers. (A. M. H.)

‚Van Gogh et les peintres d'Auvers-sur-Oise', Ausstellungskatalog mit Texten von Germain Bazin und Paul Gachet *jun.*, ausführlicher Katalog von Albert Chatelet, mit Anmerkungen über Vincents letztes Selbstbildnis von Michel Florisoone, Orangerie des Tuileries, Paris 1954.

Untersuchungen zu Stil und künstlerischer Technik

Carlo Derkert, ‚Theory and Practice in Van Gogh's Dutch Painting', *Kunsthistorisk Tidskrift,* XV, 3/4 (1946).

Mark Buchmann, *Die Farbe bei Vincent van Gogh,* Zürich 1948.

A. M. Hammacher, *Les Grands Maîtres du dessin: van Gogh,* Mailand 1953.
Douglas Cooper, *Drawings and Watercolours by Vincent van Gogh,* Basel 1954, New York 1955.
Kurt Badt, *Die Farbenlehre van Goghs,* Köln 1961.
A. M. Hammacher, ,Van Gogh's Life in his Drawings', ,Van Gogh's Relationship with Space', im Ausstellungskatalog ,Van Gogh', Marlborough Fine Art, London 1962.
,Vincent van Gogh dessinateur', Ausstellungskatalog mit Aufsätzen von Dr. V. W. van Gogh und A. M. Hammacher, Institut néerlandais, Paris 1966.
Matthias Arnold, Duktus und Bildform bei van Gogh, Diss. Heidelberg 1973. Eine vorzügliche Untersuchung über van Goghs Pinselstrich.

Krankheiten
A. J. Westerman Holsteyn, ,Die psychologische Entwicklung Vincent van Goghs', *Images,* X, 4 (1924).
A. Hutter, ,De vijf diagnoses van de ziekte van Vincent van Gogh', *Nederlandse Tijdschrift voor Geneeskunde,* 7 (1931).
Victor Doiteau und Edgar Leroy, *La Folie de Vincent van Gogh,* mit einem Vowort von Paul Gachet, Paris 1928.
Ryuzaburo Shikiba, *Van Gogh, his Life and Psychosis,* Tokio 1932.
J. Beer, Essai sur les rapports de l'art et de la maladie de Vincent van Gogh, Diss. Straßburg 1936.
Antonin Artaud, *Van Gogh – le suicidé de la société,* Paris 1947.
G. Kraus, *De verhouding van Theo en Vincent van Gogh,* Amsterdam 1954. (Erste Ausgabe in Englisch: ,The relation of Theo and Vincent van Gogh', in ,Vincent van Gogh en de psychiatrie', *Psychiatrische en Neurologische Bladen,* XLV – 1941)

Françoise Minkowska, *Van Gogh. Sa vie, sa maladie et son oeuvre,* mit einem Vorwort von Eugène Minkowski, Paris 1963. Obgleich diese Untersuchungen auf Kritik gestoßen sind, stellen sie vielleicht doch den gründlichsten psychoanalytischen Versuch dar, van Gogh zu verstehen, nicht in einer klinisch objektiven Weise, vielmehr als persönliches und gefühlsbedingtes Phänomen mit zahlreichen einleuchtenden Erkenntnissen.

Marc Edo Tralbaut, ,Vincent van Gogh chez Aesculape – quelques apports nouveaux à la connaissance de la santé, la maladie et la mort du grand peintre', *Revue des lettres et des arts dans leurs rapports avec les sciences et la médecine* (Dez. 1957).

Marcel Heiman, ,Psychoanalytical Observations on the Last Paintings and Suicide of Vincent van Gogh', mit kritischen Anmerkungen von Arthur F. Valenstein und Anne Styles Wylie, *International Journal of Psychoanalysis,* 57 (1976), S. 71–79, 81–84.

Fernand Destaing, ,Le Soleil et l'orage ou la maladie de van Gogh', in seinem Werk *La Souffrance et le génie,* Paris 1980. Ein erneuter, in einigen Punkten revidierter Rückgriff auf die Diagnose einer Epilepsie, vertreten von Henri Gastaud in *Annales médico-psychologiques* (1956) und Jean Delay in *Congrès de médecins aliénistes et neurologues de France et de langue française,* Lüttich 1954.

Peter Gorsen, *Kunst und Krankheit: Metamorphosen der ästhetischen Einbildungskraft,* Frankfurt/Main 1980. Ein nützlicher, moderner Überblick zum Problem von ,Kunst und Krankheit' im allgemeinen.

Vermischtes
C. S. Chatham, The Role of Vincent van Gogh's Copies in the Development of his Art, Diss. Harvard 1960.
Fritz Novotny, ,Die Bilder van Goghs nach fremden Vorbildern', in *Festschrift Kurt Badt,* Berlin 1961.
Vincent: the Bulletin of the Rijksmuseum Vincent van Gogh (1970–76). Eine wertvolle Quelle detaillierter Informationen über Vincent und seine Familie. Bedauerlicherweise hat diese Vierteljahresschrift ihr Erscheinen nach 16 Nummern eingestellt.
Bogomila Welsh-Ovcharov, *The Early Works of Charles Angrand and his Contact with Vincent van Gogh,* Utrecht und Den Haag 1971.
,Les Sources de l'inspiration de van Gogh', Ausstellungskatalog mit Texten von Sadi de Gorter und Dr. V. W. van Gogh, Institut néerlandais, Paris 1972.
Mark Roskill, *Van Gogh, Gauguin and the Impressionist Circle,* London und Greenwich (Connecticut) 1976.
Evert van Uitert, ,Van Gogh in anticipation of Paul Gauguin', ,Van Gogh and Paul Gauguin in Competition', ,Vincent's Original Contribution', *Simiolus,* 10/11 (1978, 1979, 1980). Drei Untersuchungen mit ausführlichen Anmerkungen.
,Vorstelijke boekbanden uit de Koninklijke Bibliotheek', Ausstellungskatalog mit wissenschaftlicher Einführung von J. Storm van Leeuwen, Royal Library, Den Haag 1978. Bezeichnet Vincents Großvater Willem Carbentus als einen der bedeutendsten Haager Buchbinder des 19. Jahrhunderts. Er war der erste, der seine Arbeiten (von 1816 an) mit einem persönlichen Prägezeichen versah.
,Japanese Prints Collected by Vincent van Gogh', Ausstellungskatalog mit Beiträgen von Willem van Gulik und Fred Orton und 352 Nummern, Rijksmuseum Vincent van Gogh, Amsterdam 1978.

Charles Michael Peglau, Image and Structure in Van Gogh's Later Paintings, Diss. Pittsburgh 1979. Bemerkenswerte Untersuchung zu Problemen des Bildraums, unter Bezugnahme auf literarische Landschaftsbeschreibungen (Flaubert, *Bouvard et Pécuchet*).

,Les Amis de van Gogh', Ausstellungskatalog, zusammengestellt und mit einer Abhandlung von A. M. Hammacher, Institut néerlandais, Paris 1960. Erfaßt mehrere Vertreter des Cloisonnismus, die bei der Ausstellung in Toronto 1981 herausgestellt wurden.

,Vincent van Gogh and the Birth of Cloisonism', Ausstellungskatalog, zusammengestellt und kommentiert von Bogomila Welsh-Ovcharov, Art Gallery of Toronto 1981. Die Ausstellung, die in anderer Zusammenstellung auch in Amsterdam gezeigt wurde, umfaßte etwa 100 Meisterwerke, welche das recht wenig bekannte kunsthistorische Phänomen des Cloisonnismus darstellen sollten, das seinerseits in engem Zusammenhang zur Japan-Mode zu sehen ist.

Linda Nochlin, ,Van Gogh, Renouard and the Weavers' Crisis in Lyon: the Status of a Social Issue in the Art of the Later Nineteenth Century', in *Art the Ape of Nature: Studies in Honour of H. W. Janson,* New York 1981. Eine begrüßenswerte Studie über Kunst und den Einfluß der Industriekultur; die Studie übergeht allerdings die Bedeutsamkeit von Brontës *Shirley* und die des Fußmarschs nach Courrières für van Gogh.

ABBILDUNGSVERZEICHNIS

Alle ohne Künstlernamen verzeichneten Kunstwerke sind von Vincent van Gogh (1853–1890).
Die Technik, wenn nichts angegeben, ist Öl auf Leinwand. Maßangaben in Zentimetern; Höhe vor Breite. Quellenhinweise auf den Katalog von J. B. de la Faille, *Die Werke Vincent van Goghs*, überarbeitete Ausgabe, Amsterdam 1970, stehen in Klammern: (F827).

ABKÜRZUNGEN
NMVG: Sammlung National Museum Vincent van Gogh, Amsterdam, (Rijksmuseum Vincent van Gogh)
SMKM: Sammlung State Museum Kröller-Müller, Otterlo, Niederlande (Rijksmuseum Kröller-Müller)

1 Vincent van Gogh als Junge, 1866 – NMVG
2 Vincents Großvater, Vincent van Gogh – NMVG
3 Vincents Großmutter, Elisabeth Huberta Vrijdag – NMVG
4 Rathaus von Zundert – NMVG
5 Kirche von Zundert – NMVG
6 Theodorus van Gogh (1822–1885) – NMVG
7 Anna Cornelia van Gogh-Carbentus (1819–1907) – NMVG
8 Das Haus, in dem Vincent und sein Bruder Theo geboren wurden – NMVG
9 Die Innenräume des Hauses Goupil & Cie, Den Haag – NMVG
10 Vincent van Gogh (1820–1888) – NMVG
11 Rembrandt van Rijn (1606–1669), *Bürgermeister Jan Six*, 1647. Radierung. 24,5 x 19,1 – British Museum, London
12 Das Trippenhuis, Amsterdam. Photo – Rijksmuseum, Amsterdam
13 Henri de Braekeleer (1840–1888), *Der Staalmeesterszaal im Trippenhuis*, 1883. Zeichnung 150 x 240 – Rijksmuseum Stichting, Amsterdam
14 August Jernberg (1826–1896), *Nachtwache im Trippenhuis*, 1895. 65 x 81 – Malmö Museum
15 Vincent van Gogh, um 1872 – NMVG
16 Theo van Gogh, um 1888–1890 – NMVG
17 Emile Wauters (1846–1933): *Hugo van der Goes im Kloster Roodendale* (Ausschnitt, 1872. 186 x 276 – Musées Royaux des Beaux-Arts de Belgique, Brüssel. Photo: ACL Brüssel
18 Französische Schule (vormals Philippe de Champaigne zugeschrieben), *Dame in Trauer*, 17. Jahrhundert. 61 x 51 - Louvre, Paris. Photo: Agraci
19 Charles Bargue (d. 1883), *Cours de Dessin* (Zeichenlehrgang), Blatt 39, Edition Goupil – NMVG
20 George Henry Boughton (1833–1905), *Puritaner aus Neu-England auf dem Weg zum Gottesdienst in Waffen zum Schutz vor Indianern und wilden Tieren*, 1867. Radierung, 29,5 x 50
21 George Henry Boughton (1833–1905), *Die Landung der Pilgerväter*, 1869. 78 x 103 – Sheffield City Art Galleries
22 George Henry Boughton (1833–1905), *Verlassen*, 1859, aus The Christmas Art Annual, 1904
23 John Everett Millais (1829–1896), *Oktoberkälte*, 1870. 140,9 x 186,7 – Privatsammlung, z. Zt. Leihgabe an Perth Museum and Art Gallery
24 John Everett Millais (1829–1896), *Das verlorene Silberstück (Der verlorene Heller)*, Aquarell. 14 x 10,6 – Mit freundl. Genehmigung des Fogg Art Museum, Harvard University, Bequest-Grenville L. Winthrop
25 Mathijs (Thijs) Maris (1839–1917), *Erinnerung an Amsterdam*, 1871. 46,5 x 35 – Rijksmuseum, Amsterdam
26 Rembrandt van Rijn (1606–1669), *Die Jünger von Emmaus*, 1848. Öl auf Holz. 68 x 65 – Louvre, Paris. Photo: Agraci
27 Jacob van Ruysdael (1628/9–1682), *Das Wäldchen*. 68 x 82 – Louvre, Paris. Photo: Agraci
28 Adriaen van Ostade (1610–1685), *Familienbildnis*, 1654. Öl auf Holz. 70 x 88 – Louvre, Paris. Photo: Agraci
29 Jules Breton (1827–1906), *Erntesegen in Artois*, 1857. 32 x 130 – Musée National, Compiègne
30 Gustave Doré (1832–1883), *Rundgang im Hof des Newgate-Gefängnisses*, 1872. Stich. 24,5 x 19,1 – NMVG
31 Anonym, *Der Grubenschacht (Rettungsmannschaft beim Einfahren nach einer Grubengasexplosion)*. Stich. 33,9 x 24 – NMVG
32 Auguste Lançon (1836–1887), *Männer beim Schneeschaufeln*, 1881. Stich. 15,9 x 23,7 – NMVG
33 Hubert von Herkomer (1849–1914), *Sonntag im Chelsea Hospital*, 1871. Stich. 34 x 26,2 – NMVG
34 Edwin Buckman (1841–1930), *Wartende Menge bei der Ausgabe der Lebensmittelgutscheine in Paris*, 1870. Stich. 17 x 24,8 – NMVG
35 Luke Fildes (1844–1927), *Obdachlos und hungrig*, 1877. Stich. 31,6 x 40,3 – NMVG
36 Luke Fildes (1844–1927), *Der leere Stuhl, Gad's Hill, den 9. Juni 1870*, Stich. 30 x 49,8 – NMVG
37 Matthew White Ridley (1836–1888), *Köpfe von Menschen aus dem Volk – Der Bergmann*, 1876. Stich. 32,8 x 25,1 – NMVG
38 Ary Scheffer (1795–1858), *Christus auf dem Ölberg*, 1839. 140 x 98 – Dordrechts Museum, Dordrecht
39 Ary Scheffer (1795–1858), *Christus Consolator (Der tröstende Christus)*, 1837. 68 x 90 – Dordrechts Museum, Dordrecht
40 Rembrandt (zugeschrieben) (1606–1669), *Christus mit Maria und Martha (Das Haus in Bethanien)*, um 1650. Federzeichnung, Sepia 18,4 x 26,2 – British Museum, London
41 Marinewerft (Haus des Kommandanten der Marinewerft), Amsterdam, 1890. Photo: Historisch Topografische Atlas, Gemeentelijke Archiefdienst, Amsterdam
42 Vizeadmiral Johannes van Gogh – NMVG
43 Der Geistliche Johannes P. Stricker – NMVG
44 Oosterbegraafplaats, Oosterpark, Amsterdam. Photo Historisch Topografische Atlas, Gemeentelijke Archiefdienst, Amsterdam
45 Marcasse (Zeche 7), Wasmes – NMVG
46 *Kohlentrimmer*, Juli–August 1879. Kreide und Bleistift. 49,5 x 27,5 – SMKM (F827)
47 Vincents Psalmenbuch. Photo: Jean-Pierre Landenberg
48 *Die Kartoffelesser*, 1885. 82 x 114 – NMVG (F82)
49 Kee Vos-Stricker, 1879 – NMVG
50 *Gartenecke mit Laube*, Juni 1881. Aquarell. 44,5 x 56,5 – SMKM (F902)
51 *Hütten*, 1881. Federzeichnung. 45,5 x 61 – Museum Boymans-van-Beuningen, Rotterdam (F842)
52 *Alter Bauer am Herdfeuer*, November 1881. Kohlezeichnung. 56 x 45 – SMKM (F868)
53 *Erschöpft*, 1881. Aquarell. 23,5 x 31 – Foundation P. and N. de Boer, Amsterdam (F863)
54 *Die große Dame*, 1882. Feder-/Bleistift-Zeichnung. 19 x 10,5. Brief an Theo – NMVG
55 *Mädchen (Siens Tochter mit Schal, Profil von links)*, Jan. 1883. Kreide und Wasserfarbe (Lavierung). 43,5 x 25 – SMKM (F1007)
56 *Weinende (den Kopf in die*

Hände gestützt, auf einem Korb sitzend), 1883. Kreidezeichnung. 50,1 x 31,7 – The Art Institute of Chicago, Schenkung zum Andenken an Tiffany Blake (F1069)

57 *Sien mit Zigarre, am Boden neben der Feuerstelle sitzend*, April 1882. Bleistift/Kreide-Zeichnung. 45,5 x 56 – SMKM (F898)

58 Jules Breton (1827–1906), *Die Ernte*, vor 1885. 23 x 38 – Rijksmuseum H. W. Mesdag, Den Haag

59 Anton Mauve (1838–1888), *Kartoffelernte*. Aquarell. 33 x 44,5 – Rijksmuseum Stichting, Amsterdam

60 Jean-François Miller (1814–1875), *Die Fischersfrau*, um 1849. 47,5 x 38,5 – Rijksmuseum H. W. Mesdag, Den Haag

61 Jacob Maris (1837–1899), *Abend in den Dünen (Die Fischersfrau, sitzend)*. Aquarell. 42 x 30 – Rijksmuseum H. W. Mesdag, Den Haag

62 Jules Dupré (1811–1889), *Abend* (Ausstellung in der Hague Academy of Fine Arts, 1882). 46,5 x 56,6 – Rijksmuseum H. W. Mesdag, Den Haag

63 Charles-François Daubigny (1817–1878),*Sonnenuntergang in Villerville*, 1866. 55 x 100 – Rijksmuseum H. W. Mesdag, Den Haag

64 Anton Mauve (1838–1888), *Holzversteigerung*, um 1881. Aquarell. 33,5 x 50,5 – Rijksmuseum H. W. Mesdag, Den Haag

65 *Dächer, vom Dachfenster der Wohnung des Künstlers aus gesehen*, Juli 1882. Aquarell. 39 x 55 – Privatsammlung (F943)

66 *Straße in Loosduinen*, 1882. Kreide/Feder-Zeichnung. 24 x 34 – NMVG (F1089)

67 *Gasbehälter (Die Gastanks von Den Haag)*, März 1882. Kreide/Bleistift-Zeichnung. 24 x 33,5 – NMVG (F924)

68 *Fabrik in Den Haag (Die Sterkman'sche Fabrik)*, März 1882. Bleistift/Wasserfarben (Lavierung), 24 x 33 – Privatsammlung (F925)

69 *Eingang zum Pfandhaus in Den Haag*, März 1882. Bleistift/Feder-Zeichnung. 24 x 34 – NMVG

70 *Brücke in Neu-Amsterdam (Drenthe)*, November 1883. Aquarell. 38,5 x 81 – Groninger Museum, Groningen (F1098)

71 *Pfarrgarten mit Gestalten*, Oktober–November 1885. Aquarell. 38 x 49 – Privatsammlung (F1234)

72 *Bei der Feldarbeit*. Oktober 1883. Bleistift/Feder-Zeichnung. 31 x 37,5 – Mit freundl. Genehmigung des Museum of Fine Arts, Boston, Geschenk von John Goelet (F1095)

73 *Weidenallee mit Schäfer und Bäuerin*, Frühjahr 1884. Bleistift/Feder-Zeichnung. 39,5 x 54,5 – NMVG

74 *Das Pfarrhaus in Nuenen*, Herbst 1885. 33 x 45 – NMVG (F182)

75 Das Pfarrhaus in Nuenen – NMVG

76 *Pappeln bei Nuenen*, Herbst 1885. 78 x 97,5 – Museum Boymans-van Beuningen, Rotterdam (F45)

77 *Gang aus der Kirche in Nuenen*, Januar 1884. 41 x 32 – NMVG (F25)

78 Die Kirche in Nuenen – NMVG

79 *Weber, Frontalansicht*, Juli 1884. 47,5 x 61 – Museum Boymans-van Beuningen, Rotterdam (F27)

80 *Frau am Spinnrad*, 1885. 41 x 32,5 – NMVG (F36)

81 Anton van Rappard (1858–1892), *Die Ziegelei*, 1885. 24 x 44 – Centraal Museum, Utrecht

82 Constantin Meunier (1831–1905), *Die Ziegelbrenner*. Öl auf Paneel. 46 x 70 – Musée Constantin Meunier, Ixelles/Brüssel

83 *Ährenlesende Bäuerin*, August 1885. Kreidezeichnung. 52,5 x 43 – SMKM (F1269)

84 *Mäher mit Sichel*, August 1885. Kreidezeichnung. 43 x 55 – NMVF (F1317)

85 Anton van Rappard (1858–1892), *Mädchen mit Ziegelpreßform*, 1885. Rijksprentenkabinet, Rijksmuseum, Amsterdam

86 Anton Mauve (1838–1888), *Kartoffeln grabender Bauer*. Kreidezeichnung. 19 x 26,3 – Rijksprentenkabinet, Amsterdam

87 Georg Hendrik Breitner (1857–1923), *Das Paar*. 98x 73. Aufbewahrungsort unbekannt.

88 Frans Hals (ca. 1580–1666) und Pieter Codde (1599–1678), *Die Kompanie von Kapitän R. Reael und Leutnant C. Michielsz. Blaeuw*, 1633–1636. 209 x 429 – Rijksmuseum, Amsterdam

89 Rembrandt van Rijn (1606–1669), *Isaak und Rebekka (Die Judenbraut)*, um 1667/1668. 121,5 x 166,5 – Rijksmuseum, Amsterdam

90 Jozef Israëls (1824–1911), *Allein auf der Welt*, 1878. 39 x 90 – Rijksmuseum, Amsterdam

91 *Das Stella Maris-Fenster* – Andrieskerk, Antwerpen, 16. Jahrhundert. Photo: De Schutter, Antwerpen

92 Das Haus in der Beeldekenstraat (Rue des Images), in dem Vincent van Gogh wohnte – NMVG

93 Académie Royale des Beaux-Arts (Königliche Kunstakademie) Antwerpen – NMVG

94 Henri Leys (1815–1869), *Steen, Antwerpen*. 41 x 114 – Musée Royal des Beaux-Arts (Königliche Kunstakademie), Antwerpen. Photo: ACL, Brüssel

95 *Der Marktplatz in Antwerpen*, 18. Dezember 1885. Kreide 22,5 x 30 – NMVG (F1352)

96 Charles de Groux (1825–1870), *Der Tischsegen*, 1861. 80 x 154 – Musées Royaux de Belgique, Brüssel. Photo: ACL, Brüssel

97 Henri de Braekeleer (1840–1888), *Das Speisezimmer des Baron Leys*, 1869. 67 x 84 – Musée Royal des Beaux-Arts, Antwerpen. Photo: ACL, Brüssel

98 Peter Paul Rubens (1577–1640), *Die heilige Therese von Avila bittet für die Seelen im Fegefeuer und Bernhard von Mendoza* (Ausschnitt), um 1630/1633. Öl auf Holz. 194 x 139 – Musée Royal des Beaux-Arts, Antwerpen

99 *Weibliches Bildnis*, Dezember 1885. 35 x 24 – NMVG (F206)

100 *Weibliches Bildnis*, Anfang Dezember 1885. Kohle/Kreide-Zeichnung. 50,6 x 39,4 – NMVG (F1357)

101 Eugène Delacroix (1798–1863), *Studie für das Deckengemälde ‚Der Krieg' im Salon du Roi, Palais Bourbon*, 1833–1838. Federzeichnung 21,6 x 41,3 – Cabinet des dessins, Louvre, Paris

102 *Tanzende Frauen*, Anfang Dezember 1885. Kreidezeichnung. 9,3 x 16,4 – NMVG (F350B)

103 *Weiblicher Akt*, Januar 1886. Kreidezeichnung. 19,5 x 11 – NMVG (F1353)

104 Oko Kunisada II (1823–1880), *Zwei badende Mädchen*, 1868. Farbiger Holzschnitt. 37,4 x 25,1 – NMVG

105 *Totenschädel mit brennender Zigarette*, Dezember 1885. 32,5 x 24 – NMVG (F212)

106 Félicien Rops (1833–1898), *Der Weg alles Irdischen; der Tod der Sünderin*. Radierung, rechts Bleistiftzeichng. 12,8 x 19 – Musée Félicien Rops, Namur

107 *Hängendes Skelett mit schwarzer Katze*, Dezember 1885–Januar 1886 – NMVG (F1361)

108 Rue Lepic, Montmartre, spätes 19. Jahrhundert. Photo: L. L. Roger-Viollet

109 Der Salon des Malers Fernand Cormon, Paris. Photo: H. Roger-Viollet

110 Jean-François Raffaeli (1850–1924), *Ansicht vom Montmartre*, Radierung. 20,7 x 28,1 – NMVG

111 John P. Russell (1858–1931), *Vincent van Gogh*, November 1886. 60 x 45 – NMVG

112 Meyer de Haan (1852–1895), *Theo van Gogh*, ca. 1889. Pastellzeichng. 20,8 x 14,3 – NMVG

113 *Ein Paar Schuhe*, gegen Ende 1886. 37,5 x 45,5 – NMVG (F255)

114 Henri de Toulouse-Lautrec (1864–1901), *Vincent van Gogh*, 1886. Pastellzeichnung. 53 x 44 – NMVG

115 *Selbstbildnis vor der Staffelei*, Anfang 1888. 65 x 50,5 – NMVG (F522)

116 *Selbstbildnis mit grauem Filzhut*, Sommer 1887. 41 x 32 – Stedelijk Museum, Amsterdam (F295)

117 *Selbstbildnis*, Herbst 1887. 47 x 35 – Louvre, Paris (F320) Photo: Lauros-

Giraudon
118 Claude Monet (1840–1926), *Vier Boote im Winterquartier, Etretat,* 1885. 26 x 32 – Mit freundl. Genehmigung von The Art Institute of Chicago, Charles H. und Mary F. S., Sammlung Worcester
119 Louis Anquetin (1861–1932), *Die Avenue de Clichy,* 1887. 69 x 53 – Mit freundl. Genehmigung vom Wadsworth Atheneum, Hartford, Sammlung Ella Gallup Sumner und Mary Catlin Sumner
120 Adolphe Monticelli (1824–1886), *Vase mit Blumen,* 1875–80. 51 x 39 – NMVG
121 Paul Signac (1863–1935), *Stilleben mit Maupassants Buch ‚Au Soleil',* datiert 1883. 32,5 x 46,5 – Nationalgalerie, Staatliche Museen, Preussischer Kulturbesitz, Berlin (West)
122 *Gipsabguß,* 1886–87. 40,5 x 27 – NMVG (F2169)
123 *Weiblicher Akt auf einem Bett,* 1887. 59,5 x 73 – © The Barnes Foundation, Merion Station, Pa., U.S.A. (F330)
124 *Bildnis einer Italienerin (Agostina Segatori?),* Winter 1887–88. 81 x 60 – Louvre, Paris (F381). Photo: Giraudon
125 Asnières, an der ersten Seineschleife nördlich von Paris, Anfang 1887 – NMVG
126 *Uferspaziergang nahe bei Asnières,* Frühsommer 1887. 49 x 66 – NMVG (F299)
127 *Fabrik in Asnières,* Sommer 1887. 46,5 x 54 – © The Barnes Foundation, Merion Station, Pa., U.S.A. (F318)
128 Brücke bei Asnières, spätes 19. Jh. Photo: C.A.P. Roger-Viollet
129 Emile Bernard (1868–1941), *Die Brücke von Asnières,* Herbst 1887. 45,9 x 54,2 – The Museum of Modern Art, New York, Grace Rainey Rogers Fund
130 *Restaurant de la Sirène in Asnières,* Frühsommer 1887. 57 x 68 – Louvre, Paris. Photo: Giraudon
131 *Badeanstalt an der Seine bei Asnières,* Sommer 1887. 19 x 27. Aus der Sammlung von Herrn und Frau Paul Mellon, Upperville, Virginia (F311)
132 *Fabriken in Asnières, vom Quai de Clichy aus gesehen,* Sommer 1887. 54 x 72 – The St. Louis Art Museum, Schenkung von Frau Mark C. Stemberg (F317)
133 Utagawa Kuniyoshi (1797–1861), *Bildnis einer Blumen betrachtenden Frau, mit einem Nebenbild zum örtlichen Handwerk, Provinz Bitchou,* 1852, Farbiger Holzschnitt. 37,5 x 25,5 – NMVG
134 Utagawa Hiroshige (1797–1858), *Blühende Pflaumenbäume,* 1857. Farbiger Holzschnitt. 35 x 22 – NMVG
135 Utagawa Hiroshige (1797–1858), *Schauer über der Ohashi-Brücke bei Ataka,* 1857. Farbiger Holzschnitt. 33,8 x 21,8 – NMVG
136 *Blühender Pflaumenbaum,* erste Hälfte 1887. 55 x 46 – NMVG (F371)
137 *Brücke im Regen,* Sommer 1887. 73 x 54 – NMVG (F372)
138 *Japonaiserie Oiran,* Sommer 1887. 105 x 61 – NMVG (F373)
139 *Père Tanguy,* Herbst 1887. 65 x 51 – Sammlung Stavros S. Niarchos (F364). Photo: A. C. Cooper
140 *Selbstportrait,* September 1888. 62 x 52. Mit freundl. Genehmigung des Fogg Art Museum, Harvard University, Bequest. Sammlung von Maurice Wertheim, Klasse 1906 (F476)
141 *Ansicht der Ebene von Crau bei Arles mit Mont Majour im Hintergrund,* Juni 1888. 72,5 x 92 – NMVG (F412)
142 *Boote am Molo mit Sand ausladenden Männern,* August 1888. 55 x 66 – Folkwang Museum, Essen (F499)
143 *Parklichtung: Der Garten des Dichters,* Sept. 1888. 73 x 92 – Mit freundl. Genehmigung des Art Institute of Chicago, Sammlung Herr und Frau Lewis L. Coburn zum Gedenken (F468)
144 *Die Schauerleute,* Ende August 1888. 53,5 x 64 – Sammlung Thyssen-Bornemisza Lugano-Castagnola (F438)
145 Sonnenblumen an der Straße nach Tarascon, 1981. Photo: Harold Chapman
146 *Die Straße nach Tarascon: Himmel mit Sonne,* August 1888. Tinte auf Papier. 24,5 x 32 – Sammlung Justin K. Thannhauser/Solomon R. Guggenheim-Museum, New York (F1502a)
147 Paul Gauguin (1848–1903), *Vincent van Gogh malt Sonnenblumen,* Herbst 1888. 73 x 92 – NMVG
148 *Stilleben: Vase mit vierzehn Sonnenblumen,* Sommer 1888. 93 x 73 – National Gallery, London (F454)
149 *Ein Garten,* Juli 1888. Federzeichnung. 49 x 61 – Sammlung Oskar Reinhart, Winterthur (F1455)
150 *Seestück,* 2. Junihälfte 1888. Sepiazeichnung 24 x 32 – Musées Royaux des Beaux-Arts de Belgique, Brüssel (F1430b)
151 *Gasse in Saintes-Maries-de-la-Mer,* 2. Junihälfte 1888. Feder/Tinte-Zeichnung. 24 x 31 – Sammlung The Museum of Modern Art, New York, Vermächtnis Abby Aldrich Rockefeller (F1435)
152 *Bildnis des Patience Escalier,* August 1888. 69 x 56 – Sammlung Stavros S. Niarchos (F444). Photo: A. C. Cooper
153 *La Berceuse: Mme Auguste Roulin,* Januar 1889. 92 x 73 – SMKM (F504)
154 *Joseph Roulin, an einem Tisch sitzend,* August 1888. 81 x 65 – Museum of Fine Arts, Boston; Schenkung Robert Treat Paine II (F432)
155 *L'Arlésienne: Madame Ginoux mit Büchern,* November 1888. 90 x 72 – The Metropolitan Museum of Art, Vermächtnis Samuel A. Lewisohn, 1951, New York (F488)
156 *Bildnis des Eugène Boch, eines belgischen Dichters,* September 1888. 60 x 45 – Louvre, Paris (F462). Photo: Giraudon
157 Paul Gauguin (1848–1903), *Weinberge in Arles mit Bretoninnen,* 1888. 75,5 x 92,5 – Ordrupgaard-samlingen, Kopenhagen
158 *Erinnerung an den Garten in Etten,* November 1888. 73,5 x 92 – Ermitage, Leningrad (F496)
159 *Gauguins Stuhl, Kerze und Bücher (Der leere Stuhl),* Dezember 1888. 90,5 x 72 – NMVG (F499)
160 *Van Goghs Stuhl und Pfeife,* Dezember 1888–Januar 1889. 93 x 73,5 – National Gallery, London (F498)
161 Das Gelbe Haus vor der Zerstörung im Zweiten Weltkrieg – NMVG
162 *Van Goghs Haus an der Place Lamartine, Arles (Das Gelbe Haus),* September 1888. 76 x 94 – NMVG (F464)
163 *Van Goghs Schlafzimmer in Arles,* Oktober 1888. 79 x 90 – NMVG (F484)
164 *Das Nachtcafé,* September 1888. 70 x 89 – Yale University Art Gallery, Vermächtnis Stephen Carlton Clark, B.Y. 1903 (F463)
165 *Selbstbildnis mit verbundenem Ohr,* Januar 1889. 60 x 49 – Home House Society Trustees, Courtauld Institute Galleries, London (F527)
166 *Stilleben: Zeichentisch mit Teller und Zwiebeln, Pfeife, Leuchter etc.,* Januar 1889. 50 x 64 – SMKM (F604)
167 *Das Hospital in Arles,* April–Oktober 1889. 74 x 92 – Sammlung Oskar Reinhart, Winterthur (F646)
168 Der Innenhof des Hospitals in Arles, 1981. Photo: Harold Chapman
169 *Der Hof des Hospitals in Arles,* April–Mai 1889. Feder/Bleistift-Zeichnung. 45,5 x 59 – NMVG (F1467)
170 *Zwei Pappeln an einem Weg durch die Hügel,* Oktober 1889. 61 x 45,5 – The Cleveland Museum of Art, Schenkung Leonard C. Hanna, Jr. (F638)
171 *Olivenbäume mit blauem Himmel und große weiße Wolke,* September–November 1889. 72,5 x 92 – Privatsammlung (F712)
172 *Unterholz (Efeu),* Juli 1889. 74 x 92 – NMVG (F746)
173 *Kiefern am Abend,* Oktober–Dezember 1889. 92 x 73 – Rijksmuseum Kröller-Müller, Otterlo (F652)
174 *Selbstbildnis,* September 1889. 51 x 45 – Nationalgalerie, Oslo (528)
175 Brunnen im Garten des Van Gogh-Hospitals, St.-Rémy, 1981. Photo: Chapman

176 *Brunnen im Garten des Saint-Paul-Hospitals, St.-Rémy,* Mai–Juni 1889. Tuschzeichnung. 48 x 45 – NMVG (F1531)
177 *Feld mit Mohnblumen,* April 1890. 71 x 91 – Kunsthalle, Bremen (F581)
178 *Kornfeld hinter dem Saint-Paul-Hospital,* Juni–September 1889. 72 x 92 – SMKM (F617)
179 *Eingefriedetes Gelände hinter dem Saint-Paul-Hospital mit aufgehender Sonne,* November 1889. Kreide/Feder-Zeichnung. 47 x 62 – Staatliche Graphische Sammlung, München (F1552)
180 *Kornfeld hinter dem Saint-Paul-Hospital mit Bauer, der Garben trägt,* Oktober 1889. 73 x 92 – Indianapolis Museum of Art, Schenkung zum Gedenken an Daniel W. und Elizabeth C., Marmon (F641)
181 *Studie: Weiße Lilien,* April–Mai 1890. Federzeichnung. 31 x 41 – NMVG (F1613)
182 *Sämann im Regen,* Januar–April 1890. Bleistift/Kreide-Zeichnung. 23,5 x 31,5 – Folkwang Museum, Essen (F1550)
183 *Die Straßenarbeiter,* Dezember 1889. 73,5 x 92,5 – Sammlung Philips, Washington, D.C. (F658)
184 Boulevard Mirabeau, St.-Rémy-de-Provence – NMVG
185 *Selbstbildnis,* September 1889 oder Frühmai 1890. 65 x 54 – Louvre, Paris (F627). Photo: Agraci
186 *Winterliche Landschaft mit Gestalten,* Januar–April 1890. Bleistiftzeichnung. 24 x 32 – NMVG (F1592r)
187 *Bauernfamilie am Kamin,* Mai 1890. Kreidezeichnung. 23,5 x 32 – NMVG (F1608r)
188 *Nacht: Die Wache (Weiden flechtender Bauer und nähende Bäuerin), (nach Millet),* Oktober 1889. 72,5 x 92 – NMVG (F647)
189 *Studie mit neun Bauern, zwei Grabende, zwei Männer mit Schubkarren,* Anfang 1890. Bleistiftzeichnung. 24 x 31 – NMVG (F1599r)
190 *Auf der Straße,* Anfang 1890. Bleistiftzeichnung. 24,5 x 25 – NMVG (F1596v)
191 *Hände; ein Grabender,* Anfang 1890. Kreidezeichnung. 23,5 x 32 – NMVG (F1608v)
192 Rembrandt van Rijn (1606–1669), *Die Auferweckung des Lazarus,* um 1632. Radierung. 36,8 x 25,7 – British Museum, London
193 Eugène Delacroix (1798–1863), *Christus auf dem See Genezareth,* 1854. 50 x 60 – Privatsammlung
194 *Die Auferweckung des Lazarus (nach Rembrandt),* Mai 1890. 48,5 x 63 – NMVG (F677)
195 *Pietà (nach Delacroix),* September 1889. 73 x 60,5 – NMVG (F630)
196 Pierre Puvis de Chavannes (1824–1898), *Hoffnung* (zweite Version), 1872. 70,7 x 82 – Louvre, Paris, Photo: Giraudon
197 Pierre Puvis de Chavannes (1894–1898), *Inter artes et naturam,* 1890. 295 x 830 – Musée de Rouen
198 *Skizze aus einem Brief an Willemien* (W22), 4./5. Juni 1890. Federzeichnung. 6,5 x 17 – NMVG
199 Pierre Puvis de Chavannes (1824–1898), *Prinzessin Maria Kantakuzena,* 1883. 78 x 45 – Musée de Beaux-Arts, Lyon
200 *Junges Mädchen vor einem Getreidefeld,* zweite Junihälfte 1890. 66 x 45 – National Gallery of Art, Washington, Sammlung Chester Dale 1962 (F788)
201 Dr Gachets Haus in Auvers-sur-Oise, 1981. Photo: Harold Chapman
202 *Dr Gachets Garten,* Mai 1890. 73 x 51,5 – Louvre, Paris (F755). Photo: Giraudon
203 Das Rathaus, Auvers 1981. Photo: Harold Chapman
204 *Das Rathaus von Auvers,* Juli 1890. Kreidezeichnung. 31 x 48 – NMVG (F1630r)
205 *Bildnis des Dr Gachet,* Juni 1890. 68 x 57 – Louvre, Paris (F754). Photo: Agraci
206 *Ebene bei Auvers,* Juli 1890. 50 x 101 – Kunsthistorisches Museum Wien (F775)
207 *Der Schnitter,* Juli 1890. Kreidezeichnung. 31 x 23,5 – NMVG (F1635v)
208 *Ebene von Auvers,* Juli 1890. 73 x 92 – Museum of Art, Carnegie Institute, Pittsburgh – erworben von der Familie Sarah Mellon Scaife (F781)
209 *Landschaft bei Auvers im Regen,* Juli 1890. 50 x 100 – National Museum of Wales, Cardiff (F811)
210 *Bauernhäuser bei Chaponval,* Juli 1890. 65 x 81 – Kunsthaus, Zürich (F780)
211 *Der Garten von Daubigny,* Juni–Juli 1890. 56 x 101,5 – Rodolphe Staechelin Foundation, Basel (F777). Photo: Hinz, Basel
212 *Das Haus des Père Pilon,* Juni 1890. 49 x 70 – Sammlung Stavros S. Niarchos (F791). Photo: A. C. Cooper
213 Emile Bernard (1868–1941), *Die Bestattung Vincent van Goghs in Auvers,* 1893. Gegenwärtiger Aufenthaltsort unbekannt
214 Paul van Rijssel (Dr Paul Gachet, 1828–1909), *Vincent van Gogh auf dem Totenbett,* 29. Juli 1890. Kohlezeichnung – Louvre, Paris. Photo: Giraudon
215 Die Grabsteine von Vincent und Theo in Auvers – NMVG
216 *Die Kirche von Auvers,* 3.–8. Juni 1890. 94 x 74 – Louvre, Paris (F789). Photo: Giraudon

TEXTILLUSTRATIONEN

S. 17 George Henry Boughton (1834–1905), *Auf dem Hügel über dem See liegt Rose Standish begraben.* Aus H. W. Longfellow, *'The Courtship of Miles Standish',* London 1888
S. 21 Nach Ernest Meissonier (1815–1891), *Der Lesende,* Radierung von Jules Jacquemart 1856. 16,5 x 11,4 – Bibliothèque Nationale, Paris
S. 22 Anonym, *Thomas a Kempis* (1379/1380–1471). Aus einem mittelalterlichen Manuskript der *De Imitatione Christi* – Österreichische Nationalbibliothek, Wien. Cod. 1576. f.7
S. 26 Zeichnung aus Brief 67, *Der Platz in Ramsgate,* Ramsgate, 31. Mai 1876. Feder/Bleistift-Zeichnung. 5,5 x 5,5 – NMVG
S. 34 Thomas Couture (1815–1879), *Jules Michelet* (Ausschnitt), nach 1843. 183 x 132 – Musée Carnavalet, Paris. Photo: Giraudon
S. 40 Zeichnung aus Brief 126, *Café ‚Au Charbonnage' in Laeken,* Laeken. November 1878. Bleistift/Feder-Zeichnung. 14 x 14 – NMVG
S. 70 Zeichnung aus Brief 166. Bleistift. 5,3 x 9,2 – NMVG
S. 71 *Die Sorge,* April 1882, mit dem Zusatz versehen: ‚Wie kann es sein, daß es in der ganzen Welt nur eine – verlassene – Frau gibt?' Michelei. Schwarze Kreide auf Papier. 44,5 x 27 – Sammlung Garman-Ryan, Walsall Museum and Art Gallery
S. 91 Zeichnung aus Brief 399, *Zwei Kartoffelpflanzer,* Nuenen, April 1885. Federzeichnung. 6,5 x 9 – NMVG
S. 93 Zeichnung aus Brief 399. Bleistift/Tinte-Zeichnung. 5 x 8,6 – NMVG
S. 94 Zeichnung aus Brief 409. Feder/Pinsel-Zeichnung, laviert. 15,8 x 13,3 – NMVG
S. 127 *Selbstbildnis,* Paris, Sommer 1887. Bleistift. 19,3 x 21 – NMVG (F1379)
S. 163 Die Schule von Giotto, *Tod der Jungfrau,* 14. Jh. Holzschnitt. 20 x 15 – Musée Fabre, Montpellier
S. 170 Eugène Delacroix (1798–1863), *Alfred Bruyas,* 1853. 116 x 89 – Musée Fabre, Montpellier
S. 200 A. M. Lauzet (d. 1898), G.-Albert Aurier, Radierung. 14,6 x 11,2. Aus *‚Oeuvres posthumes de G.-Albert Aurier,* Paris 1893
S. 207 Zeichnung aus Brief 651. Feder/Tinte-Zeichnung. 7,8 x 21,8 – NMVG

NAMENSREGISTER

(kursiv = Abbildungsnummern)

Achenbach, Oswald 31
Aischylos 44
Allebé, August 31, 34
Angrand, Charles 122
Anquetin, Louis 122, 158, 162, 195, 196
Aurier, Georges-Albert 7, 124, 170, 199, 200, 201

Bakunin, Mikhail 12
Baudelaire, Charles 9
Begemann, Margo (Margot) 89
Bellini, Giovanni 27
Béranger, Pierre-Jean de 83
Bernard, Emile 11, 122, 124, 125, 157, 170, 195, 196, 197, 198, 199, 207
Beyle, Pierre 95
Bida, Alexandre 44
Bing, Samuel 126, 160
Bismarck, Otto von 167
Blanc, Charles 96
Blanchot, Maurice 207
Bloy, Léon 204
Boccaccio, Giovanni 165, 166, 200, 201
Boch, Anna 201
Boch, Eugéne 162, *156*
Boissière, Comtesse de la 127
Bokma, ‚Meister‘ 38
Bonger, Andries (Dries) 122, 123, 124, 170
Bonger, Johanna siehe Gogh-Bonger, Jo van
Borges, Jorge Luis 204
Bosboom, Johannes 16, 32, 34
Bossuet, J.-E.-B. 27
Botticelli, Sandro 165, 169
Boughton, George Henry 17, 29, 74, 83, 84, *20–22*
Bouguereau, William Adolphe 95
Braat, Frans 30, 31
Bracquemond (Braquemond), Felix 99, 118
Braekeleer, Henri de 17, 119, 120, *97*
Breitner, Georg Hendrik 70, *87*
Bretagne, Anne de 10, 37
Breton, Emile 75
Breton, Jules 22, 32, 42, 75, 97, 98, 175, *29, 58*
Brontë, Charlotte 10, 92
Brueghel, Pieter 39
Brusse, M. J. 31
Bruyas (‚Brias‘), Alfred 169, 203
Bunyan, John 10, 24, 29, 33, 161

Cabanel, Alexandre 169
Carbentus, Catrina Gerardina 33
Carlyle, Thomas 10, 85
Cézanne, Paul 157
Champaigne, Philippe de 21, 29, *18*
Chardin, Jean-Baptiste-Siméon 68, 97
Codde, Pieter Jacobsz 96, *88*
Coleridge, Samuel Taylor 26
Conscience, Henri 197
Constable, John 17
Coquiot, Gustave 172
Cormon, Ferdnand 121, 123, 124, *109*
Corot, Jean-Baptiste Camille 22, 83, 84, 85, 90, 123, 174, 206
Courbet, Gustave 12, 75, 96, 169
Couture, Thomas 169
Cromwell, Oliver 35, 85
Cuyp, Aelbert 27

Dante, Alighieri 165, 166
Daubigny, Charles-François 16, 17, 75, 123, 205, 206, *63, 211*
Daudet, Alphonse 154, 163, 165, *63, 211*
Daumier, Honoré 165
David, Jacques-Louis 122
Degas, Edgar 123, 169, 173
Delacroix, Eugène 44, 90, 93, 94, 96, 97, 101, 121, 123, 159, 161, 162, 163, 164, 166, 169, 174, 175, 191, 197, 199, 200
Delay, Jean 194
Denis, Maurice 207
Destaing, Fernand 13
Díaz, Narcisse-Virgile 16, 17
Dickens, Charles 13, 16, 19, 20, 31, 36, 44, *16*
Doré, Gustave 31, *30*
Dupré, Jules 16, 37, 44, 123, 172, *62*
Dürer, Albrecht 39
Dyck, Anthony van 120

Eliot, George 10
Erckmann-Chatrian 78
Eyck, Hubert und Jan van 154

Fabritius, Carel 44
Farasyn, Edgard 119, 121
Fildes, Luke 38, *35, 36*
Flaubert, Gustave 8
Fragonard, Jean-Honoré 156
Frère, Edouard 68
Fry, Roger 13

Gachet, Dr Paul 9, 198, 203, 204, *201, 202, 205, 214*
Gainsborough, Thomas 17
Gauguin, Paul 38, 126, 154, 157, 158, 160, 164, 166, 167, 168, 169, 170, 171, 195, 196, 197, 198, 199, 200, 201, 206, 207, *140, 147*
Gautier, Théophile 35
Gerôme, Jean-Léon 37
Gigoux, Jean 90
Ginoux, Familie 171, 201, 202, *155*
Giotto 163, 165, 169, 199
Gladwell, Mr 27
Gleyre, Marc-Gabriel-Charles 21
Goes, Hugo van der 14, 17, 168, *17*
Gogh, Anna van (Schwester) 18, 27, 93
Gogh-Carbentus, Anna Cornelia van (Mutter) 21, 24, 25, 28, 30, 33, 35, 36, 38, 67, 86, 87, 99, *7*
Gogh, C. M. van (Onkel Cor) 20, 24, 34, 38, 71, 82, 87, 93, 199
Gogh, Cornelius van (Cor, Bruder) 124
Gogh, Hein van (Onkel) *1*
Gogh, Lies van (Elisabeth H. du Quesne-van Gogh, Schwester) 8, 170
Gogh, Theo van (Bruder) 7, 11–13, 16, 18, 22–24, 27, 30–33, 35, 38, 40, 41, 43, 47, 66–69, 71, 72, 78, 81, 82, 86–89, 92, 97, 99, 122–124, 127, 155, 157, 165, 169, 170, 171, 197, 198, 202–205, 207, *16, 215*
Gogh, Theodorus van (Vater) 21, 24, 25, 30, 31, 32, 33, 35, 36, 38, 39, 66, 67, 69, 73, 74, 80, 86, 87, 91, 92, 98, *6*
Gogh, Vincent van (Großvater) 91, *2*
Gogh, Vincent van (Theos Sohn) 199, 203, 204
Gogh, Vincent Willem van (Onkel) 8, 16, 21, 24, 30, 32, 66, *10*
Gogh, Willemien van (Schwester) 17, 20, 68, 124, 127, 202, 204
Gogh-Bonger, Jo van (Theos Frau) 99, 124, 170, 172, 195, 196, 202, 203, 204, 205, 207, *208*
Goncourt, Jules und Edmond 118, 161
Goupil, Adolphe 16, 91, 122
Gourmont, Rémy de 199
Goya, Francisco José 156
Graetz, H. R. 13
Groux, Charles de 74, 92, 119, 120, 125, *96*
Gruby, Dr 157
Guillaumin, Armand 125, 157, 166, 167
Guizot, F. P. G. 12, 27, 91

Haanebeek, Familie 16
Hals, Frans 95, 96, 97, 118, 161, 195, *88*
Heine, Heinrich 20, 199
Herkomer, Hubert von 74, *33*
Hermans, Charles 91
Hokusai 160, 163
Holbein, Hans 27
Holl, Frank 74
Hoornik, Christine Clasina Maria (Sien) 10, 68, 69, 73, 74, 78, 79, 80, 88, *55, 57*
Hugo, Victor 44, 92, 172, 196
Huizinga, Jan 72
Hulsker, Jan 205
Huysmans, Joris-Karl 162

Isaäcson, J. J. 198, 199
Israëls, Jozef 16, 34, 37, 125, 175, *90*

Jacque, Charles-Emile 32, 95
Jones, Rev. T. Slade 28, 29, 30, 38
Jonge, Pastor de 39
Jordaens, Jacob 120

Karl I. (England) 27
Karl VIII. (Frankreich) 37
Karr, Alphonse 19
Kee, siehe Vos-Stricker
Kelter van Hoorn 32
Kempis, Thomas a 21, 22, 24, 33, 36, 37, 38, 40
Kerssemakers, Anton 91
Koekkoek, Barend Cornelius 31, 95
Koning, A. H. 207
Kunisada, Oko II *104*
Kuniyoshi, Utagawa *134, 135*

Lacan, Jacques 204
Lagye, Victor 17
Lamartine, A. M. L. de 35
Lançon, Auguste *32*
Laski, Margharita 9
Lauzet, M. 200
Lemonnier, Camille 172
Leonardo da Vinci 27
Leys, Henri 92, 118, 119, 175, 200, *94, 97*
Lhermitte, L. A. 95
Liebermann, Max 85
Livens, H. M. 123, 124
Longfellow, H. W. 10, 17
Loti, Pierre 159
Louis-Philippe (Frankreich) 91
Loyer, Eugenia 10, 18, 19
Loyer, Ursula 18, 19
Ludwig XII. (Frankreich) 37
Luther, Martin 161

Maaten, Jacob Jan van der 34
Mallarmé, Stéphane 91
Manet, Edouard 90, 94, 118
Mantegna, Andrea 27
Mantz, Paul 163
Maris, Jacob 16, 20, 22, 75, *61*
Maris, Thijs 16, 19, 20, 22, 34, 36, 39, 44, 83, 92, 121, *25*
Maris, Willem 75
Marx, Karl 12
Maupassant, Guy de 156, 159
Mauron, Charles 13
Maus, Octave 197
Mauve, Anton 16, 18, 68, 69, 70, 71, 72, 75, 125, 155, 201, *59, 64, 86*
Mauve-Carbentus, Jet 155
Meissonier, Ernest 21, 22, 38, 98, 200, 201
Mendes da Costa, M. B. 33, 36, 37
Mertens, Charles 120
Mesdag, H. W. 16, 75
Meunier, Constantin 119
Meyer de Haan, Isaac *112*
Michel, Georges 35, 46
Michelangelo Buonarroti 95, 207
Michelet, Jules 10, 12, 18, 19, 22, 29, 34, 37, 44, 66, 91
Millais, John Everett 17, 44, 74, *23–24*
Millet, Jean-François 32, 37, 44, 46, 71, 73, 74, 75, 84, 90, 95, 97, 98, 123, 125, 174, 175, *61*
Monet, Claude 94, 123, 125, 126, 156, 175, *118*
Monticelli, Adolphe 156, 158, 164, 166, 174, 200, 201, *120*
Mozart, W. A. 8
Murillo, Bartolomé Esteban 120
Musset, Alfred de 21, 169

Neuhuys, Albert 75

Ostade, Adriaen van 22, 34, *28*

Pascal, Blaise 8
Paulus, Hl. 204
Petrarca 165, 166
Peyron, Dr Théophile 196, 197, 199, 201
Picasso, Pablo 8
Pietersen, Pastor 39
Pissarro, Camille 125, 198
Pissarro, Lucien 167
Portier, M. 93
Potter, Paul 169
Poulet, Georges 9, 19
Puvis de Chavannes, Pierre 92, 157, 163, 165, 199, 207, *196–199*

Quinet, Edgar 172

Raffaelli, Jean-François 95, 207
Rappard, Anton, Ridder van 47, 97, 98, *85*
Reid, Alexander 27, 28, 126, 199
Rembrandt van Rijn 22, 27, 32, 34, 35, 36, 37, 39, 44, 45, 74, 95, 97, 119, 161, 169, 195, 196, 200, *10, 26, 40, 89, 192*
Renoir, Pierre Auguste 94, 126, 156
Rey, Félix 13, 172, 174, 195
Reynolds, Joshua 17
Ricard, L. G. 169
Richardson, John 28
Richepin, J. 126
Rimbaud, Arthur 9
Rodin, Auguste 156
Rooses, Max 121
Rops, Félicien 119, *106*
Rossetti, Christina 23, 29
Roulin, Augustine 153
Roulin, Joseph 171, 197, *154*
Rousseau, Théodore 16, 75, 169
Rubens, Peter Paul 119, 120, *98*
Rückert, Friedrich 21
Russell, John P. 155, 157, *111*
Russell, Lord 27
Ruyperez, Luis 23, 36, 37
Ruysdael, Jacob van 22, 27, 74, 95, *27*

Sainte-Beuve, Charles Augustin 21
Salles, M. 173, 174
Scheffer, Ary 31, 163, *38, 39*
Schelfhout, Andreas 31, 95
Schuffenecker, Claude Emile 197
Segatori, Agostina 125, *124*
Seurat, Georges 122, 125, 127, 155, 162, 165, 166, 167
Shakespeare, William 29, 44, 45, 66, 196, 207
Sien, siehe Hoornik
Signac, Paul 11, 90, 122, 125, 126, 162, 165, 166, 171, 172, 173, *121*
Sislev, Alfred 164
Steen, Jan 68
Stockum, Willem van 18, 22
Stockum-Hannebeek, Carolien van 18
Stokes, Rev. William Port 24, 25, 27, 28
Stowe, Harriet Beecher 44
Stricker, J. P. 33, 35, 38, *43*

Tanguy, Julien (Père) 126, 201, *139*
Tersteeg, H. C. 16, 19, 20, 34, 46, 70, 71, 73, 74, 155, 164, 199
Tissot, James 121
Tizian 27
Tolstoi, Leo 164, 167
Toulouse-Lautrec, Henri de 11, 90, 158, *114*
Troyon, Constant 16, 201

Velázquez, Diego Rodriguez de Silva y 156
Verhaert, Piet 120
Verhas, Jan 119, 121
Verlat, Karel 121
Vermeer (van der Meer), Jan 97, 195 (van Delft)
Veth, Jan 72
Vos-Stricker, Cornelia Adriana (Kee) 33, 36, 66, 67, 69, 80, 81, 89, *49*

Wagner, Richard 159, 164, 166, 167
Wakker, Willem van de 91
Wallis, Messrs 28
Watteau, Jean-Antoine 200
Wauters, Emile 17, 168, *17*
Weele, Herman Johannes van der 70
Welsh-Ovcharov, Bogomila 195
Whistler, James Abbott McNeil 118, 175
Witkamp, Ernest Sigismund 97
Wordsworth, William 26

Zola, Emile 90, 92, 94, 158, 162, 196

QUELLENVERMERK

Der Abdruck nachstehender Brieftexte erfolgt mit freundlicher Genehmigung des Henschelverlages Kunst und Gesellschaft.
Aus: Vincent van Gogh – Sämtliche Briefe/sechsbändige Ausgabe/herausgegeben von Fritz Erpel; Neuübersetzung von Eva Schumann.
Für Band 1 bis 4: Copyright by Henschelverlag Kunst und Gesellschaft, DDR-Berlin 1965.
Für Band 5 und 6: Copyright by Henschelverlag Kunst und Gesellschaft, DDR-Berlin 1968.

1, 5, 10, 11a, 13a, 16, 20, 21, 24, 26, 27, 31, 35, 36a, 41, 50, 55, 63, 67, 69, 70, 76, 79, 83, 84, 92, 94, 95, 98, 100, 106, 108, 110, 115, 116, 117, 118, 123, 125, 126, 127, 129, 132, 133, 135, 136, 138, 152, 153, 157, 159, 160, 164, 165, 166, 172, 173, 175, 180, 186, 192, 193, 197, 212, 216, 218, 220, 225, 228, 233, 238, 242, 262, 265, 266, 302, 309, 312, 313, 315, 319, 325, 326, 328, 332, 335, 338, 340, 344, 345, 345a, 346, 347, 350, 355, 358, 359, 371, 375, 377, 378, 379, 388, 390, 392, 399, 401, 402, 403, 409, 410, 418, 426, 429, 430, 431, 434, 435, 436, 437, 439, 443, 449, 452, 459, 459a, 462, 462a, 469, 471, 472, 474, 481, 482, 489, 492, 494a, 497, 499, 500, 506, 507, 509, 511, 513, 514, 518, 520, 527, 528, 531, 533, 534, 535, 537, 539, 541, 542, 544, 544a, 556, 557, 563, 564, 565, 566a, 573, 573a, 581, 582, 583b, 585, 588, 590, 591, 592, 594, 597, 601, 602, 604, 605, 607, 609, 611, 615, 623, 626a, 629, 630, 631, 634a, 638, 648, 651, 652.
B 3, R 51, R 51a, R 52, R 57, T 39, W 1, W 11, Eltern an Theo (1), Mutter an Theo (3), Theo an Cor (1), Theo an Wil (2), Theo und Jo an Wil (1), Vincent an die Eltern (1), Vincent an die Mutter (1), Vincent an Theo und Jo (1).